F. Rafenstein · KRIMINALISTIK

F. RAFENSTEIN

KRIMINALISTIK

VERLAG ADOLF HOLZHAUSENS NFG., WIEN

ISBN 3-900518-00-9

Eigentümer, Herausgeber und Verleger: Verlag Adolf Holzhausens Nfg., Kandlgasse 19-21, 1070 Wien

Gesamtherstellung: Adolf Holzhausens Nfg., Kandlgasse 19-21, 1070 Wien

Verlagsort: Wien. — Herstellungsort: Wien. — Printed in Austria

Inhaltsverzeichnis

VORBEMERKUNG UND ZIELSETZUNG 11

ALLGEMEINE GRUNDSÄTZE 13

VERBRECHEN, MOTIV UND SCHULD 24

BESONDERE VERBRECHEN 29

- Mord 29
- Triebverbrechen 32
  - Fetischismus 35
  - Prägung 36
  - Sadismus und Masochismus 38
  - Tod und Geschlechtsakt 40
  - Zoophilie 41
  - Sexuelle Hörigkeit 42
  - Homosexualität 43
  - Schändung 47
  - Transvestismus 48
  - Kriminalist und Triebverbrechen 49
  - Pyromanie 50
- Betrug 51

DER TATORT 55

- Allgemeines 55
  - Erste Maßnahme am Tatort 57
- Die einzelnen Spuren 62
  - Physikalisch verursachte Spuren 63
  - Chemisch verursachte Spuren 88
  - Biologisch verursachte Spuren 91
- Besondere Tatorte 124
  - Todesfälle 124
  - Gewaltsamer Tod 127
    - Erhängen, Erdrosseln, Erwürgen 127
    - Gift 131
    - Sturz aus großer Höhe 139
    - Ertrinken 141
    - Stumpfe Gewalt 145
    - Erstechen 147
    - Erschießen 150

DIE AUSKUNFTSPERSON 153

- Richtiges Verhalten gegenüber Zeugen 158
  - Der erste Eindruck 158
  - Wie die Fragen stellen? 160
  - Die Personsbeschreibung 163
  - Der Erkennungszeuge 166
  - Kontrollierte Gespräche 168
  - Viele Zeugen 169
  - Das Zeit-Weg-Diagramm 170
  - Die Zeugen besinnen sich 171

DER SACHVERSTÄNDIGE 173
Verhältnis Kriminalist — Sachverständiger 173
Der Mediziner 175
Der Psychiater 176
Zahnärzte und Dentisten 179
Der Techniker 179
Der Graphologe 181
Der Kunstsachverständige 184
Gutes Essen 185
Schieß- und Sprengmittel 186
Schußwaffendelikte 187
DER LOKALAUGENSCHEIN 190
DER VERDÄCHTIGE 193
Die Vernehmung 193
Ausgangsposition 193
Erstes Abschätzen 196
Augendiagnostik 200
Sender und Empfänger 205
Mittel der Beeinflussung 208
Zwang und Gewalt 212
Die Sitzposition 216
Beginn der Vernehmung 217
Fehler, die geschehen 218
Suggestiv- und Fangfragen 220
Mehrere Täter als Komplizen 221
Versprechen, die Sie geben 222
Das Vernehmungsprotokoll 222
Das Geständnis 224
DIE ANZEIGE 226
Schlußbemerkung 229
ANHANG 230

Vorwort

Seit 1945 sind Polizei und Gendarmerie in Österreich konsequent den Weg gegangen, daß sie unnötige Gewalt vermieden und die Nähe des Bürgers gesucht haben. Heute haben wir in Österreich eine Exekutive, die gegenüber dem Bürger nicht autoritär auftritt, sondern mit seiner Hilfe die Kriminalität bekämpft. Nicht zuletzt — oder gerade deswegen — ist Österreich eines der sichersten Länder Europas, wenn nicht sogar der Welt, und weist im Vergleich zu anderen Ländern den geringsten Waffengebrauch der Exekutive auf.

Im vorliegenden Buch vermittelt ein erfolgreicher Kriminalist für jedermann verständlich seine reiche Erfahrung, wobei er der psychologischen Seite der Kriminalstatistik einen besonders hohen Stellenwert einräumt. Dem Autor gelingt überzeugend der Beweis, daß nur ein Kriminalist, der menschlich und bürgernahe amtiert, Erfolg haben kann. Gerade weil ich als Minister immer für eine Exekutive eingetreten bin, die sich gegenüber dem Bürger menschlich und psychologisch richtig verhält und Konfliktsituationen entschärfen kann, halte ich dieses Buch nicht nur für besonders wertvoll, sondern wünsche ihm die größtmögliche Verbreitung.

Karl Blecha

Karl Blecha
Bundesminister

Vorwort

Nach mehr als drei Jahrzehnten legt wieder ein österreichischer Kriminalist seine reiche Erfahrung in diesem Buch nieder. Nicht hochgestochen, sondern allgemein verständlich, er schreibt als Praktiker für den Praktiker. Was an dem Buch besticht, ist, daß es dem Autor mühelos gelingt, seine praktische Erfahrung auf den Leser zu übertragen. Der angehende Kriminalist will Fehler vermeiden und sucht praktische Anleitung. In diesem Buch findet er sie. Selbst seit nunmehr fast vierzig Jahren als Kriminalist tätig, halte ich daher dieses Buch, in dem ein Kriminalist sein Wissen weitergibt, für einen wertvollen Schulungsbehelf.

Min.-Rat Dr. Robert Köck
Bundesministerium für Inneres
Leiter der Gruppe D
Kriminalpolizeilicher Dienst

VORBEMERKUNG UND ZIELSETZUNG

Die Kriminologie, die Wissenschaft vom Verbrechen, ist eine empirische Wissenschaft, sie ist auf gesammelte Erfahrung aufgebaut und hat sich zum Ziel gesetzt, daß sie alle Erscheinungsformen des Verbrechens in ihrer Gesamtheit erforscht, um so zu Erkenntnissen zu kommen, mit denen weitere Verbrechen verhindert werden können. Idealziel der Kriminoligie ist es, daß überhaupt keine Verbrechen mehr begangen werden, weil die Ursachen ihrer Entstehung erforscht und erkannt wurden und deshalb auch ausgeschaltet werden konnten. Der Gegenstand der Kriminologie, das Verbrechen, ist uralt, ist so alt wie die Menschheit, als Wissenschaft ist die Kriminologie noch jung, ihre Erkenntnisse sind daher durchaus noch nicht wissenschaftlich abgesichert und verändern sich stetig. Wenn Sie die Zeitungen aufmerksam lesen, werden Sie erkennen, daß sich ein Umbruch anbahnt, und daß die derzeit herrschende Lehre, die die Schuld am Entstehen des Verbrechens der Gesellschaft gibt, auf zunehmende Ablehnung stößt. Am ehesten kann man die Kriminologie daher noch mit der Medizin vergleichen. Auch hier ist die Entwicklung noch keineswegs abgeschlossen, aber es gibt eine herrschende Lehre, die sich durchgesetzt hat. Weil wir schon beim Beispiel der Medizin sind: Es gibt zwar eine herrschende Lehre der Schulmedizin, die sich auf eine Wiederholbarkeit einer Reaktion des Körpers auf eine medizinische Maßnahme stützt, aber es gibt auch den Grundsatz, daß der recht hat, der heilt. Wiederholbarkeit eines Vorganges mit stets gleichbleibendem Ergebnis unter allen Umständen ist die Forderung jeder Wissenschaft, nur bei Zutreffen dieser Forderung gilt etwas als wissenschaftlich abgesichert und wird anerkannt. Wenn aber der Mensch selbst der Mittelpunkt und Gegenstand wissenschaftlicher Forschung ist, läßt sich diese Forschung schwer erfüllen, denn jeder Mensch ist einmalig, ist individuell, ist nicht wiederholbar. So gibt es auch im Bereich der Kriminologie einen Grundsatz, nämlich den, daß der recht hat, der Erfolg hat.

Neben der Kriminologie als Wissenschaft gibt es die Praxis, die nicht nach wissenschaftlich gesicherten Thesen fragt, sondern sich einzig und allein an den Erfolg orientiert. Die gesammelte Erfahrung der Praxis der Bekämpfung des Verbrechens ist nun die Kriminalistik, die wieder nach herrschender österreichischer Lehre der Kriminologie zugeordnet wird, gewissermaßen als deren Unterabteilung. Wie dem auch sei: Es geht darum, daß Erfahrung übertragen werden soll, Erfahrung, die zum Erfolg verhilft. Dies und nichts anderes ist auch Ziel und Absicht dieses Buches. Vielfach ist nämlich von angehenden Praktikern die

Forderung gestellt worden, man möge sie nicht nur mit wissenschafltichen Theorien vertraut machen, sondern man solle ihnen auch praktische Tips und Hinweise geben, wie sie mit der konkreten Situation fertig werden und wie sie sich praktisch verhalten sollen. Was die angehenden Praktiker fordern, ist das Handwerk, sind die Fertigkeiten, Erfahrungen, Kniffe und Tricks dieses Handwerks „Kriminalistik", das eines der schwierigsten Handwerke überhaupt ist, ist doch der Mensch das Material, das bearbeitet wird, und der Mensch der, mit dem es geschieht. Dieses Buch will also nicht wissenschaftliche Erkenntnisse vereinfacht darstellen und Ihnen näherbringen, sondern es will Ihnen jene Erfahrung vermitteln, die in der Praxis zum Erfolg geführt hat, wobei nicht immer begründet werden kann, warum das so war. Einfach nach dem Grundsatz: Was Erfolg bringt, muß richtig sein. Erfahrung zu vermitteln ist schwierig, ist nur bedingt möglich, dieses Hindernis ist mir bekannt. Wenn ich es dennoch versuche, so deshalb, weil es mir ein echtes Anliegen ist, wie es Hans Groß, dem großen Lehrmeister der Kriminalistik, eines war. Die Kriminalistik hat inzwischen Fortschritte gemacht, die Art und Weise, wie der Kriminalist an einen Fall herangeht, hat sich aber nicht geändert. Und jene wissenschaftlichen Erkenntnisse, die diesen Fortschritt gebracht haben, versuche ich Ihnen so zu vermitteln, daß Sie einfach verstehen, warum etwas so ist und nicht anders. Ich kann nur hoffen, daß mir dies wenigstens halb so gut gelingt, wie es damals Hans Groß gelungen ist. Wenn ich Sie als Leser immer direkt anspreche, so hat das seinen Grund. Spätestens dann, wenn Sie das Kapitel über Vernehmungstechnik und Vernehmungspsychologie lesen, werden Sie ihn erkennen und verstehen. Ich hoffe sehr, daß Sie das Buch nicht schon vorher weggelegt haben, denn auch ein Fachbuch soll so interessant sein, daß es zum Weiterlesen anregt, es soll Wissen vermitteln, aber nicht langweilen.

Gehen wir also gemeinsam an die Arbeit und hoffen wir, daß sie gelingt!

Der Verfasser

ALLGEMEINE GRUNDSÄTZE

Kriminalistische Tätigkeit ist auf Erfolg ausgerichtet, ja ohne den Willen zum Erfolg nicht denkbar. Dennoch haben nicht alle Kriminalisten Erfolg. So wie es bei den Ärzten gute und schlechte gibt, gibt es sie auch bei den Kriminalisten. Ein mit aller Autorität des Staates ausgestatteter Kriminalpolizist versagt, und ein ohne jede Machtbefugnis auftretender Privatdetektiv kommt zum Erfolg in der gleichen Sache. Wie Sie jetzt richtig einwenden werden, kann er einfach Glück gehabt haben, es bleibt aber die Tatsache bestehen, daß es Kriminalisten gibt, die viel Erfolg haben und solche, die wenig oder gar keinen haben. Das läßt sich nicht immer mit Glück und Zufall allein erklären, denn Erfolg hat auf lange Sicht nur der Tüchtige, das sagt schon die Volksweisheit. Was unterscheidet also den erfolgreichen Kriminalisten von dem nicht erfolgreichen? Gibt es allgemeine Grundsätze und Regeln, die eingehalten werden müssen, oder ist alles nur eine Frage des Talents? Wenn wir uns mit dieser Frage beschäftigen, müssen wir zuerst klären, was wir unter Talent verstehen wollen. Talent als ererbte Fähigkeit, ein bestimmtes Wissen und Können leichter zu erwerben als andere, oder Talent als angeborene Begabung einer schöpferischen Fähigkeit, die anderen versagt bleibt. Nehmen wir ersteres an, so mag sich zwar ein talentierter Kriminalist leichter tun als andere weniger talentierte, aber kriminalistisch erfolgreiches Denken und Handeln erscheint dann grundsätzlich als eine erlernbare Fähigkeit. Neigen wir zur zweiten Auffassung, dann würden wir die kriminalistische Tätigkeit in den Bereich der rein künstlerisch schöpferischen verweisen und müßten resignieren. Wir müßten als gegeben annehmen, daß es eben geborene Kriminalisten gibt, so wie es Dichter, Maler Komponisten und Bildhauer gibt, und geborene Nichtkriminalisten. Doch Gott sei Dank ist es nicht ganz so, denn Kriminalistik ist erlernbar und ist in der Praxis übertragbar. Spätestens jetzt haben Sie es wahrscheinlich auch erkannt: Kriminalistisches Denken ist eine besondere Art zu denken, aber eine durchaus erlernbare Art zu denken. Es hat unbestritten ein schöpferisches intuitives Element, das der Phantasie, und ein nüchternes verstandesmäßiges, das der Logik und Beachtung der Wahrscheinlichkkeit, in sich. Der erfolgreiche Kriminalist denkt gewissermaßen schizophren, die schöpferische Phantasie entwickelt eine Unzahl von denkbaren Möglichkeiten, die ein bestimmtes gegebenes Tatbild erklären und der logisch arbeitende nüchterne Verstand wählt aus ihnen die nach der Erfahrung und Wahrscheinlichkeit richtige aus. Diese Möglichkeit verfolgt er dann zuerst. Auf eine Kurzformel gebracht, kann man Kriminalistik also definieren:

KRIMINALISTIK IST DURCH LOGIK GEBREMSTE PHANTASIE,

wobei hier Logik auch für Beachtung der Wahrscheinlichkeit und Erfahrung steht. Es gibt also im kriminalistischen Denken zwei gegensätzliche Komponenten, die jede für sich allein nicht imstande sind, den gewünschten Erfolg herbeizuführen, die aber dann, wenn sie sich wechselseitig beeinflussen und in ihrer Kraft aufheben und ergänzen, wenn sie ins Gleichgewicht kommen, ein Optimum an Erfolg garantieren. Damit sind wir aber bereits in dem Bereich der fernöstlichen Philosophie, nämlich des Taoismus, gelandet. Auch hier wirken die Kräfte des „Ying“ und des „Yang“ einander entgegen, und der Idealzustand ist erreicht, wenn sie sich gegenseitig aufheben und einen harmonischen Ruhezustand herbeiführen. Jede Störung dieses Gleichgewichtes bedeutet auch eine ungünstige Beeinflussung des Gesamtzustandes. Kriminalistisches Denken hat sehr viel mit dem taoistischen zu tun!

Doch nun von diesem philosophischen Abstecher zurück in die Praxis. Wir haben uns überlegt, daß eine bestimmte Art zu denken für den kriminalistischen Erfolg ausschlaggebend sein kann und muß. Sehen wir uns das an einem Fall an, der sich tatsächlich ereignet hat:

In der Kleinwohnung eines Pensionistenheimes wird die in einer großen Blutlache liegende Leiche einer 75jährigen Frau aufgefunden. Die Leiche liegt auf dem Rücken und weist Einstiche in der Brustgegend auf. Die vermutliche Tatwaffe, ein Küchenmesser, liegt neben der Leiche. Als die Leiche aufgefunden wurde, war die Wohnung versperrt, in der Wohnung selbst wurde kein Schlüssel gefunden. Die Fenster waren geschlossen und verriegelt.

Wir haben also eine versperrte Wohnung, in der sich eine Leiche mit mehreren Einstichen befindet, und in der sich auch das offensichtlich zur Tat verwendete Messer befindet, aber wir haben in der Wohnung keinen Schlüssel und wir müssen nun die Möglichkeiten eines Tatgeschehens herausfinden, die das gegebene Tatbild widerspruchsfrei erklären. Wir benötigen also vorerst Phantasie und Vorstellungsvermögen und müssen uns die denkbaren Varianten ausdenken: Dies sieht so aus:

Variante I, es gibt einen Täter:

a) Der Täter hat die Frau erstochen, die Wohnung versperrt und den Schlüssel mitgenommen.
b) Der Täter hat die Frau erstochen, die Wohnung versperrt und den Schlüssel außen stecken lassen, eine dritte Person hat den Schlüssel an sich genommen. (Weitere Varianten mit dritten Personen, die den Schlüssel weitergegeben haben, sind möglich.)
c) Es gibt mehrere Täter, einer hat die Frau erstochen, der andere hat die Türe versperrt und den Schlüssel mitgenommen. (Auch hier sind weitere Varianten möglich.)

d) Es gibt einen oder mehrere Täter, die die Frau erstochen haben, sie haben aber den Schlüssel in der Wohnung zurückgelassen, eine später in die Wohnung kommende dritte Person, etwa ein Einschleichdieb, hat den Schlüssel an sich genommen und die Wohnung versperrt usw.

Wie Sie merken, lassen sich noch viele Varianten und Spielarten finden, die jede für sich das Tatbild erklären, alle haben sie aber eines gemeinsam, nämlich daß es überhaupt einen Täter gibt. Gehen wir daher zur

Variante II, es gibt keinen Täter:

a) Die Frau hat die Wohnung von innen versperrt, sie hat dann den Schlüssel in die Klosettmuschel geworfen und hinuntergespült, dann hat sie sich selbst erstochen.
b) Die Frau hat die Wohnung von innen versperrt, sie hat den Schlüssel beim Fenster hinausgeworfen und das Fenster wieder verriegelt, dann hat sie sich selbst erstochen. (Hier sind wieder viele weitere Varianten möglich, ein Kind hat den Schlüssel mitgenommen, ein Hund im Maul weggetragen, ein Gartenarbeiter ohne es zu merken auf den Komposthaufen geworfen usw.)
c) Die Frau hat sich selbst erstochen, aber vorher die Wohnung nicht versperrt, eine andere Person hat den Schlüssel an sich genommen und die Wohnung versperrt. (Auch hier sind viele weitere Untervarianten möglich, es kann ein Dieb, der Briefträger, der Arzt von der Rettung, ein Hausbediensteter gewesen sein usw.)

Auch bei Variante II lassen sich also viele weitere Möglichkeiten denken, allen ist aber wieder gemeinsam, daß sich die Frau selbst erstochen hat. Damit sind aber noch nicht alle Varianten erschöpft, denn es gibt noch die

Variante III, es gibt keinen Mörder, aber einen Täter:

a) Die Frau ist an einen Herzanfall verstorben, später hat ein Geistesgestörter die Leiche gestochen und die Schlüssel mitgenommen.
b) Die Frau hat sich selbst vergiftet, ein später kommender Täter hat die Leiche gestochen usw.

Sie merken: Phantasie vorausgesetzt, lassen sich immer weitere Varianten finden, etwa die

Variante IV, es gibt einen Mörder und einen Täter:

a) Der Mörder hat die Frau vergiftet, ein später kommender Täter hat die Leiche gestochen.
b) Der Mörder hat die Frau erschlagen, der spätere Täter die Leiche gestochen usw.

Wir wollen an dieser Stelle abbrechen, denn so unbegrenzt die Phantasie ist, ebenso unerschöpflich bietet sie uns neue Versionen,

Varianten und Spielarten einer Grundversion. Es gilt daher aus den angebotenen Versionen nunmehr nüchtern und sachlich die wahrscheinlichste auszuwählen. Haben Sie es schon getan? Ja? Welche Version glauben Sie, daß damals drei Kriminalisten ausgewählt haben? Der Fall ist wegen der getroffenen Auswahl in die Kriminalgeschichte eingegangen. Nun ich will Sie nicht auf die Folter spannen: ein erfahrener Arzt, ein Jurist und ein Kriminalbeamter haben sich für die Variante IIa entschieden! Die Kriminalisten waren also zur Überzeugung gelangt, daß die Frau sich selbst erstochen hatte und vorher den Schlüssel im Klosett hinuntergespült hatte. Sie sagen, das ist unmöglich, zu so einer Entscheidung konnten sie doch gar nicht kommen? Nun, sie sind es aber doch und wir können aus dem Fall, der damals in der Presse großes Aufsehen errregt hatte, nur lernen. (Übrigens: Der Täter, es war der Neffe der Frau, wurde später ausgeforscht, und es stellte sich heraus, daß Raubmord vorlag).

Analysieren wir also diesen Fall, und wir werden erkennen, daß es kriminalistische Grundsätze und Regeln gibt, die unter keinen Umständen verletzt werden dürfen. An Phantasie hat es jenen Kriminalisten, die zu einer Fehlentscheidung gekommen waren, offenbar nicht gemangelt, denn die gewählte Version setzt bereits beträchtlich viel Phantasie und Vorstellungsvermögen voraus. Also lag es an der fehlenden nüchternen Abwägung des Verstandes, daß einer eher unwahrscheinlichen Variante der Vorzug gegeben wurde. Es mußten demnach Faktoren gegeben gewesen sein, die für sich allein oder im Zusammenwirken mit anderen die Fehlbeurteilung bewirkten. Über diese Faktoren werden wir zu den Grundsätzen gelangen. Was war nun damals geschehen?

Zunächst war die polizeiliche Kommission zu einem „Selbstmord" berufen worden. Der Verwalter des Pensionistenheimes meldete der Polizei telephonisch, daß „sich die Frau N. N. erstochen habe". Damit kam bereits ein Faktor zum Tragen, den wir als die

suggestive Kraft des Ersturteils

bezeichnen wollen. Noch ehe die polizeiliche Kommission selbst am Tatort eingetroffen war, hatte bereits eine andere Person — in diesem Fall der Verwalter des Pensionistenheimes — eine Wertung der gegebenen Tatortsituation vorgenommen, ein Vor-Urteil gefällt. Dieses Vor-Urteil war den Kriminalisten bekannt und wurde von ihnen insofern übernommen, als sie zum Tatort in der **Erwartung** fuhren, einen Selbstmordfall untersuchen zu müssen. Wer aber etwas zu sehen erwartet, der sieht es dann auch meist! Jede Suggestion funktioniert erst über eine schon vorhandene innere Bereitschaft und Erwartung, erst diese Erwartung macht uns anfällig für den Inhalt der Suggestion. Im konkreten Fall wurde am Tatort die suggestive Kraft des Ersturteils noch durch die Angabe des Verwalters verstärkt, daß die Frau N. N. in letzter Zeit mehrmals unkonkrete

Selbstmordabsichten geäußert habe, die man aber nicht ernst genommen habe. Die Kriminalisten **erwarteten** einen Selbstmordfall zu sehen, das bedeutete aber wieder, daß sie ihn unbewußt sehen **wollten** und sahen, da sie die doch eher unwahrscheinliche Version des Selbstmordes und des in die Klosettmuschel geworfenen Schlüssels auswählten und akzeptierten. Wir haben aber bereits einen wichtigen kriminalistischen Grundsatz herausgefunden, den es zu beachten gilt, noch ehe wir an die Untersuchung eines Kriminalfalles selbst herangehen:

I: KEIN VOR-URTEIL ÜBERNEHMEN
und
VERSTÄNDIGUNGEN NEUTRAL HALTEN!

Nun liegt es aber im Wesen einer suggestiven Kraft, daß sie sich verstandesmäßig nicht ausschalten läßt. Auch bei Beachtung des Grundsatzes wird sich nicht vermeiden lassen, daß Sie unbewußt doch vom Vor-Urteil beeinflußt werden. Wenn Sie aber von dieser Gefahr einer suggestiven Beeinflussung wissen, können Sie sich **bewußt** kritisch gegenüber Ihren ersten Feststellungen und Vermutungen am Tatort verhalten. Der Wert der Beachtung dieses Grundsatzes liegt daher im Wissen um die Gefahr der suggestiven Kraft des Ersturteils. Gegenüber anderen können Sie die Gefahr voll eliminieren, indem Sie die Verständigungen wertfrei und neutral gestalten. In unserem Fall also: „Leiche mit Stichverletzungen in der Brust", oder noch besser: „Leiche mit blutenden Verletzungen". Mit „Erstochene Frau" würden Sie bereits eine Wertung der Tatortsituation vornehmen, die zwar im konkreten Fall wünschenswert gewesen wäre, die aber grundsätzlich nicht zweckmäßig ist. Niemals aber dürfen Sie Verständigungen durchgeben, wie: „Selbstmord durch Erhängen" oder „Selbstmord durch Erschießen" oder „Auslageneinbruch", sondern immer: „Leiche mit Schußverletzung", „Erhängter" und „Eingeschlagene Auslagenscheibe". Bleiben wir aber bei unseren Fall. Wir haben bereits festgestellt, daß von einer Fülle von Möglichkeiten, die das Tatbild erklären, eine ausgewählt wurde, die sich nachträglich als nicht richtig erwiesen hat. Entsprechend dem Gesetz der Logik konnte es aber nur eine richtige geben, die aber nicht gefunden wurde. Wenn wir als grundsätzlich richtig und wünschenswert erkannt haben, daß wir ein möglichst großes Bündel von Möglichkeiten zur Erklärung einer vorgefundenen Tatortsituation zur Verfügung haben, so lag es im konkreten Fall an der nicht richtig vorgenommenen Elimination der nicht zutreffenden. Einen Grundsatz haben wir bei unserer Untersuchung bereits herausgearbeitet, rein gefühlsmäßig haben Sie sich aber bereits auch gefragt: „Warum wurde denn nicht vorerst Mord mit Sicherheit ausgeschlossen?" Ich gratuliere Ihnen, denn Sie sind selbst auf einen der wichtigsten Grundsätze der Kriminalistik gestoßen! Er lautet nämlich:

II: SIND MEHRERE LÖSUNGEN DENKBAR, DANN ZUERST DAS SCHWERWIEGENDERE ANNEHMEN!

Nur dann nämlich, wenn Sie vorerst die gravierendere Möglichkeit überhaupt in Erwägung ziehen, sichern Sie sich davor ab, daß Sie leichtfertig eine harmlosere Erklärung eines Tatgeschehens akzeptieren. Wer bei jedem Todesfall, den er untersucht, zuerst die Möglichkeit überprüft, ob ein Mordfall vorliegen könnte, der zwingt sich selbst zur Genauigkeit und Gründlichkeit. Denn erst dann, wenn sämtliche vorliegenden Tatsachen und Umstände **gegen** einen Mordfall sprechen, darf diese Möglichkeit eliminiert werden und auf die nächstschwerer denkbare übergegangen werden. Sie müssen sich also schrittweise selbst beweisen, daß die schwerwiegendere denkbare Möglichkeit nicht gegeben ist. Nur so schützen Sie sich vor Unterlassungsfehlern. Wir werden bei der Besprechung des Verhaltens am Tatort noch auf die Wichtigkeit dieses Vorgehens zurückkommen. Vorweggenommen aber sei, daß nur Spuren gesichert werden können, die Sie überhaupt suchen. Wenn Sie bei einem Brandfall **nicht** in Erwägung ziehen, daß der Brand gelegt worden sein könnte, werden Sie auch **nicht** nach Spuren einer Brandlegung suchen, weil Sie deren Nichtvorhandensein bereits als gegeben erachten. Wir sind jetzt bereits auf einen weiteren Grundsatz gestoßen, nämlich den:

III: UNTERSUCHUNG GENAU UND GRÜNDLICH DURCHFÜHREN!

Wie wir bereits erkannt haben, hängt die Einhaltung dieses Grundsatzes unmittelbar mit der Einhaltung des zuvor gefundenen zusammen. Nur wer zuerst grundsätzlich das Schwerwiegendere überhaupt in Erwägung zieht, zwingt sich selbst dazu, daß er die Untersuchung des Kriminalfalles auch wirklich genau und gründlich durchführt, muß er ja zuerst beweisen, daß der schwerwiegendere Verdacht nicht aufrechtzuerhalten ist. Somit hängt die Beachtung des einen Grundsatzes sehr eng von der eines anderen ab. Was für alle gilt! Wie Sie bereits sicher selbst erkannt haben, sind wir bei der Analyse einer kriminalistischen Fehlentscheidung — und nur aus Fehlern kann man lernen — darauf gestoßen, daß bisher faktisch alle kriminalistischen Grundsätze nicht beachtet worden sind. Dies aber nicht, weil die damals amtierenden Kriminalisten völlig unfähig waren, sondern weil eben die Nichtbeachtung **eines** Grundsatzes mit geradezu teuflischer Automatik die Nichtbeachtung der **anderen** mit sich zieht. Lesen Sie sich die Ableitung der bisher gefunden Grundsätze nochmals durch, und Sie werden mir zustimmen. Im konkreten führte die durch die Nichtbeachtung des Grundsatzes I bedungene Nichtbeachtung des Grundsatzes II dazu, daß auch Grundsatz III nicht eingehalten wurde und die Untersuchung von Leiche und Tatort nur noch flüchtig vorgenommen wurde. Weil eben davon ausgegangen wurde, daß Selbstmord gegeben war und

Mord überhaupt nicht mehr in Erwägung gezogen wurde, verzichtete man auf eine Untersuchung des Rückens der Leiche und übersah, daß es Ausstiche gab (der Täter hatte mit ungeheurer Wucht zugestochen), ebenso wie man die Einstiche des Messers im Plastikboden übersah. Die Ausstiche wurden erst bei der Obduktion, die Einstiche im Boden erst beim Wegwaschen der Blutlache bemerkt. Sie werden sich nun wieder fragen: „Ja, bei soviel Blut, hätte sich da der Verdacht auf Mord nicht geradezu aufdrängen müssen?" Nein, denn es kam ein weiterer negativer Faktor zur Auswirkung. Die Verständigung der Kriminalpolizei erfolgt knapp vor Dienstende, die Untersuchung der Leiche bereits nach Dienstende. Der Arzt mußte in seine Ordination, Jurist und Kriminalbeamter hatten private Verpflichtungen, alle waren somit darauf eingestellt, die Untersuchung möglichst rasch zu Ende zu bringen. Sie hatten wenig Zeit. Wenig Zeit ist aber das Gegenteil von Genauigkeit! Das wußte auch schon der Altmeister der Kriminalistik, Hans Groß, der immer wieder hervorhob, daß der Kriminalist sich Zeit lassen müsse. Ja er ging so weit, daß er dem Kriminalisten warme Kleidung bei kalter Witterung vorschrieb, damit er nicht in Versuchung geriet, schlampig zu arbeiten, nur um rasch wieder zurück in die Wärme zu kommen. Hans Groß mochte vielleicht die moderne Psychologie unbekannt gewesen sein, aber ein Menschenkenner war er. Und ein weiser Mann, denn er wußte um die Schwächen der Menschen und auch der des Kriminalisten.

Denn ein psychologisch wirkender Faktor war im konkreten Fall sicher die Zeitnot. Um einen modernen Ausdruck zu gebrauchen: Die Kriminalisten standen unter Zeitstreß. Ein weiterer psychologisch wirkender Faktor war aber auch der Umstand, daß eine genaue Untersuchung der Leiche unbequem war. Vergessen wir nicht, die Leiche lag in einer riesigen Blutlache. Sie vollständig zu entkleiden und umzudrehen bedeutete, in das Blut zu steigen und in das Blut zu greifen. Wer macht das schon, wenn er unter Zeitdruck steht und bereits überzeugt ist, daß es unnötig ist? Sagen wir nicht, daß wir solche menschlichen Schwächen nicht hätten, fragen wir uns lieber, wie wir uns dagegen schützen können. Hier gibt es nur eine Antwort: Selbstdisziplin und Einhaltung einer absichernden Routine, oder wieder, daß der Grundsatz III unter allen Umständen eingehalten werden muß. Im konkreten Fall, wie bei allen Untersuchungen von Todesfällen, bedeutet dies: Die Leiche vollständig zu entkleiden und den ganzen Körper auf Verletzungen zu untersuchen. Routinemäßig auch auf äußerlich feststellbare Veränderungen, die auf Gifteinwirkung, etwa Kohlenmonoxyd, hindeuten. Routine schützt vor Unterlassungen und zwingt zur Vollständigkeit. Machen Sie sich eine Checkliste! Flugzeugtechniker wissen, warum sie Punkt für Punkt vorgehen, ehe sie eine Maschine für startklar erklären. Je mehr Punkte eine Routineuntersuchung umfaßt, um so höher ist die durchschnittliche Qualität des Ergebnisses. Der Wert und die Bedeutung einer solchen Checkliste, nach der vorgegangen werden soll, wurde in der Kriminalistik frühzeitig erkannt, was ja auch kein Wunder ist. Nach Joachim Jakob Dasies sprechen wir von den „7 goldenen W", nach denen der Kriminalist beim ersten Angriff vorzugehen hat, wobei man unter erstem Angriff die unmittelbar nach Bekanntwerden eines Verbrechens getroffenen Maßnahmen zur Aufklärung desselben zu verstehen hat. Es braucht ja wohl nicht näher ausgeführt werden, daß kriminalistischer Erfolg oder Mißerfolg in sehr hohem Maße, wenn nicht sogar ausschließlich, von diesen ersten Maßnahmen abhängig ist. Wird zum Beispiel ein Mord nicht im ersten Angriff — und hier rechnet man einen Zeitraum von etwa 48 Stunden — geklärt, so sinkt die Chance, daß er noch geklärt werden kann, bereits rapide ab. Gelingt es nicht, den Mordfall dann innerhalb eines Zeitraumes von 1 bis 2 Monaten zu lösen, wobei die Lösung nun durch intensive systematische Erhebungen erfolgt, dann bleibt die Klärung bereits dem Zufall überlassen. Die Checkliste der „7 goldenen W" soll dabei helfen, den so bedeutsamen ersten Angriff richtig zu führen. Weil diese erste Checkliste der Kriminalistik solche Bedeutung erlangt hat, daß sie auch als wiederholbar und abgesichert Einzug in die Wissenschaft der Kriminologie gehalten hat, wollen wir sie uns etwas genauer ansehen. In der Sprache der Wissenschaft, dem Latein, lautet diese Checkliste:

Qis? Quid? Ubi? Quibus auxiliis?
Cur? Quomodo? Quando?

Alte Lateiner unter Ihnen werden es bereits längst erkannt haben: Es handelt sich um einen Hexameter und schon die Kriminalisten des alten Rom gingen nach ihm vor, übersetzt bedeutet er:

Wer?

Wer ist der Täter? Wer ist das Opfer? Ihre allererste Frage am Tatort gilt dem Täter, haben Sie Glück, können Sie den Fall so rasch klären. Über die Identität des Opfers können Sie zu einem Motiv des Täters und über dieses wieder zu ihm gelangen.

Was?

Was ist geschehen? Ein Raub? Ein Mord? Qualifizieren Sie das Tatgeschehen richtig, etwa, daß ein Homosexueller in Raubabsicht ermordet wurde, dann können sie mit Ihren Nachforschungen gezielt ansetzen.

Wo?

Wo ist es geschehen? Kann aus den besonderen Umständen des Tatortes ein Anhaltspunkt zur Ausforschung des Täters gefunden werden? Handelt es sich überhaupt um den eigentlichen Tatort? Oder ist der Auffindungsort der Leiche nicht der Tatort? Diese Frage ruft Ihnen die Bedeutung des Tatortes nachhaltig in Erinnerung.

Mit welchen Hilfsmitteln?

Welche Waffen hat der Täter verwendet? Welche Werkzeuge

beim Einbruch? Kennen Sie die Hilfsmittel des Täters, können Sie den Täterkreis sehr oft einengen.

Warum?

Es ist die Frage nach dem Motiv des Täters, kennen Sie es, dann können Sie den Täter mit großer Wahrscheinlichkeit bereits gezielt suchen.

Auf welche Art und Weise?

Es ist die Frage nach der Arbeitsweise des Täters, nach seinem modus operandi. Kennen Sie die spezielle Arbeitsweise des Täters und ist sie sehr individuell, können Sie einen schon bekannten Täter mit eben dieser Arbeitsweise in Betracht ziehen.

Wann?

Wann ist es geschehen? Es ist die Frage nach der genauen Tatzeit, die wohl älteste und wichtigste Frage der Kriminalistik überhaupt. Ist die Tatzeit bekannt, können Tatverdächtige über den Alibinachweis ausgeschlossen werden und der Täter überführt werden, weil er kein Alibi nachweisen kann.

Sie sehen also, der Wert einer Checkliste wurde schon frühzeitig erkannt und als eherner Bestandteil in die Kriminologie aufgenommen. Das wissen aber auch Ihre Vorgesetzten, und versuchen, dem durch die Ausarbeitung von speziellen internen Vorschriften Rechnung zu tragen. Sie selbst aber können sich mit einer solchen Checkliste ein Sicherheitsnetz schaffen, das Sie davor bewahrt, daß Sie über eine Unterlassung abstürzen.

Weil wir den Vorgesetzten schon erwähnt haben, warum ist eigentlich ihm in unserem konkreten Fall des Mordes an der Frau im Pensionistenheim nicht aufgefallen, daß da kriminalistische Ausschußware produziert worden war? Er mußte doch den Bericht gelesen und gegengezeichnet haben? Nun, er hatte wenig Chancen zu erkennen, welche Fehlleistung da vorlag. die Nichtbeachtung eines weiteren Grundsatzes machte das unmöglich. Wir wollen diesen Grundsatz vorwegnehmen:

IV. TATSACHEN UND VERMUTUNGEN STRIKT TRENNEN!

In unserem konkreten Fall war **Tatsache**, daß es eine Leiche mit Stichverletzungen gab, war **Tatsache**, daß diese Leiche in einer versperrten Wohnung aufgefunden worden war, und war **Tatsache**, daß der Schlüssel fehlte. **Vermutung** war, daß die Frau die Wohnung selbst versperrt hatte, **Vermutung** war, daß sie den Schlüssel im Klosett hinuntergespült hatte, und **Vermutung** war, daß sie sich selbst umgebracht hatte. Im Bericht über die vorgenommenen Untersuchungen wurden aber nun Tatsachen und Vermutungen vermengt, waren nicht mehr als solche zu erkennen. Die Vermutungen wurden als Tatsachen hingestellt: „... die Frau versperrte ihre Wohnung, nahm dann den Schlüssel und warf ihn in die Klosettmuschel. Sie betätigte dann die Spülung und nahm schließlich das Küchenmesser und stieß es sich in selbstmörderischer Absicht mehrmals in die Brust...". Können Sie nun herauslesen, auf Grund **welch** festgestellter Tatsachen der Berichtschreiber zum Ergebnis gekommen ist, warum sich alles nur so und nur so abgespielt haben konnte? Nein! Weil Sie eben nicht wissen, wie der Berichtverfasser zu diesem Ergebnis gekommen ist, weil Sie die dem Ergebnis zugrundeliegenden Tatsachen nicht kennen und auch nicht erkennen können. Es können die Tatsachen wie im konkreten Fall sein, sie müssen es aber keineswegs sein. Genau so gut könnte es möglich sein, daß gleich fünf unbedenkliche Zeugen den Vorgang beobachtet hatten, oder daß die Tat durch eine mitlaufende Videokamera aufgezeichnet wurde. Auch dann würde der Bericht lauten: „... die Frau versperrte ihre Wohnung ... usw." Dadurch, daß Tatsachen und Vermutungen nicht auseinandergehalten wurden, ging auch die Kontrollmöglichkeit verloren, und damit auch die letzte mögliche Absicherung. Damit wir uns verstehen: Es ist durchaus zulässig und erwünscht, daß der Kriminalist Vermutungen und Schlußfolgerungen zieht, aber beide müssen als solche zu erkennen sein, damit sie von den Tatsachen auseinandergehalten werden können. Sie sind der Ansicht, daß das eigentlich selbstverständlich ist? Ist es aber leider nicht. Immer wieder tauchen Stilblüten wie „Der Tote kletterte in selbstmörderischer Absicht auf einen Baum und ..." in Erhebungsberichten auf. Eine Erklärung für dieses Phänomen ist nicht nur die Unkenntnis des Grundsatzes als solchen, sondern sicher auch der Umstand, daß seine Einhaltung mehr Arbeit bringt. Denn werden Vermutung und Tatsache zusammengefaßt, braucht nur noch halb soviel geschrieben zu werden, als wenn dies nicht geschieht. Eigentlich sogar nur ein Drittel, denn der korrekte Kriminalist muß anschließend an Tatsachen und Vermutungen noch die Rekonstruktion bringen. Hiezu kommt, daß viele Kriminalisten sich oft verpflichtet fühlen, daß sie eine vollständige Erklärung für ein Tatgeschehen bieten, auch wenn diese auf Grund der festgestellten Tatsachen nicht, oder noch nicht, möglich ist, Sie sind keineswegs der schlechtere Kriminalist, wenn Sie ehrlich zugeben, daß eine eindeutige Erklärung des Tatgeschehens nicht möglich ist, Sie sind der bessere! Jedenfalls halten sie sich aber eine Absicherung offen, denn ein anderer mit möglicherweise größerer Erfahrung, der Ihren Bericht liest, muß nicht unbedingt zu jenen Schlußfolgerungen kommen, zu denen Sie selbst gekommen sind.

Wenn wir nun den Fall der im Pensionistenheim ermordeten Frau nochmals überdenken, so stellen wir erschrocken fest, daß alle von uns gefundenen Grundsätze kriminalistischen Denkens und Handelns nicht beachtet wurden. Aber es liegt eben in der schon erwähnten teuflischen Automatik, die Einhaltung des einen Grundsatzes führt zu der des anderen und umgekehrt. Daraus erklärt sich auch die jeden erfahrenen Praktiker bekannte Tatsache, daß, wenn etwas schief geht, alles schief geht. Aber ein Mißerfolg allein bedeutet noch nicht Unfähigkeit desjenigen, der diesen Mißerfolg hatte. Auch der beste Handwerker produziert einmal Ausschußware, so auch derjenige, der eines der schwierigsten Handwerke ausübt, der Kriminalist.

Aber gerade über die Analyse einer solchen Ausschußware haben wir die wichtigsten Grundsätze gefunden und deren Bedeutung erkannt. Wir stellen sie daher nochmals zusammen:

I: Kein Vor-Urteil übernehmen, Verständigungen neutral halten!

II: Sind mehrere Lösungen denkbar, dann zuerst die schwerwiegendere annehmen!

III: Die Untersuchung genau und gründlich führen!

IV: Tatsachen und Vermutungen strikt trennen!

Prägen Sie sich diese Grundsätze so ein, daß Sie Ihnen in Fleisch und Blut übergehen, sie gelten nämlich für den gesamten Bereich der Kriminalistik, für die Untersuchung eines Mordfalles ebenso wie für die eines Einbruchdiebstahles, denn es sind **allgemeine** Grundsätze.

Wenn es nun aber in der Kriminalistik allgemein gültige Grundsätze gibt, wären dann bei strikter Beachtung dieser Grundsätze nicht alle Kriminalisten gleich erfolgreich? Die klare Antwort lautet: Nein. Erinnern wir uns, wovon wir ausgegangen sind: Es war die Definition der Kriminalistik als eine durch Logik gebremste Phantasie. Zwei Komponenten bestimmen also in gemeinsamen Zusammenwirken den erfolgreichen Ausgang, die schöpferische Phantasie und der nüchterne logische Verstand. Beide können aber nur mit dem arbeiten, was wir in unserem Gehirn an Informationen, also Wissen, gespeichert haben. Wenn Sie ein spezifisches Gift und dessen ebenso spezifische Wirkung überhaupt nicht kennen, können sie sich weder in Ihrer Phantasie vorstellen, daß es angewendet wurde, noch können sie auf Grund eben dieser notwendig vorausgesetzten Kenntnis seine Anwendung ausschließen, weil Sie die Symptome seiner Anwendung nicht für gegeben erachten. Beide Komponenten sind demnach vom Wissen abhängig. Das Wissen bildet einerseits die Bausteine für die schöpferische Kraft der Phantasie und liefert andererseits die Argumente für den nüchtern denkenden logischen Verstand, der das Bauwerk auf seine Tauglichkeit überprüft. Haben Sie ein breitgefächertes fundiertes Wissen, sind Sie anderen gegenüber, die es nicht haben, im Vorteil, wobei in der Hauptsache — wenn auch nicht ausschließlich — Kenntnisse der naturwissenschaftlichen Disziplinen bestimmend sein werden. Daraus können wir aber wieder nur einen Schluß ziehen: Ein Kriminalist lernt nie aus! Wir wollen ihn zu unserem Leitspruch machen.

VERBRECHEN, MOTIV UND SCHULD

Ehe wir nun gemeinsam und unter Beachtung der gefundenen Grundsätze an die Aufklärung von Verbrechen gehen, erscheint es doch notwendig, daß wir uns mit dem Begriff des Verbrechens, der Motive seiner Begehung und der Schuld grundsätzlich auseinandersetzen.

Verbrechen gibt es erst, seit es den Menschen gibt, erst als der Mensch versuchte, die ehernen Naturgesetze, die das Überleben des Stärkeren vorsehen, auszuschalten und in Bahnen zu lenken, gibt es den Begriff des Verbrechens. Mit diesem Versuch, die Naturgesetze auszuschalten, befolgte der Mensch aber paradoxerweise eben dieses Naturgesetz. Denn erst dadurch, daß es für das einzelne Individuum in seiner Auswirkung gemildert war, war die Weiterentwicklung des Menschen und sein Überleben als Art gesichert, ja, er konnte sich zur beherrschenden Art aufschwingen. Die Erhaltung der Art hat nämlich in der Natur Vorrang vor der Erhaltung des Individuums, im konkreten Fall wurde sie aber durch eine Milderung des Kampfes der Einzelindividuen gegeneinander erreicht. Die Natur selbst kennt nicht den Begriff des Verbrechens, weil sie keine Wertung vornimmt, sondern sich nur den ehernen und vorgegebenen Gesetzen fügt. Der Fuchs, der ein Kaninchen reißt, der Falke, der eine Maus erbeutet, der Hirsch in der Brunft, der seinen Rivalen niederkämpft — sie alle handeln nicht aus einer Wertung heraus, sondern aus genetisch ererbten Verhaltensweisen, die sich als zweckmäßig erwiesen haben, um die Erhaltung des Individuums und über die richtige Zuchtwahl die der Art zu sichern. Eine Wertung des Verhaltens kam erst mit dem Verstand und der Entstehung des Persönlichkeitsbewußtseins. Aus dem genetisch ererbten Erfordernis, daß es die Art zu erhalten galt, wurde dem Menschen bewußt, daß die Sicherung der Grundbedürfnisse der Individuen innerhalb des Rudels die Überlebenschance des gesamten Rudels vergrößerte. Die internen Kämpfe fielen weg — und innere Einigkeit macht nach außen hin stark. Was im Wolfsrudel noch genetisch ererbtes Verhalten ist, führte der Mensch bewußt durch, er wurde zum „zoon politikon", zum Wesen, das in der Gemeinschaft lebte und sich Gesetze gab. Die ersten Gesetze, Normen und Vorschriften, die es gab, bezogen sich daher auf die sonst der Regelung durch Naturgesetz unterworfenen Bedürfnisse, auf Leben, Nahrung und Zuchtwahl. Das Leben, das Eigentum und die Sexualsphäre der Frau wurden unter Schutz gestellt, sie konnten nicht mehr willkürlich nach dem Recht des Stärkeren genommen werden. Aber die Durchsetzung dieser ersten Vorschriften erfolgte wieder nach dem Naturgesetz, nämlich dadurch, daß die Mehrheit stärker war als das Einzelindividuum, das diese Normen nicht zu beachten gewillt war, es wurde nur insgesamt eine höhere Ebene erreicht.

Daran hat sich im Grunde genommen bis heute nichts geändert, die aufgestellten Normen, seien sie nun moralischer oder gesetzlicher Art, wurden ausgefeilter und komplizierter, wie es auch die zu ihrer Einhaltung angewandten Methoden wurden. Immer aber gibt es noch einzelne Individuen, die sie nicht einhalten und immer noch ist die Gemeinschaft, die diese Individuen auszuschalten trachtet.

Warum nun diese etwas längere Überlegung? Nun, als Kriminalist muß Ihnen klar sein, daß diese Normen verstandesmäßig und gewollt, demnach **will**-kürlich aufgestellt wurden und daher von Kulturkreis zu Kulturkreis verschieden sind. Damit gibt es aber auch keinen einheitlichen Verbrechensbegriff. Homosexualität, Schändung und Blutschande können in dem einen todeswürdige Verbrechen sein und im anderen sind sie erwünscht und Gegenstand ritueller Handlungen. Heimtückischer Mord stellt in einem das schwerste Verbrechen überhaupt dar und ist im anderen als Blutrache moralische Pflicht. Es wurde immer schon von Philosophen versucht, ein allgemeingültiges Recht als „Göttliches Recht“ oder „Naturrecht“ abzuleiten beziehungsweise die These aufzustellen, daß über sein Gewissen jeder Mensch zur gleichen Rechtsauffassung kommen müsse. Als Kriminalist muß man sich aber an Tatsachen halten und Tatsache ist aber: auch das Gewissen und die Rechtsauffassung richtet sich nach dem Kulturkreis, in dem der betreffende Mensch aufgewachsen ist, die Erziehung und die Umwelt spielt da eine große Rolle und prägen sein Rechtsempfinden. Als Kriminalist haben Sie daher nur die Pflicht, daß Sie für die Einhaltung der Normen Ihres Staates, in dem Sie leben, sorgen. In dem Augenblick, wo Sie selbst zu werten beginnen und eine Norm für gut oder schlecht halten (denken Sie da an die Abtreibung), sind Sie nicht mehr Kriminalist, sondern Moraltheologe oder Politiker. Läßt es Ihr Gewissen nicht zu, daß Sie sich mit den Gesetzen identifizieren und für ihre Einhaltung sorgen (da denken Sie an die Nürnberger Rassegesetze), dann haben Sie nur eine Möglichkeit, nämlich die, daß sie nicht als Kriminalist in jenem Staat tätig sind, für den diese Gesetze Gültigkeit haben. Denn als Kriminalist, der die Einhaltung der Gesetze zu überwachen hat, müssen Sie diese selbst einhalten, sonst sind Sie nicht selbst Kriminalist, sondern Verbrecher. Das Verbrechen als solches ist demnach das Nichteinhalten der Normen, die die Gesellschaft aufgestellt hat, es ist ein abnormes und nicht erwünschtes Verhalten. Über seine Ursachen und Motive sind viele Bücher geschrieben worden, man hat den Triebverbrecher vom kalt berechnenden Berufsverbrecher und den wieder vom Leidenschaftstäter und Überzeugungstäter unterschieden und alle wieder untereinander klassifiziert und katalogisiert. All diese Versuche mußten scheitern, läßt sich doch menschliches Verhalten nicht katalogisieren und einordnen, dennoch brachten sie einen Fortschritt, führten sie doch auf das Kernproblem hin, das erst über die Gehirnforschung und Verhaltensforschung erkannt wurde: Es gibt zwei Grundursachen, zwei Grundmotive, zwei Komponenten des abnormen Verhaltens: Die genetisch ererbte Verhaltensweise und den entwicklungsgeschichtlich viel jüngeren Intellekt oder analytischen Verstand. Oder das Zwischenhirn und das Großhirn. Es gibt kein Verbrechen, an den nicht beide in irgend einer Form beteiligt sind, es verschiebt sich nur der jeweilige Anteil daran. Der Eifersüchtige, der seinen Nebenbuhler erschlägt, der Sexualverbrecher, der Gewalttäter aus einer Primitivreaktion heraus, sie handeln sicher mehr nach den Einflüssen der genetischen Vererbung. Und der Raubmörder, der Berufseinbrecher, die Ladendiebin, sie handeln nicht aus einer reinen Überlegung heraus, sondern auch in Befolgung des Naturgesetzes der Erhaltung des Individuums, kommen sie doch durch die Begehung des Verbrechens auf leichte Art zur Befriedigung der Grundbedürfnisse. Wie sehr komplex diese Vorgänge sind, beweisen die Zusammenhänge zwischen Sexualtrieb und Ladendiebstahl, von Bettnässen und Brandstiftung, von Menstruation und Selbstmord sowie Diebstahl und viele andere. Der vielfache Lustmörder, der in seiner Zelle Heiratsanträge von Frauen erhält, er spricht paradoxerweise ebenso den ererbten Instinkt des Weibchens an, das sich nur mit dem überlebensstärksten Männchen paaren will, wie es der Zuhälter tut, der seine Prostituierte in der Hand hat, oder der erfolgreiche Geschäftsmakler. Oder der Rockmusiker, oder der Nobelpreisträger, oder der Filmschauspieler usw.

Das Motiv einer Tat in einer der Komponenten allein zu suchen, ist daher falsch, wie es das Katalogisieren des Verbrechers ist. Als Kriminalist müssen Sie immer beide Komponenten vor den Augen haben, nur dann, wenn Sie keine der beiden ausschließen, sind Sie vor Irrtümern gefeit. Was aber nicht heißen soll, daß Sie auf eine Gewichtung verzichten dürfen. Denn haben Sie das deutliche Vorherrschen einer Komponente erkannt, dann können Sie mit Erfolg über diese Komponente den Täter suchen und bei der Einvernahme ansprechen. Weil Sie ihn dann nämlich v e r s t e h e n.

Unlösbar verbunden mit dem Verbrechen ist der Begriff der Schuld. Ohne Schuld gibt es nur die Tat, nicht aber das Verbrechen. Schuld in diesem Sinne bedeutet, daß dem Täter der Vorwurf gemacht werden kann, er hätte die Tat durch den hemmenden Einfluß seines Verstandes verhindern können. Konsequenterweise schließen demnach faktisch alle modernen Rechtsordnungen die Schuld nur dann aus, wenn zum Zeitpunkt der Tat der Verstand nicht vorhanden war. Es ist dies eine objektive Form der Beurteilung der Schuld, keine subjektive, rein auf die inneren Vorgänge im Täter abgestellte. Denn subjektiv hat der Lustmörder, der seinen Trieb nur durch das Wühlen in blutigen Eingeweiden eines ermordeten

Menschen befriedigen kann, keine andere Möglichkeit als zu morden, ebenso wie ein zum „Men eater" gewordener Tiger keine andere Möglichkeit hat, um zu Nahrung zu kommen. Objektiv gesehen, sind aber der Lustmörder und der menschenfressende Tiger unbestritten enorm gefährlich. Daher gingen alle frühen Rechtsordnungen in erster Linie von der Gefährlichkeit der Tat aus und damit von einem auf die Tat abgestellten Schuldbegriff, war nachgewiesen, daß der Täter die Tat begangen hatte, war auch seine Schuld gegeben. Im Gegensatz zu diesem extrem objektiven, nur auf die Tat abgestellten Schuldbegriff, neigen moderne Rechtsordnungen zu einem subjektiveren, aus dem Tatstrafrecht wurde ein Täterstrafrecht. Es wird nicht nur untersucht, ob der Täter die Tat begangen hat, sondern auch unter welchen Umständen und in welch geistiger Verfassung er sich zur Tatausführung befunden hat. Wobei aber ein Schuldausschließungsgrund auch heute nur dann gegeben ist, wenn als gegeben erachtet wird, daß der Täter zum Zeitpunkt der Tatausführung nicht im Besitze seines vollen Verstandes war. Insgesamt gesehen, hat sich für den Täter aber eines nicht geändert: ist er gefährlich, dann wird er aus der Gemeinschaft ausgeschlossen und isoliert, entweder im Gefängnis oder in der Irrenanstalt, entweder durch die Hinrichtung am Galgen oder durch Euthanasie, je nachdem, wie scharf die Gesetze sind. Die Bezeichnung ändert sich und die Art der Durchführung, nicht aber die Abwehrreaktion der Gemeinschaft.

Ob Tatstrafrecht oder Täterstrafrecht, für Sie als Kriminalist ändert das also nichts daran, daß Sie in erster Linie die Gefährlichkeit eines Täters im Auge haben müssen. Erst wenn die Gefahr für die Gemeinschaft ausgeschaltet ist, können Sie sich mit der Erforschung der persönlichen Schuld des Täters befassen. Zuerst gilt es, die Tat zu beweisen, und dann erst diese Frage zu klären. Auf diesen Anspruch der Allgemeinheit auf absolute Priorität der Sicherheit vergessen leider die Anhänger eines absolut täterorientierten Strafvollzuges, die aus lauter Sorge um das Wohlergehen des Täters und seiner Wiedereingliederung in die Gesellschaft den Schutz der Allgemeinheit vor dem Täter außer acht lassen.

Ebenso alt wie das Verbrechen selbst, ist auch der Gedanke, es durch Strafe zu verhindern. Sogar eine eigene Wissenschaft, die Pönologie, hat sich entwickelt, die sich damit befaßt. Der Grundgedanke ist der, daß durch die Androhung von existenzbedrohenden Dingen (dies ist im weitesten Sinne zu verstehen) verhindert wird, daß eine Tat begangen wird, um diese Existenz zu erhalten. Der Gedanke der Strafe appelliert und macht sich zunutze das Naturgesetz von der Erhaltung des Individuums. Wer weiß, daß er getötet wird, wenn er einen anderen tötet, der wird von der geplanten Tat Abstand nehmen. Das ist der Grundgedanke, die Abschreckung des potentiellen Täters. Auch er geht von der Überlegung aus, daß der Verstand des Menschen grundsätzlich in der Lage ist, die gefährlichen und unerwünschten Eingebungen der Triebe und Emotionen zu bremsen und zu unterdrücken. Dementsprechend kann (und wird) die abschreckende Wirkung einer angedrohten Strafe dann zum Erfolg führen, wenn die Beteiligung der verstandesmäßigen Komponente an der Entstehung des Entschlusses, eine Tat auszuführen, sehr hoch ist. Etwa beim Diebstahl. Wobei wieder zwei Faktoren bestimmend für die Abschreckung und tatsächliche Verhinderung des Verbrechens sind: Die angedrohte Strafe muß so hoch sein, daß sie in keiner Relation zum Nutzen, der aus dem begangenen Verbrechen gezogen werden kann, steht, und die Wahrscheinlichkeit, daß sie an dem, der das Verbrechen begeht, auch tatsächlich vollzogen wird, muß sehr groß sein. Nur wenn dem potentiellen Täter bekannt ist, daß fast alle Täter ausgeforscht werden und die Strafdrohung erschreckend ist, nimmt er von der Ausführung eines schon geplanten Verbrechens Abstand. Der öffentliche Vollzug der Todesstrafe an Dieben von Feldpost zur Kriegszeit und die damals große Wahrscheintlichkeit, ausgeforscht zu werden, haben tatsächlich viele potentielle Täter abgeschreckt, denn Diebstahl von Feldpostpaketen kam sehr selten vor. Je geringer hingegen die Wahrscheinlichkeit der Ausforschung ist, und je geringer es die Strafdrohung selbst ist, um so geringer ist auch die Wahrscheinlichkeit, daß ein Täter abgeschreckt wird. Bei all jenen Verbrechen, bei denen Motiv und Entschluß zur Tat nicht über verstandesmäßige Überlegung zustandekommen, sondern im Extremfall unter Ausschaltung des Verstandes oder seiner Vergewaltigung, wird eine abschreckende Wirkung einer angedrohten Strafe nicht eintreten. Kein Lustmord, kein Sexualmord, kein reines Triebverbrechen und kein Eifersuchtsmord lassen sich durch die Androhung einer Strafe verhindern. Die Androhung der Strafe versagt hier. Wenn aber nun die Erfolgsaussichten der Generalprävention relativ gering sind, wenn ein Erfolg nur über eine enorme Unverhältnismäßigkeit von Strafe zum Delikt teilweise erreicht werden kann, und wenn die Generalprävention gerade da versagt, wo sie zuallererst wünschenswert wäre, beim Mord, warum wurde der Gedanke dann nie ganz aufgegeben? Die Antwort ist einfach: Weil es keine andere Möglichkeit gibt, so auf einen potentiellen Täter so einzuwirken, daß er die Tat nicht begeht. Und weil in der Prävention eine der Begründungen der Notwendigkeit der Strafe selbst liegt. Bedrohung und Strafe, selbst die moderne Psychiatrie hat noch kein besseres Mittel gefunden und versucht eine „Umerziehung" von Homosexuellen über Belohnung durch angenehme Glockentöne und Bestrafung mit Elektroschocks beim Betrachten von Nacktbildern von Männern und Frauen zu erreichen. Bestraft wird jede Erregung beim Bild eines Mannes, belohnt jede bei dem einer Frau. Wenn aber selbst die Psychiatrie noch kein anderes Mittel gefunden hat, darf man diesen Vorwurf wohl kaum den Pönologen und Strafrechtstheoretikern machen.

BESONDERE VERBRECHEN

Wir haben uns überlegt, daß es wenig Sinn hat, wenn wir katalogisieren und einteilen, dennoch ist es notwendig, daß wir einzelne Verbrechen gesondert betrachten. Es sind dies der Mord, das Triebverbrechen und der Betrug. Es sind jene Verbrechen, bei denen Motiv und Entschluß jeweils überwiegend voneinander grundlegend verschieden sind. Und weil die Kenntnis und das Verstehen der Vorgänge im Täter bei diesen Verbrechen bestimmend für das Vorgehen des Kriminalisten bei der Aufklärung und Überführung des Täters sind. Wobei hier der Betrug als rein intellektmäßiges Verbrechen stellvertretend für alle Verbrechen mit hohem Anteil der verstandesmäßigen Komponente steht. Beginnen wir beim schwersten Verbrechen überhaupt, beim Mord.

MORD

Wir dürfen annehmen, daß die bewußte Tötung eines Artgenossen wohl zuallererst als unerwünscht und schädlich erkannt worden ist, und deshalb schon in den Anfängen der Menschheit unter Strafe gestellt worden ist. Seither wurde über Generationen hinweg eine Schranke errichtet, eine psychische Sperre, die den einzelnen Menschen daran hindert, einen Mitmenschen zu töten. Immer anerkannt wurde, daß diese Schranke dann keine Gültigkeit hat, wenn nur durch die Tötung des anderen das eigene Leben erhalten werden kann. Das Notwehrrecht des einzelnen und das kollektive der Gemeinschaft im Krieg war nie bestritten, in sämtlichen Rechtsordnungen wurde es aufgenommen. Außerhalb dieses Notwehrrechts, durch das die Naturgesetze von der Erhaltung des Individuums und der Art realisiert werden, besteht aber diese Schranke.

Der Entschluß, einen anderen Menschen wohlüberlegt und vorbedacht zu töten, ist daher kein leichtfertiger, sofern er bei klarem Verstand erfolgt. Er setzt ein sehr massives Motiv voraus. Ist aber diese Schranke einmal durchbrochen, wird sie später geringer wirksam oder kann ganz wegfallen, das Ergebnis ist dann der Killer oder der Fremdenlegionär, der leichtfertig tötet. Um aber kein Mißverständnis aufkommen zu lassen: Wir sprechen vom vorbedachten und wohlüberlegten Mord, nicht von der Tat eines Triebverbrechers oder der eines Primitivreaktiven. Beim vorbedachten Mord steht das Motiv im Vordergrund. Derjenige, der das stärkste Motiv hat, ist der Hauptverdächtige, Uralte kriminalistische Erfahrung ist es daher, daß ein Mord dann zu klären ist, wenn vor der Tat eine Täter-Opfer-Beziehung bestanden hat. Dann nämlich kann über die Suche nach dem Motiv der Verdächtige ermittelt werden. Der klassische Aufklärungsversuch eines Mordverbrechens geht demnach über die Person des Opfers und dessen Bekanntenkreis. Je rascher und je mehr Sie über das Opfer wissen, um so größer sind auch Ihre Chancen, den Mord zu klären. Besonders bei Mord hat daher Gültigkeit, daß der „Erste Angriff", das Vorgehen des Kriminalisten am Tatort und in den ersten Stunden nach der Entdeckung des Verbrechens, entscheidend für den Erfolg ist. In diesem Zusammenhang darf nämlich eines nicht übersehen werden: gerade bei Mord mit einer oft punktuellen Tatzeit erlangt auch das Alibi eines Verdächtigen große Bedeutung. Infolge des rasch eintretenden Verlustes der Erinnerungsfähigkeit der Zeugen, läßt sich ein angebotenes Alibi oft schon wenige Tage nach der Tat weder mit Sicherheit widerlegen noch beweisen. Erfolgt daher der „Erste Angriff" zielsicher und zweckmäßig, gelingt es rasch, zu Wissen über das Opfer und dadurch zu Verdächtigen zu kommen, so kann diesen Verdächtigen dann auch meist die Tat nachgewiesen werden. Es ist daher grundsätzlich zulässig, den „Ersten Angriff", die ersten Erhebungen unmittelbar nach Entdeckung des Verbrechens, durch eine große Zahl von Erhebungsbeamten mit genau vorgegebenem Erhebungsauftrag durchführen zu lassen. Doch darf dabei eines wieder nicht übersehen werden: Die große Zahl der eingesetzten Beamten gewährleistet Raschheit der Ermittlungen, jedoch nicht den persönlichen Eindruck des mit der Führung betrauten Kriminalisten. Es ist ein grober Rechen und nicht ein feinmaschiges Netz, mit dem die Fakten gesammelt werden. Ein Beispiel möge das demonstrieren: Angenommen, in einem Wohnhaus mit 30 Wohnparteien wird eine Frau ermordet. 10 Kriminalisten befragen die Hausbewohner über den Tagesablauf. Alle geben an, daß etwa gegen 11.00 Uhr der Briefträger gekommen sei. So vermerken es die 10 Kriminalisten auch in ihren Berichten. Für den führenden Kriminalisten wird der Umstand, daß der Briefträger zur üblichen Zeit gekommen ist, kaum verdächtig sein. Hätte er aber allein die Befragungen durchgeführt, so wäre ihm aufgefallen, daß **eine** Hausbewohnerin von einem jungen Briefträger gesprochen hatte, während die anderen sich an einen alten erinnerten, und er hätte herausgefunden, daß offenbar **zwei** verschiedene Briefträger im Haus waren, wovon einer der falsche und mordverdächtig gewesen sein konnte. Sie verstehen? So berechtigt die Erhebung durch eine große Anzahl von Kriminalisten im „Ersten Angriff" ist, so entbindet sie doch nicht von der Verpflichtung des Kriminalisten, daß er sich einen eigenen Eindruck verschafft. Noch etwas lehrt uns aber dieses Beispiel, und Sie haben es sicher schon erkannt und als kritischen Einwand vorgebracht: Wenn alle erhebenden Beamten in ihren Berichten Alter und Aussehen des Briefträgers festgehalten hätte, wäre nicht übersehen worden, daß offenbar zwei verschiedene Briefträger im Haus waren. Richtig! Es ist die Einhaltung des Grundsatzes der Genauigkeit, der auch hier Fehler zu vermeiden hilft, wir können nicht oft genug an die gefundenen Grundsätze erinnert werden. Was aber prinzipiell nichts daran ändert, daß auch der genaueste Bericht nicht den eigenen Eindruck ersetzen kann.

Weil der Mord als das schwerste Verbrechen überhaupt erachtet wird, sind auch die vorgesehenen Strafen so schwer, daß es für den Täter immer um Sein oder Nichtsein geht. Gesteht er die Tat, dann hat er auch **sein** Leben verwirkt, sei es, daß ihm die Todesstrafe oder eine langjährige Freiheitsstrafe droht. Dies bedeutet wieder, daß er nicht nur zur Ausführung der Tat, sondern auch zur Ablegung eines Geständnisses ein starkes Motiv braucht. Dies heißt aber wieder, daß Sie dem bei der Wahl Ihrer Vernehmungstaktik Rechnung tragen müssen, fällt doch praktisch die Argumentation, daß der Täter durch ein Geständnis eine Besserstellung (Haftentlassung, geringere Strafe usw.) erreichen kann, weg. Der Verdächtige kann sich selbst leicht ausrechnen, daß er trotz eines Geständnisses auf Jahre hinter Kerkermauern verschwinden wird. Was bei einem Einbrecher zum Ziel führen kann, versagt hier, weil Sie im Grunde genommen ja keine echte Gegenleistung für ein Geständnis anbieten können. Es sei denn auf den Umweg über das Motiv des Verbrechens selbst, wenn sich aus der Motivation zum Verbrechen auch eine solche zum Geständnis ergibt. Wenn der Täter aus irgend einem Grund seine Tat für gerechtfertigt hält, dann will er ab dem Zeitpunkt, wo er sich keine Chance mehr ausrechnet, auch darüber sprechen, weil er seiner Überzeugung Ausdruck verleihen will. Das Erkennen des richtigen Motivs steht daher auch bei der Wahl der richtigen Vernehmungstaktik im Vordergrund. Im Grunde läuft sie aber darauf hinaus, daß Sie dem Verdächtigen vorerst klarmachen, daß er auch ohne Geständnis verurteilt werden wird, daß er sich aber durch sein Verhalten die Chance nimmt, auch über die für ihn sprechenden günstigen Umstände zu reden und dadurch die Tat selbst verständlich zu machen. Erkennen Sie positive Eigenschaften des Täters, dann appellieren Sie an diese (hiezu siehe Vernehmungstechnik).

Das heutige Täterstrafrecht bestraft nicht die Tat als solche, sondern die innere Absicht des Täters. Das bedeutet, daß Sie diese, besonders aber beim Mord, auch nachweisen müssen. Sei es durch Rückschluß aus der Art, wie sie begangen wurde, sei es durch Geständnis des Täters. Die häufigsten Schutzbehauptungen bei Mord gehen in die Richtung Unfall oder Körperverletzung mit Todesfolge. Der Täter weiß, daß er nicht mehr leugnen kann, die Tat begangen zu haben, und wählt als nächsten Ausweg die für ihn günstigere Version. In diesem Fall, ist es zweckmäßig, daß Sie vorerst einmal das Tatsachengeständnis mit der vorgeschützten unrichtigen inneren Absicht protokollieren, und sich erst dann darauf einlassen, daß Sie auch die Mordabsicht nachweisen. Gerade die Aussicht für den Täter, daß er über eine Schutzbehauptung einer Mordanklage entgeht, ist für ihn nämlich ein starkes Motiv für ein Tatsachengeständnis. Dieses haben Sie aber oft bitter nötig, wenn die vorliegenden Beweise für eine Mordanklage nicht ausreichen würden.

Wir haben bisher immer vom vorbedachten und wohlüberlegten Mord gesprochen. Nun kommt es aber gerade bei Triebverbrechen häufig zum Mord. Ausgenommen vielleicht den Sexualverbrecher, der nach der Begehung des Sexualverbrechens sein Opfer wohlüberlegt tötet, weil er Angst hat, daß es ihn identifizieren können wird, liegt aber dann dennoch nicht Mord im Sinne unserer vorherigen Überlegungen, sondern Triebverbrechen vor. Wegen deren besonderen Bedeutung haben wir ihnen aber ein eigenes Kapitel gewidmet.

TRIEBVERBRECHEN

Auch wenn der Mensch sich vermöge des entwicklungsgeschichtlich viel jüngeren Großhirns und des darin beheimateten Verstandes zur Krone der Schöpfung aufgeschwungen hat, kann er dennoch seine Abstammung vom Tier nicht verleugnen. Auch bei ihm erfolgt die Steuerung der lebens- und arterhaltenden Funktionen des Einzelindividuums über das wesentlich ältere Zwischenhirn durch den einfachen Mechanismus Lust—Unlust, Wohlbefinden—Unbehagen. Die erwünschte Tätigkeit ist mit Lustgefühlen und Wohlempfinden verbunden, die Nichttätigkeit führt zu ständig steigendem Unbehagen, das Individuum wird zu einer bestimmten Handlung getrieben. Deshalb sprechen wir auch von einem Nahrungstrieb, einem Sexualtrieb, Muttertrieb usw. Betrachten wir die Funktionsweise eines Triebes zunächs einmal am Nahrungstrieb, ehe wir an die Untersuchung des Sexualtriebes selbst gehen, da uns dann viele Probleme leichter verständlich sind. Zunächst ist genetisch vererbt bereits längst festgelegt, welche Nahrung für uns verträglich ist und welche nicht, die verträgliche erwünschte schmeckt für uns gut, etwa süß, die unverträgliche schlecht, abstoßend, bitter. Was wir als süß und wohlschmeckend empfinden, kann für ein anderes Tier, für das diese Nahrung schädlich ist, bitter und widerwärtig sein, wobei aber dann alle Sinne an diesem Empfinden beteiligt sind. Wenn Sie das nicht so recht glauben wollen, dann stellen Sie sich vor, daß Sie Aas essen müßten, oder bittere Roßkastanien, oder Disteln, eine Nahrung also, die für die Hyäne, ein Reh oder einen Esel noch durchaus wohlschmeckend sein kann. Die Steuerung des Nahrungstriebes selbst erfolgt über zwei Mechanismen, die einander ergänzen und potenzieren. Ein Absinken des Blutzuckers bewirkt bereits über das Zentrum im Gehirn ein Unlust- und Unruhegefühl, der Körper bereitet sich bereits darauf vor, daß er Nahrung aufnehmen muß, die Verdauungsorgane wollen Nahrung aufnehmen und stehen bereit, Sie empfinden jetzt den Hunger bereits körperlich. Umgekehrt wieder wirkt über die Sinnesorgane der Anblick von Nahrung, ihr Geruch und Geschmack auch bei noch nicht wesentlich abgesunkenem Blutzuckerspiegel als auslösendes Moment dafür, daß er sich zur Nahrungsaufnahme vorbereitet, der Speichel wird vermehrt produziert, Magensaft abgesondert usw. Bewußt wird uns dies alles als die steigende Erwartung eines Genusses, eines Lustgefühls, das gesucht wird. Wobei auch die Nichtbefriedigung dieses Dranges, dieses Triebes zur Nahrungsaufnahme in steigendem Maße von uns als quälend empfunden wird. Weswegen wir nun den Nahrungstrieb zuerst untersucht haben? Weil seine Steuerung für uns interessant war und das Zusammenspiel der Mechanismen, das beim Sexualtrieb nicht anders ist, wenn auch noch komplizierter. Aber noch aus einem anderen Grund ist der Nahrungstrieb für uns interessant, gibt er uns doch Aufschlüsse über die hemmende Kraft des Intellekts auf diesen Trieb. Anders als beim reinen Reflex, etwa dem Atemreflex, der nur für kurze Zeit bewußt außer Funktion gesetzt werden kann, kann die Befriedigung des Nahrungstriebes bewußt voll verhindert werden. Es ist einem Menschen möglich, daß er durch Verhungern Selbstmord verübt, nicht aber durch bloßes Anhalten des Atems. Zieht man nun den Analogieschluß, daß das, was für den elementaren Nahrungstrieb, der doch die Erhaltung des Einzelindividuums sichern soll, auch für den Sexualtrieb, der die Erhaltung der Art garantiert, Gültigkeit hat, dann spräche das für eine grundsätzlich mögliche Freiheit des Menschen von seinen Trieben und deren Beherrschbarkeit durch den Verstand. So einfach ist das aber nicht. Denn die Mißachtung der Naturgesetze führt unweigerlich dazu, daß die vorgesehenen Folgen eintreten, daß das Einzelindividuum nicht überlebt, daß die Art nicht erhalten bleibt. Der Preis für eine derartige vom Verstand erzwungene Freiheit vom Trieb ist demnach ein sehr hoher — der Tod oder das Aussterben der Art. Da die Natur aber immer mit der großen Zahl arbeitet, können jene Beispiele, wo einzelne bewußt verhungerten, nicht als Richtschnur und Norm genommen werden, sie sind die Ausnahme, nicht die Regel. Deshalb wird es immer wieder Menschen geben, die für die Nahrung morden und die Sexualverbrechen begehen. So unbehaglich der Gedanke für uns ist, aber es sind jene Menschen, auf die die Natur im Extremfall setzt, wenn sie das Weiterbestehen der Art sichern will. Es ist dann das Gesetz des Dschungels: Der Härteste, der Kräftigste, der Schlaueste und der Hemmungsloseste überlebt, denn es sind dann die Instinkte, die das Überleben garantieren. Bedeutet dies aber die trostlose Aussicht, daß der Mensch sich nie weiterentwickeln kann? Zum Glück nein — und das ist kein Widerspruch. Mit den veränderten Lebensbedingungen der fortschreitenden Zivilisation und Kultur verschiebt sich die Befolgung der Naturgesetze nur um eine Etage höher. Gefragt ist nun nicht mehr das Überleben einem unmittelbar vor sich stehenden Feind gegenüber, sondern in den geänderten Lebensbedingungen in einer technisierten Welt und kompliziertem Staatsgefüge. So läßt sich die Anziehungskraft erfolgreicher Finanzmanager, hoher Militärs, Schriftsteller, Popsänger und Nobelpreisträger auf Frauen erklären — sie sind zur Zuchtwahl bestimmt, denn es sind ihre Eigenschaften, die nun gefragt sind.

Doch nun zurück zum Sexualtrieb, er soll das Bestehen der Art sicherstellen. Auch seine Mechanismen sind vorgegeben, sie arbeiten zusammen und ergänzen sich. Die Keimdrüsen produzieren nicht nur die Samenzellen, sondern auch das Sexualhormon, das Ansteigen des Sexualhormons bewirkt die Reizung des Sexualzentrums im Gehirn, damit aber wieder eine als unangenehm empfundene Anspannung, eine Unruhe und Unlustgefühl, zugleich aber auch eine Vorbereitung des Geschlechtsorgans auf den bevorstehenden Begattungsakt. Umgekehrt wieder bewirken die über die Sinnesorgane an das Sexualzentrum gelangenden Impulse und Reize über dieses eine vermehrte Ausschüttung der Hormone mit all ihren Wirkungen. Es ist ein Zusammenspiel mit einem einzigen Zweck, nämlich den, daß der Begattungsakt vorgenommen wird. Auch bei der Frau ist es nicht anders, auch hier wirken Hormone und äußere Reize über das Sexualzentrum zusammen, jedoch insgesamt mit einem wesentlichen Unterschied zum Mann: Das Ziel ist die Bereitschaft zum Begattungsakt, seinem ganzen Wesen nach eine passive Rolle. Von der Verhaltensforschung her betrachtet, signalisiert die sexuell erregte Frau ihre Bereitschaft zur Begattung, so wie es in der Natur das Weibchen tut und noch unser Haustier, eine Hündin, durch die Läufigkeit. In der Natur ist noch Befruchtungsfähigkeit und sexuelle Erregung so gesteuert, daß sie zusammenfallen. Beim Menschen als dauerbrünftiges Lebewesen — um nicht das Wort Tier zu gebrauchen — nicht. Erhalten geblieben aber ist der Mechanismus der sexuellen Erregung und die im Grunde aktive Rolle des Mannes und die passive der Frau beim eigentlichen Begattungsakt. Um nicht mißverstanden zu werden: Aktiv und passiv stehen hier für die technische Durchführung des Begattungsaktes und dem entwicklungsgeschichtlich übernommenen Verhalten. Der Mechanismus ist allein auf die Durchführung des Begattungsaktes ausgerichtet, wenn nun im Zustand der wachsenden Erregung die hemmende Kraft des Verstandes wegfällt oder zu gering ist, wird der Geschlechtsakt unter allen Umständen und ohne Überlegung der Folgen realisiert. Das Ergebnis ist dann die Notzucht als spezifisch männliches Delikt. Die reine klassische Notzuchtshandlung eines Täters basiert daher im Grunde genommen auf einen an sich gesunden Geschlechtstrieb. Der Täter ist einem Hungrigen vergleichbar, der seine Gier nach Nahrung ohne Rücksichtnahme auf seine Mitmenschen befriedigt. Die Notzucht ist ein Rückfall in das Tierhafte, wobei sich die schon im Geschlechtstrieb immanente aktive Rolle zur Aggression steigert. Wenn wir festgestellt haben, daß die hemmende Kraft des Verstandes zu gering ist, so bedeutet dies aber nicht, daß durch die steigende sexuelle Anspannung der Verstand, oder sagen wir besser das Bewußtsein, zur Gänze ausgeschaltet ist, sondern er verliert nur seine führende und bestimmende Rolle. Die letzte Entscheidung trifft die aus dem Unbewußten kommende genetisch ererbte Kraft des Triebes, der nunmehr auch das Bewußtsein ausfüllt. Man könnte so sagen, daß auch das Bewußte, also der Verstand, vergewaltigt werden, und nunmehr Erfüllungsgehilfen des Trieben sind. Jeder, der eine Notzucht begeht, wie auch übrigens jeder andere Triebtäter, erinnert sich daher auch an kleine Details seiner Tat, erzählt sie aber so, als habe er sie gewissermaßen als Außenstehender und nicht als Handelnder beobachtet. Besonders bei Einvernahmen werden Sie daher oft den Eindruck gewinnen, daß der Täter wie ein völlig Unbeteiligter von seiner Tat erzählt, es ist dies nicht unbedingt als Gefühlskälte auszulegen, sondern er hat sie vom Intellekt her tatsächlich als Unbeteiligter und nicht Handlungsfähiger erlebt.

Wenn nun das Verbrechen der Notzucht auf einen an sich gesunden Geschlechtstrieb basiert, wie kommt es nun aber zu einem abartigen Sexualverhalten? Wobei für die Wissenschaft selbst ja strittig ist, was als krankhaft abartig anzusehen ist und was noch im Bereich des Normalen einzustufen ist. Wir wollen daher selbst nicht versuchen, diese schwierige Grenze, die ja fließend ist, zu ziehen, sondern uns gemeinsam überlegen, welche Umstände dafür maßgebend sind, daß es zu einem abartigen Sexualverhalten kommt. Hiezu müssen wir uns zuerst mit zwei Begriffen, dem des Fetischismus und dem der Prägung auseinandersetzen.

Fetischismus

Wir haben vorhin schon festgestellt, daß es die von außen über die Sinnesorgane kommenden Reize sind, die über das Sexualzentrum im Gehirn die Bereitschaft zum Sexualakt auslösen und eine schon bestehende verstärken. Es sind hier alle 5 Sinne beteiligt, und zwar im Zusammenwirken, das uns oft nicht bewußt wird. Die Natur selbst hat bei den verschiedenen Tierarten verschieden starkes Gewicht auf die einzelnen Sinne gelegt und eigene Sexualsignale entwickelt, die die Bereitschaft zum Begattungsakt ankündigen (da denken Sie wieder an die Geruchsspur der läufigen Hündin etwa, die die Rüden anzieht). Es kann aber auch das angeschwollene rote Hinterteil einer Äffin sein, oder das Rad des Pfauen, oder das Hochzeitskleid der Bitterlinge, oder das Gurren des Täuberichs, immer aber ist es ein Siganl, ein Reiz, der sich an das Unbewußte wendet und genetisch vererbt wurde. Auch der Mensch hat diese Signale ererbt und reagiert darauf, zum Unterschied vom Tier aber gelangen sie auch in das Bewußtsein, er erlebt sie als lustversprechenden Impuls, der seine Phantasie beflügelt. Verschieden stark sind die über die Sinne in das Sexualzentrum gelangenden Reize an der Erregung und Vorbereitung des eigentlichen Sexualaktes beteiligt. Verschieden stark nach Anlage und Prägung (darauf kommen wir später zurück). Verschiebt sich nun die Gewichtung der Beteiligung eines Sinnes am Geschehen, wird er allein ausschlaggebend für die Reaktion des Körpers, dann sind bereits die Weichen in Richtung Fetischismus gestellt. Tatsächlich ist er aber erst dann gegeben, wenn der eigentliche Sexualakt nicht ohne diesen Reizimpuls des einen Sinnes möglich ist, wenn ohne den optischen Reiz einer nackten oder mit einem schwarzen Höschen bekleideten Frau, oder ohne den akustischen Reiz ihrer Stimme, oder ohne Kontakt mit Gummi oder Leder eine geschlechtliche Vereinigung nicht mehr möglich ist. Für den Mann nicht, weil er zu keiner Erektion fähig ist, und für die Frau nicht, weil sie sich frigide verhält. Abstrahiert sich das nun auf einen Teil, etwa das Haar, oder gar auf einen Gegenstand, ist nicht mehr die geschlechtliche Vereinigung das Ziel, sondern bietet das Höschen selbst, der Geruch der getragenen Unterwäsche, der Ring, der Schuh, das Gummilaken, was immer es sein mag, bereits die geschlechtliche Befriedigung, dann liegt echter Fetischismus vor. Der echte und ausgeprägte Fetischismus ist daher dadurch charakterisiert, daß Erregung und Befriedigung über einen Sinn und konzentriert auf eine bestimmte Sache, eben den Fetisch, gewonnen werden und der Sexualpartner selbst nicht benötigt wird, ja als störend empfunden werden kann. Ein Ringfetischist, der sich einen Ring über den Finger (oder Penis) streift, erlebt dasselbe, das Sie mit einer rassigen Schwarzhaarigen im französischen Bett erleben, oder, wenn Sie Kriminalistin sind, mit einem Clark-Gable-Typ am Strand der Copacabana. Sie haben verstanden: Fetischismus ist einseitig ausgerichtete, vor allem auf einen Gegenstand abstrahierte Sexualität.

Prägung

Bereits bei der Zeugung wird das Geschlecht des entstehenden Lebewesens Mensch festgelegt, es sind die Chromosomen, die das entscheiden. Darüber, ob der entstehende Mensch ab seiner Geburt von Anbeginn sexuell ausgerichtet ist und auch sexuell empfindet, streitet wieder die Wissenschaft. Das Volksempfinden sagt nein, die Anhänger Freuds sagen ja, und sprechen von der analen Phase, von Ödipuskomplex und anderen Dingen. Andererseits hat das Volk schon immer die Kinderschändung als besonders verabscheuungswürdiges Verbrechen empfunden und auch bestraft haben wollen wissen. Wahrscheinlich haben beide Recht. Das Volk, weil es die bewußte Sexualität meint, und Freud, weil er die unbewußte meint. Sicher ist nur eines: auch der Geschlechtstrieb und das Sexualleben muß wachsen und reifen. Freud sieht den Keim, das Volk den Halm, Freud das, was unter der Erde ist und das Volk das, was darüber ist.

Dennoch hat das Volk auf seine Weise Recht, denn beobachten wir doch einen jungen Rüden: Unzweifelhaft hat er schon von Anbeginn die Anzeichen seines Geschlechts an sich, sonst würden wir ihn ja nicht als Rüden erkennen. Auch seine Sexualität muß reifen. Aber bis zum Eintritt der sexuellen Reife verhält er sich sexuell indifferent und uninteressiert. Ist sie aber eingetreten, dann beginnt er plötzlich aus einem genetisch ererbten Instinkt heraus und noch ungeschickt sein Hinterbein zu heben und den Baum zu markieren. Vorher nicht, und das ist das Entscheidende. Warum sollte es beim Menschen anders sein? Weil die Tiefenpsychologie es behauptet? Es ist nicht anzunehmen. Denn die Tiefenpsychologie kann auch nur mit dem arbeiten, was über das Bewußtsein kommt und Rückschlüsse auf das Unbewußte ziehen. Freud hat nur mit erwachsenen Menschen gearbeitet und deren Träume, und zwar jene, die ihnen ins Bewußtsein gelangten, ausgewertet. Ein Hut mit links herabhängender Krempe war dann das männliche Genitale, dessen linkes Ovulum tiefer hing als das rechte. Möglich, daß es stimmt — beim Erwachsenen. Der Rüde lehrt uns das Gegenteil. Ererbt macht er das, und in dem Augenblick, was der einsetzenden Sexualität dient. Freud hat insofern Recht, als er auf die aufkeimende Sexualität, auf die noch reifende hinweist, und er hat weiter recht, weil er erkannt hat, daß die Sprache des Unterbewußten die der Bilder ist, aber einem dreijährigen Kind ein Verhalten zuzusprechen, das von der Sexualität bestimmt ist — und nur von ihr —, dürfte doch zu weit gehen. Wenn der Rüde sexuell indifferent ist, solange er noch heranwächst, warum sollte es der Mensch nicht sein? Indifferent ist auch seine Sexualität mit Herankommen der Reife, indifferent und noch nicht ausgerichtet. Alles ist noch offen, ist noch nicht festgelegt, noch ist seine Sexualität autistisch, ist auf sich selbst ausgerichtet. Beim Burschen ebenso wie beim Mädchen. Dann kommt das erste Liebeserlebnis mit dem Partner des anderen Gechlechts. Es ist einschneidend, es prägt sich ein, es bringt Aufregung und Lusterlebnis, es ist intensiv, weil es das erste Erlebnis mit einem Partner des anderen Geschlechts ist. Die Umstände und die Situation, unter denen es zu dieser ersten Begegnung mit dem Geschlechtspartner kommt, sie markieren eines, nämlich das intensive neue Erlebnis, das mit einem ebenso intensiven Lusterlebnis verbunden ist. Sie sind ein gewaltiger Prägestempel, der zukünftige Erlebnisse ausrichtet. War es das Höschen, war es der Wald, die Bartstoppeln, die große Brust, der Geruch nach Pferdeschweiß und Leder, war es der Duft nach Lavendel in den Kleidern der Frau, was immer es auch war — es prägt. In Zukunft wird der Mann, wird die Frau die gleiche Situation suchen und lustvoll erleben. Warum? Es ist nicht voll erforscht, aber möglicherweise sind Rückschlüsse auf die Ergebnisse der Gehirnforschung gestattet. Die Natur ist hart, sie sieht auch für einfache Fähigkeiten nur eine kurze Spanne Zeit vor, in der diese erworben werden können. Eine junge Katze hat nur wenige Wochen Zeit, um das Sehen zu erlernen. Sperren Sie sie während dieser Zeit in einen Raum, in dem sie nur senkrechte Dinge sehen kann, dann kann sie für ihr ganzes Leben lang nur senkrechte Dinge wahrnehmen und niemals über eine Treppe gehen, weil sie die waagrechten Stufen nicht sehen kann. Und umgekehrt wird die Katze, die nur Gelegenheit hatte, waagrechte Dinge sehen zu lernen, niemals einen Baum oder eine Telegraphenstange erkennen können, geschweige denn auf sie hinaufklettern. Ein Nachlernen ist ihr nicht gestattet. Auch nicht dem Menschen. Erlernt er während der von der Natur gesetzten Frist nicht soziales Verhalten, dann erlernt er es niemals. Es kann durchaus sein, daß es sich mit der Sexualität ebenso verhält, daß auch hier nur eine ganz bestimmte Frist gesetzt ist, innerhalb der sie sich ausrichten kann und gewissermaßen „erlernbar" ist, daß es deshalb das erste Erlebnis ist, das uns so stark prägen kann. Wir können als Arbeitshypothese annehmen, daß es sich bei der Sexualität tatsächlich so verhält wie bei der Katze, die das Sehen erlernen muß, als gegeben können wir annehmen, daß das spätere Sexualverhalten in hohem Maße von dem ersten Erlebnis geprägt wird, daß die Gewichtung der Sinne am Gesamtgeschehen zu Gunsten einiger, oder eines allein, etwa dem Geruchssinn, verschoben wird. Auch das Volk ist nicht anderer Meinung. Die Bedeutung, die es der Defloration der Frau zugemessen hat und noch zumißt, kommt von der unterschwelligen Angst, daß das sexuelle Verhalten der Frau durch dieses erste sexuelle Erlebnis für alle Zeiten bestimmt wird. Und deshalb war die unberührte Frau als Ehegattin von den Männern so begehrt. Für uns Kriminalisten ist aber nur eines wichtig: Die Wertigkeit der Sinne kann sich durch die Prägung verschieben, wenn das erste sexuelle Erlebnis unter besonderen Umständen erfolgte. Diese Verschiebung der Wertigkeit und ihre Fixierung ist von wesentlicher Bedeutung, denn aus ihr können die „Abartigkeiten" des späteren sexuellen Verhaltens erklärt werden.

Sadismus und Masochismus

Sexueller Kontakt setzt Berührung der Körper voraus, sie ist Bedingung, daß es überhaupt zum Kontakt kommt. Wird die Berührung so intensiv, daß sie nicht mehr wegleugbar ist, dann ist sie schmerzhaft, sie ist dann die intensivste überhaupt und ihr kann nicht mehr ausgewichen werden. Deshalb steckt in jeden Sexualakt von Anbeginn her der Schmerz, der lustvoll erlebt wird. Die heftige Umarmung, das Zusammenprallen der Leiber, das Eindringen des Gliedes in die Scheide, die Fingernägel, die sich in den Rücken krallen, der leidenschaftliche Kuß, der die Lippen schmerzhaft aufeinanderpreßt — all das ist intensive Berührung, ist Vorausbedingung der Vereinigung, ist leichter Schmerz, der nicht als solcher, sondern lustvoll erlebt wird. Es ist die Begegnung der Leiber, die erwünscht ist, und die deswegen ein Lustgefühl bringt, das Ende ist aber der Sexualakt, er allein ist das Ziel. Daher ist das Erleben und Zufügen leichten Schmerzes, der nicht als solcher erlebt wird, im Normalfall nur eine eher unbedeutende Komponente des Gesamtgeschehens, die uns meist gar nicht bewußt wird. Wobei hier nicht der Fehler begangen werden darf, daß die Geschlechter hier verschieden empfinden, daß der Mann nur zufügt und die Frau nur duldet. Es hat nichts mit der aktiven und passiven Rolle beim Geschlechtsakt, beim Begattungsakt, zu tun. Mann und Frau empfinden hier gleich. Im Normalfall. Denn auch diese Komponente kann übermächtig werden, kann schließlich zur Voraussetzung werden, daß der Geschlechtsakt überhaupt vollzogen werden kann. Dann liegt bereits Abartigkeit vor, Schmerz spricht sicher in erster Linie den Tastsinn an, deswegen geht diese Abartigkeit nicht selten mit Fetischismus einher, der dem Tastsinn zugeordnet werden kann, mit Gummi und Lederfetischismus, oder ausgeprägt in der Domina im Pelz eines Sacher-Masoch, nach dem diese Richtung benannt wurde. Dennoch ist Sadismus und Masochismus seinem Wesen nach und von seiner Wurzel her **nicht** eine Abart eines über den Tastsinn kommenden Fetischismus, er ist nicht die Abstrahierung der Empfindung eines Sinnes, sondern seine Wurzel liegt in der erwünschten Berührung der Leiber. Aber wie beim Fetischismus, neigt auch diese Komponente des normalen Geschlechtstriebes zur Abstraktion. Schmerz ist seinem Wesen nach ein Unlustgefühl, abstrahiert und losgelöst vom Sexuellen wird das Verursachen und Erdulden von jedem Unlustgefühl für den Sadisten oder Masochisten zum lustvollen Erlebnis. Das Sexuelle tritt in den Hintergrund, senkt sich in das Unbewußte ab, der Schmerz tritt in den Vordergrund. Zuerst noch in seiner ursprünglichen Form der intensivsten Berührung durch Schläge, Fesselung, erwünschte Verletzungen durch Nadelstiche und Schnitte, dann aber bereits losgelöst davon, der qualvolle erniedrigende Zustand wird gesucht, vom Sadisten, der ihn zufügen will, und vom Masochisten, der ihn erdulden will. Wobei die Rolle wechseln kann. In diesem Stadium sind Abartigkeiten, wie Urintrinken und Kotessen, einzustufen, aber auch Fesselung als Befriedigung an sich, das sogenannte „Spanking". Oft geschieht es auch unbewußt und ohne direkten Bezug auf das Sexuelle. Der Chef, der seine Untergebenen schikaniert und zur Verzweiflung bringt, der harte Ausbildner beim Militär, aber auch der unmenschlich agierende Polizist, sie können Sadisten sein, ohne es zu wissen. Umgekehrt das Dienstmädchen, das die schlechteste Behandlung erträgt, der Bürodiener, der sich unter der weiblichen Vorgesetzten duckt, der Sportler, der härtestes Training auf sich nimmt, sie können Masochisten sein, obwohl sie das leugnen würden. Was uns aber daran interessiert, ist die Abstraktion, die zu kriminellen Handlungen führt. Die läuft aber von der leichten Verletzung zur schwereren, über die Freude am Blut zur noch schwereren. Das Blut als Signal der schweren Verletzung wird zum intensiven Reiz, der das Lusterlebnis bringt. Am Ende dieser unheilvollen Entwicklung steht der Lustmörder, der durch den Anblick von Blut in einen Rauschzustand gerät. Dennoch, so paradox das auch klingt, er tötet nicht mit dem Ziel zu töten, sondern aus notwendiger, eher unerwünschter Konsequenz der schweren Verletzung, die er zufügt. Der Tod ist **nicht** sein Erlebnis, sondern die Qualen und Verletzungen, die er seinen Opfern zufügt, der Tod wird in Kauf genommen und schränkt das Erlebnis ein, weil der Körper leblos wird und nicht mehr gequält werden kann. Der Lustmörder, der den Blutrausch selbst lustvoll erlebt und dabei nicht mehr zum Samenerguß kommt, oder die Frau, die nicht mehr körperlich sexuell darauf reagiert, sie sind das Endstadium einer unheilvollen Entwicklung, die ihren Beginn in deren Abstraktion der einen Komponente des Geschlechtsaktes, nämlich den der Berührung hat. Uralte kriminalistische Erfahrung ist es, daß diese Entwicklung beim Mann mit dem bewußten Vorzeigen des Gliedes beginnen kann. Ebenso uralt ist aber die Streitfrage, ob jeder Exhibitionist auch ein potentieller Lustmörder ist. (Das Paradebeispiel hiefür ist der „Opernmörder" Weinwurm, der als Exhibitionist erstmals straffällig wurde, dann Frauen mit einer Gabel und später einem Messer stach, und schließlich eine 13jährige Balettelevin mit unzähligen Messerstichen bestialisch ermorderte.)

Nun, die Sache verhält sich so: Der klassische Exhibitionist, der seine Befriedigung aus dem Erschrecken seiner Opfer über den Anblick des erregten Gliedes gewinnt, der ist gefährlich, denn er handelt aus Sadismus. Jener Exhibitionist, der sich zwangsweise entblößen muß, weil ihn der Anblick der Frau erregt, und der aus einer Unbeherrschtheit heraus onaniert, der nicht. Denn er reagiert sich sexuell unbeherrscht ab, erregt sich aber nicht am Zustand seines Opfers, denn genau genommen hat er gar keines. Er setzt nämlich eine Ersatzhandlung, die für die Frau ungefährlich ist. Wenn Sie Anzeigen gegen Exhibitionisten entgegennehmen, achten Sie daher sehr darauf, welche Form des Exhibitionismus im konkreten Fall gegeben sein kann. Die Täter mit sadistischer Tendenz, die behalten Sie sehr genau im Auge! Sie können Ihnen später als Lustmörder wiederbegegnen. Kriminalistisch richtig ist aber auf jeden Fall, daß ein Exhibitionist erkennungsdienstlich behandelt wird.

Tod und Geschlechtsakt

Die Geschlechtsdrüsen arbeiten, Samen und Eizellen werden reif, sie sollen der Erhaltung der Art dienen, Hormone werden ausgeschüttet, und alles geschieht zu einem einzigen Zweck: ein Spannungsfeld gegensätzlicher Kräfte wird aufgebaut und soll zum erwünschten Begattungsakt führen. Im lustvollen Erlebnis wird diese Spannung ausgeglichen, der Orgasmus mündet in der totalen Aufhebung der Kräfte, in der Entspannung. Den „kleinen Tod" nennen diesen Zustand aus einem sicheren Instinkt heraus die Franzosen, er hält nur wenige Minuten an. Endziel von allem ist daher die völlige Entspannung, der Sexualakt dient dem Ausgleich der gegensätzlichen Kräfte, und das Unterbewußtsein ist ebenso daran beteiligt, wie das Bewußte. Absolut nicht mehr reversibel wird alles mit dem tatsächlichen Tod, er ist die letzte, die nicht mehr rückgängig zu machende totale Entspannung. Deswegen kehrt in der Phantasie eines Marquis de Sade immer die Vorstellung eines Superorgasmus im Augenblick des Todes wieder. Schriftsteller, Maler, Musiker, alle Künstler schöpfen aus der Intuition, aus dem Unbewußten, das ins Bewußte gelangt. Das Unbewußte aber ist wertungsfrei, und es spiegelt im Grunde genommen nur die genetisch ererbten und zur Einhaltung der Naturgesetze zwingenden Triebe wider. In der Natur ist das Männchen tatsächlich nach dem erfolgten Begattungsakt uninteressant, oft stirbt es unmittelbar danach ab, weil es nicht mehr gebraucht wird. Was zählt, ist das Weibchen, denn es dient weiter zur Erhaltung der Art. Aus diesem instinktiven Wissen heraus kommt der Tod in den Zusammenhang mit dem Sexuellen. Die Folge davon kann ein Mord im Sexualrausch sein, ein Mord um des Mordes willen, weil der Tod die letzte Entspannung ist, weil er ein nicht mehr rückgängig zu machender Orgasmus ist. Sie verstehen? Der Tod tritt in den Vordergrund, nicht das Schmerzerlebnis, das der Sadist dem Opfer zufügt, der Tod ist erwünscht, wenn auch unbewußt. Die Art der Tötung (meist Erwürgen) ist spontan und nicht vorbedacht, sie geschieht im Sexualrausch eines an sich normalen sexuellen Aktes. Im Gegensatz zum Notzüchtler, der aus Angst vor Entdeckung tötet, er tötet nach der erfolgten Entspannung, nach Eintritt der Ernüchterung vom Sexualrausch, er tötet zwar in Panik, aber mit Überlegung. Wenn aber nun der Tod mit dem Sexuellen einhergehen kann, wohin gehören dann die Fälle von Leichenschändungen? Geschehen sie aus einer engen Verbindung des Sexuellen mit dem Tode, dann hierher. Geschehen sie aus der Lust an der Wehrlosigkeit des Opfers, dann in den Bereich des Sadismus. Und geschehen sie schließlich aus Kontaktarmut und Kontakscheu, dann als abartige Form der Masturbation in den Bereich der autistischen Handlungen. Sie sehen: Es ist nicht alles so einfach, denn manchmal sind mehrere Komponenten daran beteiligt, und jeder, der eine Einteilung, eine Klassifikation vornimmt, riskiert von vornherein, daß es Ausnahmen und Vermengungen geben kann. Wenn wir selbst eine Einteilung vorgenommen haben, so deswegen, weil wir die Triebverbrechen von ihrem Wesen her verstehen wollten.

Zoophilie

Der geschlechtliche Verkehr mit Tieren, der gerade von den ältesten Rechtsordnungen besonders streng geahndet wurde (die Bibel sah hiefür noch die Todesstrafe im Alten Testament vor), dürfte leicht einzuordnen sein. Das Tier macht einen stark gehemmten Menschen gegenüber keinen Unterschied, der gehemmte Mensch braucht nicht den Verstand des Sexualobjekts zu fürchten. Seinem Wesen nach ist der sexuelle Kontakt mit Tieren ein Surrogat des mit dem menschlichen Partner, eine erweiterte Form der autistischen Handlung, im Grunde genommen eine Onanie am lebenden Objekt. Nur in Ausnahmefällen steht das sadistische Motiv im Vordergrund, wenn es die Verletzung und der zugefügte Schmerz ist, der als Reiz empfunden wird und daher gesucht wird. Und auch beim Verkehr mit Tieren können alle bisher von uns herausgearbeiteten Komponenten des Geschlechtstriebes mitwirken. Der Mann, der ein Huhn zur Befriedigung benutzt und es im Augenblick des Orgasmus durch Abschneiden des Halses tötet — er ist sicher abartig. Seinem Wesen nach aber ist der geschlechtliche Verkehr mit Tieren eine Ersatzhandlung, das Tier als lebendes Objekt ersetzt den eigenen Geschlechtspartner. Mangel an einem solchen und die Unfähigkeit, ihm sich zu nähern, sind die Ursachen. Jahrhundertelang wurde die Zoophilie als todeswürdiges Verbrechen verfolgt, der Grund war die unklare und unbewußte Angst vor der genetischen Rückzüchtung zum Tier und später die christliche Moralvorstellung, die letztlich aber auch auf die im Alten Testament festgelegte der Juden zurückzuführen ist. Kriminalistisch und wertfrei gesehen, ist die Zoophilie vielleicht oft schwer begreiflich, besonders in einer Zeit der sexuellen Freiheit, aber eher als harmlos einzustufen, ist doch nicht der Mensch das Objekt des Angriffes. Tierschützer werden da sicher anderer Meinung sein, aber sie schützen ja auch nicht den Menschen, sondern das Tier, wie es der Kriminalist in erster Linie tun muß.

Sexuelle Hörigkeit

Sie werden ihr in der Praxis nicht selten begegnen, der Hörigkeit. Die Frau, die blindlings alles gutheißt, was der Mann tut, auch wenn das ein Verbrechen ist, und der Mann, der selbst ein Verbrechen begeht, einzig und allein deswegen, weil es die Frau will. Warum? Wo sind die Wurzeln zu suchen? Zunächst generell und für beide gültig in der Verschiebung der Wertigkeit. Vieles macht das Leben lebenswert, der berufliche Erfolg, die Familie, geistige Interessen und natürlich auch die Sexualität. Ist es überwiegend der sexuelle Genuß mit einem bestimmten Partner, ja kann dieser Genuß und die Erfüllung nur noch mit dem einen, ganz bestimmten Partner gewonnen werden — dann beginnt die Hörigkeit. Alles andere wird Nebensache und spielt nur noch eine untergeordnete Rolle. Da das Leben nur über den durch den Partner geschaffenen Lustgewinn wert ist, daß es gelebt wird, fügt sich der Hörige den Wünschen des Partners, auch wenn er diese selbst ablehnt, er fügt sich, weil er den Partner nicht verlieren will und kann. Denn ihn zu verlieren, bedeutet auch den Lebenswillen zu verlieren.

Sexuelle Hörigkeit hat sicher auch in vielen Fällen ihren Grund in der Verschiebung der Wertigkeit der am Sexualakt beteiligten Sinne. Je ausgeprägter und ausgefallener die Abartigkeit des Sexualverhaltens ist, desto schwerer ist es, einen passenden Partner zu finden, der volle Erfüllung bringen kann. Um so wertvoller ist aber dieser Partner dann, und um so mehr besteht dann die Angst, ihn wieder zu verlieren. Angst ist aber Schwäche, und Schwäche, führt in diesem Fall zur Unterwerfung den Wünschen des Partners gegenüber. Der psychologische Mechanismus der Hörigkeit ist derselbe wie der des Selbstmordes: Der psychisch gesunde und ausgeglichene Mensch hat viele Gründe, daß er das Leben lebenswert findet, gewissermaßen viele Sektoren in einem gedachten Kreis. Diese Sektoren, Beruf, Familie, Freude an der Kunst, am Essen, an der Natur usw., können sich nun zu Gunsten des einen und zu Lasten des anderen verschieben. Fällt nun ein Sektor aus, weil etwa der geliebte Sohn gestorben ist, dann kommt es darauf an, ob die Summe der anderen Sektoren noch mehr als die Hälfte der Kreisfläche ausmacht, denn dann ist Motiv und Wille zum Leben noch vorhanden. Verschiebt sich aber die Wertigkeit der einzelnen Sektoren, der Ursachen, warum das Leben als lebenswert erscheint, so stark zu Gunsten eines einzigen und fällt dann dieser weg, dann ist der Selbstmord die logische Konsequenz. Die beste Prävention des Selbstmordes ist daher die Aufsplitterung der Interessen auf eine Vielzahl, die insgesamt das Leben als schön und lebenwert erscheinen lassen. Bei der Hörigkeit ist es **ein** Partner, der zum überwiegenden Hauptinteresse am Leben wird. Deswegen ist recht häufig die Konsequenz der Hörigkeit auch der Selbstmord, oder dessen erweiterte Form Mord und Selbstmord.

Darin liegt aber auch die Erkenntnis für Sie als Kriminalist: Für den Hörigen ist der Partner gleichbedeutend mit der Fähigkeit zu leben, sich von ihm zu trennen bedeutet für ihn, es nicht mehr zu können. Bei gegebener und von Ihnen erkannter Hörigkeit hat es daher keinen Sinn, wenn Sie vernunftmäßig und logisch argumentieren. Sie können es nur emotionell tun, und dabei versuchen, daß Sie die stillgelegten Sektoren der Freude am Leben aktivieren und so die Hörigkeit selbst von ihrer Wurzel her bekämpfen. Es kann dies gelingen, wenn Sie an starke natürliche Instinkte, wie es etwa der Muttertrieb ist, appellieren. Eine Frau, die den Mord ihres Kindes durch den Lebensgefährten aktiv zu vertuschen suchte, kann dann durchaus noch zu einem Geständnis gebracht werden. (Der Fall ist übrigens authentisch.) Sicher stellt aber die Hörigkeit für den Kriminalisten ein schwieriges Problem dar.

Homosexualität

Es ist Ihnen sicher schon aufgefallen, und Sie haben es bei sich festgestellt: Wir haben die Homosexualität bisher aus unseren Überlegungen ausgeklammert. Dies aus gutem Grund, denn anders als bei den übrigen „Abartigen" läßt sie sich nicht auf die Überbetonung und Abstrahierung der Komponenten des Geschlechtstriebes zurückführen. Oder besser: Nicht unmittelbar, denn bei der Homosexualität ist der Sexualtrieb selbst falsch gepolt, er ist nicht auf den Partner des anderen Geschlechts ausgerichtet, sondern auf den eigenen. Insofern könnte man die Homosexualität tatsächlich als abartig bezeichnen und vom Nichtnormalen sprechen. Aber so einfach ist es nun leider auch wieder nicht. Die Sexologen und die Psychiater streiten bereits wieder darüber, ob es eine angeborene und eine anerzogene Homosexualität gibt. Die einen sagen ja, die anderen nein. Recht haben weder die einen noch die anderen, weil sie am Kern der Sache vorbeigehen. Bestimmend für homosexuelles Verhalten, das darin charakterisiert ist, daß nur ein Partner des eigenen Geschlechts als sexuell anziehend und erregend empfunden wird, sind zwei Grundfaktoren, die wir gesondert betrachten wollen: Da ist zuerst einmal der in der Pubertät sprunghaft erwachende und noch indifferente Sexualtrieb, er ist plötzlich und oft ohne Vorwarnung vorhanden, er drängt nach Befriedigung, die in autistischen Handlungen realisiert wird, bei Männern in einem sehr hohen Prozentsatz, bei Frauen in einem etwas geringeren. Der eigene Körper und seine Mechanismen, Funktionen und Reaktionen werden entdeckt. Im Grunde genommen geschieht dasselbe, wie es beim Kleinkind geschieht, das sich aufzurichten und auf zwei Beinen gehen lernt, der Pubertierende lernt ein weiteres Organ zu benutzen. Das ist von der Natur erwünscht und gehört zum Plan, beim Menschen insofern erschwert, als Großhirn und Intellekt daran beteiligt sind und, wenn auch untergeordnet und als Erfüllungsgehilfen tätig, so aber doch, eine Rolle spielen. Wäre der Mensch ein Tier ohne Intelligenz, würde hier die genetisch ererbte Steuerung des Zwischenhirns einsetzen und es gäbe keine Probleme der Ausrichtung des Sexualtriebes auf den heterosexuellen Partner. Der Mensch ist aber nun einmal kein Tier, deshalb wird die Ausrichtung durch die Umstände bestimmt. Einmal durch die Prägung, ist das erste Sexualerlebnis so bestimmend und intensiv, und erfolgt es mit einem Partner des eigenen Geschlechts, dann kann das dazu führen, daß jedes weitere Sexualerlebnis mit einem Partner des eigenen Geschlechts gesucht wird. Dann könnte man tatsächlich von anerzogener Homosexualität sprechen. Wobei hier aber noch etwas eine gewichtige Rolle spielt: Der eigene Körper und seine Reaktionen sind bekannt, bei einem Partner des eigenen Geschlechts kann daher die Reaktion auf sexuelle Handlungen als bekannt vorausgesetzt werden und sie können bewußt hervorgerufen werden. Es ist nicht Neuland, das betreten wird, und es gibt nichts Unbekanntes, das gefürchtet werden müßte. Gerade der in der indifferenten Phase der Pubertät steckende junge Mensch neigt dazu, die fehlende Sicherheit beim Partner des eigenen Geschlechts zu suchen, dessen Körper und Reaktionen er ja kennt. Manifestiert sich dann dieses Verhalten, und kommt es nie mehr zu einer Ausrichtung auf das andere Geschlecht, so ist im Grunde genommen eine Stockung der vorgesehenen Entwicklung gegeben, ein Verharren in der pubertären autistischen Phase, weil der Betreffende über die Sexualität des Körpers des eigenen Geschlechts nie hinausgekommen ist. Gleichfalls hier einzureihen ist der sexuell enttäuschte Mensch, der Befriedigung bei einem Partner des eigenen Geschlechts sucht. Durch das Unvermögen des heterosexuellen Partners, die volle Befriedigung zu geben, ist es zu keiner Prägung und Ausrichtung des Geschlechtstriebes auf den Partner des anderen Geschlechts gekommen, der Sexualtrieb ist nicht stabil geworden. Besonders der Anteil der Frauen ist hier sehr hoch, weil die erogenen Zonen bei der Frau breiter gestreut sind als beim Mann und die Frau naturgemäß die Reaktionen des eigenen Körpers besser kennt. Voraussetzung aber, daß eine Zuwendung zum Partner des eigenen Geschlechts erfolgt, ist immer, daß grundsätzlich noch ein sexuell indifferentes Verhalten gegeben ist. Ein oder viele sexuell nicht befriedigende Geschlechtsakte prägen nicht, sie haben im Grunde genommen nie stattgefunden, der eine erste und befriedigende Akt mit dem Partner eigenen Geschlechts prägt aber und richtet aus. Diese Formen der anerzogenen Homosexualität sind heilbar, wenn es gelingt, die fehlausgerichtete Sexualität wieder auf eine indifferente zurückzuführen und neu auszurichten, dies kann aber nur geschehen, wenn es gelingt, durch einen heterosexuellen Partner starke Befriedigung herbeizuführen. Was wieder die Mitarbeit des Homosexuellen voraussetzt, der seine Wünsche und erogenen Zonen offen dem Partner anderen Geschlechts bekanntgeben muß. Ohne Mitarbeit des Betroffenen und gegen seinen Willen ist die Homosexualität nicht heilbar. Grundsätzlich aber schon, wenn sie ihre Ursache in der Fehlausrichtung hat.

Anders ist das bereits beim zweiten Faktor der Homosexualität, denn er hat seine Grundursache in der Sexualität selbst. In der Schöpfung, in der Natur, gibt es eine Harmonie des Gegenspiels der Kräfte. Harmonie ist erst durch Aufhebung und Ausgleich der Gegensätze möglich, erst dadurch erhebt sich alles auf ein höheres Niveau und es ist ein Fortschritt möglich. Einseitigkeit bedeutet Stabilisation, die Natur ist aber auf Fortschritt ausgerichtet, alles strebt einem uns noch unbekannten Ziel der Entwicklung zu. Der Mensch als Bestandteil dieser Schöpfung macht da keine Ausnahme, wie sie auch die anderen Lebewesen nicht machen. Nur in seiner einfachsten Form des Lebens, dem Einzeller, kennt es noch nicht die Trennung in männliche und weibliche Lebewesen. Bereits beim einfachen Mehrzeller aber kommt es zur Ausbildung einer weiblichen Eizelle und von männlichen Samenzellen. Viele Samenzellen streben auf die Eizelle zu, die stärkste und schnellste befruchtet sie. Es ist das Prinzip der Auswahl, das zur Anwendung kommt. Bei den einfachen Formen ist es die lebensfeindliche Umwelt, gegen die es anzukämpfen gilt, die Rivalität untereinander spielt noch eine untergeordnete Rolle. Bei den höherentwickelten Lebensformen erfolgt die Auswahl in mehrfacher Hinsicht, zuerst durch das Überleben des Einzelwesens überhaupt und dann durch die Behauptung über den Rivalen, ja, der Kampf der Rivalen gegeneinander kann zur bestimmenden Form der Zuchtwahl werden. Grundprinzip der vorgesehenen Entwicklung der Arten ist daher das Bestehen der gegensätzlichen Kräfte des aktiven Männlichen, das der Auswahl dient und des passiven Weiblichen, das sich der getroffenen Auswahl unterordnet und die Aufzucht garantiert. Die Asiaten nennen diese gegensätzlichen Kräfte die des Ying und des Yang. In der Aufhebung ihrer Gegensätzlichkeit auf der höheren Ebene finden sie ihren Ausgleich und ihre Harmonie. Wenn nun ein Überhang der männlichen oder weiblichen Kraft gegeben ist, kommt es zu einem atypischen Verhalten des Betroffenen, bei dem dies gegeben ist. Bei Überwiegen der männlichen Kraft, der aggressiven, findet der Mann durch die völlige Ausschaltung des Rivalen, nämlich dadurch, daß er ihm die passive weibliche Rolle aufzwingt, die volle Befriedigung. Umgekehrt aber die Frau wieder dadurch, daß sie die passive Rolle gegenüber dem Mann ausschlägt und die aktive gegenüber einer Frau einnimmt. Ein Fehlen der männlichen Kraft und ein Überhang der weiblichen charakterisiert das Verhalten der passiven Partner des Geschehens. So kompliziert das auch klingen mag, das Volk hat das schon längst erfaßt und spricht treffend von „Tuern" (= aktiv) und „Lassern" (= passiv), die an einem homosexuellen Verhältnis beteiligt sind. Zulässig ist wohl die Annahme, daß das Übergewicht der männlichen oder weiblichen Kraft genetisch ererbt sein kann. Die letzten Forschungsergebnisse sprechen dafür. Ein zusätzliches männliches Chromosom und die Wahrscheinlichkeit, daß der Betreffende zu Gewalttaten neigt, ist so groß, daß diese fast vorausberechenbar sind. Ja, es wurde sogar schon ernsthaft darüber diskutiert, ob jene Männer mit dem zusätzlichen männlichen Chromosom überhaupt für ihre Straftaten verantwortlich gemacht werden können. Wieweit sich das aktive Männliche und das passive Weibliche auch in der Kriminalität auswirkt, können Sie auch daran sehen, daß es weit weniger weibliche Gesetzesbrecher als männliche gibt, nämlich nur etwa 30 Prozent und von diesen wieder nur ein verschwindend geringer Teil wegen Gewalttaten verurteilt wird.

Unbeschadet der Grundursachen der Homosexualität sind aber in ihrer Erscheinung alle Komponenten des Geschlechtstriebes vorhanden, die Grundrichtung ist falsch gepolt, aber die Varianten sind gleich, es gibt den Sadisten und den Masochisten ebenso wie den Schänder, der den geringeren Verstand des Kindes ausnützt, um zur Befriedigung zu kommen.

Von den echten Homosexuellen zu trennen sind die Pseudohomosexuellen, die Strichjungen, mit denen Sie in der Praxis der Kriminalistik häufig zu tun haben werden. Es ist eine unbestrittene Erfahrung: Nicht selten endet es mit Mord. Angehende Kriminalisten sind oft darüber schockiert, daß die erste Frage ihres erfahrenen Kollegen bei einem Mord an einem Mann die ist: „War er ein Homosexueller oder nicht?“ Sie ist aber berechtigt, denn sie kommt aus der Praxis. Auch Sie werden später erkennen, warum sie so berechtigt ist, besonders wenn Sie einige Einvernahmen mit Strichjungen, die getötet haben, hinter sich haben. Der Strichjunge gibt nur vor, daß er anders ist, er will verstandesmäßig beeinflussen und kontrollieren, was tatäschlich neigungsmäßig nicht vorhanden ist. Bei der weiblichen Prostituierten funktioniert das, sie hat die passive Rolle, selbst wenn sie nur vorspielt, daß sie sexuelles Interesse hat, endet das nicht in einer Gewalttat. Nicht beim Strichjungen, da ist es anders. Verstandesmäßig stellt er sich auf eine passive Rolle ein, im entscheidenden Augenblick regiert aber nicht das Großhirn und der diesem zuzuordnende Intellekt, sondern das Zwischenhirn, das ist aber von der zum Aggressiven neigenden männlichen Kraft beherrscht, die die passive Rolle aus der Vererbung heraus nicht annehmen kann, das Ergebnis kann ein Mord sein. Als Motiv geben sie dann an: „Ich habe plötzlich Ekel empfunden“ und sie haben damit nicht so unrecht, denn Ekel ist nichts verstandesmäßig bedingtes, sondern etwas, das vorhanden ist oder nicht, es hat mit der ursprünglichen intellektmäßig begründeten Überlegung nichts zu tun. Das entwicklungsgeschichtlich viel ältere Zwischenhirn erweist sich im entscheidenden Augenblick stärker als das viel jüngere Großhirn, und seine Form, sich mitzuteilen, sind Empfindungen unmittelbarer Art. Deswegen: Diese Begründung einer Bluttat kann man dann nicht mit einer Handbewegung abtun, wenn nicht eindeutig Mordabsicht aus einem Raubmotiv heraus nachgewiesen werden kann.

Schändung

Bei der Untersuchung der Homosexualität sind wir darauf gestoßen: Es gibt Menschen, die die sexuelle Befriedigung bei einem nicht ausgereiften Partner suchen, sei es ein heterosexueller oder einer des eigenen Geschlechts. Worin liegen nun die Ursachen dieses atypischen Verhaltens? Als gegeben können wir voraussetzen, daß die Schändung, also das sexuelle Verhältnis mit einem sexuell nicht ausgereiften Partner, ein spezifisch menschliches (und abartiges) Verhalten ist, das der Natur nicht bekannt ist. Die Steuerung des Geschlechtstriebes erfolgt beim Tier über genetisch ererbte Verhaltensweisen, die durch ganz bestimmte Signale des geschlechtsreifen Partners des anderen Geschlechts ausgelöst werden. Erfolgen diese Signale nicht, weil der Partner noch nicht geschlechtsreif ist, dann spricht der Partner des anderen Geschlechts nicht an, ein unreifer Partner ist uninteressant, ist neutral. Nicht so beim Menschen, sonst gäbe es nicht dieses Delikt. Wir können voraussetzen, daß es nicht die geschlechtliche Unreife ist, die gesucht wird, es ist die Unreife des Intellekts, die sexuelle Unreife wird vom Täter nur in Kauf genommen. Das Psychogramm des Schänders ist dadurch charakterisiert, daß er sich dem erwachsenen Partner gegenüber unterlegen fühlt, wobei dieses Unterlegenheitsgefühl sowohl im sexuellen Bereich, als auch im intellektuellen Bereich wurzeln kann. In beiden Fällen kann diese Unterlegenheit dadurch, daß als Sexualobjekt ein Kind mit unreifem Verstand und ohne jede sexuelle Erfahrung (damit auch ohne Vergleichsmöglichkeit) gewählt wird, verborgen werden. Als Täter finden Sie daher zwei Gruppen: Den unsicheren Pubertierenden, der den Kontakt zum erwachsenen Partner scheut und den sexuell schwächer werdenden älteren Mann, der das Versagen gegenüber der reifen Frau scheut. Oder den Homophilen, der seine Neigung verbergen will und der hofft, daß er dies bei einem Partner mit geringem Verstand am besten tun kann. Die emotionelle Abneigung des einfachen Volkes dem Schänder gegenüber wurzelt weniger in der tatsächlichen Schädigung des Kindes durch die Manipulationen des Täters, der ja keinen Geschlechtsverkehr durchführt, als in der instinktiven Erkenntnis, daß der Täter ein Verhalten setzt, daß es in der Natur nicht gibt.

Haben Sie in der Praxis mit einer Schändung zu tun, dann werden Sie vor allem auf die Schwierigkeit stoßen, daß das Kind den Täter nicht beschreiben kann. Je jünger das Kind ist, um so schwieriger wird dieses Problem. Denn Kinder haben ein sogenanntes eidetisches Gedächtnis, sie merken sich eine Vielzahl von Details, nicht aber den großen Zusammenhang. In diesem Nachteil liegt aber auch ein kleiner Vorteil, denn die Details können so präzise sein, daß sie als überzeugender Beweis verwendet werden können. Bevor Sie das Kind nach einer Personenbeschreibung fragen, lassen Sie es am besten zeichnen. Sie erhalten dann zwar eine kindliche Zeichnung, die sicher nicht den Täter wiedergeben wird, die aber oft sehr wesentliche Details seines Aussehens enthalten kann. So zeichnete ein Kind einen Täter mit nach oben stehenden Schurrbarthaaren und bei der Ausforschung stellte sich heraus, daß er den Bart falsch aufgeklebt hatte. Ein anderes Kind zeichnete den Täter mit einer besonders langen Nase und das traf zu, wie sich später herausstellte. Wichtig ist auch, daß Sie bei einem Fall von Schändung die Eltern darauf hinweisen, daß eine Schädigung der Psyche des Kindes erst dann eintritt, wenn ihm immer wieder gesagt wird, daß es Opfer einer außergewöhnlichen abnormen Handlung geworden ist. Das Kind als sexuell nicht reifes Wesen mißt nämlich dem Geschehenen zumeist weniger Bedeutung bei als die Erwachsenen, weil es eben nicht versteht, was eigentlich geschehen ist.

Transvestismus

Als Transvestiten bezeichnet man Menschen, die sich nicht ihrem Geschlecht entsprechend kleiden, sondern den unwiderstehlichen

Drang haben, die Kleider des anderen Geschlechts zu tragen. Auffällig ist es beim Mann, der in Frauenkleidern und geschminkt herumgeht, aber es gibt auch Frauen in Männerkleidern. Es ist die Rolle des anderen Geschlechts, die gesucht wird. Vorneweg: Transvestiten sind weder Homosexuelle noch Wäschefetischisten. Der passive Homosexuelle, der Frauenkleider anzieht, macht dies nicht, weil er sich als Frau fühlt, sondern als Mittel zum Zweck, weil es ihm leichter gelingt, einen Partner zu finden. Und der Wäschefetischist, der sich daran erregt, daß er weibliche Dessous anzieht, sucht nicht die weibliche Rolle, sondern die zarte Unterwäsche bedeutet für ihn abstrahiert den weiblichen Körper, mit dem er in Kontakt kommt.

Anders ist das beim Transvestiten. Sein Körper funktioniert normal, er ist zu heterosexuellen Verhältnissen fähig, aber seine Seele ist die einer Frau, die im Körper eines Mannes eingesperrt ist. Oder umgekehrt, denn es gibt auch die Frau, die ein Mann sein will und als Mann verkleidet dessen Rolle übernimmt. Die Wurzeln des Transvestismus und der Transsexualität als extreme Form liegen nicht im körperlich-sexuellen, sondern im seelischen Bereich. Eine weibliche Seele ist gezwungen, in einem männlichen Körper zu leben, und eine männliche in einem weiblichen. Die Seele ist in diesem Fall der stärkere Teil, wie es den Anschein hat, denn selbst die schmerzhaftesten und gefahrvollsten Operationen können einen Transsexuellen nicht davon abhalten, eine vollwertige Frau zu werden. Und Frauen setzen sich mit der größten List allen Gefahren aus, die eine männliche Rolle als Soldat, Matrose oder Schwerarbeiter unter Männern mit sich bringt. Der Transvestismus und das transsexuelle Verhalten passen in das Problem der Triebverbrecher nicht hinein, weil hier kein sexuelles Problem gegeben ist, sondern ein seelisches. Konfrontiert werden sie als Kriminalist dann damit, wenn der Transvestit oder der Transsexuelle selbst Opfer eines Verbrechers, meist eines Erpressers, wird. Dann bedenken Sie, daß Sie es zumeist mit einer Seele des anderen Geschlechts zu tun haben und sprechen Sie die an, und nicht die, die dem Körper nach vorausgesetzt werden müßte. Vor allem machen Sie sich nicht über diese Menschen lustig, es sind unglückliche Menschen, das dürfen Sie nicht vergessen.

Kriminalist und Triebverbrecher

Wir haben uns jetzt lange überlegt, welche Ursachen und Wurzeln die einzelnen Triebverbrechen haben. Dies aus einem einzigen Grund: Wer versteht, warum sie geschehen, kann sie auch wirksam bekämpfen. Nur der, der sich in das Innenleben seines Gegners hineindenken und hineinfühlen kann, kann auch so mit ihm reden, daß dabei etwas herauskommt. Die Gefährlichkeit eines Triebverbrechers steht außer jedes Zweifels. Aber der Kriminalist richtet nicht, er schaltet Gefahrenquellen aus. Eine Gefahr ist aber erst aus einem Wissen um sie zu erkennen. Dieses Wissen zu vermitteln, war

Sinn unserer gemeinsamen Überlegungen. Wenn Sie am Tatort bereits darauf achten, ob es Hinweise auf die Psyche des Täters gibt, wenn Sie selbst in der Lage sind, daß Sie aus der Art, wie das Verbrechen geschehen ist, ein Psychogramm des noch unbekannten Täters erstellen, dann können sie auch den potentiellen Täterkreis einengen. Und Sie können bei der Einvernahme das Opfer bereits in dieser Richtung befragen, Sie können insgesamt die Weichen in Richtung Erfolg stellen. Sonst nicht. Darüber müssen Sie sich klar sein. Auch bei der Vernehmung eines Verdächtigen, denn wenn sie ihn vom Grund her nicht verstehen, werden Sie immer an ihm vorbeireden. Wissen und Verstehen ist alles, auch in der Kriminalistik, wir haben dies im allgemeinen Teil bereits festgestellt. Sie erinnern sich? Nur ein breitgestreutes Wissen garantiert Ihnen, daß Sie an bestimmte Möglichkeiten überhaupt denken können.

Pyromanie

Unter Pyromanie versteht man die krankhafte Neigung, Feuer zu legen. Eigentlich hätten wir den Pyromanen unter das Kapitel Triebverbrechen einreihen müssen, denn die tiefste Ursache liegt im sexuellen Bereich. Aber die Sache ist nicht so einfach. Es besteht ein Zusammenhang zwischen dem Sexuellen und der Pyromanie, aber nicht so unmittelbar und direkt, daß etwa der Pyromane beim Anblick eines Großfeuers einen Samenabgang hätte. Dennoch ist wieder eines durch die Erfahrung gesichert: Der Anteil der männlichen Pyromanen ist so hoch, daß man von einem spezifisch männlichen Delikt sprechen kann. Von allen Anfang an wollen wir eines klarstellen: Der Versicherungsbetrüger, der Brandleger aus Rache, der Feuerwehrmann, der sich bei der Bekämpfung des Brandes hervortun will — sie sind keine Pyromanen, denn ihr Grundmotiv ist ein ganz anderes. Der Pyromane erlebt Lust am Anblick der lodernden Flamme, die Flamme selbst ist es, die sie ihm bringt. Warum? Wir wollen versuchen, darauf eine Antwort zu finden.

Jedes Lebenwesen fürchtet instinktiv das Feuer, denn es bedeutet Zerstörung, Vernichtung und Untergang, es ist nicht mit den von der Natur mitgegebenen Waffen zu bekämpfen. Selbst die stärksten Raubtiere, die keine natürlichen Gegner mehr haben, meiden ängstlich das Feuer. Feuer ist die Aggression, die Vernichtung, der Tod selbst. Früh machte es sich der Mensch zunutze: Neben einem brennenden Feuer war er vor Raubtieren sicher. Aber über seine genetisch ererbten Instinkte setzt er auch heute noch Feuer mit Aggression, Vernichtung und Tod gleich. In vielen Rechtsordnungen ist die Brandlegung mit dem Tode bedroht,es ist die instinktive Angst, die denjenigen mit dem Tode bedroht, der durch das Feuer alle mit dem Tode bedroht. Das Feuer, die vernichtende Flamme, der kein Lebewesen entrinnen kann, ist die abstrahierte Kraft des Männlich-Aggressiven, die konkret wird. Und entwicklungsgeschichtlich weit zurückreichend ist diese Gleichsetzung von männlicher aggressiver Kraft, die nach Vernichtung strebt und dem Feuer irgendwann einmal erfolgt und wurde weitervererbt. Im Unterbewußtsein ist sie heute noch vorhanden. Die Lust, die der Pyromane an der lodernden Flamme eines Großbrandes empfindet, ist daher keine körperlich-sexuelle, sondern eine aus dem Unbewußten kommende, die ihn eine besonders große männlich-aggressive Kraft bestätigt. Je größer und je wilder der Brand, um so größer und mächtiger auch diese Kraft. Ich hoffe, Sie können mir noch folgen, denn zugegeben, es ist nicht so einfach. Tatsache aber ist, daß im Pyromanen während des Brandes diese aggressive-männliche Kraft unbewußt als Lust und Machtgefühl erlebt wird, denn **er** ist es ja, der das Feuer hervorgerufen hat. Ein Zusammenhang mit der Sexualität ist daher insofern gegeben, als die tiefste Wurzel die gleiche ist, die aggressive aktive Kraft des Männlichen. Das Volk hat mit treffsicherem Instinkt und der Erfahrung von Generationen dies schon längst geahnt und einen Zusammenhang zwischen Bettnässen und Brandstiftung hergestellt. Insofern richtig, als der Pyromane ein Rückschritt in entwicklungsgeschichtliche Frühzeit ist, als seine treibende Kraft aus dieser Frühzeit kommt und aus der augenfälligen Verzögerung der Entwicklung des Einzelindividuums ein Rückschluß auf ein frühzeitliches Verhalten und Reagieren gezogen werden kann. Es sind zutiefst in unserem Unterbewußten ruhende Erfahrungen und Instinkte der gesamten Art, die beim Pyromanen wieder zu Tage treten, und sicher werden sie vollkommen erst mit dem Fortschreiten der Tiefenpsychologie erforscht werden. Die steckt aber noch in den Kinderschuhen, es sind erst Ansätze dazu vorhanden, daß sie in das unbekannte Reich des Unbewußten vorzudringen imstande ist. Der Kriminalist kann sich aber als Empiriker nur auf Erfahrung stützen, auch wenn er für die erkannten Tatsachen zunächst keine hieb- und stichfeste Erklärung hat. Kriminalistische Erfahrung aber sagt uns, daß ein Zusammenhang zwischen Pyromanie und Triebverbrechen gegeben und nachweisbar ist. Jedoch nicht in der Form, daß jeder Pyromane ein Triebverbrecher sein muß und jeder Triebverbrecher auch ein potentieller Pyromane. Aber: Der Anblick eines Brandes kann die latent vorhandene Neigung eines Triebverbrechers so verstärken und aktivieren, daß er das Triebverbrechen begeht, das er ohne Anblick des Feuers nicht begangen hätte. Und umgekehrt kann aus einem Triebstau heraus ein Brand gelegt werden. Gemeinsam ist aber beiden das Aggressive, das Zerstörerische, das Todbringende — das Feuer.

BETRUG

Sehen Sie sich einmal das Strafgesetzbuch Ihres Landes durch: Wir haben bisher jene Verbrechen untersucht, deren Ursachen und Motive nicht leicht zu erkennen waren, bei allen anderen ist das aber nicht gegeben. Wenn wir nun stellvertretend für alle Verbrechen aus Gewinnsucht den Betrug untersuchen, so aus mehrfachen Gründen. Zunächst einmal ist beim Betrug der Anteil der intellektuellen Komponente des Verbrechens so groß, daß der der genetisch ererbten Verhaltensweise beinahe vernachlässigt werden könnte. Man könnte sagen, der Betrug ist das der fortschreitenden Entwicklung des Menschen und der seines Großhirns entsprechende Verbrechen. Weiters hat der Betrug die Besonderheit, daß es das Opfer des Verbrechens selbst ist, das sich schädigt, und schließlich gelangen wir über die Untersuchung der Arbeitsweise eines Betrügers zu Erkenntnissen darüber, wie man Menschen beeinflussen kann. Im Strafgesetz wird der Betrug so definiert, daß der der dieses Verbrechen begeht, der einen anderen, in der Absicht ihn zu schädigen, so in Irrtum führt, daß diesem daraus tatsächlich ein Schaden erwächst. Ausgangspunkt jedes Betruges ist daher zunächst, daß der Täter sein Opfer in einem Irrtum führt, daß er etwas vorgibt, das nicht ist, daß er sein Opfer täuscht. Das setzt wieder voraus, daß er sicher und gekonnt eine Lüge so vorbringt, daß sie als Tatsache oder Wahrheit empfunden wird. Es genügt daher nicht, daß die Lüge allein und glaubhaft vorgebracht wird, sondern sie muß auch der Situation entsprechend möglich und wahrscheinlich sein. Haben Sie sich schon einmal überlegt, wie man am besten lügt? Nein? Sie sollten es aber, denn dann wird Ihnen die Arbeitsweise eines Betrügers leichter verständlich. Also: Sie erzählen eine Lüge, die kommt nicht an, denn Ihre Zuhörer sind kritisch. Sie erzählen sie bei der nächsten Gelegenheit wieder und schmücken sie aus, sie geht Ihnen schon geläufiger über den Mund. Jetzt klingt sie nicht mehr so unwahrscheinlich, denn es gibt ja Details. Sie merken, daß es auf die Details ankommt und fügen weitere hinzu, sie verbrämen das Ganze mit echten Details, die Sie irgendwann einmal tatsächlich erlebt haben, die erzählen Sie nämlich in der tatsächlichen Überzeugung der Wahrheit. Wenn Sie nun die Lüge schon zum 20. Male mit allen wahren und unwahren Details erzählt haben, glauben Sie schon fast selbst daran, denn Sie können selbst nicht mehr ganz unterscheiden, welches Detail nun echt und welches erfunden ist, denn es ist ein Ganzes, das Sie von sich geben. Die Autosuggestion tut das Ihre, die Übung auch, und Ihre Zuhörer haben den Eindruck, daß die fließend und überzeugend vorgebrachte unwahre Geschichte wahr ist. Verbergen Sie nun Ihre ausgeschmückte Lüge noch in einer Erzählung wahren Inhalts (Sie sprechen über Ereignisse in Ihrem Leben, den Tod der Mutter, Ihre Kriegserlebnisse usw.), ist sie nicht mehr zu entdecken, und auch ein kritischer Zuhörer wird sie als Wahrheit empfinden. Daraus können wir nun zweierlei erkennen: Ein Betrüger verbleibt bei einem einmal erfolgreichen Modus operandi, er kann seine erfolgreiche Arbeitsweise nicht so einfach abändern, zumal sich diese meist durch Zufall als so erfolgreich erwiesen hat. Zweitens, den besonders kritischen Teil, nämlich jenen, der sein

Opfer in Irrtum führt, verbirgt er in einer längeren Geschichte, die mit vielen Details ausgeschmückt ist und oft wahre Details enthält. Der vom Betrüger gewünschte Irrtum des Opfers kann in der Person (Hochstapler, Heiratsschwindler), in der Situation (bevorstehende Inflation) oder in der Sache (falsche Goldmünzen, wertvoller Ring, Teppich usw.) liegen. Mit der gelungenen Täuschung des Opfers ist aber der Betrug noch nicht gelungen, es bedarf nun erst einer Motivation des Opfers, damit es, aus dem Irrtum heraus, sich auch tatsächlich schädigt. Wenn Sie sich später das Kapitel über die Vernehmungstechnik aufmerksam durchlesen, werden Sie die Möglichkeiten einer Beeinflussung eines anderen Menschen studieren können. Das bedeutet aber nicht, daß Sie bei der Vernehmung wie ein Betrüger arbeiten, denn Sie führen ja den Verdächtigen nicht in Irrtum, aber das Handwerkszeug, die Beeinflussung des anderen ist gleich, denn jeder Betrüger ist mindestens ein ebenso guter Psychologe als Sie es hoffentlich sind. Um nun sein Opfer zu beeinflussen, wählt der Betrüger im Allgemeinen die Möglichkeit einer emotionellen Beeinflussung, er appelliert entweder an die niederen Instinkte und Triebe (Geldgier, Eigennutz, Überheblichkeit über die angebliche Dummheit des Betrügers) oder an die positiven Eigenschaften (Hilfsbereitschaft, Mitleid usw.) des Opfers. Um nun nicht zu abstrakt Betrachtungen anzustellen, wollen wir uns den modus operandi eines Betrügers ansehen, mit dem dieser zwei Jahre lang täglich mehreren Leuten Geld aus der Tasche zog und ungeschoren blieb, er könnte als klassisches Beispiel für einen aus der Situation heraus gefundenen und später ausgefeilten erfolgreichen Modus operandi angesehen werden: Der Mann suchte in biederer Arbeitskleidung eines Glasers oder Mechanikers stark frequentierte Trafiken, Tankstellen und Geschäfte auf. „War meine Frau schon da?", war seine erste Frage. Der Geschäftsmann verneinte, er kannte den Mann zwar nicht, aber die Fragestellung war so, als ob er ihn kennen müsse. Und welcher Geschäftsmann gibt schon zu, daß er einen Stammkunden nicht erkennt? Der Mann dankte und entfernte sich. Nach einer Viertelstunde kehrte er wieder: „War meine Frau immer noch nicht da?", er wirkte bereits nervös. Sie war noch nicht dagewesen, aber im Geschäftsmann hatte sich bereits die Überzeugung festgesetzt, daß es sich tatsächlich um eine Stammkundschaft handeln müsse. Beim dritten Male, als die Frau noch immer nicht dagewesen war, rückte der Betrüger mit einer „Notsituation" heraus: Er mußte dringend eine Glasscheibe besorgen und seine Frau hatte die Schlüssel mit, sie hätten sich hier treffen sollen usw.... Der Betrag, den er benötigte, war unter der Reizschwelle, die zur Vorsicht mahnte, es waren 400,– S, und er gab ja eine Bestätigung. Der Geschäftsmann half aus, wer läßt eine Stammkundschaft schon im Stich? Und sah sein Geld nie mehr wieder. Die wenigsten erstatteten Anzeige, denn der Betrag war unter der Reizschwelle, der Aufwand einer Anzeige stand nicht im Verhältnis zum zu erwartenden Erfolg.

Mit diesem Modus operandi verdiente der Mann Hunderttausende, und ziemlich ohne Risiko, weil ohne Anzeige der Geschädigten ja kein Zusammenhang hergestellt werden konnte. Sie haben es sicher schon erkannt: Die Täuschung, der Irrtum, war die Stammkundschaft und die Motivation des Opfers eine Mischung zwischen Eigennutz (Stammkundschaft) und Hilfsbereitschaft — eine tödliche Mischung. Und die Täuschung wurde nicht direkt ausgesprochen, sondern psychologisch gleich einer Fangfrage. Der Geschäftsmann, der die Frau zu kennen vermeinte, oder zu kennen vorgab, der akzeptierte damit auch, daß er eine Stammkundschaft vor sich hatte. Bezeichnend war übrigens, daß der Mann den herausgearbeiteten Modus operandi auch nach längjähriger Freiheitsstrafe nicht aufgab, er hatte nur Pech, denn dieser Modus operandi war bekannt.

Der Betrug hat viele Seiten, es wäre sicher noch interessant, noch andere Modi operandi aufzuzählen, es würde das aber im Grunde nichts ändern, die Grundkonzeption bleibt gleich, die Ausschmükkung ändert sich und wird solange variiert, bis sie erfolgreich ist. Ob der Betrüger als Heiratsschwindler, Versicherungsbetrüger, Bauernfänger, Ringwerfer oder Bestellbetrüger auftritt, er täuscht etwas vor und motiviert dann das Opfer zu seiner eigenen Schädigung aus dem Irrtum heraus. Für den Kriminalisten ist von Bedeutung, daß es der Modus operandi ist, durch den er den Betrüger überführen kann und durch den er den einmal ausgeforschten Betrüger viele Fakten nachweisen kann. Dies setzt wieder voraus, daß Sie den einmal erkannten Modus operandi im potentiellen Opferkreis bekanntmachen, sei es durch eine Veröffentlichung in der Presse oder in speziellen Fachzeitungen. Haben Sie gewußt, daß Trafikanten, Tankstellenpächter, Firmen, Dentisten, Zahnärzte, Reifenhändler usw. alle ihre eigene Fachzeitung haben? Eine Fachzeitung, die viel genauer gelesen wird, als die Tagespresse? Sie sollten es wissen.

Wenn Sie nun bei der Vernehmung einem Betrüger gegenübersitzen, dann denken Sie daran, daß er Ihnen gegenüber mit demselben Mittel arbeitet, wie seinen Opfern gegenüber: Er wird die Lüge mit der Wahrheit und vielen Details verbrämen, um Sie unaufmerksam und unachtsam zu machen, damit Sie sie ihm abnehmen was er sagt. Dagegen hilft nur ein Mittel: Gezielte Fragen, Ja-Nein-Fragen, Sie glauben nicht, wie das einen Betrüger aus dem Konzept bringt. Er erzählt Ihnen voll Selbstmitleid, daß ihn nur der Autounfall, die kranke Mutter, die es zu versorgen galt, die Krankheit, der Zusammenbruch der Börse in Hongkong, am Rückzahlen des Kredites gehindert hat. Sie fragen: „Und wieviel Schulden hatten Sie, als Sie den Kredit aufgenommen haben? Was haben Sie damals verdient?" Es stellt sich bald heraus, daß er nichts verdient hatte, aber dafür bereits hohe Schulden hatte. Das braucht der Staatsanwalt, nicht die Geschichte vom Autounfall. Es ist sicher eine Frage der Nervenstärke, denn Sie müssen sich ja die Tiraden anhören, aber es lohnt sich.

Sie müssen ihn festnageln. Es ist sicher nicht leicht, aber befriedigend, denn es ist ein Zweikampf der Intelligenz und der Psychologie. Ich habe ihn nicht ungern ausgefochten. Sie werden das doch auch? Hoffen wir es, denn damit beweisen Sie, daß Sie mit Leib und Seele Kriminalist sind.

DER TATORT

ALLGEMEINES

Unter Tatort verstehen wir einen mit dem Täter und mit dem Verbrechen in unmittelbarem Zusammenhang stehenden Ort. Diese vorsichtige Formulierung müssen wir suchen, weil es bei der Begehung eines Verbrechens mehrere Tatorte geben kann, z.B.: Geiselnahme eines Bankangestellten (Tatort Straße), Gefangenhalten des Angestellten (Tatort Keller) und Diebstahl in der Bank mit den dem Angestellten abgenommenen Schlüssel (Tatort Bank). Um ein anderes Beispiel zu bringen: Der Ort, an dem die Leiche eines Ermordeten aufgefunden worden ist, muß nicht unbedingt der eigentliche Tatort sein, die Leiche kann auch später dort abgelegt worden sein. Dennoch ist dann auch der Auffindungsort für uns kriminalistisch interessant, steht er doch in enger Beziehung zur Tat und zum Täter und ist die erste Möglichkeit für uns, daß wir Hinweise und Rückschlüsse auf den Täter gewinnen. Die Bedeutung des Tatortes liegt also darin, daß sich durch eine genaue Untersuchung Tatsachen feststellen lassen, die allein oder im Zusammenhang mit anderen entweder einen direkten Hinweis auf die Person des Täters geben oder zumindest den Personenkreis, in dem der Täter zu suchen ist, einengen können. Um aber wieder nicht zu sehr in abstrakte Überlegungen abzugleiten, gehen wir zurück in die Praxis: Da müssen wir uns zuerst mit zwei Begriffen der Kriminalistik vertraut machen, nämlich:

1. **Die Spur:** Jede Veränderung am Tatort, die vom Täter verursacht sein k ö n n t e, nennen wir Spur. Also Beschädigungen, Blutstropfen, Fingerabdrücke, auch Exkremente usw.

2. **Das Corpus delicti:** Darunter verstehen wir einen Gegenstand, der im Zusammenahng mit der Tat oder dem Täter stehen k ö n n t e, also mit dem etwa die Tat ausgeführt worden sein könnte (Tatwaffe, Tatwerkzeug), oder dem Täter gehört haben könnte (von ihm zurückgelassen), oder der Täter berührt haben könnte.

Sowohl Spur, als auch Corpus delicti werden zum Tatbeweis benötigt, sie sind die Glieder, aus denen eine lückenlose Beweiskarte gebildet werden soll. Spuren und Corpora delicti sind daher wichtig und müssen gesichert beziehungsweise sichergestellt werden. Durch eine darauf befindliche Spur kann ein Gegenstand zum Corpus delicti werden, auch wenn er nicht Tatwerkzeug war, nämlich dann, wenn diese Spur nicht anders als durch Sicherstellung des ganzen Gegenstandes zu sichern ist. Umgekehrt wieder kann ein Corpus delicti, ein bestimmtes Tatwerkzeug, das eine charakteristische Beschädigung verursacht, mit eben dieser Beschädigung, also der Spur, in einen engen Zusammenhang gebracht werden. Spur und Corpus delicti stehen daher manchmal, aber keineswegs immer, in einer Wechselbeziehung zueinander.

Da Sie die Ausführungen aufmerksam gelesen haben, ist Ihnen nicht entgangen, daß wir bei der Begriffsbestimmung von Spur und Corpus delicti den Konjunktiv gewählt haben, wenn von der Beziehung zum Täter die Rede war. Als Kriminalist muß man sich immer präzise ausdrücken und genau sein. Wenn wir am Tatort eine Spur sichern, oder ein Corpus delicti sicherstellen, haben wir den Verdacht, also die Vermutung, keineswegs aber die Gewißheit, daß die Spur vom Täter stammt. Entsprechend dem von uns gefundenen Grundsatz III werden wir daher Spuren und Corpora delicti sichern, von denen sich später herausstellen kann, daß sie mit der Tat oder dem Täter nicht in Zusammenhang stehen.

Wir haben bereits festgestellt, daß eine Spur eine Veränderung ist, die wir als solche bei der Erhebung am Tatort noch erkennen können. Diese Veränderung, die vom Täter verursacht worden sein könnte, befindet sich am **Spurenträger**. Ein Spurenträger muß nicht immer eine Sache sein, auch der Mensch oder das Tier können zum Spurenträger werden (Notzucht-Spermaspuren, Sodomie-Spermaspuren, Dieb-Fang-Spuren des Fangmittels der Diebsfalle etc.). Ein Gegenstand, der zum Spurenträger wurde, kann als Corpus delicti sichergestellt werden, ein Tier oder eine unbewegliche Sache (Grundstück mit Reifenspuren) natürlich nicht. Es ergibt sich somit das Problem der Sicherung von Spuren, das so wichtig ist, daß wir ihm ein eigenes Kapital widmen wollen.

Doch zurück zum Tatort. Er wird in kriminologischen Lehrbüchern häufig und nicht unzutreffend als das Spiegelbild des Täters bezeichnet, eine Momentaufnahme, die entstanden ist in dem Augenblick, als ihn der Täter soeben verlassen hat. Wichtig ist also der Gesamteindruck, den Sie vom Tatort gewinnen. Seien Sie sich dessen bewußt und lassen Sie bei Ihrem Eintreffen zuerst die Gesamtsituation auf sich einwirken, ehe Sie sich an die Detailuntersuchung machen! Der Gesamteindruck kann oft ausschlaggebend werden, mehr als dies auf den ersten Anschein zu vermuten wäre. Nehmen Sie zum Beispiel einmal an, daß Sie den Tod eines Säuglings untersuchen müssen. Ihr erster Eindruck, wenn Sie in die Wohnung der

Eltern des Säuglings kommen, ist der, daß für das kommende Kind offenbar schon lange vor der Geburt alles vorbereitet war, der Kinderwagen steht bereit, Spielzeug wurde gekauft, eine Wiege angeschafft ... Unabhängig vom Ergebnis Ihrer Untersuchungen können Sie zumindest sagen, daß wohl kaum von vornherein die Absicht bestanden hatte, das Neugeborene zu töten. Ergibt aber umgekehrt wieder der erste Gesamteindruck, den Sie gewinnen, daß ein Kind in der Wohnung beinahe stört, weil sie nur für Erwachsene eingerichtet ist und nichts auf ein Kind hinweist, dann werden Sie schon sehr vorsichtig sein müssen! Weil wir schon die Wohnung erwähnt haben, eine Wohnung kann sehr viel über die Bewohner aussagen, ob sie jung oder alt sind, ob sie nüchtern oder romantisch sind, ob sie gebildet oder ungebildet sind, abgesehen von dem naheliegenden Schluß. ob sie arm oder reich sind. Sie kennen sich selbst am besten und wissen um Ihre Eigenarten, Interessen und Sehnsüchte, überprüfen Sie einmal nüchtern und analytisch, was in Ihrer Wohnung auf eben diese Eigenarten hinweist. Haben Sie es geschafft, von der Charaktereigenschaft auf die Gegenstände zu kommen, dann werden Sie umgekehrt den richtigen Schluß von den Gegenständen auf die Charaktereigenschaften ziehen können, wie ja überhaupt kriminalistische Rückschlüsse aus der Kenntnis des eigenen Verhaltens und der Auswirkung desselben auf die Umwelt gezogen werden können. Oder einfacher gesagt: Nur wer sich selbst kennt, kennt andere.

Erste Maßnahme am Tatort

Wir haben es bereits erkannt und festgehalten, daß die Gesamtsituation am Tatort von Bedeutung ist, es ist daher auch wichtig, sie als Gesamtsituation zu sichern, ehe sie durch die einzelnen Untersuchungen verändert wird, und dies gilt für alle Tatorte. Erste Maßnahme ist daher die Sicherung der Gesamtsituation. Selbst der beste menschliche Beobachter mit dem besttrainierten Gedächtnis ist nicht imstande, sich alles zu merken und alles wahrzunehmen. Dies hängt mit der Arbeitsweise unseres Gehirns zusammen (hiezu Näheres im Kapitel „Der Zeuge“). Tragen Sie dem Rechnung, und photographieren Sie den Tatort. Die Kamera hat solche Probleme nicht, sie hält alles fest, auch die anscheinend unwichtigen Details. Gerade die aber können später von ausschlaggebender Bedeutung sein. Auf der Aufnahme von der Gesamtsituation am Tatort können sie vielleicht später den Täter unter den neugierigen Zusehern finden, wenn es sich beim Täter um einen Pyromanen handelt, der der Versuchung nicht widerstehen konnte, die Tat voll auszukosten. An diesem Beispiel erkennen sie aber zugleich auch, wie wichtig es ist, daß Sie **schnell** zum Tatort kommen. Die Tatortsituation als Gesamtheit photographieren Sie also vorerst, ehe Sie mit der Untersuchung beginnen. Die moderne Technik bietet heute auch die Möglichkeit der dreidimensionalen Photographie, wobei diese so fortgeschritten ist, daß später nach diesen dreidimensionalen Bildern millimetergenau alle Gegenstände auch in ihrem Abstand zueinander vermessen und gezeichnet werden können. Die bestmöglichste Sicherung der Tatortsituation ist daher eine Frage des technischen Einsatzes. Nicht immer aber war diese Technik hochentwickelt und nicht immer stehen Ihnen diese technischen Hilfsmittel zur Verfügung. Wie sollen Sie also dann vorgehen? Wir müssen unser Gehirn überlisten und es zur Wahrnehmung auch unwesentlich erscheinender Details zwingen, indem wir diese bewußt wahrnehmen. Das heißt, daß wir notieren, was wir als Einzelheiten bewußt sehen, wir schreiben also einen Augenscheinsbericht, in dem wir diese Einzelheiten aufnehmen und dabei in der Wahrnehmung derselben systematisch vorgehen. Aber bitte richtig! Ziel und Zweck des Tatortberichtes ist es, daß später eine **nachträgliche**, möglichst vollkommene Rekonstruktion der Tatortsituation ermöglicht wird, jeder, der nachträglich diesen Bericht in die Hand bekommt, soll imstande sein, die Tatortsituation wieder so herzustellen, wie Sie von Ihnen vorgefunden worden war. Es genügt daher nicht eine genaue Aufzählung der Einzelheiten (Möbelstücke, Gegenstände), sondern der spätere Leser Ihres Berichtes muß auch wissen, wo diese waren und wie ihre Beziehung untereinander und zum Tatort war. Wenn Sie selbst eine Rekonstruktion vornehmen, genügt es Ihnen auch nicht, daß Sie wissen, **daß** ein bestimmter Gegenstand am Tatort war, sondern Sie müssen wissen, **wo** er war. Und da wir nun einmal in einer dreidimensionalen Umwelt leben, müssen Sie daher auch die Position des Gegenstandes dreidimensional festhalten. Eine Wanduhr befindet sich dann nicht drei Meter von der Zimmerecke entfernt, sondern auch zwei Meter vom Boden entfernt usw. Hiezu einige praktische Tips:

Ehe Sie mit der Aufzählung beginnen, benötigen sie zuerst einmal einen

Fixpunkt

zu dem Sie die aufzuzählenden Gegenstände in einem örtlichen Bezug bringen. Von diesem Fixpunkt aus beschreiben Sie, was Sie sehen. Da derjenige, der später die Rekonstruktion vornehmen soll, diesen Fixpunkt auch auffinden muß, wählen sie ihn so, daß dies leicht möglich ist. Dies erreichen Sie am besten, wenn Sie beschreiben, wie Sie selbst diesen Fixpunkt gefunden haben. Also etwa: „Von der Kreuzung der Waldstraße mit der Landesstraße 18 geht man auf der Landesstraße 18 in Richtung Altkirchen. 200 Meter nach dem Telephonmast 43 (Kilometerstein usw.) zweigt ein Feldweg rechts ab, und auf diesen ..." Sie merken: Der Leser des Berichts kann später denselben Weg nehmen, den Sie genommen haben. Der Fixpunkt befindet sich dann ... 310 Meter (Schritte) von der einzeln stehenden Eiche und 40 Meter (Schritte) vom Marterl entfernt auf einer gedachten Linie, die Eiche und Marterl genau gerade verbindet ...". Bei einem Tatort im Freigelände sind noch einige Dinge zu beachten:

- Linkes und rechtes Ufer eines Flusses bestimmen sich nach der Richtung, in der der Fluß fließt. Sie blicken also flußabwärts und bestimmen linke und rechte Seite.
- Linke und rechte Straßenseite bestimmen sich nach der Fahrt- oder Gehrichtung, ehe Sie diese Bezeichnung wählen, müssen Sie daher die Richtung festlegen. Tun Sie das nicht, kann ein späterer Leser nicht wissen, welche Seite Sie eigentlich gemeint haben.
- Besteht überhaupt keine Möglichkeit, daß Sie den Fixpunkt anhand markanter anderer Punkte (Baum, Mast, Denkmal usw.) bestimmen, bleibt Ihnen nichts anderes übrig, als daß Sie vorgehen wie ein Seemann auf hoher See und ihn nach Länge und Breitegrad festlegen, oder, falls es weit entfernte Bezugspunkte gibt, trigonometrisch.
- Vergessen Sie beim Zeichnen einer Skizze nie, einzutragen, wo Nord liegt.

Die Bedeutung eines Fixpunktes liegt vor allem darin, daß er uns ermöglicht, uns räumlich und flächenhaft auszudrücken. Hiezu gibt es grundsätzlich wieder zwei Methoden, beide bauen darauf auf, daß die Lage eines Gegenstandes in der Ebene durch zwei, die im Raum durch drei Zahlenangaben fixiert sein muß. Diese Zahlenangaben können sich nun wieder auf eine lineare Entfernung oder auf einen Winkel beziehen. Dabei gehen Sie so vor:

Methode I (zwei Winkel):
Sie bestimmen einen weiteren Fixpunkt und vermessen von beiden Fixpunkten jeweils den Winkel der Linie zum anderen Fixpunkt und dem Gegenstand. Da Sie die Entfernung zwischen den beiden Fixpunkten kennen, können Sie später mit Hilfe der bekannten Winkeln auch die Entfernung des Gegenstandes zu Ihnen errechnen. Sie arbeiten trigonometrisch wie die Landvermesser, dies empfiehlt sich bei größeren Entfernungen.

Methode II (zwei Entfernungen):
Sie bestimmen wieder einen weiteren Fixpunkt und halten die Entfernung des Gegenstandes zu beiden Fixpunkten fest.

Methode III (Winkel und Entfernung):
Der Fixpunkt ist das Zentrum eines vollen Winkelkreises, dessen Durchmesser durch 0 Grad und 180 Grad die Nord-Süd-Linie bildet. Sie geben die Entfernung zum Fixpunkt und den Winkel zum Durchmesser an.

Nun mag auf dem ersten Blick das alles etwas kompliziert klingen und danach aussehen, als seien die Methoden in der Praxis nicht anwendbar, da Sie ja kaum einen Theodoliten oder ein Nivelliergerät zur Verfügung haben werden. Dem ist aber nicht so, wenn Sie sich daran erinnern, wie die Jagdflieger im Krieg Winkelangaben weitergegeben haben. (Übrigens auch die Panzerfahrer und andere Waffengattungen.) Da sie keine Zeit hatten, den Winkel zu vermessen, aus dessen Richtung das angreifende Flugzeug kam, riefen sie den gefährdeten Rottenkameraden zu: „Angreifer aus 9 Uhr", womit dem anderen die Richtung sofort klar war. Sie können darauf zurückgreifen, wenn Sie die Nord-Süd-Linie durch die 12 und die 6 gehen lassen und den Winkel in Stunden oder Minuten angeben und die Entfernung des Gegenstandes dazu. Sie erhalten dann zwar nicht so ganz genaue Meßdaten der Winkel, aber immerhin ganz brauchbare. Warum das so wichtig ist, wollen Sie wissen? Weil Sie in der Praxis häufig in die Lage kommen werden, daß Sie am Tatort improvisieren müssen, daß Sie mit ungeschulten Hilfskräften arbeiten müssen und daß Sie dennoch einwandfreie Daten für eine spätere Rekonstruktion liefern sollen. Vielleicht stellen wir uns das am Beispiel der folgenden Situation vor: Angenommen, zwei kleinere Flugzeuge stoßen zusammen und stürzen nach Explosion in der Luft auf unwegsames Gelände. Flugzeugteile und Leichenteile liegen jetzt über eine größere Landfläche verteilt. Sie als Einsatzleiter haben wenig Zeit, denn die Leichen müssen geborgen werden, dennoch müssen Sie auch eine Tatbestandsaufnahme durchführen. Sie müssen also Ordnung in das Bergungsgeschehen bringen und so vorgehen, daß die Bergung und die Sicherung der Spuren zusammenfällt, wobei Sie weiters darauf achten müssen, daß die von Ihnen gewählte Methode auch von den zur Bergung eingesetzten Leuten, etwa Feuerwehrleuten, Soldaten oder freiwilligen Helfern, angewendet werden kann, die Methode muß daher einfach und leicht erklärbar sein. Sie könnten daher z.B. nach der „Uhr-Entfernung-Methode" vorgehen und lassen die Entfernung mit einer langen Schnur vermessen. Jeder Gegenstand, dessen Koordination feststeht, erhält zusätzlich eine fortlaufende Nummer usw. Später können Sie dann in aller Ruhe anhand der Koordination eine Skizze zeichnen.

Wie sehr es auf die jeweilige Entscheidung des Einsatzleiters ankommt, welche Methode der Sicherung er wählt, sei am Beispiel von Dresden erläutert. Nach der Bombardierung Dresdens, bei der etwa 400 000 Menschen ums Leben kamen, ordnete der Leiter des Bergungstrupps an, daß jeweils die Schmuckstücke, die bei einer Leiche gefunden wurden, mit einem Kärtchen mit Ortsangabe des Fundortes zu versehen waren. Die Schmuckstücke, hauptsächlich Ringe, wurden kübelweise gesammelt. Der Einsatzleiter setzte auf zwei Daten, auf den Schmuck und auf den Auffindungsort. Tatsächlich war es später durch diese gewählte Methode möglich, daß fast alle Toten identifiziert werden konnten, wobei diese Arbeit erst in den sechziger Jahren abgeschlossen werden konnte. Sie erkennen also: Die gewählte Methode war so einfach, daß sie sich leicht erklären ließ, und auch von ungeschulten Kräften unter extremen Bedingungen durchzuführen war. Das ist aber genau die Maxime, nach der wir bei der Wahl einer Sicherung vorzugehen haben.

Erst wenn Sie die Gesamtsituation als solche gesichert und sie festgehalten haben (als Luftaufnahme, als genaue Tatbeschreibung usw.), können Sie mit der eigentlichen Spurensuche und -sicherung beginnen. Wenn wir vorhin immer wieder auf die Wichtigkeit und die Bedeutung des Gesamteindrucks hingewiesen haben, so mit gutem Grund. Denn erst durch das Einprägen des Gesamteindrucks vom Tatort erlangen Sie die Fähigkeit, Spuren und Spurenträger als solche zu erkennen. Wir haben schon festgestellt: Spuren sind alle Veränderungen, die vom Täter stammen könnten. Wie wollen Sie aber diese Veränderungen als solche erkennen, wenn Sie keine Vorstellung davon haben, wie der Tatort vor der Tat ausgesehen haben muß? Die Veränderungen stellen sich als Störung des Gesamteindruckes dar. Das klingt banal, ist aber so. Ein Fichtenzapfen auf dem Boden eines Fichtenwaldes gehört dorthin, eine Ansammlung von Zapfen, ein sauber geschichtetes Häufchen bereits nicht mehr und eine Münze schon gar nicht. Wenn Sie in einem Kinderzimmer eine Packung Präservative finden, wird Ihnen das zu denken geben, vorausgesetzt, Sie haben überhaupt erkannt, daß es sich der Einrichtung und dem Interieur nach um ein Kinderzimmer handelt. Wenn sie in der Wohnung einer Greisin einen Gegenstand finden, der auf eine Diskothek hinweist, werden Sie diesem Gegenstand eine erhöhte Aufmerksamkeit widmen. Voraussetzung ist aber wieder, daß Sie den Gesamteindruck hatten, daß in dieser Wohnung nur eine Greisin gewohnt haben kann.

Spurensicherung

Wenn Sie nun die Spuren als solche erkannt haben, müssen Sie diese auch sichern. Ehe wir nun zum besondern Teil, zu den einzelnen Spuren übergehen, erscheint es notwendig, daß wir eine allgemein gültige Grundregel der Spurensicherung herausarbeiten. Was nicht schwer ist. Denn die einfachste und zweckentsprechendste Art, eine Spur zu erhalten, ist die, sie unverändert zu lassen und vor jeder späteren Veränderung abzusichern. Also: Beschlagnahme des Spurenträgers, Versiegelung der Wohnung, Absperrung eines Tatortes im Freien. Sie gewinnen damit Zeit und können den Spezialisten die Untersuchung der gesicherten Spuren ermöglichen. Es gilt somit vorerst der Grundsatz:

ERHALTUNG DER SPUR GEHT VOR DEREN AUSWERTUNG!

Wird durch eine Auswertung die Spur selbst vernichtet und ist die Auswertung durch die zur Verfügung stehenden Mittel nur unvollkommen möglich, dann hat diese Auswertung solange zu unterbleiben, bis eine vollkommene Auswertung möglich ist. Denn bedenken Sie: Ein Verteidiger versucht in erster Linie den Nachweis zu erbringen, daß Zweifel bestehen bleiben. Bestehen Zweifel, dann hat er schon gewonnen, denn im Zweifel muß zu Gunsten des Beschuldigten entschieden werden. Der Verteidiger weist nicht nach, daß **keine** Möglichkeit besteht, daß sein Mandant der Täter war, er weist nach, daß **eine** Möglichkeit besteht, daß er **nicht** der Täter war. Auch wenn diese eine Möglichkeit eine Wahrscheinlichkeit von 1 : 1000 hat, gewinnt er meistens doch. Aus der Einhaltung des von uns gefundenen Grundsatzes ergibt sich nun, daß wir dem Verteidiger seine Chancen nur nehmen können, wenn wir sicherstellen, daß die gefundene Spur so ausgewertet wird, daß keine Zweifel mehr bestehen. Das bedeutet, daß es grundsätzlich günstiger erscheint, Spurenträger als Corpora delicti und als Ganzes sicherzustellen und die Auswertung der Spur den Fachleuten im Labor zu überlassen. Was dann dabei herauskommt, kann auch einem Fakultätsgutachten standhalten, das der Verteidiger, fast könnten wir sagen schon routinemäßig, beantragen wird. Nur dann, wenn eine solche Sicherung der Spur nicht möglich ist (Hausmauer, Türstock usw. sind Spurenträger), ist die Sicherung und Auswertung der Spur sofort durchzuführen, wobei Sie auch hier trachten sollen, daß sie durch den jeweiligen Fachmann erfolgt.

DIE EINZELNEN SPUREN

Eine Unzahl von verschiedenartigen Spurenträgern kann eine ebensolche Unzahl von Veränderungen durch den Täter erfahren. Es ist daher nicht möglich, eine **vollständige** Aufzählung der im einzelnen möglichen Spuren zu finden und zu bieten. Um aber dennoch eine Systematik zu schaffen — mit allen Gefahren, die in einer solchen Systematik stecken —, müssen wir vorerst zwei Begriffe und Richtlinien schaffen, nach denen sich unser Vorgehen am Tatort richtet, nämlich die kurzlebigen und die langlebigen Spuren. Wir müssen eine Trennung vornehmen in solche Spuren, auf die sich der Zeitablauf vernichtend (und das im buchstäblichem Sinne) auswirkt, und solche, auf die der Zeitablauf wenig Einfluß hat. Wir sprechen kriminalistisch von kurzfristigen und langfristigen Spuren. Dabei dürfen wir wieder eine Wechselwirkung nicht übersehen: Eine langfristige Spur (etwa eine Verformung) kann durch den besonderen Spurenträger (der Mensch, dem eine Verwundung zugefügt wurde) zur kurzfristigen werden und eine an sich kurzfristige Spur (Geruch) kann durch den besonderen Spurenträger (geschlossener Plastiksack) als langfristige erhalten bleiben. Eine gesonderte Betrachtung der Spuren ohne eine gleichzeitig vorgenommene der Spurenträger ist daher nicht möglich, wir werden sie daher gemeinsam und unter Beachtung ihrer Wechselwirkung vornehmen. Die

Unterteilung in kurzfristige und langfristige Spuren ist zwar wichtig für unser Verhalten am Tatort, sie ist aber infolge der Wechselwirkung von Spurenträgern und Spur als Ordnungsfaktor selbst nicht geeignet. Mit allen Gefahren, die in einer systematischen Einteilung stecken, sind wir daher selbst genötigt, eine solche Einteilung vorzunehmen, wenn wir über die einzelnen Spuren sprechen. Da bietet sich nun eine Unterteilung nach dem Grund der Veränderung an, die der Spurenträger erfahren hat, es kann dieser Grund in einer physikalischen (Schlag, Stoß), in einer chemischen (Brand, Verät zung) und in einer biologischen (Infektion, Schädigung durch lebende Organismen) Einwirkung liegen. Aber : auch das dürfen wir nicht übersehen: Die Wahrscheinlichkeit, daß eine Einwirkung allein und für sich die Veränderung des Spurenträgers geschaffen hat, ist gering. All diese Einwirkungen arbeiten meist zusammen, wenn sie die Veränderungen herbeiführen. Wenn wir hier dennoch die einzelnen Spurenverursacher in einer von uns selbst gewählten Ordnung und Systematik untersuchen, so deshalb, weil sich an der einzelnen Einwirkung besser deren Ergebnis darstellen läßt. Diese von uns gewählte Ordnung wird in der Praxis selbstverständlich nicht eingehalten, in der Praxis werden Sie es daher in der überwiegenden Mehrzahl mit vermengten Spuenverursachern zu tun haben. Mechanisch bedingte Verformungen bedürfen auch der Mitwirkung von Energie, Hitzeeinwirkung bewirkt in der Mehrzahl der Fälle nicht nur eine Veränderung des Aggregatzustandes des Spurenträgers, sondern auch eine Oxydation, die wieder als chemische Spur einzureihen wäre und so weiter. Weiß man aber um die Schwächen eines Systems, dann kann man es getrost anwenden, denn die Schwächen führen nicht zu Fehlern. Lassen wir es also dabei.

Physikalische verursachte Spuren

Die vom Täter am Spurenträger verursachte Veränderung ist nach physikalischen Gesetzen, somit ohne Veränderung der materiellen Zusammensetzung des Spurenträgers zustandegekommen. Hierher gehören alle Verformungen und Veränderungen, die durch mechanische Einwirkung, Hitze, Nässe usw. verursacht wurden. Entsprechend der jeweiligen Einwirkung, die die Veränderung verursacht hat, und der spezifischen Eigenschaft des Spurenträgers hat dann die Sicherung zu erfolgen.

Mechanische Einwirkung

Die Veränderung am Spurenträger ist durch Schlag, Druck, Reibung, Stich usw. entstanden, der Spurenträger ist dauernd oder entsprechend seiner elastischen oder teilelastischen (Holz) Eigenschaften dauernd oder nur zeitweilig verformt. Die Verformung des Spurenträgers weist auf den die Verformung verursachenden Gegenstand (Werkzeug, Waffe) hin. Die Sicherung der Spur erfolgt, weil aus der Verformung des Spurenträgers einerseits auf das noch nicht bekannte Werkzeug (Waffe) geschlossen werden kann und andererseits ein später möglicherweise sichergestellter Gegenstand als Tatwerkzeug, als Tatwaffe, als Schuhe, die der Täter beim Begehen der Tat trug, identifiziert werden kann. Das klingt nun wieder reichlich abstrakt, ist es aber keineswegs. Durch das Erkennen und Sichern der Spur beeinflussen und bestimmen Sie bereits die Richtung, in der Sie die Erhebungen gezielt führen werden. Wenn Sie wissen, daß es sich beim Einbruchswerkzeug um eine Spezialanfertigung für die Montage eines Traktorreifens gehandelt haben muß, können Sie den Täterkreis einengen, ebenso wie Sie das können, wenn Sie auf Grund der Bißverletzungen einer Leiche die besondere und atypische Zahnstellung des Täters kennen.

Dies gilt übrigens für alle Spuren und ist auch der Grund für ihre Sicherung. Wir haben schon festgestellt, daß jede mechanische Einwirkung eine Verformung des Spurenträgers bewirkt. Eine Verformung, auch wenn es sich nur um eine Veränderung der Oberflächenbeschaffenheit handelt, ist aber naturgemäß immer dreidimensional. Soll daher eine Verformung vollkommen gesichert werden, muß sie daher auch dreidimensional erhalten bleiben. Zur Sicherung wird daher eine Substanz benötigt, die die Eigenschaft besitzt, daß sie sich vorerst der Verformung anpaßt und später erhärtet, daß sie starr wird und die abgeformte Veränderung erhält. Die Fähigkeit einer solchen Substanz, dies zu tun, bestimmt sich nach der Größe ihrer Teilchen, die in ihrer späteren Erstarrung die Verformung abbilden. Sind diese Teilchen groß, dann ist die Abbildung ungenau, sind diese Teilchen klein, dann ist sie genau. Es ist wie beim grobkörnigen und feinkörnigen Film. Welche Substanz nun im Einzelfall verwendet wird, hängt von den Umständen ab. Zu Beginn der ernsthaften Kriminalistik war es Gips, noch Hans Groß gab in seinem Buch genaue Anweisungen über das Abformen von Fußabdrücken im Boden. Heute ist man längst auf Kunststoffe übergegangen und es hat sich das sogenannte Moulageverfahren durchgesetzt, das auch kleinste Unregelmäßigkeiten, wie es Haare sind, genau abzuformen imstande ist, und darüber hinaus den Vorteil bietet, daß das Material elastisch ist und ohne Zerteilung abgezogen werden kann. Welche Substanz Sie nun für die Sicherung und Abformung verwenden, bleibt Ihnen überlassen, es kommt vor allem darauf an, welche Ihnen zur Verfügung steht. Wenn Sie gar nichts anderes zur Verfügung haben, dann kann es ruhig auch einmal Zement sein, den Sie auf einer entlegenen Alm vorfinden, wenn es um die Sicherung einer Fußspur geht. Denn ein Grundsatz gilt auch hier: Eine behelfsmäßige Sicherung ist noch immer besser als gar keine. In der Praxis stehen Ihnen aber bei allen größeren Polizeidienststellen Spezialisten zur Verfügung, die diese Arbeit übernehmen, weil es oft großer Erfahrung bedarf, um eine solche Spur zu sichern, ohne sie dabei zu zerstören.

Nun kann aber nicht immer — so wünschenswert dies auch wäre — jede Spur durch Abformung dreidimensional gesichert werden. In vielen Fällen scheitert dies schon an der Größe und der Zahl der Spurenträger. Bei einem durch Mauerdurchbruch verübten Einbruchsdiebstahl können Sie nicht jeden Ziegel, der die Spur eines Werkzeuges aufweist, abformen, Sie können das auch nicht mit dem Durchbruch selbst und mit dem Schuttberg, Sie werden sich also darauf beschränken, daß Sie die Gesamtsituation photographisch festhalten und nur besonders typische Spuren abformen.

Besondere Spurenträger

Der Mensch

Schlag, Hieb, Stich, jede Gewalteinwirkung überhaupt, führen beim Menschen zu Verletzungen. Sind diese Verletzungen so stark, daß der Mensch daran stirbt, so sind diese Verletzungen nicht mehr rückgängig zu machen, der Mensch wird zur Leiche. Der Gerichtsmediziner kann nun bei der Obduktion aus der Art der Verletzungen seine Schlüsse ziehen. Das Problem der Spurensicherung taucht hier nur insofern auf, als die Leiche in ihrer Gesamtheit erhalten werden muß, da die beginnende Verwesung den Körper und damit auch die Spur zerstört. Ein Problem, dem heute im Zeitalter der modernen Kühlanlagen sicher nicht mehr die Bedeutung zukommt, die früher gegeben war, ein Problem, dem Sie aber dennoch Beachtung schenken sollten. Ein Beispiel möge dies erläutern: Die typische Verletzung nach Schlag mit stumpfen Gegenstand gegen einen Weichteil ist das Hämatom. Das Gewebe wird zerstört und Blut und Flüssigkeit treten aus. Zu eben diesen Flüssigkeitsaustritt kommt es aber auch, wenn die Verwesung das Gewebe zerstört. Kein noch so guter Gerichtsmediziner kann dann mehr feststellen, ob es sich um durch Gewebszerfall durch Verwesung oder Gewebszerstörung durch Schlagverletzung handelt. Sie haben dann keinen Beweis für die Verletzung mehr, die Sie selbst an der noch frischen Leiche so deutlich wahrgenommen haben. Deshalb: Die an der Leiche äußerlich sichtbaren Verletzungen sofort in Farbe photographieren, denn Sie können nie wissen, was nach Ihrer Untersuchung mit der Leiche geschieht. Ich selbst hatte einen Fall, in dem es zu einem Freispruch kam, weil ein Prosekturdiener es irrtümlich unterließ, die Leiche zu kühlen, und dies dazu führte, daß nach einem heißen Wochenende bei der Obduktion plötzlich keine Verletzungen mehr festzustellen waren, weil die Leiche schwarz und verwest war. Vor allem aber sorgen Sie für raschen Abtransport der Leiche und schalten Sie die verwesungsbegünstigenden Faktoren wie direkte Sonnenbestrahlung usw. bis zum Abtransport aus.

Der Heilungsprozeß bringt die Verletzungsspuren wieder zum Verschwinden, vom kriminalistischen Standpunkt aus wäre daher eine Sicherung der Verletzungsspuren noch vor Beginn der Heilung wünschenswert. Hier hat aber der Mensch eindeutig Vorrang — hier müssen wir zurückstehen. Dennoch: Es darf nicht unterschätzt werden, welche Bedeutung gerade die Sicherung der Verletzungen lebender Personen hat, auch wenn dies auf den ersten Anschein hin nicht so aussieht. Kein Richter wird von vornherein eine Kindesmißhandlung als gegeben annehmen, wenn er nicht vor sich eine Farbphotographie des mißhandelten Kindes liegen hat. Erst durch erfolgte Sicherung dieses Beweises ist er in der Lage, die beliebte Ausrede, das Kind sei gestürzt, als solche zu erkennen, wenn auf dem Bild eindeutig Striemen zu sehen sind. Besonderes Gewicht erlangt die Sicherung von Verletzungsspuren auch bei in selbstmörderischer Absicht und in der Absicht einer Falschbeschuldigung zugefügten Verletzungen. Erst dadurch, daß nachgewiesen werden kann, daß nach Art und Lage der Wunden, der Verletzte sich diese nur selbst beigebracht haben kann, kann auch nachgewiesen werden, daß ein Selbstmordversuch, ein versuchter Versicherungsbetrug oder eine Verleumdung gegeben sind. Wie also vorgehen? Man kann ja mit der Behandlung eines Mannes, der sich mehrere Finger abgehackt hat, nicht zuwarten, bis die Verletzung photographisch gesichert ist, so wünschenswert das natürlich wäre. Das nicht. Aber Sie können die Kleidung im Spital sicherstellen, allenfalls die abgehackten Finger. Vor allem aber die Krankengeschichte und die vor der Operation aufgenommenen Röntgenbilder. Und Sie können mit dem Arzt, der die Operation durchgeführt hat, sprechen. Ärzte sind nicht so, auch sie bilden sich eine Meinung über den Fall, auch wenn sie sich mit dieser Meinung nicht aufdrängen. Sie sind nicht Kriminalisten, für sie steht die Heilung im Vordergrund. Aber eine Meinung bilden sie sich schon. Jedenfalls kommen Sie selbst nicht darum herum, daß Sie initiativ sein müssen. Wenn Sie warten, bis man an Sie herantritt, ist es meistens schon zu spät. Die Kleidung, durch die der Nachweis zu erbringen gewesen wäre, daß es sich nur um einen angesetzten Schuß gehandelt haben kann, ist dann schon verbrannt.

Der Boden

Recht häufig werden Sie in der Praxis mit dem Boden als Spurenträger konfrontiert, Trittspuren und Reifenspuren zeichnen sich auf ihm ab, besonders wenn der Boden eine hiefür günstige Beschaffenheit hat. Er hat dann die Eigenschaft einer für die Abformung günstigen Substanz, er formt die Sohle, den Reifen, den auf ihn gefallenen Gegenstand ab und erhält diese Abformung für einen längeren Zeitraum. Aber nicht für dauernd! Die Trittspur, die sie morgens im feuchten Sand vorfinden, ist mittags bereits nicht mehr vorhanden, weil die Sonne bereits das Wasser, das sie zusammenhielt, zum Verdunsten gebracht hat. Sie kämpfen daher gegen die Uhr und müssen sich des Grundsatzes besinnen, daß irgend eine Sicherung besser ist als gar keine. Deshalb sollten Sie bei jeder Tatorterhebung zumindest die Mittel für eine einfache Sicherung mithaben. Auch das hat Hans Groß schon seinerzeit gefordert, und genaue Anweisungen gegeben, wie eine Bereitschaftstasche des Kriminalisten einzurichten ist.

Nun formt der Boden in seiner vielfältigen Zusammensetzung nicht nur den Reifen, die Sohle, oder was immer ab, sondern er bleibt auch an den Gegenständen, die er abformt, haften, ist er doch kein vollständiges Abformungsmittel. So wie nun aus der gesicherten Spur Rückschlüsse auf die Sohle, auf den Autoreifen gezogen werden können, so können Sie das auch aus den der Sohle oder dem Autoreifen anhaftenden Spuren von Sand, Erde, Verunreinigungen (etwa Öl), aus ihnen können Rückschlüsse auf die Beschaffenheit des Bodens gezogen werden, der betreten oder befahren wurde. Diese Rückschlüsse können Sie aber nur dann ziehen, wenn Sie Vergleichsproben gesichert haben. Zur Sicherung einer Bodenspur gehört daher nicht nur deren Abformung oder deren Photographie, sondern auch die Entnahme einer Vergleichsprobe aus dem unmittelbaren Nahbereich der Spur. Sie verstehen? Sie müssen doppelt arbeiten.

Papier

Mit mechanisch verursachten Veränderungen am Papier werden Sie meist im Zusammenhang mit eher primitiv durchgeführten Fälschungsdelikten konfrontiert. Durch Abschabung, Radierung usw. wird der ursprüngliche Schriftzug entfernt und ein anderer eingesetzt. Sie erkennen das auf zweierlei Art: Wenn Sie die verdächtige Stelle gegen schräges Licht halten, ist sie rauher. Und da weiters durch die mechanische Einwirkung das Papier dünner wird, erkennen Sie die Fälschung auch im durchscheinenden Licht als hellere Stelle. Manchmal, wenn auch nicht immer, am Zerfließen der Schreibflüssigkeit, da ja Papier aus geleimten Fasern besteht und durch die mechanische Einwirkung die Oberflächenbeschaffenheit und der Zusammenhalt der Fasern verändert wurde. Ist Papier zum Spurenträger geworden, dann stellen Sie es als Corpus delicti sicher und überlassen die Auswertung den Fachleuten. Sie stellen den Verdacht fest und das Labor den Beweis.

Metall

Metall ist durch seine spezifischen Eigenschaften wie kein anderes Material geeignet, im Falle von mechanisch verursachten Veränderungen Rückschlüsse auf die Beschaffenheit des verusachenden Gegenstandes zu geben. Auch bei relativ geringfügigen Beschädigungen, wie es Kratzer und Kerben sind, lassen sich später noch mikroskopisch kleine, aber ganz prägnante und für die Identifizierung geeignete Details des verursachenden Gegenstandes feststellen. Voraussetzung ist allerdings auch hier, daß Sie die Beschädigung, die Verformung so erhalten, wie Sie sie vorgefunden haben.

Das bedeutet, daß Sie bei Nichtedelmetallen diese Stellen vor Sauerstoffeinwirkung schützen, also mit Fett oder neutral dichtender Masse umgeben müssen. Am Tatort stehen Sie nun der Beschädigung gegenüber, das Werkzeug, das diese Beschädigung herbeigeführt hat, sollen Sie erraten, oder besser, durch logische Rückschlüsse finden. Wie aber können Sie an ein bestimmtes Werkzeug denken, wenn Sie dessen Wirkungsweise überhaupt nicht kennen? Fräser, Drehmesser, Spiralbohrer, Schleifscheibe, Trennscheibe usw., sie wirken anders und hinterlassen daher auch andere, spezifische Spuren. Natürlich können Sie einen Fachmann, einen Sachverständigen zu Rate ziehen. Aber Sie haben nicht immer einen zur Verfügung, vor allem wissen Sie nicht, **welchen** Sie eigentlich brauchen, wenn sie nicht selbst gewisse Grundkenntnisse haben. Sie erinnern sich vielleicht an unsere eingangs aufgestellten Grundüberlegungen, daß Phantasie und nüchtern logischer Verstand nur mit jenem Wissen arbeiten können, das in unserem Gehirn gespeichert ist. Gerade bei der Spurensuche und -sicherung wird die Sache konkret: Hier brauchen Sie Wissen, ein breites Spektrum an Wissen, das Sie befähigt zu **erkennen**. Deshalb ein wichtiger Rat: Machen Sie sich mit den Grundkenntnissen der Materialverarbeitung in der Praxis vertraut! Es genügt, wenn Sie einem Schlosser, Tischler, Schuster, Schneider, Glasbläser usw. einmal kritisch bei der Arbeit zugesehen haben und seinen Ausführungen aufmerksam gefolgt sind. Vor allem sehen Sie sich auch seine Werkzeuge an!

Einwirkung von Adhäsion

Die Spur entsteht dadurch, daß ein Material auf den Spurenträger anhaftet, ohne mit ihm eine chemische Verbindung einzugehen und ohne ihn in seiner Form zu verändern. Zu abstrakt? Nun von Klecksern, Tropfen, Spritzern und Beschmierungen ist die Rede. Etwas, etwa eine Flüssigkeit, ist auf den Spurenträger gelangt und eingetrocknet, da wir Kriminalisten sind, nehmen wir an, daß es Blut war. Es muß aber natürlich keineswegs immer eine Flüssigkeit sein, es kann auch eine Farbabstreifung (bei Verkehrsunfällen), ein Bodensatz, eine Staubschicht, ein Beschlag, es kann vieles sein. Zwei Dinge sind für uns interessant: Die Substanz selbst und die Form, in der sie auf dem Spurenträger erhalten geblieben ist. Die Substanz, weil wir Rückschlüsse auf ihre Herkunft und damit auch auf den Täter ziehen können, und die Form, weil sie entweder einen direkten Rückschluß auf das Motiv des Täters (Drohung, die auf einer Mauer geschrieben ist) zuläßt, oder indirekt Auskunft über das Tatgeschehen geben kann. Derartige Spuren gilt es daher zweifach zu sichern. Zuerst in ihrer Gesamtheit durch Photographie und dann die Substanz durch sorgfältiges Ablösen vom Spurenträger, sofern eine Sicherstellung des Spurenträgers als Corpus delicti nicht möglich ist.

Besondere Spurenträger

Der Mensch

Zur Verschönerung hat der Mensch schon immer Substanzen auf seinen Körper aufgetragen, Schminke, Lippenstift, Nagellack — viele Dinge. Als Kriminalisten werden wir kaum mit diesen Dingen in Berührung kommen, es sei denn, es handelt sich um einen Ausnahmefall und sie bleiben bei einem Notzuchtsdelikt ungewollt am Täter haften und werden so zur Spur. Wird der Mensch durch Substanzen, die an seinem Körper haften bleiben, zum Spurenträger, so geschieht dies meistens ungewollt und oft ist er sich dessen auch gar nicht bewußt. Darin liegt aber wieder die Chance des Kriminalisten begründet. Spuren, von deren Bestehen der Verdächtige nichts weiß, können von ihm auch nicht beseitigt werden. Wir nützen das auch aus, indem wir mit Hilfe eines **Fangmittels** eine Diebsfalle errichten, greift der Dieb in die Falle, nimmt er etwa die präparierten Geldscheine an sich, bleiben von ihm unbemerkt die unauffälligen staubartigen Teilchen des Fangmittels hängen und werden erst unter UV-Licht hellaufleuchtend wieder sichtbar, der Täter wird zum „Christbaum". Wir bereiten in diesem Fall einen potentiellen Tatort so vor, daß der Mensch zum Spurenträger werden **muß**, wenn er auch zum Täter wird.

Nun ist aber im allgemeinen eigentlich jeder Tatort so präpariert, daß der Täter zum Spurenträger wird, ohne daß dies beabsichtigt ist, kein Tatort ist so klinisch sauber wie ein Operationssaal. Es gibt immer Substanzen, mit denen der Täter in Berührung kommt und die daher an ihm haften bleiben. Spuren wird der Täter daher immer an sich haben, mögen sie aus Staub, Schmutz, Fett und anderen Dingen bestehen — nur sind sie nicht immer verwertbar. Verwertbar sind sie nur dann, wenn sie relativ selten sind, denn dann sind sie ein Indiz, daß der Täter am Tatort war. Welche Substanzen können nun so relativ selten sein, daß sie zum Indiz werden können? Nun, sie können nicht taxativ aufgezählt werden, sondern nur demonstrativ. Es könnten etwa zum Indiz werden:

Radioaktive Substanzen	— bei einem Einbruch in eine Ordination
Seltene Grassamen	— bei einem Sexualdelikt in einem Naturschutzgebiet
Hautreste des Opfers	— bei Gewalt- und Sexualdelikten
Schweißtropfen und Schleifspäne	— bei einem Kassenschränker
Pferdehaare	— bei einem sodomistischen Akt
Metallspäne, Öl	— bei einem Werkstätteneinbruch
Blut des Opfers	— bei einem Mord

Die Reihe ließe sich beliebig fortsetzen. Auf diese Weise erbrachte Indizienbeweise sind gar nicht so selten als man annehmen würde. Allerdings ist die Auswertung der Spuren relativ aufwendig und bedarf eines Labors, will man den Nachweis erbringen, daß die beim Täter gesicherte Spur absolut ident ist mit der vom Tatort. Die Auswertung im Labor wird daher in der überwiegenden Zahl der Fälle nur bei Kapitalverbrechen erfolgen. Aber auch bei tödlichen Verkehrsunfällen mit Fahrerflucht des Täters wurde nicht selten der Nachweis des inkriminierten Wagens über die Farbpartikelchen erbracht, die an der Kleidung und der Haut des Opfers beim Kollisionskontakt haften geblieben waren. Nicht uninteressant ist in diesem Zusammenhang übrigens, daß auch der Nachweis der Echtheit des Turiner Leichentuches auf diese Art über noch ihm anhaftende Pollenkörner und Samen von charakteristischen Pflanzen geführt wurde.

Nun, wenn auch nicht immer ein wissenschaftlicher Beweis durch derartige Spuren zu gewinnen ist, so können sie Ihnen in vielen Fällen doch dazu verhelfen, einen Verdacht, den Sie schon hatten, so zu erhärten, daß er übergewichtig und zwingend wird. Scheuen Sie sich daher nicht, Kleider von Verdächtigen auf derartige Spuren zu untersuchen und auch den Schmutz unter den Fingernägeln eines Verdächtigen zu sichern, es könnten noch Hautteile des Opfers in eben diesen Schmutz enthalten sein.

Zwei Spuren müssen wir hier noch gesondert erwähnen, weil sie überaus wichtig sind, die Blut und die Spermaspuren. Auch sie haften am Spurenträger an, weil sie aber ihrer Herkunft nach überwiegend biologische Spuren sind, werden wir bei der Besprechung derselben genauer auf sie eingehen.

Mit einer besonderen Art von Spuren werden Sie im Zusammenhang von Schußwaffendelikten in Berührung kommen, wir wollen sie wegen ihrer Wichtigkeit und Bedeutung gesondert besprechen:

Pulvereinsprengungen

Jede Explosion wird durch ein rasch nach Ausdehnung strebendes Gas hervorgerufen. Das Gas ist komprimiert, Kraft ist in ihm gespeichert, sein Volumen ist gewaltsam verringert und gegen diese Einengung lehnt es sich auf und strebt nach Volumsvergrößerung und Ausdehnung. Auf diese Art kann eine Sauerstofflasche explodieren, auf diese Weise funktionieren Luftdruckgewehre und CO_2-Waffen, sie greifen auf das Gas als Kraftspeicher und Energiespeicher zurück, wobei das Gas vorher absichtlich verdichtet wurde. Das Gas hat die Funktion einer Feder, es ist zum Energiespeicher geworden. Wenn das nach Ausdehnung strebende Gas nun erst im Augenblick einer rasant erfolgenden Verbrennung entsteht, spricht man von einer Explosion, und der Stoff, aus dem das Gas entsteht, nennt man den Explosivstoff. Da das Explosionsgas, das mit gewaltigem Druck nach Ausdehnung strebt, durch Verbrennung entsteht, müssen in jedem Explosivstoff immer zwei Bestandteile vorhanden sein, einer der verbrennt und — Sauerstoff für diese Verbrennung. Ein Explosivstoff muß durchaus nicht immer aus festen Bestandteilen bestehen, also pulverförmig sein, er kann auch eine Flüssigkeit oder ein Gas sein (Benzin-Luft-Gemisch in Ihrem Auto oder Leuchtgas-Luft-Gemisch in Ihrer Wohnung). Handelt es sich aber um einen festen Explosivstoff, so muß der zur Verbrennung notwendige Sauerstoff auch in fester Form gespeichert sein, und zwar in Form eines Sauerstoffträgers, einer sauerstoffreichen chemischen festen Substanz. (Hiezu Näheres unter „Sprengstoffdelikte".) Wir halten nur eines fest: Der Explosivstoff verbrennt und es entsteht das Explosivgas. Bei der Schußwaffe treibt es das Projektil aus dem Lauf hinaus ins Freie. Sie sehen es als Mündungsfeuer. Kein Explosivstoff, auch nicht der brisanteste, verbrennt absolut momentan und vollkommen, sonst würden Sie ja auch kein Mündungsfeuer sehen. Und darum geht es jetzt. Nichts verbrennt, ohne Rückstände zu hinterlassen, auch nicht der Explosivstoff. Die Rückstände werden mit der vollen Gewalt der Explosion hinausgeschleudert, gewissermaßen als Miniaturgeschoße. Treffen sie auf ein Hindernis, etwa die Haut des Menschen, dann können sie auch eindringen. Haben sie nicht mehr die Kraft dazu, dann bleiben sie zumindest haften. Und gelangen sie überhaupt nicht hin, dann können sie auch keine Spur hinterlassen. Kriminalistisch sprechen wir dann in diesem Fall von einem Weitschuß. Aus der Menge und Tiefe des Eindringens dieser Partikelchen und der Stärke der durch das Mündungsfeuer verursachten Verbrennungen können wir auf die Entfernung der Mündung vom Körper zum Zeitpunkt der Abgabe des Schusses schließen. Sind all diese Merkmale gegeben, dann sprechen wir von einem Nahschuß. Je enger die Pulvereinsprengungen zum Einschußloch liegen, um so näher war die Mündung der Schußwaffe dem Körper und umgekehrt. Im extremen Fall des angesetzten Schusses gelangen sie auch in den Schußkanal hinein, wir finden dann die durch die Mündung der Schußwaffe entstandene Stanzmarke (der Sog bewirkt sie) und einen von Pulvergasen verbrannten Einschuß. Kriminalistisch unterscheiden wir daher je nach der Entfernung, aus der der Schuß abgegeben worden ist, drei Arten von Schüssen:

1. **Angesetzter Schuß**
   Die Mündung der Waffe lag bei Abgabe des Schusses auf dem Körper auf. Zu erkennen an der Stanzmarke, an den Verbrennungen und an den Pulvereinsprenungen im Schußkanal.

2. **Nahschuß**
   Der Schuß wurde maximal aus einer Entfernung von 50 cm abgegeben. Zu erkennen ist das an den Pulvereinsprengungen, wobei diese wieder von der Stärke der Ladung abhängig sind. Je näher die Mündung zum Zeitpunkt der Abgabe des Schusses war, um so enger liegen sie beisammen, je weiter entfernt die

Mündung war, um so breiter gestreut. Bei schwacher Ladung können bereits ab 30 cm Entfernung keine Einsprengungen mehr vorhanden sein. Daher Vorsicht! Keine voreilige Beurteilung vornehmen!

3. **Weitschuß**
Der Schuß wurde aus einer größeren Entfernung als die kritischen 50 cm abgegeben, es sind keine Pulvereinsprengungen und vor allem keine Verbrennungen mehr vorhanden.

Warum kommt nun der Entfernung, aus der ein Schuß abgegeben wurde, eine solch eminente kriminalistische Bedeutung zu, daß wir ihr einen so großen Raum gewidmet haben? Die Antwort ist einfach: Kennen Sie die Distanz, aus der der Schuß abgegeben wurde, so können Sie vorerst mit Sicherheit einmal sagen, ob ihn der Verletzte oder Getötete selbst abgegeben hat. Vor allem Sie können diesen Schluß bei guter Beobachtungsgabe bereits am Tatort selbst ziehen. Natürlich bedarf Ihre Feststellung noch der Überprüfung durch den Gerichtsmediziner, aber sie können Ihren weiteren Erhebungen bereits eine bestimmte Richtung geben. Bei einem eindeutig erkennbaren Weitschuß werden Sie einem Abschiedsbrief bereits viel skeptischer gegenüberstehen, als bei einem angesetzten Schuß. Die Frage, ob ein Weitschuß, ein Nahschuß oder ein angesetzter Schuß gegeben ist, erlangt insbesondere auch bei Tötungsdelikten eine große Bedeutung, da sich durch ihre Beantwortung Hinweise auf die Tötungs**absicht** des Täters ergeben können. Damit kommen wir aber bereits wieder zu einem weiteren wichtigen Fall, in dem der Mensch zum Spurenträger wird, der kriminalistische Fachausdruck für diese besondere Art der Spurensicherung heißt

Schußhandbestimmung

Nicht nur beim Opfer nämlich entstehen bei der Abgabe eines Schusses Spuren, sondern auch beim Täter. Beobachten Sie einmal einen Mann, der mit einer Pistole oder einem Revolver einen Schuß abgibt: Nicht nur vorn an der Mündung, wo Sie das Mündungsfeuer sehen, dringen die Gase aus, sondern bei der Pistole auch beim Auswerfen der Hülse und beim Revolver zwischen Trommel und Lauf und zwischen Lauf und Griff. Und das bereits unmittelbar nach der Explosion der Zündkapsel und später auch nach der Explosion der Pulverladung, bei der Pistole zusätzlich noch beim Auswerfen der Patrone. All dies hinterläßt Spuren auf der Hand des Schützen, oder auf beiden Händen, wenn er beidhändig geschossen hat. Ist Art und Type der Waffe bekannt, kann auf die Lage dieser Spuren geschlossen werden, insbesondere darauf, mit welcher Hand die Waffe gehalten wurde beziehungsweise wie sie gehalten worden sein muß. Ist die Waffe selbst unbekannt, kann aus diesen Spuren mitunter geschlossen werden, welcher Art und welcher Type und Bauart die Tatwaffe zuzordnen ist (Pistole, Revolver, Linksauswerfer,

Rechtsauswerfer usw.). Die Bezeichnung „Schußhandbestimmung" kommt daher, daß im Regelfall nachgewiesen werden soll, daß eine bestimmte Person eine Waffe zum Zeitpunkt der Abgabe des Schusses in der Hand hatte. (Es kann dies durchaus auch bei einem Selbstmörder der Fall sein.) Dazu ist es vorerst notwendig, die Spuren von der Haut des Verdächtigen (oder der Leiche) abzulösen, da ja, solange sie sich noch auf der Haut befinden, keine chemische Analyse vorgenommen werden kann. Es bedarf daher einer klebrigen neutralen Substanz, auf der die Partikelchen besser haften bleiben, als auf der Haut. Früher hat man dazu Paraffin benutzt, aus diesem Grunde ist diese Methode auch als der sogenannte „Paraffintest" in die Kriminalistik eingegangen. Heute benutzt man dazu speziell hiefür entwickelte Klebefolien. Die Zusammensetzung dieser Folien braucht Sie nicht zu belasten, wichtig ist für Sie nur, daß Sie sie auch richtig verwenden. Hiezu müssen Sie einige Dinge beachten:

- Die Untersuchung der gesicherten Spuren richtet sich in erster Linie auf das Vorhandensein von Blei. Haben Sie eine verdächtige Person, so müssen Sie darauf achten, daß sie sich bis zur Abnahme der Spuren nicht waschen kann und unter keinen Umständen Gelegenheit hat, daß sie aus Blei gefertigte Gegenstände anfaßt. Der Verteidiger eines Verdächtigen wird jede Gelegenheit nützen, daß er darauf hinweist, daß diese Möglichkeit bestanden hat.

- Nicht immer haben Sie Klebefolien zur Hand, sichern Sie daher die Hände des potentiellen Spurenträgers gegen spätere Verschmutzung. Bei Lebenden durch strenge Überwachung, bei Leichen durch Umbinden eines dünnen Plastiksackes.

- Einer späteren Schutzbehauptung der Verteidigung, daß mit Bleigegenständen hantiert wurde, können Sie durch eine sofortige Vernehmung begegnen. Nicht allen Verdächtigen ist nämlich die Untersuchungsmethode bekannt!

- Die Untersuchung soll in ihrem Endziel ergeben, mit welcher Hand die Waffe gehalten wurde. Sie senden aber nur die Folien und nicht die Hand zur Untersuchung ein. Es ist daher unerhört wichtig, daß Sie zweifelsfrei die einzelnen Folien bezeichnen und angeben, von welcher Hand und von welchem Finger und ob Handinnenseite oder Handaußenseite Sie sie abgenommen haben. Da kein Mensch vor Irrtümern gefeit ist, machen Sie das unmittelbar nach der Abnahme!

- Nicht nur die verdächtige Person kann Spuren aufweisen, sondern auch ein neben ihr stehender Zeuge oder das Opfer. Ziehen Sie daher sicherheitshalber eine Person mehr als eine zuwenig in die Untersuchung mit ein. Sie können dadurch später die Tatsituation objektiv untermauern.

Es ist sicher nicht leicht, immer an alles zu denken. Gerade aber im Zusammenhang mit der Spurensicherung erlangt das vorausschauende Denken besondere Bedeutung. Denn was gesichert ist, ist objektiv, ist vorhanden, hat immer die gleiche Aussage und Beweiskraft. Ein noch so reumütig wirkender geständiger Täter kann später unter dem Einfluß seiner Mithäftlinge oder seines Verteidigers bei der Gerichtsverhandlung hartnäckig leugnen und behaupten, daß das Geständnis von der Kriminalpolizei erpreßt worden ist. Haben Sie dann objektive Beweise gesichert, steht er damit auf verlorenen Posten, und Sie selbst können nicht in Schwierigkeiten geraten. Daran sollten Sie denken und auch in völlig klar scheinenden Fällen immer eine Schußhandbestimmung durchführen.

Einwirkung von Energie

Auch jede Art von Energie, sei es nun Wärme, Druck, Licht oder Elektrizität hinterläßt nach ihrer Einwirkung Spuren, einmal stark und ausgeprägt, das andere Mal fast nicht, aber sie hinterläßt sie. Die Veränderungen, die das starke Sonnenlicht auf einem Eisenstück bewirkt, können Sie vielleicht noch an der angestiegenen Temperatur merken, ist das Eisen wieder ausgekühlt, werden Sie kaum mehr feststellen können, ob es dem Sonnenlicht ausgesetzt war. Bei einem Stück Zeitungspapier ist das bereits anders, da können Sie an der Braunfärbung merken, daß die Licht-Wärmeenergie eingewirkt hat. Was ist nun eigentlich Energie? Man könnte es so bezeichnen: Energie ist gespeicherte Kraft, Kraft, die sich frei machen will, die nicht eingeengt sein will, Kraft, die danach strebt, keine Kraft mehr zu sein und einen Ruhezustand und Ausgleich herbeizuführen bestrebt ist. Ein hochgehobenes Gewicht strebt danach, nicht hochgehoben zu sein, die Intensität, mit der es dies tut, hängt davon ab, wie hoch es gehoben wurde. Je höher es ist, um so höher ist auch diese Intensität des Strebens, wieder in den Ruhezustand zu gelangen, oder um so höher ist die potentielle Energie, die gespeicherte Energie. Fällt dann das Gewicht tatsächlich, dann bleibt diese Energie in ihm und wird zur Bewegungsenergie, trifft dann das Gewicht auf ein Hindernis, etwa den Boden, dann muß diese Energie aufgefangen und verarbeitet werden, sie muß Arbeit leisten, damit sie verbraucht wird. Und dabei hinterläßt sie Spuren, wie Verformungen und Veränderungen, oder einfach Wärme, wenn es infolge der Beschaffenheit der Materialien zu keiner Verformung kommen kann. Ähnlich ist es bei der Elektrizität und anderen Energien, auch hier besteht ein Energiepotential, das danach strebt, keine geballte Kraft mehr zu sein und in einen Ruhezustand zu gelangen. Mit welcher Macht ein elektrisches Potential zum Ausgleich streben kann, sehen wir bei jedem Gewitter. Wir wollen aber keine theoretischen physikalischen Überlegungen anstellen, sondern uns mit den verschiedenartigen Auswirkungen der Energie beschäftigen, soweit diese für den Kriminalisten interessant sind.

Kinetische Energie

Sie ist jene Energie, jene gespeicherte Kraft, die in einem sich bewegenden Körper steckt. Für uns als Kriminalisten ist sie gleich in zweifacher Hinsicht besonders interessant. Einmal läßt ihre Auswirkung, also die Spur, einen zutreffenden Schluß auf ihre ursprüngliche Größe zu. Ein Steinbrocken von 10 kg Gewicht, der durch eine Explosion über 100 Meter weit geschleudert wurde, läßt einen Rückschluß auf die Explosionsenergie und damit aber auf Menge und Art des verwendeten Sprengstoffes zu. Trifft der sich bewegende Körper, in unserem Beispiel der Stein, auf ein festes Hindernis, können wir ebenfalls aus Stärke und Art der Verformung dieses Hindernisses Rückschlüsse auf die ursprüngliche, die Bewegung bewirkende Energie und damit auf den Sprengstoff treffen. Umgekehrt kann wieder bei bekannter Energie oder Explosivstoff eine Berechnung der voraussichtlichen Auswirkung durchgeführt werden. Weil aber eine derartige Berechnung möglich ist, ist auch ein Rückschluß möglich. Sie verstehen? Erst die überprüfte Berechnung ermöglicht den Rückschluß, weil sie Erfahrungswerte liefert. Wonach richtet sich nun die in einem sich bewegenden Körper steckende Energie? Hier müssen wir nun doch wieder auf die Physik zurückgreifen: Zwei Komponenten sind ausschlaggebend, die Masse des Körpers und die Geschwindigkeit, mit der er sich bewegt. Eine große Masse, die sich langsam bewegt, hat eine ebenso hohe kinetische Energie, wie sie eine geringe Masse hat, die sich mit großer Geschwindigkeit bewegt. In welchem Verhältnis beide Komponenten beteiligt sind, ersehen Sie an der Formel für die Auftreffwucht: $\frac{m \cdot^{2}}{2}$,wobei „m“ für Masse und „v“ für Geschwindigkeit steht. Sie sehen: Die Geschwindigkeit kommt im Quadrat zur Auswirkung. Dies wurde auch frühzeitig schon in der Kampftechnik erkannt. Ein Faustschlag mit hoher Geschwindigkeit versetzt, ist wirksamer, als ein langsamer Faustſtoß, hinter dem das Körpergewicht steht. So ist das Boxen entstanden, oder mit extremer Ausnutzung der Geschwindigkeit das Karate. Hat ein Boxhieb bis zu 120 km/h Geschwindigkeit, wenn er auftrifft, so kann ein Karateschlag bis zum 200 km/h haben. Ähnlich ist es in der Waffentechnik. Ein kleines Projektil, mit hoher Mündungsgeschwindigkeit verfeuert, hat eine höhere Auftreffwucht als ein großes, das mit nur geringer Mündungsgeschwindigkeit verfeuert wurde. Wurde im 30jährigen Krieg noch mit Musketenkaliber bis zu 4 cm Durchmesser geschossen, wurde zur Zeit des Wilden Westens noch mit Kaliber bis zu 15 mm geschossen, so waren es im Vietnamkrieg nur noch 5,6 mm, die das Geschoß im Durchmesser maß. Der Grund ist darin zu suchen, daß eine immer höhere Mündungsgeschwindigkeit erzielt wurde. Aber zurück zu unserem Problem: Wie sichern wir nun die Auswirkungen der kinetischen Energie? Die Antwort ist einfach: Wir sichern sie so, daß wir den Sachverständigen (ohne die werden wir nicht auskommen) die Möglichkeit geben, daß sie später Größe der Masse und Stärke der Energie berechnen können. Exakte Rückschlüsse auf die verursachende Energie können sie aber nur ziehen, wenn ihnen auch exakte Daten zur Verfügung stehen. Dies bedeutet, daß wir über die photographische Sicherung der vorgefundenen Situation hinaus auch noch exakte Vermessungen durchführen müssen, wobei wir immer die beiden Größen, nämlich Masse und Geschwindigkeit vor Augen haben müssen. Also: Entfernung und Gewicht sind zu vermessen, wenn der Sachverständige nicht selbst zum Tatort kommen kann. Beziehungsweise müssen wir die verformten Gegenstände selbst sichern und sie dem Sachverständigen erhalten. Sind bei einem tödlichen Verkehrsunfall die Aussagen widersprüchlich und ist die Verschuldensfrage nicht am Unfallsort zu klären, dann scheuen Sie sich nicht, daß Sie beide Fahrzeuge sicherstellen. Aus der Art ihrer Verformung kann ein guter Sachverständiger durchaus zutreffende Rückschlüsse auf Fahrtrichtung und Geschwindigkeit zum Zeitpunkt des Unfalles ziehen. Und aus den von Ihnen vermessenen Entfernungen der durch eine Explosion weggeschleuderten Trümmer und deren Gewicht kann er Stärke und Art des verwendeten Sprengstoffes berechnen. Auch hier gilt der Grundsatz: Mehr sichern ist besser als zu wenig.

Wärmeenergie

Ohne Wärme kann der Mensch nicht leben, er muß diese Art der Energie selbst erzeugen, um existieren zu können. So alt wie die Menschheit ist aber auch ihre Furcht vor einem Zuviel an dieser lebensnotwendigen Energie, vor ihrer zurstörerischen Kraft. „Wohltätig ist des Feuers Macht...“, sagt der Dichter und setzt den Begriff „Feuer“ für diese besondere Form der Energie. Wir als Kriminalisten werden recht häufig mit ihr als zerstörende Kraft konfrontiert. Und stehen dann vor einer der schwierigsten kriminalistischen Aufgaben überhaupt! Denn nichts fürchtet ein Kriminalist mehr, als die Aufgabe, daß er einen Brand, womöglich einen, der den Tod eines Menschen zur Folge hat, aufklären soll. Er soll einen richtigen und nicht widerlegbaren Rückschluß auf die Ursache des Brandes ziehen und findet alles, was diesen Rückschluß ermöglichen würde (die elektrischen Leitungen, die Möbel, die Geräte usw.) verändert und zerstört vor. Warum? Worin liegt die zerstörende Kraft dieser Energieform? Was bewirkt sie? Wir wollen die Antwort vorwegnehmen: Sie wirkt zerstörend, weil sie gewissermaßen in die Materie schlüpft, vom Material aufgenommen und behalten wird. Wärmeenergie wirkt von innen her, sie verändert nicht die chemische Zusammensetzung (zumindest nicht unmittelbar), also die Bausteine des Materials, wohl aber seinen Aggregatzustand, also den Abstand der Bausteine zueinander, um bei den groben Vergleich zu bleiben. Sie merken: Ohne daß wir das wollten, sind wir bereits wieder mitten in der Physik. Jeder Stoff ist nach einem bestimmten Baumuster aus Molekülen und diese wieder aus Atomen zusammengesetzt. Die Atome wieder, als kleinste nicht mehr veränderliche Bausteine, sind selbst aus noch kleineren Teilchen zusammengesetzt, denn um den Atomkern kreisen Elektronen, Protonen und Neutronen. Wir wollen hier nicht Atomphysik betreiben, aber es endet damit, daß das letztkleinste denkbare Teilchen bereits ein Zwischenstadium einnimmt, ein „Quant" kann nicht mehr eindeutig der Materie und nicht eindeutig der Energie zugeordnet werden. Es ist bereits ein Mittelding, oder der Übergang der Materie in die feste Form, oder umgekehrt. In dieses komplizierte Gefüge der Bausteine eines Stoffes greift nun die Wärmeenergie ein. Keine Materie ist nämlich tot, so fest und starr sie uns auch erscheinen mag. In ihren kleinsten Bestandteilen ist sie aus Bewegung zusammengesetzt. Das ist kein Widerspruch. Die Milchstraße aus der Ferne gesehen ist ein starres leuchtendes Band, dennoch setzt sie sich aus der Nähe betrachtet aus Millionen von um ihre Fixsterne kreisenden Planeten zusammen, um die wieder Trabanten kreisen. Was im Makrokosmos Gültigkeit hat, hat es auch im Mikrokosmos. Um es aber wieder nicht zu kompliziert zu machen: Was uns hier interessiert, sind die Moleküle, die für einen bestimmten Stoff charakteristischen Bausteine. Auch sie stehen nicht still, sondern sie schwingen, der bekannte Physiker Braun hat es entdeckt. Die Moleküle schwingen und bewegen sich in dem nach diesem Physiker benannten „Braunschen Gitter", bei Kristallen nützt man diese charakteristische und immer gleichbleibende Schwingung als Regulator für Chronometer aus. So sind die überaus genaugehenden Quarzuhren entstanden und jede moderne Digitaluhr beruht auf dem gleichen Prinzip. Was aber wieder für uns wichtig ist: Die Stärke dieser Schwingungen ist ausschlaggebend für den Aggregatzustand eines Stoffes, sie ist bestimmend dafür, ob wir es mit einem festen, einem flüssigen oder einem gasförmigen Stoff zu tun haben. Es gibt keinen Stoff, der nicht gasförmig sein kann und es gibt auch keinen, der nicht auch fest sein kann. Und dazwischen natürlich flüssig. Abhängig ist sein Zustand allein von der Temperatur. Wird Wärmeenergie zugeführt, so verstärkt sich die Schwingung der Moleküle, sie drängen nach mehr Abstand zueinander — das Material dehnt sich aus. Tut es das so stark, daß der Aggregatzustand, den es ursprünglich eingenommen hatte, nicht mehr aufrechtzuerhalten ist, geht es in den anderen über, vom festen in den flüssigen und vom flüssigen in den gasförmigen. Und umgekehrt. Was das mit Kriminalistik zu tun hat, wollen Sie wissen? Viel. Denn wir kennen die Schmelzpunkte und wir kennen die Siedepunkte der einzelnen Materialien. Stellen wir bei der Tatorterhebung fest, daß ein bestimmtes Material, sagen wir Eisen, geschmolzen ist, dann können wir einen richtigen und zutreffenden Schluß ziehen, welche Temperatur mindestens zum Zeitpunkt des

Brandes geherrscht haben muß. Die Industrie wendet diese Methode der Feststellung der Temperatur längst an und hat sogenannte Schmelzkegel mit unterschiedlichem Schmelzpunkt entwickelt. Schmilzt der Kegel, ist die gewünschte (hohe) Temperatur erreicht. Zu wissen, welche Temperatur bei einem Brand erreicht wurde, kann für die weitere Untersuchung von ungeheurer Bedeutung sein, denn jede Verbrennung eines bestimmten Materials setzt auch ganz bestimmte Wärmeenergien frei und liefert daher auch unterschiedliche Temperaturen. Kann der Nachweis erbracht werden, daß ein ganz bestimmter hochbrennbarer Stoff beim Brand im Spiel war, und läßt sich für die Anwesenheit dieses brennbaren Stoffes keine vernünftige Erklärung finden, dann kann mit einiger Berechtigung Brandlegung angenommen werden. Was besonders wichtig ist: Sie können diese Feststellungen bereits am Tatort treffen, vorausgesetzt, Sie kennen die Schmelzpunkte und die Siedepunkte der einzelnen Materialien, sowie die Temperaturen, die bei der Verbrennung von den einzelnen Stoffen erreicht werden können. Die Schmelzpunkte sind ein Hinweis, oder wissenschaftlich gesprochen, ein Indikator für die Temperatur, und die vom Brennstoff freigesetzte Wärmeenergie weist auf das Potential dieser Energie hin. Eine Wechselwirkung, die wir uns zunutze machen: Wir wissen, welcher Brennstoff welche Temperatur bei der Verbrennung erreichen kann, und wir wissen, welche Temperatur auf wie lange Zeit notwendig ist, um einen Stoff zum Schmelzen oder Sieden zu bringen. Sind bei einem Brand die Traversen geschmolzen und bietet man Ihnen als Erklärung den Brand von Papier an, dann werden Sie von selbst schon vorsichtig sein. Aber es gibt auch diffizilere Dinge, die Sie nicht so schnell erkennen können. In diesem Zusammenhang ein Rat: Feuerwehrleute haben durch ihre Erfahrung ein gutes Gespür dafür, was möglich ist und was nicht. Sprechen Sie daher mit ihnen! Das können Sie aber nur, wenn Sie rechtzeitig am Brandort sind. Daher: Bei Brand rasch hinaus! Nur dann, wenn Sie zeitgerecht eintreffen, wenn es noch brennt, wenn die Feuerwehr noch in Aktion ist, können Sie einen Überblick über Ausmaß und Intensität des Brandes gewinnen. Oder haben Sie gewußt, daß die Feuerwehrleute bei einem Wohnungsbrand vorerst gegen die heißen Fensterscheiben spritzen, damit diese zerplatzen und der Rauch abziehen kann? Sie haben ihre eigene Technik, aber Sie rätseln vielleicht später über die zersprungenen Scheiben. Und wenn Sie einmal Ruhe haben, dann studieren Sie in aller Ruhe das Verhalten der einzelnen Brennstoffe und die Schmelzpunkte und Siedepunkte der im Bau verwendeten Materialien. Es würde den Rahmen dieses Buches sprengen, wenn wir tabellarisch darauf eingehen würden. Aber auf einen Anhaltspunkt müssen wir noch eingehen, auf den sogenannten Flammpunkt. Darunter versteht man jene Temperatur, ab der ein Material zu brennen beginnt. Brennen heißt nun wieder, daß das Material eine Reaktion mit dem Sauerstoff eingeht, die es bei niedrigerer Temperatur nicht eingehen würde, oder nicht so spektakulär, daß es zu brennen beginnt. Edelmetalle gehen überhaupt keine Reaktion mit Sauerstoff ein, alle anderen Stoffe schon. Manchmal still, wie das Eisen, wenn es rostet, manchmal aber eben so spektakulär, daß sie sichtbar verbrennen. Dann müssen sie vorher erst entflammen, das können sie aber nur, wenn sie vorher wieder in den gasförmigen Zustand übergehen. Der Zeitpunkt, ab den ein Stoff dies tut, ist nun der Flammpunkt. Die Flamme einer Wachskerze, die mildes Licht spendet, ist gasförmiges Wachs, das eine Reaktion mit dem Sauerstoff eingeht, der Docht fördert nur die Vergasung. Wieder wichtig für den Kriminalisten: Ist ein bestimmtes Material in Brand geraten und ist der Flammpunkt dieses Materials bekannt, kann ein zutreffender Rückschluß auf die Temperatur gezogen werden, bei der das geschehen ist. Übrigens, es kann auch Beton brennen, Sie lesen richtig. Abhängig ist das nur von der Temperatur und vom vorhandenen Sauerstoff. Einbrecher haben das schon längst erkannt, auch Eisen läßt sich mit dem Schneidbrenner verbrennen, wenn man es vorerst auf eine hohe Temperatur bringt und dann reinen Sauerstoff in das flüssig werdende Eisen oder den flüssig werdenden Stahl bläst. Aber Beton? Hier müssen Sie sich mit einem Instrument vertraut machen, das ähnlich wie ein Schneidbrenner funktioniert, nur mit weit größeren Energien arbeitet, mit der Sauerstofflanze. Mit ihr kann grundsätzlich jedes brennbare Material zerstört werden. Das Material wird erhitzt, geschmolzen oder vergast und dann reiner Sauerstoff mit hohem Druck hineingeblasen, mit dem es eine heftige Reaktion eingeht, in seiner Struktur zerstört wird und zu Asche wird. Wenn auch die Straftaten, die mit diesem Instrument verübt werden, noch selten sind, so sollten Sie sich doch vor Augen halten, daß gerade durch die Sauerstofflanze erwiesen ist, daß jedes Material — die Edelmetalle ausgenommen — brennbar ist.

Nun findet die chemische Reaktion eines Stoffes mit dem Sauerstoff nicht immer so spektakulär in Form einer Flamme statt, sondern meist schon früher und auch wieder abhängig von der Temperatur und bestimmten Katalysatoren, die das Geschehen beschleunigen, ohne selbst direkt daran beteiligt zu sein. Aber auch diese stille Oxydation hinterläßt Spuren, die auf die Temperatur hinweisen. Besonders markant ist das beim blanken Stahl, Sie können es an jedem Auspuffrohr eines Motorrades beobachten. Die Industrie nützt auch diese Oxydation zur Bestimmung der Temperatur aus und nennt diese Oberflächenverfärbung Anlaßfarben. Sie gehen vom dunklen Braun (200 — 300 °C) über Gelb zum dunklen Violett zum blassen Blau (600 — 700 °C) und von diesem in die Glühfarben über. Womit wir uns wieder mit einem neuen Begriff vertraut machen müssen: Auch die Farbe, in der ein erhitzter Stoff strahlt, weist auf die Temperatur hin. Je dunkler er glüht, um so geringer die Temperatur, je heller, um so höher. Die Glühfarben, nach denen sich die

Metallindustrie in der Praxis orientiert, gehen daher vom Kirschrot ins Hellgelb. Wenn sie bisher aufmerksam mitgelesen haben und das Buch nicht weggelegt haben, sind Sie auf ein Problem gestoßen, nämlich das, daß Ihnen an Fachwissen mangelt. Genau das haben wir aber eingangs erwähnt: Ein Kriminalist lernt nicht aus und er muß eine breite Palette von Wissen haben. Nun, auch dieses Wissen um die Wärmeenergie, das, zugegeben, etwas umfangreich und schwierig ist, läßt sich erlernen, wenn Sie es richtig machen. Sie stoßen im Beruf auf ein Problem, Sie unterhalten sich mit dem Sachverständigen, aber Sie verlassen sich nicht blind auf ihn. Sie studieren es zu Hause in aller Ruhe nach. Es kann auch ruhig das verhaßte Physikbuch Ihrer Tochter sein. Nicht für die Schule, für das Leben lernen wir — hier hat der Satz Gültigkeit.

Der Mensch und Wärmeenergie

Was aber geschieht nun, wenn der Mensch selbst der Wärmeenergie ausgesetzt ist? Er fühlt sich wohl und räkelt sich in der Sonne, oder er schreit und läuft zum Arzt, es kommt eben auf die Menge der Energie an, der er ausgesetzt war. War es zuviel, und er überlebt, dann können Sie ihn fragen, dann stellt das alles kein Problem dar, dann steht Ihnen auch die Krankengeschichte zur Verfügung. Was aber, wenn Sie ihn nicht fragen können, weil er als Leiche vor Ihnen liegt? Dann sollten Sie zumindest jenes medizinische Grundwissen haben, das Ihnen hilft, absolute Fehleinschätzungen zu vermeiden. Ein Mensch ist der Einwirkung von Wärmeenergie ausgesetzt, wie reagiert er darauf? Unterschiedlich! Es kommt nämlich darauf an, ob er noch lebt oder bereits tot ist. Gerade das ist aber für Sie wichtig! Noch an der Leiche können Sie feststellen, ob der Betreffende zum Zeitpunkt des Brandausbruches am Leben war, oder nicht. Und die Leiche kann Ihnen noch sagen, ob die Zeugen lügen oder nicht. Ich weiß schon, das klingt makaber, aber in unseren Beruf gibt es nichts — absolut nichts — das wir nicht berücksichtigen müssen, sonst ist es besser, wir wählen uns gleich einen anderen Beruf. Betrachten wir daher zunächst einmal sachlich, wie ein lebender Mensch auf Wärmezufuhr reagiert, denn finden wir dann später diese Veränderungen an einem toten Menschen, dann wissen wir, daß er zumindest eine bestimmte Zeit nach der Hitzeeinwirkung noch gelebt haben muß. Der Gerichtsmediziner nennt dieses Anzeichen, daß bei Hitzeeinwirkung noch Leben im Körper war, Anzeichen von Vitalität. Beginnen wir also: Der Mensch wird Wärmezufuhr ausgesetzt. Bis etwa 60 °C geschieht wenig, auch wenn die Wärmezufuhr massiv ist, das heißt, wenn die Wärmemenge — denn auch darauf kommt es an — groß ist. Sie können das in der Badewanne ausprobieren. Wenn Ihr Kreislauf in Ordnung ist und wenn Sie auch sonst gesund sind, dann werden Sie die Badewanne zwar mit geröteter Haut, aber sonst ohne Schaden wieder verlassen können (und gut schlafen). In der Sauna, wo die Luft als wenig dichterer Stoff als das Wasser nicht in der Lage ist, auch bei einer Temperatur um die 100 °C massiv Wärmeenergie zuzuführen, können Sie auch das überstehen, und durch die körpereigene Abwehr, nämlich das Schwitzen (das über die Verdunstungskälte eine Abkühlung herbeiführt) ausschalten. Damit sind wir bereits auf das Problem gestoßen, daß es ein Unterschied ist, auf welche Art und Weise die Wärme zugeführt wird, ob durch Strahlung, oder durch Kontakt mit einem gasförmigen, flüssigen oder festen Stoff. Allgemein gilt, daß je kompakter der Stoff ist, der die Wärme zuführt, desto intensiver auch die Wärmeabgabe ist. Sie merken auch das in der Sauna, wenn Sie einen Metallkörper, etwa einen Schlüssel, mitnehmen und ihn auf die Haut drücken. Mit Schwitzen werden Sie die in ihm gespeicherte Wärmeenergie nicht los. Uns interessiert aber eines in diesem Zusammenhang: Bis etwa 60 °C passiert wenig, der Körper reagiert noch nicht mit bleibenden Veränderungen, also mit Verletzungen. Liegt die Temperatur darüber und wird die Wärmeenergie massiv zugeführt, pumpt er in einer verzweifelten Abwehrmaßnahme alles Blut zur bedrohten Stelle, um über das Blut die überschüssige Wärme abzuleiten, das Blut fungiert als Kühlflüssigkeit. Sie können diese Abwehrmaßnahme an der Haut als Rötung erkennen. Die Automatik des Körpers will unter allen Umständen verhindern, daß die Bausteine des Körpers, das Eiweiß der Zellen durch die Hitze zerstört werden. Das geschieht aber bereits bei etwa 43 °C, Sie können sich also vorstellen, welche Kraft der Körper mobilisieren muß. Deshalb sind Sie auch nach einem heißen Bad müde. Die Schaltzentrale befindet sich übrigens im Kleinhirn und reagiert bereits auf eine Schwankung der Bluttemperatur von einem Zehntel Grad Celsius — sie funktioniert nicht etwa auf die Meldungen der einzelnen Nervenenden — diese Automatik funktioniert schneller und genauer als sie das tun könnte, wenn sie auf diese Meldungen warten müßte. Der Mediziner spricht dann von Brandverletzungen 1. Grades, von länger bleibenden Rötungen der Haut. Diese Verletzung ist bereits schmerzhaft. Sie erinnern sich an Ihren letzten Sonnenbrand? Das war so eine Brandverletzung erstes Grades. Sie wissen also, wovon wir sprechen. Wenn Ihnen nun jemand erzählt, ein Kleinkind habe sich verbrannt, weil es unvorsichtig unter den Wasserstrahl des Durchlauferhitzers gekommen sei und Sie stellen Brandblasen am Körper fest, dann glauben Sie dem Betreffenden nicht, wenn Sie feststellen, daß das Wasser des Durchlauferhitzers nur 55 °C erreichen kann. Damit sind wir aber bereits zur Verletzung 2. Grades gekommen. Sie hat bereits eine massive Erhitzung des Gewebes auf mindestens 70 — 80 °C und meist darüber zur Bedingung, die das Blut nicht abzukühlen imstande war. (Übrigens: Japaner baden im Wasser von oft bis zu 80 °C). Es hängt also von der massiven Zufuhr von Wärme ab, die der Körper mit seinem Abwehr- und Kühlsystem nicht mehr ausgleichen kann. Der Körper erkennt das und weiß, daß er die bedrohte Region nicht mehr schützen kann, er gibt sie als

Stratege auf und benutzt sie zugleich als Schutzwall, als Bastion, die eine tiefergreifende Schädigung des Gewebes verhindern soll, weil sie ein schlechter Wärmeleiter ist. Sein zweites Abwehrsystem, die Lymphflüssigkeit, tritt in Kraft und schiebt sich zwischen die Oberhaut, die aufgegeben wird und den bedrohten und noch lebenden Hautzellen. Eine Brandblase entsteht. Finden sie an einem Körper Brandblasen, dann waren bereits eindeutig Temperaturen über 65 °C im Spiel und der Mensch hat zum Zeiptunkt der Hitzeeinwirkung noch gelebt! Denn eine Leiche kann das nicht mehr, sie hat keine Abwehrautomatik, vor allem hat sie keinen funktionierenden Kreislauf mehr, der die Grundvoraussetzung für diese Abwehrautomatik ist. Sie braucht das auch nicht mehr, denn längst hat es sich entschieden: Es gilt nicht mehr, das Leben aufrecht zu erhalten, denn es gibt kein Leben mehr. In der Praxis sind es also gerade die Brandblasen, die ein untrügliches Zeichen dafür sind, daß der Mensch zum Zeitpunkt der Hitzeeinwirkung noch gelebt hat. Bei einer Brandverletzung 3. Grades ist das bereits nicht mehr so. Hier wurde bereits das Gewebe endgültig zerstört und diese Zerstörung kann bis zur Verkohlung gehen. Beim Lebenden wie beim Toten. Wenn auch der Gerichtsmediziner hier mit seinem großen Fachwissen vielleicht noch Anzeichen von Vitalität feststellen kann, Sie als Laie können das nicht mehr. Zerstört ist zerstört, und wenn Sie eine Leiche mit abgekohlten Arm- und Beinstummeln vor sich haben, werden Sie nicht erkennen können, ob diese Abkohlung vor oder nach dem Brandausbruch vor sich gegangen ist. Halten wir aber eines fest: Brandverletzungen 1. und 2. Grades an einer Leiche sind immer prämortal, also vor Eintritt des Todes, entstanden und Sie können das auch als Laie erkennen.

Wie reagiert nun der menschliche Körper auf Hitze, wenn er nicht mehr am Leben ist, wenn er bereits zur Leiche geworden ist? Sie könnten es im Krematorium beobachten und ich empfehle es Ihnen sogar. Warum denn eigentlich nicht? Nichts ist einprägsamer als die eigene Beobachtung, und nichts ist wertvoller als die eigene Erfahrung. Jedenfalls steht eines fest: Der Mann, der im Krematorium den Ofen bedient, der weiß beim Anblick einer halbverbrannten Leiche genau Bescheid, wie lange diese Leiche einer höheren Temperatur ausgesetzt war und wie hoch diese Temperatur gewesen sein kann. Vielleicht weiß er das sogar besser als der Gerichtsmediziner, denn der verbrennt ja nicht täglich 20 — 30 Leichen. Weil wir aber gerade dabei sind: Es dauert etwa 1½ Stunden bei einer Temperatur um die 900 °C bis nur noch Asche vorhanden ist, die in die Urne gefüllt wird. Für all jene, die sich mit diesem Thema mehr theoretisch auseinandersetzen wollen: Der Mensch besteht zu guten zwei Dritteln aus Wasser. Als Einzeller ist er im Wasser entstanden und ohne Wasser kann er nicht leben. Durch Hitzeeinwirkung muß zuerst das Wasser verdampfen, was übrigbleibt verbindet sich mit dem Sauerstoff und hat als Asche Platz in der Urne. Nur geht das nicht auf einmal. Die Hitze wirkt auf die Oberfläche ein, die Kleider, die Haare verbrennen. Der Körper und damit die Zellflüssigkeit erhitzen sich, oberflächliche Verkohlungen entstehen, die Schädelkapsel explodiert durch den entstehenden Wasserdampf. (Deshalb finden Sie bei Brandleichen, die großer Hitzeeinwirkung ausgesetzt waren, eierbecherförmige Schädelreste, die nicht durch Schlageinwirkung entstanden sind.) Der Körper und damit die Zellflüssigkeit erhitzt sich, oberflächliche Verkohlungen entstehen. Wo am wenigsten Wasser und viel Oberfläche vorhanden ist, verdampft das Wasser und die ersten massiven Zerstörungen des nun ungeschützten Zellgewebes und der Knochen treten ein. Es sind die Extremitäten, bei denen dies geschieht. In diesem Stadium finden Sie bereits Brandleichen mit verkleinertem Rumpf — Wasser wurde ja entzogen — und mit stummelförmigen Armen und Beinen vor. Wann nun genau die Schädelkapsel explodiert läßt sich nicht sagen, sicher ist aber eines: Wenn bereits die Arme und Beine weggekohlt sind, dann ist auch das geschehen. Zu grausig? Brechen wir an dieser Stelle ab, denn nun wird auch der Rumpf vernichtet, vorher wird aber noch die luftgefüllte Lunge ins Freie getrieben... Warum wir überhaupt davon sprechen? Weil es für den Kriminalisten überaus wichtig ist, daß er keine voreiligen Schlüsse zieht. Es gilt nämlich bei Brandleichen:

- Eine Schätzung von Alter und Größe ist nur sehr bedingt möglich.
- Eine Kopfverletzung darf nicht voreilig angenommen werden.

Zumeist geht es aber um die Frage, ob ein Mensch unmittelbar durch die Brandeinwirkung gestorben ist oder nicht, ob er in das Feuer gelegt wurde oder ob er seinen tragischen Tod darin gefunden hat. Hier halten sich die Mediziner an ein Phänomen, das als sogenannte **Fechterstellung** Eingang in die Kriminalistik gefunden hat. Ein Mensch, der **lebend**, und das ist entscheidend, in die Flammen geraten und darin umgekommen ist, der nimmt in seinen Beinen eine Abwehrstellung, die Schritthaltung eines Degenfechters ein. Es ist die Haltung im Ausfall mit der Waffe. Warum das so ist, würde — obwohl sicher hochinteressant — doch den Rahmen dieses Buches sprengen. Wichtig ist jedenfalls nur für Sie, daß Sie auf die Stellung der unteren Extremitäten achten müssen, wenn Sie es mit einer Brandleiche zu tun haben. sie können dann bei einiger Erfahrung zumindest ausschließen, daß Sie es mit einem Toten zu tun haben, der bereits bei Brandausbruch tot war. Denn die Leichen im Krematorium, die nehmen keine Fechterstellung mehr ein. Damit wollen wir aber dieses unerfreuliche Kapitel beenden.

Einwirkung von elektrischer Energie

Wir werden wieder zurück in die Physik gestoßen. Was ist nun elektrische Energie? Sie werden sich wundern: Auch im Zeitalter der Atomenergie steht das mit Sicherheit nicht fest. Denn je weiter man in die Geheimnisse des Atoms vordringt, um so weiter nähert man sich auch den Grenzwerten, wo man nicht mehr mit Sicherheit sagen kann, ob nun Energie oder Materie gegeben ist. Sie erinnern sich: Es waren die Lichtquanten und die Quantentheorie, wo wir bereits auf jenes Grenzgebiet gestoßen sind. Nun kann aber der Kriminalist nicht höhere Physik betreiben, sondern muß sich an etwas halten. Hier bietet sich die Definition des elektrischen Stromes an, wie sie in den Schulen gelehrt wird. Sie mag vereinfachen, manches unberücksichtigt lassen, aber man kann mit ihr arbeiten. Elektrischer Strom besteht aus Elektronen, die durch den Leiter getrieben werden. Und es gibt zwei Pole, einen Pluspol und einen Minuspol, oder eine Kathode und eine Annode, wie sich die Physiker etwas gewählter ausdrücken. Strittig ist bereits, von wo nach wohin der Strom eigentlich fließt. In der Schule lernen Sie vorerst, daß er das vom Pluspol zum Minuspol tut, später dann vielleicht, auf der Technik, daß es ganz umgekehrt ist. Wichtig für Sie ist nur, daß es diese zwei Pole gibt und daß ein Spannungsgefälle bestehen muß. Dazwischen tut sich etwas. Und es tut sich nur, wenn dazwischen ein Leiter ist, ein Stoff, der grundsätzlich zur Leitung von elektrischem Strom geeignet ist. Ist er das nämlich nicht, dann ist er das Gegenteil von einem Leiter, ein Isolator. Metalle sind gute Leiter, je edler sie sind um so besser, Platin und Gold die besten, und Kupfer verhält sich da beinahe wie ein Edelmetall. Nichtmetalle sind im allgemeinen schlechte Leiter und dazwischen liegen die Verbindungen in ihrer mannigfachen Art. Auch elektrische Eigenschaften, wie es die Leitfähigkeit eine ist, sind nicht absolut und unbedingt, auch sie sind von vielen Bedingungen abhängig. Zum Beispiel von der Temperatur. Je näher die Temperatur des Leiters dem absoluten Nullpunkt liegt, einem um so geringeren Widerstand leistet er dem elektrischen Strom, im extremen Fall, wenn er keinen Widerstand mehr leistet, spricht man von einem sogenannten „Nulleiter", der allerdings nur theoretisch voll zu verwirklichen ist. Bei Wasser müssen Sie wieder eines wissen: Reines Wasser leitet theoretisch nicht, sind Säuren oder Salze in ihm gelöst, dann schon. Es soll nicht zu kompliziert werden, denn auch die Luft kann zum Leiter werden, der Blitz, der sich seinen Weg sucht, beweist es Ihnen, er schafft sich eine ionisierte Bahn und kann das durch das große Spannungsfeld, das sich vorher aufbaut. Elektrische Energie wird in drei Meßeinheiten ausgedrückt, in Volt, Ampere und Ohm, wobei Volt für Spannung, Ampere für Stärke und Ohm für Widerstand steht. Wenn Sie sich den elektrischen Strom als Wasser vorstellen, das durch ein Rohr fließt, dann wäre die Spannung der Druck, die Stärke die Menge und der Widerstand der Rohrdurchmesser. Ist die Spannung hoch und viel Strom vorhanden, wird viel durch das Rohr getrieben, ist die Spannung gering und wenig Strom vorhanden, dann wenig, wobei es nun darauf ankommt, wieviel Strom das Rohr oder der Leiter durchläßt, ohne zu platzen. Damit werden Sie nämlich dann in der Praxis konfrontiert, wird nämlich zuviel Strom durch einen Leiter getrieben, dann hält dieser das nur kurze Zeit aus, er erwärmt sich und schmilzt schließlich. Dabei wird Wärmeenergie frei und kann zur Brandursache werden. Das ist die eine Seite. Die andere ist die, daß die Elektronen, die durch den Leiter getrieben werden, nur dann keine sichtbaren Spuren hinterlassen, wenn die Verbindung aufrecht ist. Wird die Verbindung unterbrochen, versuchen sie sie wiederherzustellen und die unterbrochene Stelle zu überbrücken. Solange die Spannung stimmt und die Unterbrechungsstelle nicht zu groß ist, tun sie das mit Erfolg. Dabei reißen die Elektronen von der Absprungstelle Teilchen mit und schaffen sie zur Aufsprungstelle. Die Industrie weiß diesen Effekt schon längst zu nützen und verwendet in der Metallindustrie sogenannte Erosionsmaschinen. Der zu bearbeitende gehärtete Metallteil ist die Annode und etwa eine Zehnschillingmünze die Kathode, beide Teile werden einander gerade so weit genähert, daß die Funken überzuspringen beginnen, und dieser Zustand wird aufrechterhalten. Aus dem gehärteten Teil werden von den Funken die Teilchen herausgerissen und es entsteht eine Vertiefung, die dem Negativabdruck der Münze entspricht. (Auf ähnlichem Prinzip beruht übrigens auch die Elektrolyse, auch sie nützt den Effekt aus, daß die positiven Teilchen zur Kathode wandern.) Als Kriminalist werden Sie wohl wenig mit der Elektrolyse als Spurenverursacher zu tun haben und mit einer Erosionsmaschine werden Sie allenfalls konfrontiert werden, wenn Sie es mit Falschmünzern zu tun haben. Wozu also dann die Überlegungen über die springenden Funken? Weil sie ebenso häufig zu Spurenverursachern und zu auslösenden Momenten einer Katastophe werden können, wie es die geschmolzenen Drähte sind. Und Sie bemerken diese Spuren erst dann, wenn Sie überhaupt in Betracht ziehen, daß Sie vorhanden sein können. Aus diesem Grund wieder einige Hinweise: Zur routinemäßigen Überprüfung eines Brandfalles gehört auch die Überprüfung, ob sich am vermutlichen Brandherd ein Elektrogerät oder eine elektrische Leitung befunden hat, und ob die Sicherungen noch in Ordnung sind. Sicherungen sind eine Soll-Schmelzstelle des Leitungssystems, sie haben den dünnsten Draht des Systems, der bei Überlastung schmelzen und die Verbindung unterbrechen soll, ehe sich die eigentlichen Leitungsdrähte erwärmen und schmelzen. Sind die Sicherungen in Ordnung und war kein Heizgerät im Spiel, dann können Sie mit einiger Sicherheit Strom als Brandursache ausschließen. Anders ist das, wenn sie mit Staniolpapier oder dickem Draht geflickt sind, dann werden die Sicherungen zu Unsicherungen, nämlich stärker als der Leitungsdraht und damit zur Gefahrenquelle. Haben Sie es wieder mit einer Explosion zu tun, dann müssen Sie sich auch über das auslösende Moment den Kopf zerbrechen. Der Explosivstoff, das explosive Gasgemisch, kann im Prinzip auf drei Arten zur Explosion veranlaßt werden, durch Schlag, durch Hitze und gewissermaßen durch die Kombination von beiden, durch den Funken. Und um den geht es hier.

Ein elektrischer Funke springt schlagartig über und er ist auch heiß, ein Blitz entflammt ja auch Scheunen. Aus diesem Grund verwendet man den elektrischen Funken auch zur Zündung im Steinbruch. Was er aber dort kann, kann er auch in einer leuchtgasgefüllten Wohnung oder in einem benzindampfgefüllten Kessel. Deswegen, wenn Sie es mit einer Explosion zu tun haben, überprüfen sie auch, ob elektrischer Strom das auslösende Moment sein konnte, ob das Leitungsnetz unter Strom ist, ob und welche Geräte eingeschaltet sind und so weiter.

Der Mensch und Strom

Wie verhält sich nun der menschliche Körper selbst, wenn er mit Strom in Berührung kommt? Er ist grundsätzlich kein guter Leiter, aber er ist ein Leiter, und es kommt auf die Umstände an, ein wie guter er ist. Wir haben es schon an anderer Stelle festgestellt: Der menschliche Körper besteht zu einem Großteil aus Wasser und es hat dies seinen Grund darin, daß er, der Mensch, im Meer als Einzeller begonnen hat. Das Blut hat heute noch den genauen Salzgehalt des Meeres, denn es erfüllt dessen Funktion bei der Ausscheidung von Stoffwechselprodukten. Weil aber nun Salz im Spiel ist, leitet das Blut auch. Und die Zellflüssigkeit ebenfalls, somit auch der menschliche Körper. An seiner Oberfläche befindet sich aber trokkene Lederhaut. Und auf diese kommt es an, ob sie sich als Isolator oder als Leiter verhält. Ist sie trocken, dann leitet sie nicht, sie läßt den Strom nicht in das Körperinnere, ist sie feucht, dann leitet sie und der Strom kann den Körper durchfließen. Feucht ist sie aber meist, weil der Mensch schwitzt und im Schweiß sind wieder Salze enthalten, die die Leistungsfähigkeit erhöhen. Es hängt daher bereits von der augenblicklichen Beschaffenheit der Hautoberfläche ab, ob ein Mensch auf Strom stark oder schwach reagiert. Weiters vom Alter, denn je jünger der Mensch ist, desto weniger ist er durch Strom gefährdet. Sein Steuerungssystem des Herzens ist noch so stabil (er braucht nicht wie der ganz alte Mensch einen Schrittmacher, der über Stromimpulse steuert), daß es durch einen Stromstoß noch nicht völlig irritiert wird. Damit haben wir aber bereits die Todesursache erkannt: Der Herzmuskel wird, wie die anderen Muskeln auch, durch Stromimpulse zur Kontraktion veranlaßt. Über das Zukken von Froschschenkeln entdeckte ja übrigens Galvani den elektrischen Strom. Nimmt nun starker elektrischer Strom den Weg über das Herz, fällt das körpereigene Steuerungssystem aus und es krampft sich während der Dauer der Stromeinwirkung zusammen, es arbeitet nicht und beginnt auch nicht wieder von selbst zu arbeiten, wenn die Stromeinwirkung endet. Es kommt also darauf an, ob der Strom seinen Weg über das Herz nimmt oder nicht. Wenn Sie zwei Finger ihrer Hand in die Steckdose halten, werden Sie mit dem Schreck davonkommen, denn der Strom fließt von einem Finger über den anderen zurück in die Steckdose, er nimmt den kürzesten Weg. Ich kannte einen Elektriker, der so prüfte, ob Strom in der Leitung war, sicher war er eine Ausnahmeerscheinung, denn er war überhaupt recht stromunempfindlich (Ihnen empfehle ich diese Methode nicht). Stehen Sie aber nicht isoliert und nimmt der Strom seinen Weg über Ihren Arm, linke Brustseite und Bein in den Boden, dann überleben Sie das nur noch, wenn der Strom schwach war. Wobei hier schwach für wenig Watt steht und in Watt das Produkt von Stromspannung und Stromstärke gemessen wird. Viele Ampere und wenig Volt können Sie noch aushalten, viele tausend Volt und ganz wenig Ampere auch, alles solange, als das Produkt nicht einen kritischen Wert erreicht. Zur Illustration: Eine Zündspule in Ihrem PKW erzeugt Strom von einer Spannung von etwa 15000 Volt, der Ihnen aber kaum schadet, zur Hinrichtung auf dem „heißen Stuhl" in Amerika verwendet man Strom von etwa 500 Volt, dafür aber von hoher Amperezahl. Aber auch den haben schon Todeskandidaten überlebt, zwar mit Brandblasen an Kopf, Armen und Beinen, aber doch. Es ist eben individuell und es gibt keine allgemeingültige Regel, wie immer, wenn der Mensch im Spiel ist. Entscheidend für Sie als Kriminalist sind zwei Dinge: Ein Kontakt in irgendeiner Form mit der Stromquelle muß gegeben sein und dieser Kontakt hinterläßt Spuren. (Sie erinnern sich an die überspringenden Funken und geschmolzenen Drähte?) Und ebenso muß ein Kontakt mit der Erde gegeben sein, wenn er nicht direkt mit dem anderen Pol gegeben war. Wo der Strom in den Körper eindringt und wo er ihn wieder verläßt, gibt es Spuren, die **Strommarken**, in Form von mehr oder minder stark ausgeprägten Verletzungen der Haut, die bis zur Verkohlung gehen können. Stellen Sie sich einfach den Lichtbogen eines Elektroschweißgerätes vor, der in die Haut eindringt, dann haben Sie einen Begriff davon, wie eine Strommarke entsteht. Es geht so schnell, daß die Haut zu keiner Abwehrreaktion mehr kommt, das Gewebe wird vernichtet, noch ehe Blasen entstehen können. Aus diesem Grund haben solche Verletzungen, auch schwerster Art, die Tendenz, daß sie rasch abheilen. Es gibt kein halbzerstörtes Gewebe, das erst abgestoßen werden muß. Aber zurück zu den Strommarken: Sie erinnern sich noch an die Erosionsmaschine? Ja? Wir brauchen sie hier wieder. Denn die Strommarken sind ein Abbild von dem, das an der Haut angelegen ist, als der Strom in den Körper eingedrungen ist. Als Strommarken wurden sie bezeichnet, weil sie besonders markant sind. Dennoch werden sie recht häufig übersehen, weil man an alle anderen Todesursachen denkt, nur nicht an Strom. Und es hängt oft von der Gewissenhaftigkeit des Gerichtsmediziners ab, ob sie entdeckt werden. Im Vertrauen: Auch er sucht sie oft erst, wenn er keine andere Todesursache entdecken kann, auch er ist kein Übermensch. Der Mörder hat oft eine höhere Meinung von Ihrer Fachkenntnis, als Sie selbst ahnen, und legt die Leiche seiner mit Strom getöten Schwiegermutter auf freien Feld ab, damit Sie ja nicht an Strom denken. Oder im Bett, oder im Keller. Jedenfalls aber wird er die Kabeln der Stromfalle wegräumen und den elektrischen Heizlüfter auch, den er in die Badewanne geworfen hat (übrigens eine nicht so seltene Todesart). Deswegen: Geben Sie dem Mörder recht, und bauen Sie die Suche nach Strommarken in Ihre Routineuntersuchung einer Leiche ein!

Sicherung von Stromspuren

Haben Sie einmal erkannt, daß elektrische Energie im Spiel war, müssen Sie auch an die Sicherung der durch sie entstandenen Spuren gehen. Im Gegensatz zu mechanisch entstandenen Spuren können Sie sich aber nicht auf die Sicherung der unmittelbaren Auswirkung des elektrischen Stromes beschränken und den geschmolzenen Draht, die Strommarke, die Oberflächenänderung des Metalls usw. durch Abformen, Photgraphieren oder Sicherstellung als Corpus delicti begnügen. Elektrischer Strom kommt von wo und fließt auch nach wo hin. Diesen Weg gilt es zu sichern. Von der intakten Hauptsicherung weg bis zum geschmolzenen Draht oder zur Austrittstelle aus dem Körper. Dazwischen liegen Leitungen, Kabeln, Steckdosen und Lampenfassungen. Die alle photographieren Sie und halten ihren Zustand fest. Angesteckte Kabeln stellen Sie sicher, aber vergessen Sie vorher nicht, festzuhalten, wie sie angesteckt waren. Wieder ist das Gesamtziel Ihrer Sicherungsarbeit: Sie müssen alles vollständig rekonstruieren können. Strom können Sie nicht sehen, aber er ist meßbar, und das exakt, wie es auch der Widerstand einer Leitung ist. Sie schleppen aber nicht alle Meßgeräte mit sich herum und Sie können sie auch nicht alle bedienen, weil Ihnen das Fachwissen fehlt. Aber ein Schraubenzieher, wie ihn Elektriker haben, mit dem Sie auf einfache Art prüfen können, ob eine Leistung stromführend ist oder nicht, sollte schon bei der Ausrüstung dabei sein. Haben Sie aber einmal den Verdacht, daß Strom im Spiel gewesen sein könnte, dann ziehen Sie einen Sachverständigen bei. Einen Verdacht können Sie aber nur haben, wenn Sie um die Zusammenhänge wissen, deswegen also die vorhergegangenen Ausführungen.

Chemisch verursachte Spuren

Es gibt chemische Grundstoffe, oder Elemente, die unveränderlich sind, weil ihre kleinsten Bausteine, die Atome, es sind. Unter normalen Bedingungen, denn die Atomphysik hat auch das geändert und Atomkerne zertrümmert. Sie arbeiten aber als Kriminalist nicht unter Bedingungen wie sie in einem Atomreaktor herrschen, sondern unter normalen, also gilt für Sie auch der Grundsatz, daß sich die Grundstoffe nicht ändern. Aber sie gehen Verbindungen miteinander ein und bauen neue Moleküle auf. Es geht dabei nichts verloren, die Anzahl der beteiligten Atome bleibt gleich. Was wichtig ist, wir werden darauf zurückkommen. Wir haben nun schon festgestellt: Durch die chemische Reaktion entsteht ein anderer Stoff, der sich aus den Elementen zusammensetzt, die an der Reaktion beteiligt waren. Dies müssen nicht immer die reinen Grundstoffe des Elements sein, es können auch durchaus bereits aus Elementen aufgebaute Verbindungen sein, und in der überwiegenden Mehrzahl der Fälle werden Sie es in der Praxis auch nicht mit der chemischen Reaktion der Grundelemente zu tun haben, sondern mit bereits vorhandenen Verbindungen dieser Grundelemente. Mit Säuren, Laugen, Salzen und so weiter. Der spurenverursachende Stoff geht mit dem Stoff, aus dem der Spurenträger besteht, eine neue chemische Verbindung ein. Diese neue chemische Verbindung, dieser neue Stoff, ist die Spur, die es zu sichern gilt. Und das Abfallprodukt, das dabei entstanden ist, sofern das noch möglich ist, denn es entweicht in vielen Fällen als Gas. Wir haben ja schon festgestellt: Es geht nie etwas verloren. Sofern Sie es nun mit Verbindungen der anorganischen Chemie zu tun haben, ist alles relativ einfach, denn alles ist logisch und durchschaubar, wenn auch die Vielzahl der Elemente — es sind über 90 — daran beteiligt ist. Vor allem sind die Verbindungen noch relativ einfach, wobei die Betonung natürlich auf relativ liegt. Bei der organischen Chemie ist das bereits nicht mehr so. Hier haben Sie es in der Hauptsache mit Verbindungen des Kohlenstoffes mit dem Wasserstoff zu tun, mit den sogenannten Kohlenwasserstoffen. Und natürlich mit Sauerstoff, denn ohne ihn ist Leben nicht möglich. Die einzelnen Verbindungen sind aber dann bereits so kompliziert, daß Sie schon sehr viel Fachwissen haben müssen, um sie zu verstehen. Nun verlangt aber von Ihnen als Kriminalist wohl kein vernünftig denkender Mensch, daß Sie Chemiker sind. Aber der Sachverständige, der im Labor die Untersuchungen durchführt, verlangt mit gutem Recht, daß er von Ihnen Spuren zur Untersuchung eingesandt bekommt, die so gesichert wurden, daß Irrtümer ausgeschlossen werden können. Lediglich aus diesem Grund haben wir die einleitenden Überlegungen angestellt. Der Spurenverursacher ist eine chemische Verbindung, die mit dem Spurenträger eine neue eingeht. Nehmen wir ein einfaches Beispiel: Schwefelsäure (H_2SO_4) ist auf Eisen (Fe_2) gelangt, etwa auf eine Eisentraverse. Sehen wir uns einmal die chemische Reaktion in Form der Summenformel an, die sich nun abspielt: $FE_2 + 2H_2SO_4 = 2FeSO_4 + 2H_2$. Was ist geschehen? Eisen ist zweiwertig, es kann zwei Wasserstoffatome binden. Ein Eisenmolekül besteht aber aus zwei Eisenatomen, somit sind mindestens zwei Eisenatome an dem Vorgang beteiligt (Fe_2). Zwei Wasserstoffatome haben die Oxydgruppe (SO_4) gebunden und dadurch Schwefesäure geschaffen. Wir lassen nun Eisen an die Stelle der Wasserstoffatome treten, deswegen brauchen wir zwei Moleküle Schwefelsäure, da ja Eisen zweiwertig ist und die Rechnung aufgehen muß. Das Ergebnis sind zwei Moleküle des neuen Stoffes, nämlich Eisensulfat und der freiwerdende Wasserstoff entweicht in die Luft. Eigentlich logisch, nicht? Oder verwirrend, weil Sie ja kein Chemiker sind. Lassen Sie sich nicht beirren, wir sind ja davon ausgegangen, daß Sie kein Chemiker sind. Aber an diesem Beispiel sehen Sie, daß es eine bleibende ($FeSO_4$) und eine sich verflüchtende Spur (H_2) geben kann und in der Mehrzahl der Fälle auch gibt. Sichern Sie den Spurenträger, stellt der Chemiker an ihm Eisensulfat fest und wird sicher auf Schwefelsäure als Spurenverursacher kommen. Sichern Sie auch die Luft, wird er als Bestätigung einen höheren Anteil an Wasserstoff feststellen und seinen Schluß — jetzt aber irrtumsfrei — bestätigt finden. Ziehen wir daher die Bilanz unserer Überlegungen: Haben wir es mit chemisch verursachten Spuren zu tun, gilt es nicht nur, den eigentlichen Spurenträger zu sichern, sondern auch die Umgebung. Und wenn Sie eine Spur sichern, dann tun Sie das so, daß Sie möglichst unverändert bleibt, also keinen verändernden Faktoren mehr ausgesetzt ist. Ein solcher Faktor ist aber meist der Sauerstoff der Luft und das Sonnenlicht. Demnach verwahren Sie die gesicherte Spur unter Luftabschluß und geschützt vor Tageslicht, das sich meist auf den Zerfall der Spur beschleunigend auswirkt. Also in einem Röhrchen, das luftdicht abgeschlossen werden kann und dunkel gefärbt ist. Der Chemiker kann nachträglich nur noch feststellen, welche chemische Verbindungen jetzt vorhanden sind. Nicht kann er feststellen, wie sie zum Untersuchungsobjekt gelangt sind. Deswegen ist es für Sie wichtig, daß Sie auch die Umgebung sichern. Da wir nicht zu theoretisch sein wollen, also zurück in die Praxis: Mit dem Gift Arsen kann man nicht nur die Mannespotenz steigern, sondern auch Morde verüben, in vielen Kriminalromanen spielt daher dieses Gift eine bevorzugte Rolle. Nun gibt es aber auch arsenhältigen Boden. Beantragen Sie daher die Untersuchung einer exhumierten Leiche auf Arsenhältigkeit (dieser Stoff setzt sich übrigens in den Haaren und Fingernägeln ab), dann gehören dazu auch Erdproben aus dem Grab. Nur dann, wenn sich der Boden als nicht arsenhältig erweist, kann nämlich der Beweis geführt werden, daß dieser Giftstoff schon zu Lebzeiten in den Körper gelangt sein muß. Der Nachweis, daß Arsen im Körper ist, genügt allein nicht. Erst durch den negativen Beweis, daß es nach dem Tod nicht in den Körper gelangt sein kann, können sie jenen Beweis führen, der für den Mordprozeß dann ausschlaggebend werden kann. Sie verstehen? Die Sicherung der Umgebung sichert Ihnen auch den Beweis. Und dies zieht sich durch die ganze Sicherung von chemischen Spuren. Erst wenn sie so erfolgt, daß der Sachverständige (ohne den werden Sie nicht auskommen) einen untrüglichen Nachweis führen kann, daß ein bestimmter Stoff der Spurenverursacher war, haben Sie die Spur richtig gesichert. Eine schwierige Aufgabe, aber wenn Sie an sie mit einer Grundkenntnis herangehen, dann wird sie Ihnen auch gelingen.

Biologisch verursachte Spuren

Unser Planet ist von Leben erfüllt, von Leben in seiner vielfältigen Form. Leben aber bedeutet Veränderung, und Leben verändert auch die Umwelt. Diese Veränderungen bleiben zurück und wir können sie als biologisch entstandene Spuren bezeichnen. Darüber, was nun Leben eigentlich ist, streiten sich noch immer die Wissenschaftler. Weil aber jede Wissenschaft mit allgemein anerkannten Begriffen arbeiten muß —, soll der internationale Erfahrungsaustausch gewährleistet sein hat man sich doch auf eine Definition geeinigt: Zwei Voraussetzungen müssen gegeben sein, damit Leben als gegeben angenommen werden darf: Es erfolgt ein Stoffwechsel und es findet eine Vermehrung statt. Sie denken, daß das eigentlich selbstverständlich ist? Ist es aber nicht, es ist nämlich nicht so einfach. Ein Harnsäurekristall kann sich unter ungünstigen Bedingungen wie eine tote Substanz verhalten, eben wie ein Kristall, aber unter günstigen wie ein Virus und sich vermehren. Demnach wäre Harnsäure die einfachste Form von Leben und man könnte Leben künstlich herstellen. Manche bestreiten das, wir haben es schon festgestellt, die Wissenschaft ist sich da eben nicht einig. Dennoch ist die Definition des Lebens für uns wichtig, denn alle biologisch entstandenen Spuren lassen sich direkt oder indirekt auf den Stoffwechsel und die Vermehrung zurückführen. Direkt insofern, als das Lebewesen bei seiner Nahrungsaufnahme den Nahrungsstoff seiner Umwelt entzieht und dieser Vorgang bei einer raschen Vermehrung beschleunigt wird, und indirekt, weil auch die Stoffwechselendprodukte ausgeschieden werden und nach Absterben des Lebewesens seine Substanz zurückbleibt. Ganze Korallenriffe sind so entstanden. Der Stoffwechsel also ist es vor allem, der für die biologischen Spuren im weitesten Sinn verantwortlich ist, denn erst dadurch, daß er stattfindet, können die komplizierten organischen Substanzen, aus denen das Leben besteht, aufgebaut und erhalten werden. Aber nun zurück von den eher abstrakt anmutenden Überlegungen in die Praxis. Wann erlangen biologisch entstandene Spuren für eine kriminalistische Untersuchung Bedeutung? Dann, wenn sich durch sie entweder der Nachweis erbringen läßt, daß eine Tat zu einer bestimmten Zeit an einen bestimmten Ort geschehen ist, oder wenn sich durch sie der Tatablauf rekonstruieren läßt, wenn sich der Nachweis erbringen läßt, daß ein bestimmter Mensch mit der Tat in Zusammenhang zu bringen ist. Wieder abstrakt. Es wird uns daher nichts anderes übrigbleiben, als daß wir die Spuren einzeln besprechen.

Hinweis auf Ort des Geschehens

Jeder Täter steht, ob er das will oder nicht, mit seiner Umwelt in einer Wechselbeziehung. Er verändert sie und die Umwelt ihn, weil sie ihre Spuren hinterläßt. Er zertritt das Gras und hinterläßt eine Spur und umgekehrt wieder hinterläßt das Gras seine Spuren an seinem Schuhwerk und seiner Kleidung, Grassamen kann sich in seinen Hosenstulpen sammeln und haften bleiben. Sie können die Spur des Täters mit einem Hund verfolgen, und Sie können ihm mit Hilfe der Grassamen allenfalls nachweisen, daß er sich am Tatort aufgehalten haben muß. Unter günstigen Bedingungen, denn Voraussetzung ist, daß der Tatort hinsichtlich der Fauna und Flora eine besondere Einmaligkeit aufweist, die ihn von anderen Orten unterscheidet. Das kann eine Monokultur auf einem Feld sein, das kann Pilz und Käferbefall der Bäume eines bestimmten Waldstückes sein, das kann ein Naturschutzgebiet mit seltenen Pflanzen sein. Es kann vieles sein. Es kann auch Algenwuchs auf einer Leiche sein, der darauf hinweist, daß sie in einem bestimmten Wasser gelegen haben muß, wo gerade diese Algen vorkommen. Oder Tierfraß. Eben vieles. Entscheidend ist, daß Sie überhaupt daran denken. Die beste Sicherung biologischer Spuren ist die, daß man überhaupt an ihr Vorhandensein denkt. Deswegen bereits bei der Tatorterhebung darauf Bedachtnehmen, welche Spuren beim Täter zurückgeblieben sein können, und allenfalls Vergleichsmaterial sichern! Denn wenn Sie im Herbst die Tatorterhebung machen, können sie später im Frühjahr nicht das Vergleichsmaterial holen, wenn Sie einen Verdächtigen haben. Jedenfalls gehört aber in Ihrem Bericht auch hinein, welche Pflanzen und welche Besonderheiten Sie am Tatort vorgefunden haben. Es ist eben nicht tote Materie, mit der Sie es zu tun haben, sondern lebende, und die ist vergänglich. Auch die Spur, die der Täter hinterläßt, ist vergänglich, nicht bleibend, es steht Ihnen nur eine gewisse Zeit zur Verfügung, innerhalb der Sie sie verfolgen können. Wenn Sie daher den Einsatz eines Spürhundes ins Auge fassen, dann führen Sie ihn auch rasch durch.

Hinweis auf die Zeit des Geschehens

Wir sind gerade daraufgestoßen: Der Täter hat durch seine Handlung, ja durch seine Anwesenheit allein, mehr oder minder starke Veränderungen am Tatort herbeigeführt. Sie sind nicht bleibend, wir haben das festgestellt, denn das Leben setzt sich durch. Das niedergetretene Gras wird sich wieder aufrichten, die Erde eines Grabhügels wird wieder bewachsen sein, der Baum wir an Stelle des abgebrochenen Astes einen neuen bilden. All das ohne Zutun des Menschen. Und alles geschieht nach den ehernen Gesetzen der Natur, die unabänderlich sind. Die Natur braucht hiefür Zeit, auch sie kann keine Wunder vollbringen. Durch Beobachtung über Generationen hinweg hat der Mensch herausgefunden, nach welchen Gesetzen die Natur das tut und wie lange sie dafür braucht. Das Ergebnis hat in der Wissenschaft seinen Niederschlag gefunden. Aus der Stärke des Jahresringes eines Baumes kann Ihnen heute ein Vertreter dieser Spezialwissenschaft herauslesen, ob im Jahre 1689 viel Regen gefallen ist oder nicht. Für uns als Kriminalisten ist aber insbesondere von Interesse, daß wir durch die von der Natur selbst geschaffenen Veränderungen herausfinden können, wieviel Zeit bereits vergangen ist, seit die Natur begonnen hat, diese Veränderungen zu schaffen. Dadurch können wir einen zutreffenden Rückschluß darauf ziehen, wann das Ereignis selbst stattgefunden hat. Mit aller gebotenen Vorsicht und mit allen Einschränkungen, aber doch. Nun klingt das wieder ziemlich abstrakt, ich gebe das zu. Ich weiß schon, aber wir dürfen doch eines nicht übersehen: Nur dann, wenn wir das Prinzip erkennen, das allgemeingültige, an das wir uns halten können, nur dann — und nur dann — können wir zu einer höheren Form des Denkens kommen. Das zieht sich wie ein roter Faden durch die gesamte Kriminalistik. Sie erinnern sich an unsere Überlegungen unter dem Punkt „Allgemeines"? Wir hatten klar erkannt, daß nur ein breitgefächertes Wissen, ein Wissen um die **Möglichkeiten** ein Garant dafür ist, daß keine Chance ungenützt gelassen wird. Darum, und nur darum geht es daher bei diesen Überlegungen. Natürlich werden wir in der Praxis weniger mit niedergetretenem Gras, mit Bäumen, mit einjährigen und mehrjährigen Pflanzen konfrontiert, eher im Ausnahmefall. Aber da wissen wir bereits, wie wir uns zu verhalten haben: Festhalten, um welche Pflanzen es hier geht, welcher Zustand bei ihnen gegeben ist, und das sichern. Und darauf Bedacht nehmen, daß uns ein bestimmter Sachverständiger weiterhelfen kann. Das ist nämlich dann das Entscheidende, daß wir nämlich herausfinden, w e r uns weiterhelfen kann. In der überwiegenden Mehrzahl der Fälle haben wir es aber wieder mit dem Menschen zu tun, der biologische Spuren hinterläßt oder aufweist, wenn er selbst das Opfer eines Verbrechens geworden ist oder selbst der Täter ist. Der Mensch ist einmalig, und deshalb wollen wir einmal gesondert betrachten was alles geschieht, wenn ein Mensch stirbt oder ermordet wird.

Ein Mensch stirbt...

Sie stehen in der Praxis oft Leichen gegenüber. Sie haben selbst Ihren Beruf gewählt und es gehört nun einmal dazu, daß Sie auch Todesfälle untersuchen müssen, damit haben Sie sich abzufinden und damit müssen Sie fertig werden, sonst sind Sie nie ein Kriminalist. Nur ein relativ verschwindender Prozentsatz der Menschen stirbt, weil er Opfer eines Verbrechens wird — seien wir froh darüber —, den aber gilt es herauszufinden. Dazu benötigen Sie aber bereits wieder eine grundlegende Kenntnis davon, was sich abspielt, wenn ein Mensch stirbt. Nichts ist einfach, ein biologisches Wunder, wie es der Mensch ist, schon gar nicht. Auch sein Sterben, sein leibliches Ausscheiden, ist daher nicht simpel und trivial, sondern ein komplizierter Vorgang. Kompliziert und mit Ausnahmen und Einschränkungen behaftet, wie wir es auch als lebende Menschen sind. Denn bereits auch während der Mensch vom Leben erfüllt ist, existiert er nicht für sich allein, sondern im Einklang und Widerstreit mit seiner Umwelt. Biologisch gesehen ist der Mensch ein komplizierter, aus einzelnen Zellen aufgebauter Organismus, der dadurch gebildet wird, daß sich diese einzelnen Zellen einem gemeinsam anerkannten Baumuster und Plan unterwerfen. Und diese Zellen können wieder nur existieren, wenn sie mit anderen lebenden Organismen, etwa den Darmbakterien, eine Art des Zusammenlebens ausgehandelt haben, oder wieder gegenüber feindlich gesinnten Lebensarten, etwa dem Virus Herpes I der ständig vorhanden ist, einen dauernden Abwehrkampf führen. Es ist ein ständiges Für und Gegen, ein wohlausgeglichenes Abwägen der Kräfte, dieses Leben. Ist es einmal nicht ausgeglichen, dann ist der Mensch krank. Vermindert ein Grippevirus Ihre Abwehrkraft gegen Virus Herpes I — dann bekommen Sie die Fieberblasen, die dieser Virus hervorruft. Erlangen Sie nach einem Sieg über den Grippevirus Ihre völlige Abwehrkraft wieder, dann verschwinden auch diese Fieberblasen wieder. Dieses Für und Wider, dieses ausgewogene Gegenspiel der Kräfte ist nicht schlagartig mit dem Tod beendet, der Tod tritt auch nicht momentan ein. Die vielen Milliarden von Zellen, die sich einem gemeinsamen Plan untergeordnet haben, sterben ja nicht alle auf einmal ab, sondern immer dann, wenn der Ausfall einer anderen Zellgemeinschaft ein weiteres Existieren unmöglich macht. Selbst das Sterben ist ein langwieriger und komplizierter Vorgang, wie es das Leben selbst ist. Und der Zerfall des toten Körpers, denn gerade mit dem müssen wir uns auch befassen. Es gibt sogar eine eigene Wissenschaft, die sich mit dem Tod befaßt, und versucht, in dessen Geheimnisse einzudringen, es ist die Thanatologie. Medizinisch gesehen unterscheidet man zwischen dem klinischen Tod und dem medizinischen. Der klinische Tod ist noch nicht endgültig, der Arzt darf den Kampf um die Erhaltung des Lebens im Körper noch nicht aufgeben. Der medizinische Tod ist bereits nicht mehr reversibel, er ist endgültig. Der medizinische Tod deckt sich meistens, aber nicht immer, mit dem juristischen Tod, jenem Zeitpunkt, ab dem das Gesetz sagt, daß ein Mensch gestorben ist, mit allen Konsequenzen, die sich daraus ergeben.

Der klinische Tod

Vielfache Gründe können es gewesen sein, Krankheit, Verletzung, Alter, Schock oder schlicht Schwäche, aber es ist so weit gekommen: Das Herz, die unermüdliche Pumpe, die das Blut durch das riesige und weitverzweigte System der Adern und Venen treibt, hat aufgehört zu arbeiten. Schlagartig bricht der komplizierte Kreislauf zusammen. Von diesem Augenblick an können die einzelnen Zellen nicht mehr mit dem notwendigen Sauerstoff versorgt werden. Denn das Blut hat nicht nur zufällig die gleiche chemische Zusammensetzung wie der Ozean, es erfüllt auch dessen Funktion. Entwicklungsgeschichtlich war der Mensch einmal Einzeller und lebte im Meer, von ihm bezog er auch den Sauerstoff und die Stoffwechselprodukte schied er in ihm aus. Das ist so geblieben, wenn auch der Ozean auf die 5 — 7 Liter Blut restringiert wurde. Die können aber nur ihre Funktion erfüllen, wenn sie ständig durch das Leitungsnetz der Adern und Venen gepumpt werden. Ist die Pumpe ausgefallen, gibt es auch keinen Ozean mehr, der den lebensnotwendigen Sauerstoff bringt. Es ist wie bei einem Generalstreik des Transportwesens, der bewirkt, daß eine Großstadt keine Lebensmittel und kein Wasser mehr erhält. Noch können die einzelnen Familien leben und existieren, aber nur mit dem, was sie gehortet haben. So ist es auch mit den Zellen im Körper. Noch ist nichts endgültig, noch kann alles rückgängig gemacht werden, vorausgesetzt, daß der Transport von den lebenswichtigen Dingen wieder aufgenommen wird und das Herz wieder seine Tätigkeit aufnimmt. Tut es das nicht, dann kommt als nächstes bereits die Atemtätigkeit zum Erliegen. Sie ist sinnlos geworden, gibt es keinen Transport, dann braucht es auch keiner Zulieferung von lebensnotwendigem Sauerstoff noch. Lange Zeit wurde der Herzstillstand und der Atemstillstand mit dem medizinischen und juristischen Tod gleichgesetzt. War kein Herzschlag mehr wahrzunehmen und wurde ein vor dem Mund gehaltener Spiegel nicht beschlagen, galt der Mensch als tot. Heute ist auch das nicht mehr so, heute kann auch das nicht mehr als endgültig gelten, es ist noch rückgängig zu machen. Die Zellen des Körpers leben ja noch und alles ist noch nicht endgültig, wenn auch nur noch ein sehr begrenzter Zeitraum zur Verfügung steht, innerhalb dem das geschehen kann. Ja sogar die komplizierten Operationen am Herzen haben den klinischen Tod zur Voraussetzung und Bedingung.

Der medizinische Tod

Durch das Erliegen des Transportes und der Zulieferung von Sauerstoff ist für den Körper eine absolut kritische Notsituation eingetreten, die man etwa mit der im Deutschland des Jahres 1945 vergleichen könnte. Noch gibt der Körper nicht auf. Überleben um jeden Preis heißt nun die Maxime. Überleben auch um den Preis, daß Millionen von Zellen, gleichsam Millionen von Staatsbürgern, aufgegeben werden müssen und der Vernichtung anheimfallen. Es geht um das Überleben des Gesamtorganismus und die Auswahl der Zellen, die zum Absterben verurteilt werden, wird nicht danach getroffen, welche Qualität das Leben des Gesamtorganisums bei gelingen dieser Operation noch hat, sondern einzig und allein danach, daß ein Überleben überhaupt möglich ist. Es sterben daher bereits innerhalb eines Zeitraumes von längstens etwa 8 Minuten die Zellen des Großhirns ab. Denken können ist unwichtig, wenn es um das Überleben geht, denn die Steuerung der Lebensfunktionen erfolgt nicht im Großhirn, sondern im Stammhirn, Intelligenz wird als Ballast abgestoßen, es gilt nur, das Leben an sich aufrechtzuerhalten. Das bedrückende und traurige Ergebnis davon kennen wir: Lebende Leichen, Menschen, die nach Unfall oder Ertrinkungstod, oder nach Vergiftung durch die Kunst der Ärzte wiederbelebt werden konnten, die aber das Bewußtsein nie wiedererlangten, weil die Zellen des Großhirns bereits endgültig abgestorben waren. Es sind tragische Fälle, die die Diskussion um die passive Sterbehilfe in Gang gebracht haben. Acht Minuten, die ausschlaggebend waren. Wie so vieles in der Medizin, gilt auch das nur mit Einschränkungen. Es kann im Extremfall auch eine halbe Stunde sein, nämlich dann, wenn der Körper unterkühlt ist und dadurch ein verringerter Sauerstoffbedarf gegeben ist. Schwierige Operationen, die ein zeitweiliges Erliegen des Kreislaufes zur Bedingung haben, werden deshalb bei einer künstlich herbeigeführten Unterkühlung des Körpers durchgeführt. Unterkühlt oder nicht, nach spätestens einer halben Stunde ist es vorbei, es sterben auch die anderen Gehirnzellen ab, damit fallen auch die ursprünglichsten Lebensfunktionen endgültig aus. Es ist nun unwiderrufliche Tatsache geworden, daß der Tod eingetreten ist. Auch die modernste Medizin kann nun den Menschen nicht mehr in das Leben zurückholen. Denn es gibt keine Steuerungszentrale mehr, die die Lebensfunktionen aufrechterhalten könnte. Der Gehirntod ist eingetreten und auf dem Enzephalogramm wird er als Nullinie sichtbar. Nach herrschender Lehre ist nun auch der juristische Tod eingetreten und Organentnahmen für Transplantationen sind nun erlaubt.

Lebende Leichen

Die überaus empfindlichen Gehirnzellen sind nun abgestorben, nicht aber die weniger komplizierten Zellen, da diese weniger anfällig sind. Wenn jetzt eine Maschine Herz und Atemtätigkeit übernimmt, können diese Zellen weiterhin am Leben bleiben, abhängig davon, daß die lebenserhaltenden Maschinen nicht ausgeschaltet werden. Ein Körper, dessen Zellen wieder zu Einzellern reduziert werden und das zu dem einzigen Zweck, die Nieren, das Herz, die Knochen zu erhalten, um sie einem anderen Menschen zu verpflanzen. Es ist eine Frage der Moral, ob es lebende Leichen geben soll oder besser nicht. Eine philosophische Frage und keine medizinische, auch keine juristische, denn auch juristisch ist bereits alles entschieden, da ja der Gehirntod bereits eingetreten ist. Diese lebenden Leichen sind nicht mehr Träger von Rechten, sie haben bereits Erben, auch wenn sie noch über einen längeren Zeitraum am „Leben" erhalten werden. Sie sind bereits zur Sache geworden, zwar Sachen einer besonderen Art (res extra commercium), die nicht mehr Gegenstand von Geschäften sein können und noch einen Namen haben, aber eben — Sachen. Und ihre Teile kann man verpflanzen, deshalb ist auch strittig, wer über diese Organe verfügen kann.

Der Tod schreitet fort

Es liegt im Wesen des Todes, daß er nicht schlagartig kommt, sondern schrittweise. Ist das Gehirn einmal endgültig abgestorben, greift er unaufhaltsam nach dem gesamten Körper. Der ist diesem Zugriff wehrlos ausgesetzt. Es gibt kein Entrinnen mehr, die Zellen müssen absterben. Nicht alle auf einmal und nicht schlagartig, die empfindlichen zuerst, während andere noch stundenlang überleben können. Das Auge ist gebrochen, weil kein Druck mehr in ihm vorhanden ist, die Hornhaut trocknet aus und am Auge werden später auch bereits die ersten Verwesungserscheinungen eintreten. Die Haare und die Fingernägel können noch wachsen, schon lange hat das einfache Volk diese Tatsache beobachtet.

Totenflecke

Der Kreislauf des Blutes in dem weitverzweigten System ist schon lange zusammengebrochen. Es ist nun der Einwirkung der Schwerkraft ausgesetzt, da es keine Pumpe mehr gibt, die es durch dieses System treibt. Da es auch nicht mehr mit Sauerstoff angereichert wird (der sich mit dem Hämoglobin zum hellen Oxydhämoglobin verbindet), ist das Blut auch dunkler und an den tiefergelegenen Stellen des Körpers als dunkelviolette Flecken der Haut zu erkennen. Bis etwa zwei Stunden nach ihrem Auftreten sind sie noch wegdrückbar, dann nicht mehr. Das Auftreten von Totenflecken gilt als sicherer medizinischer und juristischer Beweis des Todes. Jetzt kann der Arzt auch ohne Gehirnenzephalogramm mit gutem Gewissen den Totenschein ausstellen.

Totenstarre

Auch in den Muskelfasern gehen, bedingt durch den Absterbeprozeß, chemische Veränderungen vor sich. Sie bewirken, daß sich der Muskel zusammenzieht und verkrampft. Er tut dies fortschreitend und man spricht von einem Ansteigen und späteren Absteigen der Totenstarre. Der Beginn der Totenstarre ist wieder abhängig von der Temperatur. War der Mensch erhitzt, hatte er kurz vor seinem Tode eine Anstrengung hinter sich (er war gelaufen, hatte einen Berg bestiegen), tritt die Totenstarre schneller ein, oft schon 20 bis 30 Minuten nach dem Tod. Nach 6 — 8 Stunden ist sie voll ausgebildet, erreicht ihren Höhepunkt nach etwa 24 Stunden und löst sich dann wieder, diese Zeiten sind ebenfalls abhängig von der Temperatur der Umgebung. Wird sie gewaltsam gelöst, das heißt, wird ein Gelenk bewegt und dabei die Totenstarre überwunden, bildet sie sich nicht mehr neu aus. Insbesonders aus dem Grade der Ausbildung der Totenstarre kann ein erfahrener Arzt einen Rückschluß auf den Zeitpunkt des Todeintrittes ziehen und die Tatzeit eingrenzen. Allerdings mit viel Erfahrung und entsprechenden Messungen der Leichentemperatur und der der Umgebung, Berücksichtigung von Wind usw. Da er aber diese Eingrenzung der Tatzeit bereits am Tatort treffen kann, ist sie so wertvoll für den Kriminalisten.

Verwesung

Keine der vielen Millionen Zellen des Körpers lebt nun mehr, die Substanzen, aus denen sie aufgebaut waren, werden nun selbst Nahrung von anderen lebenden Organismen, von winzigen Bakterien und Mikroben, die sich schon vorher im Körper befunden haben, oder von der Umwelt in ihm gelangen und sich rasend vermehren — die Fäulnisphase beginnt. Das Gewebe zerfällt und verflüssigt sich, Gase entstehen im Körper und die Haut bildet Blasen. Für diese Fäulnisphase, in der sich die Haut schwärzlich verfärbt, ist besonders das in der Gewebsflüssigkeit vorhandene Wasser notwendig. Auch die Bakterien benötigen zum Aufbau ihrer Organismen Wasser wie jedes andere Lebewesen. Wird einer Leiche dieses Wasser rasch entzogen und werden so für die Fäulnisbakterien feindliche Bedingungen geschaffen, so bleibt der Leichnam erhalten. Es kann dieser rasche Wasserentzug etwa durch vorüberstreichende trockene und heiße Luft erfolgen, oder durch Salz, das Wasser entzieht (Sie erinnern sich an den „Mann im Salz"?) oder durch beides, durch salzhältige Luft. Auf die Gefahr hin, daß Ihnen der Westfälischer Schinken nicht mehr schmeckt, aber er ist ein Beispiel dafür, wie ein Leichenteil auf diese Art konserviert wurde. Aber auch im Normalfall trocknet die Leiche, oder besser das was nach dem Ansturm der Fäulnisbakterien noch vorhanden ist, irgendwann einmal aus. Der Körper zerfällt und wird zu Erde, so wie das Blatt, das Sie im Frühjahr finden, schon halb zu Erde geworden ist. Was jetzt von ihm übrigbleibt, sind die Urstoffe, die Mineralien und Spurenelemente, aus denen er aufgebaut worden war. Keine hochkomplizierten Kohlenwasserstoffe mehr — nur Grundstoffe. Auch das Skelett, oder dessen Hauptbestandteil, der Kalk, ist ein solcher, deswegen bleibt das Skelett oft noch Jahrtausende erhalten. Erst jene Einflüsse der Natur, die auch Felsen und Berge angreifen, werden es vernichten.

Nun wird aber ein toter Körper nicht nur für die Mikroorganismen zur Nahrung, sondern auch für größere Lebewesen. Die Fliege legt ihre Eier ab, die Maden schlüpfen aus und finden im zerfallenden Körper ideale Lebensbedingungen vor. Füchse können Teile der Leiche verschleppen, Aasgeier können sich ihre Nahrung holen, eine Leiche kann vielen Einflüssen ausgesetzt sein. An die sollten Sie aber denken, wenn Sie einer verstümmelten Leiche gegenüberstehen. Ein anderer Faktor, der einwirken kann, ist das Wasser. Er bewirkt einerseits die sogenannte „Waschhaut" — die Haut läßt sich von den Fingern und der Hand wie ein Handschuh ablösen — und andererseits die Bildung von Leichenwachs auf der Haut. Sie selbst werden nun nicht alle diese Feststellungen selbst treffen müssen, das wird Aufgabe des Gerichtsmediziniers sein, doch sollten Sie als Kriminalist um die grundlegenden Dinge Bescheid wissen und dem Gerichtsmediziner Anhaltspunkte liefern können. Wer um den Tod und um die späteren Vorgänge weiß, der kann das. Vor allem wird er auf viel mehr Umstände achten, deshalb diese Überlegungen.

Blutspuren

Die Blutspuren haben wir schon einmal erwähnt, Sie erinnern sich? Wenn nicht, dann haben Sie zu rasch gelesen und einen Kardinalfehler begangen, den Sie als Kriminalist nicht begehen dürften. Es war bei den physikalischen Spuren, wo wir den Blutspuren begegnet sind. Wir haben sie unter Adhäsionsspuren eingeordnet, weil sie einem Gegenstand anhaften können. Nun befassen wir uns nochmals gesondert und ausführlich mit dem Blut, weil es auch eindeutig als biologische Spur eingeorndet werden kann. Blut wurde schon von Alters her als etwas Besonders angesehen, man schrieb ihm auch magische Wirkung zu. Augenscheinlich war, daß ein Mensch, der Blut verlor, in seinem Leben gefährdet war. Deswegen assoziieren wir heute noch bei Rotlicht einer Verkehrsampel „Gefahr". Diese Verbindung von „Rot = Gefahr" haben die Menschen selbst geschaffen. In der Natur ist die Warnfarbe Gelb, eine Wespe mit gelben Ringen sagt allen „Ich bin gefährlich". Dem Menschen aber stand immer Rot für Blut, für Leben, Gesundheit, Leidenschaft und deswegen auch die so häufigen roten Fahnen, das Purpur der Kleidung und auch die Tangobeleuchtung. Auch die Medizin in ihren Anfängen befaßte sich stark mit Blut und sprach vom „Gestockten Blut", vom „Dicken Blut", vom „Schlechten Blut", und eines ihrer Hauptbehandlungsmittel war der Aderlaß. Frühzeitig tauchte auch der naheliegende Gedanke auf, einem Menschen, der zuwenig Blut hatte, das Blut eines anderen Menschen zu geben, also einem Schwerverletzten durch eine Bluttransfusion das Leben zu retten. Manchmal gelang das, noch öfter — nicht. Wie es heute bei den Herzverpflanzungen ist. Der Grund war der gleiche: Der Körper vertrug entweder das fremde Blut, oder er tat das nicht und bekämpfte es. Erst viel später fand man diesen Grund heraus: Es gibt verschiedene Blutgruppen, die nach ihrer Verträglichkeit bestimmt sind:

A, AB, B, 0

Dazu noch den sogenannten Rhesusfaktor, der positiv oder negativ sein kann. Die Blutgruppeneigenschaft ist erblich, das Kind hat entweder die Blutgruppe des Vaters oder die der Mutter. Deswegen ist auch die Blutgruppenbestimmung ein exaktes Mittel, um die Vaterschaft **auszuschließen**, nicht um sie zu beweisen. Hat das Kind weder die Blutgruppe des „Vaters" noch die der Mutter, so kann der „Vaterverdächtige" nicht der tatsächliche Vater sein. Was den dann freut, braucht er doch keine Alimente zu bezahlen, die Mutter wieder weniger, kann sie ja jetzt wegen Meineides vor Gericht kommen. Uns als Kriminalisten interessiert in diesem Zusammenhang aber nur, daß durch die bei einem Kind vorgenommene Blutgruppenbestimmung ein Indiz geschaffen werden kann, daß die Täterschaft eines Mannes im Fall einer Vergewaltigung nicht ausgeschlossen werden kann. Erwiesen wird sie dadurch allerdings nicht. Freigesprochen wird der Mann aber werden, wenn die Frau behauptete, daß sie durch diese Vergewaltigung, und nur durch diese, geschwängert worden ist. Doch dieser Fall wird in der Kriminalistik wohl eher selten sein, denn nicht alle vergewaltigten Frauen werden schwanger und noch weniger bringen diese ungewollten Kinder zur Welt. Viel häufiger und viel spektakulärer haben wir es mit den Blutgruppen bei Kapitalverbrechen zu tun. Nämlich dann, wenn der Täter auf seiner Kleidung oder auf seinem Körper Blutspuren aufweist, die vom Opfer stammen können. Oder wenn er noch eine Waffe bei sich hat, die Blutspuren aufweist. Halten wir gleich fest, um Irrtümer zu vermeiden: Es ist lediglich ein Indiz, zwar ein gewichtiges, aber nur ein Indiz, das wir so gewinnen. Ein sicherer Nachweis der Täterschaft läßt sich auf diese Weise nicht führen. Ein Indiz aber, das um so gewichtiger wird, je seltener die Blutgruppe des Opfers ist. Um dieses Indiz zu bekommen, ist zunächst einmal notwendig, daß Sie überhaupt erkennen, daß eine Spur eine Blutspur ist. Dazu dient die sogenannte Benzedrinprobe. Sie bringen die Substanz auf die verdächtige Spur auf und aus der Reaktion erkennen Sie, ob es tatsächlich eine Blutspur ist, die Sie vor sich haben. Damit wissen Sie aber noch keineswegs, ob es sich um Menschen- oder um Tierblut handelt. Aber Sie wissen, daß Sie diese Spur unbedingt für den Gerichtsmediziner sichern müssen. Achtung! Ist die Spur so klein, daß Sie sie durch die Benzedrinprobe zerstören, unterlassen Sie diese Probe und schicken Sie die Spur auf Verdacht der Gerichtsmedizin ein. Es muß übrigens nicht immer ein Kapitalverbrechen sein, wenn Sie mit Blutspuren konfrontiert werden, es kann auch ein simpler Einbruch sein, bei dem sich der Täter verletzt hat. Hier gilt es dann bereits abzuwägen, ob die kostenaufwendige Untersuchung auch gerechtfertigt ist. Haben Sie einen Verdächtigen, dann ist sie das auf jeden Fall.

Mit Sicherheit aber werden Sie bei einem Kapitalverbrechen neuerlich dem Problem der Blutgruppen gegenüberstehen, nämlich dann, wenn es um die sogenannten „Ausscheider" geht. Es sind dies Menschen, bei denen aus ihren Ausscheidungen, also Speichel und Sperma, die Blutgruppe bestimmt werden kann. Ein Glücksfall für den Kriminalisten, wenn der Täter ein solcher Ausscheider ist, denn keineswegs bei allen Menschen ist das der Fall. Der Gerichtsmediziner kann dann aus einer Zigarettenkippe, die der Täter zurückgelassen hat, oder aus seinem Sperma die Blutgruppe des Täters bestimmen. Er kann es nicht mühelos, es ist ein aufwendiges

Verfahren, aber es geht. Und gerade in Mordfällen können dann Verdächtige auch noch lange Zeit nach der Tat, wenn Alibiüberprüfungen schon fraglich werden, mit Sicherheit ausgeschlossen werden. Für Sie bedeutet das wieder: Alle potentiellen Spurenträger, Zigarettenreste, Kleider usw. müssen Sie dem Gerichtsmediziner unverändert geben. Und unverändert heißt, daß sie keinen äußerlichen Einflüssen (Regen, Luft, chemischen Substanzen) mehr ausgesetzt sein dürfen, also: Luftdichte Plastikhülle.

Ohne selbst Gerichtsmediziner zu sein, kann Ihnen eine erkannte Blutspur am Tatort zumindest eine Aussage über die Art der Verletzung machen: Es kann eine Vene oder eine Arterie sein, die verletzt worden ist, sie erkennen das an der Farbe des Blutes und, wenn es sich um einen Blutspritzer handelt, an deren Anordnung. Das Blut erfüllt die Aufgabe des Ozeans, wir haben schon davon gesprochen, es transportiert nicht nur die Abfallprodukte ab, es versorgt auch die Zellen mit dem notwendigen Sauerstoff. Dies besser und komprimierter, als das Meer das imstande war. Es sind die roten Blutkörperchen, der rote Blutfarbstoff, das Hämoglobin, die diese Aufgabe übernommen haben. Das dunkelrote Hämoglobin, wird zum hellroten Oxydhämoglobin, das den Sauerstoff an sich gebunden hat und es trägt diesen gebundenen Sauerstoff von den Lungen, wo es ihn aufgenommen hat, durch das weitverzweigte Netz der Arterien zu den Zellen. Dann kommt es über das ebenso weitverzweigte System der Venen zum Herzen und in die Lunge zurück. Ist nun die Arterie verletzt worden, so erkennen Sie das nicht nur an der hellroten Farbe des Blutes, sondern auch an der Vielzahl der Blutspritzer — das Blut wird ja unter Druck aus dem Körper hinausgeschleudert —, und dieser Druck bewirkt, daß die Blutspritzer verteilt sind. Anders ist das bei einer verletzten Vene, das Blut ist dunkel und es fließt stetig aus der verletzten Stelle heraus, die Folge davon ist, daß es eine Blutlache oder Blutstropfen, aber keine Blutspritzer gibt und daß das Blut erkennbar dunkel ist. Warum das nun für Sie als Kriminalist von Bedeutung ist? Das spritzende Blut ist spektakulärer, hat sich der Täter selbst verletzt, wird er viel eher einen Arzt aufsuchen, weil er sich für mehr gefährdet hält, als bei einer stetig blutenden Verletzung, die er eher geneigt ist zu bagatellisieren. Weiters können Sie bei Trinkern, die Sie in einer Lache von erbrochenem venösen Blut vorfinden, auf einen Tod ohne Fremdverschulden schließen, doch davon später.

Eine Blutspur sagt aber nun nicht nur darüber aus, welche Verletzung sie verursacht hat, sondern auch, wann diese Verletzung erfolgt ist. Der Körper ist darauf eingestellt, daß er Verletzungen ausgesetzt ist und er hat sich für diesen Fall vorgesehen. Er muß dafür Vorsorge tragen und sichert sich ab. Kommt es zu einer Verletzung, dann muß vor allem dafür gesorgt werden, daß nicht zuviel Blut verlorengeht. Der Körper macht dies auf zweierlei Art: Zunächst bewirkt jede größere Verletzung einen Schock, die Lebensfunktionen werden reduziert, alles verlangsamt sich ungeheuer. Weniger Blutmenge kreist im System, der Mensch sieht leichenblaß aus und wird ohnmächtig. Alle Gefäße krampfen sich zusammen und verhindern dadurch, daß Blut austritt. Nur durch diese Notmaßnahme kann der Mensch Situationen noch überleben, die er sonst nie überleben könnte. Ein Mensch, dem bei einem Bahnunfall beide Beine abgetrennt wurden, kann noch stundenlang liegen und überleben, obwohl er bei voll aufrechten Körperfunktionen in wenigen Minuten verblutet sein müßte, sind doch alle großen Arterien und Venen des Beines eröffnet. Der Körper kann aber mit dieser Maßnahme auch über das Ziel schießen, dann wird der Schock lebensbedrohend und selbst zur Todesursache, die nicht gegeben sein müßte. Die erste Maßnahme der Ärzte bei der Versorgung eines Unfallopfers ist daher nicht die Behandlung der Wunden, sondern die Bekämpfung des jetzt unnötigen Schockzustandes, das Unfallopfer kommt in den Schockraum. Erst wenn diese erste Abwehrmaßnahme des Körpers abgeklungen ist, kann an eine Notoperation gedacht werden. Der Schock verhindert, daß zuviel Blut austritt, das Blut selbst sorgt dafür, daß es nicht dauernd austritt, es verstopft sofort die verletzte Stelle, wenn es aus ihr an die Luft gelangt. Deshalb hat es die Eigenschaft, daß es dann, wenn es mit der Luft in Berührung kommt, stockt, daß es fest wird. Es ist das Blutfibrinogen, kleine Fäden im Blut, das das bewirkt. Diese Fäden verfilzen sich und erhärten, wenn sie mit Luft in Berührung kommen, und werden zur harten Kruste, die die Wunde verschließt. Darunter kann dann der Heilungsprozeß vor sich gehen. Das Fibrinogen macht das immer und überall, wenn es mit Luft in Berührung kommt. Wird etwa ein Kubikzentimeter Luft in die Blutbahn eingebracht, bildet das Blut sofort einen Pfropfen, der dann das Klappensystem des Herzens verstopft und den Tod herbeiführt. Sie haben es dann mit einem raffinierten Mord zu tun, oder mit einem schlampigen Arzt, der die Luft nicht aus der Injektionsspritze herausgedrückt hat. Der Gerichtsmediziner kann dann nur den Pfropfen feststellen, nicht aber seine Ursache, und er kann auch auf Herzinfarkt entscheiden. Das Blut reagiert aber auch so, wenn es an sich sinnlos ist, wenn es eine Lache auf dem Boden bildet, auch dann stockt es. Dadurch wird aber das Blut zu einem Indikator der Zeit für Sie. Sie können dadurch abschätzen, wieviel Zeit seit dem Verbrechen bereits vergangen ist. Natürlich nicht allein, sondern über einen erfahrenen Arzt. Nun werden Sie bei Ihren Erhebungen auch mit einer besonderen Art von Blut konfrontiert: Dem Menstrualblut. Der erfahrene Arzt erkennt es sofort, Sie später auch. Es ist nicht reines Blut, das da abgeht, sondern es ist von Klümpchen durchsetzt. Warum? Jedes Monat, dem Zyklus des Mondes folgend, bereitet sich die Gebärmutter darauf vor, daß sich in ihrem Inneren ein befruchtetes Ei einnistet. Das Innere der Gebärmutter (die Mediziner nennen sie Uterus) überzieht sich mit einer stark blutgefüllten Schicht, der Plazenta.

Kommt es nun nicht zur Befruchtung, so wird diese von vielen Äderchen durchdrungene Schicht wieder abgestoßen, damit eine neue gebildet werden kann — die Regel setzt ein. Es ist also nicht nur Blut, das abgeht, sondern es sind auch die Gewebeteilchen, deswegen auch die Klümpchen im Blut. Dies alles wird von Hormonen, insbesondere von Östrogen, gesteuert (was wieder die Antibabypille ausnützt) und — vom Licht, wie neuere Forschung ergeben hat. Der Zyklus einer Frau richtet sich nicht zufällig nach dem Mond, sondern es ist dessen Licht, das sich auslösend auswirkt. Wenn eine Frau zum vorgesehenen Regeleintritt bei Licht schläft, kommt es auch zu diesem, auch wenn es vorher Unregelmäßigkeiten gegeben hat. Aber als Kriminalist haben Sie es weniger mit Regelschwierigkeiten und mit der Antibabypille zu tun, als mit dem Blut. Und da wieder in zwei Fällen: Nicht jede blutige Unterwäsche, die ein Mädchen vorweist, ist auch ein Indiz für eine Vergewaltigung, ein nicht aufgeklärtes und in die Pubertät gestoßenes Mädchen kann in seiner Angst Märchen erzählen. Weiters: Die Zeit der Menstruation ist für die Frau eine Ausnahmezeit, nicht umsonst spricht man von den „kritischen Tagen" einer Frau. Insbesondere die Zeit davor, in der der Hormonhaushalt in Unordnung gerät und der Körper Wasser speichert (der Bauch schwillt an) ist kritisch, es kommt zu Depressionen und zu unüberlegten Handlungen. Der Selbstmord einer Frau wird dann zwar nicht verständlicher — welcher Selbstmord ist das schon — aber nach kriminalistischer Erfahrung wahrscheinlicher, wenn er kurz vor oder kanpp nach Eintritt der Regel erfolgte. Ähnlich ist das bei Eifersuchtsmorden oder bei — Ladendiebstählen. Der Ausnahmezustand einer Frau muß berücksichtigt werden. Der Placenta, wenn sie voll abgestoßen wird, begegnen wir übrigens noch beim Kindesmord als Nachgeburt.

Blut ist ein besonderer Saft, auch für den Kriminalisten. Wir haben es schon mehrmals erwähnt: Blut erfüllt die Aufgabe des Ozeans, in dem der Einzeller schwamm, ehe er die Entwicklung zum Menschen einschlug. Alles was zu den einzelnen Zellen gelangt und alles, was über diese ausgeschieden wird, gelangt in das Blut. Auch der Alkohol, auch die Amphetamine des gedopten Sportlers, auch Heroin — jedes Gift und jeder Stoff. Damit kann aber auch jeder Stoff, der vom Körper aufgenommen wurde, entweder direkt, oder über die von den Zellen abgegebenen Stoffwechselendprodukte nachgewiesen werden. Aber auch über Veränderung der Anteile verschiedener Enzyme die einzelnen Krankheiten. Die Medizin geht daher heute zunehmend den Weg der Diagnostik von Krankheiten über eine Blutanalyse. Natürlich auch die Kriminalistik. Entweder über eine rein chemische Analyse des Blutes oder über die modernere Form der Gaschromatographie, bei der die zu untersuchende Substanz verdampft wird und dieser Dampf dann einer Spektralanalyse unterzogen wird. Untersucht wird seine Kraft der Lichtbrechung in verdampfter Form. Und die ist für jeden Stoff vollkommen charakteristisch, denn jeder Stoff hat seinen spezifischen Lichtbrechungskoeffizienten. Das Ergebnis ist immer ein Spektrum zerlegten Lichtes, an dem die Zusammensetzung der untersuchten Substanz abgelesen werden kann. Zu kompliziert? Macht nichts. Das Ergebnis in der Praxis ist jedenfalls, daß der Führerschein weg ist, wenn mehr als 0,8 Promille Alkohol im Blut waren. Dies geht auch noch bei Leichenblut, denn der Tod greift zwar einschneidend biologisch aber nicht sofort chemisch ein. Erst durch die Einwirkungen der Fäulnisbakterien entstehen auch chemische Veränderungen im Körper und erst der Zeitablauf bewirkt auch physikalische Veränderungen, nämlich Gewebszerfall, an der Leiche. Das erste, das ein Gerichtsmediziner daher bei der Untersuchung einer Leiche macht, ist, daß er Blut für eine spätere Untersuchung entnimmt und am freigelegten Gehirn der Leiche riecht, ob Alkohol, Äther, oder ähnliche Substanzen im Spiel waren. Welch zunehmende Bedeutung die Blutuntersuchung in der Medizin erlangt hat, können Sie am Wachsen der Blutlabors erkennen, die bereits einen eigenen Berufszweig darstellen. Der nicht schlecht lebt und Millionenumsatz hat, während die Krankenkassen über die Kosten stöhnen.

Harn

Dem Körper werden Stoffe zugeführt und sie müssen auch wieder abgeführt werden. Wäre das nicht der Fall, würde sich der Körper selbst vergiften, denn die Stoffwechselprodukte blieben in ihm. Es gibt eben Schlacken, wie es sie bei jeder Verbrennung gibt. Diese Schlacken müssen nun ausgeschieden werden. Das besorgen zwei wichtige Organe: Die Leber als Entgiftungsstation und die Niere als Filter. Die Leber verarbeitet die für den Körper schädlichen Stoffe, etwa Alkohol, in Stoffe, die ausgeschieden werden können, und führt diese in das Blut ab. Die Niere filtert nun diese unbrauchbaren und auch schädlichen Stoffe aus dem Blut heraus und leitet sie als Harn in die Blase ab. Wenn Sie einen ausgiebigen Heurigenabend hinter sich haben, dann leisten beide Schwerarbeit, während Sie selig schlummern. Die Leber entgiftet und die Niere filtert, was beide Organe geleistet haben, kommt Ihnen gar nicht zu Bewußtsein. Oder erst dann, wenn Sie gezwungenermaßen aufstehen müssen, weil Ihre Blase gefüllt ist. Das Endergebnis ist jedenfalls Harn und er hat alle Stoffwechselendprodukte in sich, die über ihn ausgeschieden werden sollen. Auch die von Dopingmitteln, deswegen erfolgen die Dopingkontrollen auch nur in Ausnahmefällen über die Untersuchung des Blutes, im Regelfall aber über die Untersuchung des Harns. Kriminalistisch gesehen bietet sich der Harn weniger für die Untersuchung über möglicherweise eingenommene Gifte und Stoffe an, da diese nicht direkt — und somit als Nachweis einer momentan bestehenden Beeinflussung — nachgewiesen werden können, sondern zeitlich verschoben erst über die ausgeschiedenen Stoffwechselprodukte. Der Nachweis einer Beeinflussung durch Alkohol, Suchtgift oder Rauschgift ist aber immer zur Klärung der Frage der Zurechnungsfähigkeit von Bedeutung und diese Frage verträgt keine zeitliche Verschiebung, die Unsicherheit bringt. Dennoch: Auch der Harn des Menschen kann kriminalistische Bedeutung erlangen. Der Verdächtige kann krank sein, er kann Zukker haben, er kann an einer entzündlichen Erkrankung der Harnwege leiden, das alles zeichnet sich im Harn ab. Können Sie Harnspuren sichern, sei es direkt oder in getragener Wäsche, können Sie den potentiellen Täterkreis schon einengen. Wie gesagt, es muß nicht immer Zuckerkrankheit sein, es können auch bakeriologisch bedingte Infekte sein. Sicher unappetitlich, aber Sie sollten diese Möglichkeit nicht übersehen, Der Kriminalist wird nämlich nicht dafür bezahlt, daß er sich mit schönen und angenehmen Dingen befaßt, sondern einzig und allein dafür, daß er Erfolg hat.

Stuhl

Was an Nahrungsstoffen aufgenommen wird, gelangt in die chemische Fabrik des Verdauungstraktes, es wird unter Mitwirkung von vom Körper erzeugten Fermenten und von erwünschten Bakterien zerlegt und aufbereitet. Die verwertbaren Stoffe werden aufgenommen und vom Blut weitertransportiert, die unverwertbaren als Ballast ausgeschieden. Diese Vorgänge, die Absonderung der Verdauungssäfte und der Transport des Nahrungsbreies werden vom Körper automatisch gesteuert. Eines bedingt das andere, gelangt die Nahrung in den Magen, beginnt dieser zu arbeiten und die Galle steht zur Absonderung bereit, ein weitverzweigtes und kompliziertes Nervensystem sorgt dafür. Sie haben darauf wenig Einfluß und merken nur, wenn es nicht klappt. Wenn es um die ursprünglichen Lebensfunktionen, um das Überleben geht, dann läßt sich der Körper nichts dreinreden, er steuert all diese Vorgänge über das Stammhirn. Bedingt haben Sie trotzdem Einfluß, nämlich über Ihre Sinnesorgane und Wunschvorstellungen. Wenn Sie einen saftigen Braten sehen und riechen, beginnt bereits Ihr Verdauungstrakt zu arbeiten, ja, bereits der Gedanke an einen Leckerbissen läßt Ihnen das Wasser im Mund zusammenrinnen. Eines muß Ihnen dabei aber wieder bewußt sein: Es muß nicht der Gedanke der Erste gewesen sein, es kann durchaus so sein, daß ein Absinken des Blutzuckers diesen Gedanken hervorgerufen hat. Wie dem auch sei, die Steuerung Ihres Verdauungstraktes erfolgt nicht über Ihr Bewußtsein. Wieder mit einer Ausnahme: In Notsituationen, wenn Ihr Leben unmittelbar bedroht ist, konzentriert sich der Körper auf das unmittelbare Überleben, die Nahrungsaufnahme ist dann für diesen Moment der Gefahr uninteressant, Ballast wird abgeworfen, der Körper handelt wie der Kapitän eines sinkenden Schiffes. Es zählt nur noch, daß das Untergehen verhindert wird, alles wird über Bord geworfen, was nicht unbedingt nötig ist. In diesem Fall der Darminhalt, für dessen Verarbeitung er weder Zeit noch Energie aufwenden kann. Der Zusammenhang zwischen Angst und unwillkürlicher Darmentleerung ist schon immer im Sprachgebrauch des einfachen Volkes zum Ausdruck gebracht worden: „Der scheißt sich an vor Angst" und ähnlich. Es bezieht sich auf eine psychische Ausnahmesituation, in der sich ein Mensch befindet. Sie kennen das mulmige Gefühl noch von einer Schularbeit, von einer Prüfung her? Gut, dann erspart es weitere Erläuterungen. Nun ist aber auch der Verbrecher ein Mensch und bei der Begehung des Verbrechens ist er in einer Ausnahmesituation, er muß fürchten, daß er entdeckt wird und dann Jahre seines Lebens verliert. Deswegen arbeitet es auch in den Eingeweiden und das Ergebnis ist — Drang zur Darmentleerung. Daher finden Sie am Tatort nicht selten jene gewisse Spur, die der Täter eher unfreiwillig hinterlassen hat. Auch der Täter hat diese Erfahrung gemacht, und das über Generationen, und sie hat ihren Eingang in den Aberglauben gefunden. Die Reaktion des Körpers ist nicht zu verhindern, also wird sie verarbeitet, umgedeutet und überbewertet. Es wird „ein Wachter gesetzt". Solange dieser „Wachter", der Haufen, noch raucht, also warm ist, ist der Einbrecher vor Entdeckung sicher. Wie in jedem Aberglauben steckt auch hier Volksweisheit dahinter: Schnelligkeit schützt vor Entdeckung. Die nüchterne moderne Zeit hat auch diesen Aberglauben zum Anachronismus gemacht und zum Verschwinden gebracht. Die Kriminalisten sind froh darüber, denn Aberglaube bestärkt die kriminelle Energie des Täters, läßt sie ihn doch hoffen, daß er unentdeckt bleibt. Unfreiwillig läßt er aber auch heute noch oft diese Spur zurück, wie können wir sie nun verwerten? Nun, durch eine Analyse, sie gibt Auskunft über Art der Nahrung, die der Täter zu sich genommen hat und über seine Gesundheit. Der Täter hat Kirschen mit den Kernen zu sich genommen, der Gendarm stellt fest, daß diese Kirschenkerne in der Spur enthalten sind — ein einfaches Beispiel. Oder der Täter leidet an beginnendem Darmkrebs, und der Gerichtsmediziner stellt das bei der Untersuchung des gesichertes Stuhls fest — ein moderneres Beispiel. Beide können aber für einen späteren Prozeßentscheid maßgebend sein. Sicherung oder nicht? Es hängt nicht davon ab, ob Ihnen graust und ekelt, es hängt davon ab, ob es sich auch lohnt. Es ist eine nüchterne Überlegung, denn irgendwo muß ja eine Grenze gezogen werden. Geht es um einen Mordfall, dann unbedingt, bei einem kleinen Einbruch und noch dazu unbekannten Täter schon weniger. Sie müssen das schon selbst abschätzen, wobei der Ekel nicht ausschlaggebend für Ihre Entscheidung sein darf.

Wir haben vorher schon erwähnt, daß diese Spur, so widerwärtig sie auch sein mag, auch Auskunft über den Gesundheitszustand des Täters (oder Opfers) geben kann. Es muß ja nicht immer Krebs sein, es kann auch sonst eine Blutung im Verdauungstrakt sein, die sich im Stuhl abzeichnet. Gelangt Blut in den Verdauungstrakt, dann wird es selbst zur Nahrung und verdaut, der Stuhl ist dann schwarz, so als hätte der Betreffende Blutwurst gegessen. Damit wird aber diese Spur zum Indiz über den Gesundheitszustand des Menschen, der sie gesetzt hat. Finden Sie in der Wohnung eines Trinkers neben der Leiche schwarze Kotspuren, dann können Sie einigermaßen sicher auf durch Blutungen zur Todesursache beitragende Geschwüre im Magen-Darm-Bereich schließen.

Ob ein Säugling gesund ist oder nicht, sehen Sie auch an den Windeln, fehlerhaft arbeitende Verdauung kann bei so einem kleinen Wurm zum Tode führen. Sie haben selbst Kinder? Dann wissen sie darum, dann ist es leichter. Für die anderen aber: Gasbildung im Darmbereich, fauliger Stuhl, das Unvermögen, die Nahrung zu verarbeiten, sie können zum Tod führen. Wenn Sie es mit dem Tod eines Säuglings zu tun haben, dann stellen Sie auch die Windeln sicher und halten Sie genau fest, welche Nahrung der Säugling zu sich genommen hat. Besonders wichtig ist das, wenn eine Umstellung auf eine andere Nahrung (Muttermilch — Kindernahrung, Kindernahrung — andere Nahrung usw.) stattgefunden hat. Aber nicht nur die Windeln gilt es sicherzustellen, sondern auch die Nahrung und die Saugflasche mit den Resten von ihr. Und das routinemäßig. Weil wir aber gerade dabei sind: Es gibt eines Todesart, die gar nicht so selten ist als Sie meinen würden, und die Ihnen in der Praxis begegnet. Es ist eine unerklärliche Todesart, der Säugling stirbt, obwohl es keine erkennbaren Ursachen dafür gibt. Wir sprechen hier nicht von den spastischen Krämpfen, die zum Tod führen können, sondern vom „Unerklärlichen Tod". Als solcher hat er Eingang in die Wissenschaft gefunden und weil die Wissenschaft nie gerne zugibt, daß sie etwas nicht erklären kann, wurde er nach seinem Entdecker benannt. Oder verschämt als „Plötzlicher Kindestod" umschrieben. Der Säugling ist organisch gesund, dennoch stirbt er eines plötzliches Todes. Tragisch und unerklärlich, es ist aber eben so. Und zwischen dem 4. und dem 12. Monat des kurzen Lebens ereignet es sich, meist so um das 8. Monat herum. Da es keine wissenschaftliche Erklärung hiefür gibt, kann ich Ihnen auch keine geben. Wichtig für den Kriminalisten ist nur, daß er darum weiß, Was Sie nicht von der Verpflichtung entbindet, daß Sie am Tatort routinemäßig vorgehen und nichts als gegeben annehmen.

Zwei Störungen im Verdauungstrakt führen beim Erwachsenen zum Tod. Sie sind konträr zueinander und man sollte darum wissen. Entweder ist es Darmverschluß oder extremer Durchfall. Beim Darmverschluß, der aus unterschiedlicher Ursache eintreten kann, kann der Darm die Ballaststoffe nicht mehr ausscheiden, sie beginnen sich in seinem Inneren zu zersetzen und zu gären. Der Körper vergiftet sich selbst und Sie merken das am aufgeblähten und aufgetriebenen Bauch. Umgekehrt ist das bei der Diarrhö, da scheidet der Körper unentwegt und sinnlos alles aus, auch das lebensnotwendige

Wasser, die Folge davon ist, daß der Mensch an Austrocknung stirbt, der Kreislauf kann nicht mehr aufrechterhalten werden, es nützt auch keine Aufnahme von Flüssigkeit mehr, weil sie nicht in den Kreislauf des Blutes gelangt. Warum Sie darüber Bescheid wissen sollen? Weil Sie bei der Untersuchung auch mit den Angehörigen des Toten sprechen und Ihr Bericht ein Anhaltspunkt für den Gerichtsmediziner sein muß.

Noch ein Hinweis ist notwendig: Solange der Mensch lebt, wird Blut, das in den Darmbereich gelangt, verdaut. Nur dann, wenn die Blutung so nahe dem Ausgang ist, daß die Verdauung nicht mehr vor sich gehen kann, geschieht das nicht. Durch den Tod wird der Darmschließmuskel außer Funktion gesetzt, „der Tote läßt alles hinter sich", der Darm entleert sich. Finden Sie daher Blut im Stuhl (etwa eines Erhängten), dann ist das immer bedenklich. Die Blutung kann durch Krankheit (Krebs, Hämorrhoiden usw.) hervorgerufen worden sein, sie kann aber auch durch unbedachte Handlung oder durch eine abartige sexuelle Praktik entstanden sein. Zur Illustration ein Fall aus der Praxis: Die Arbeiter einer Firma hielten im derben Scherz einander die Mündung der Preßluftpistolen (die zum Ausblasen der Späne in einem Bohrloch dienten) gegen die Hinterteile. Ein derber Spaß, sonst nichts. Einmal endete er tödlich, denn einer hielt die Mündung der Pistole zu genau und das führte zur Darmzerreißung durch die einströmende Preßluft. Der Polizei wurde es als plötzlicher Todesfall in der Werkstatt gemeldet ... Sie verstehen? Man muß an alles denken.

Stuhlgang ist Notwendigkeit, er kann unwiderstehlicher Drang sein, er kann zum Notstand werden, Sie wissen das selbst. Aber er kann auch Anstrengung sein, Pressen, das Kraft erfordert, eine Belastung, der ein schwacher Kreislauf nicht mehr standhält. Der Kreislauf bricht dann zusammen und erholt sich nicht mehr. Nicht wenige Menschen sterben daher auf der Toilette. Auch das sollte man wissen. Weniger für den Fall, daß Sie eine Leiche auf der Klosettmuschel sitzend vorfinden, als wenn das im Freien passiert. Nicht jede teilentblößte Frauenleiche weist nämlich auf ein Sexualverbrechen hin.

Speichel

Kommen wir weg von dem eher anrüchigen Thema zu einer anderen Körperabsonderung. Speichel ist das erste Ferment, mit dem die Nahrung versetzt wird, wenn sie aufgenommen wird, Drüsen sondern ihn in die Mundhöhle ab. Speichel ist also nicht einfach Wasser, sein wichtigster Bestandteil sind die Fermente. Er ist immer in der Mundhöhle vorhanden, aber nicht allein er. Die gesamte mit einer Schleimhaut ausgekleidete Mundhöhle weist eine ständige Flora von Bakterien und Mikroben auf, die in einem wohlausgewogenen Gleichgewicht zueinander stehen. Greifen Sie in dieses

Gleichgewicht ein, indem Sie desinfizierende Mundsprays und Mundwasser oder Zahnpasten benutzen, dann stören Sie dieses Gleichgewicht. Unerwünschte Bakterien können dann die Überhand bekommen und das Ergebnis ist der schlechte Mundgeruch, den Sie ja eigentlich bekämpfen wollten und den die Zahnpaste zu bekämpfen versprach. Deswegen haben Naturvölker auch bessere Zähne, weil sie die Zahnpaste noch nicht kennen und dieses Gleichgewicht noch intakt ist. Was für uns aber wieder interessant ist: Jeder Mensch hat seine spezifische Bakterienflora im Mund, sie ist abhängig von seiner Lebensgewohnheit, Nahrung und anderem. Ein Raucher wird eine andere haben als ein fanatischer Nichtraucher, ein Alkoholiker eine andere als der Abstinenzler und einer, der viel Knoblauch ißt, auch. Der Speichel enthält nun dies alles in geringen Beimengungen. Beim Blut haben wir es schon erörtert, wenn der Mensch Ausscheider ist, kann über die Untersuchung des Speichels auch die Blutgruppe festgestellt werden. Damit wird dieser aber für den Kriminalisten erst besonders interessant. Denn die Spuren, die er auf einem Zigarettenrest, auf einem Glas, einem Eßbesteck, einem Briefkuvert, einer Marke oder sonstwo hinterläßt, können durchaus zu einem gewichtigen Indiz werden, vielleicht sogar zu einem Beweis. Als Kriminalist sind sie nicht für komplizierte Analysen zuständig, für Sie ist nur von Bedeutung, daß Sie um die Möglichkeiten wissen, die Sie durch diese Spur haben und daß Sie bei der Tatorterhebung auch daran denken. Es zieht sich wie ein roter Faden durch die Kriminalistik und wir wollen es uns daher in Erinnerung rufen: Wer um die Möglichkeiten weiß, zieht sie auch in Betracht — und hat die größeren Chancen.

Sputum, Nasensekret

Ich hoffe sehr, daß Sie noch nicht aufgegeben haben, weil Sie der Ekel erfaßt hat. Aber ein Kriminalist darf Ekel nicht kennen, oder sagen wir richtiger: Er darf ihm nicht nachgeben. Somit auch nicht bei diesen Absonderungen. Vorneweg eine Klarstellung: Sputum ist nicht Speichel. Aber auch Speichel kann man ausspucken, nur wird er deswegen nicht zum Sputum, das aus den Lungen kommt. Wir behandeln beide Absonderungen deswegen gleichzeitig, weil sie aus dem gleichen Grund erfolgen und denselben Zweck erfüllen: Schutz und Reinigung der eingeatmeten Luft. Nase und Lunge sind der Weg, den die Luft passieren muß, ehe sie in den winzigen Lungenbläschen ihren Sauerstoff in das Blut abgeben kann. Luft ist aber nun in den seltensten Fällen völlig rein, sie enthält feinste Staubteilchen, Mineralsplitter, Pollen und vieles andere. Die groben Stoffe sind längst von den Haaren in der Nase abgefangen worden, die etwas kleineren bleiben in der Schleimhaut der Nase hängen und die winzigen gelangen bis in die Bronchien und werden dort von den Schleimhäuten gefangen. Es geht diesen Teilchen wie den

Fliegen, die auf einem Leimstreifen klebenbleiben. Nur müssen sie wieder aus dem Körper hinausbefördert werden. Winzige Flimmerhäärchen treiben den Schleim mit den gefangenen Teilchen hinaus. Er wird zu Nasensekret oder Sputum, je nachdem, von wo er kommt, er wird zum Auswurf, und Sie werden damit als Spur konfrontiert. Auch wieder gerade kein feines Thema, ich weiß schon. Aber auch diese Körperausscheidungen können Ihre Chance erhöhen. Zunächst ist in ihnen der Geruch enthalten. Mit Ihrem eigenen Geruchssinn können Sie da freilich wenig anfangen, wohl aber mit dem viel feineren eines abgerichteten Hundes. Ein benutztes Taschentuch, das der Täter verloren hat, kann Sie in die Lage versetzen, daß ein speziell abgerichteter Hund den Verdächtigen aus zehn anderen heraussucht und verbellt. Voraussetzung ist allerdings, daß Sie dieses Taschentuch in eine luftdichte Folie verpackt und so den Geruch gesichert hatten. Dann sind da noch die vielen möglichen Erkrankungen der Atemwege, auch sie hinterlassen im Sputum und Nasensekret ihre Spuren in Form von Bazillen, Bakterien, Tbc, Eiter und anderen unangenehmen Dingen. Sie selbst werden es nicht herausfinden, aber der Gerichtsmediziner wird es, und wenn Sie wissen, daß der Täter eine ganz bestimmte Krankheit hat, dann engt das wieder für Sie den Täterkreis ein.

Schweiß

Auch ein nackter Körper ist nicht wirklich nackt, die Haut umgibt ihn und schützt ihn. Aber sie schließt ihn nicht luftdicht ab, im Gegenteil, eine der wichtigsten Funktionen der Haut ist die Atmung, lebensnotwendiger Sauerstoff kommt durch ihre Poren in den Körper. Wenn nicht, dann stirbt er. Im Ersten Weltkrieg kam ein Oberst auf die unglückselige Idee, die Pferde eines Kavallerieregiments zu Tarnungszwecken grün zu lackieren. Das Ergebnis war, daß sie eingingen, denn ihre Hautatmung hatte ausgesetzt. Erleidet ein Mensch Verbrennungen, dann ist es ebenso, wenn sie zu großflächiger Natur sind, dann stirbt er, auch wenn er im Wasserbett gegen den Angriff der Bakterien geschützt ist. Die Haut zeigt das uralte und große Dilemma auf, in der sich jedes Lebewesen befindet. Zum einen möchte es sich nach außen hin abschließen und schützen und zum anderen kommt es nicht darüber hinweg, daß es lebensnotwendige Dinge hereinlassen muß und schädliche Stoffe nach außen abgeben muß. Schon der Einzeller hat sich in diesem Dilemma befunden. Die Antwort darauf ist der Kompromiß, ein wohlausgeklügeltes System, das beiden Anforderungen mit einem Maximum der Vorteile und einem Minimum der Nachteile gerecht wird. Sauerstoff wird eingelassen, Schadstoffe werden ausgeschieden und mit einem weiteren Vorteil verbunden. Die Ausscheidung erfolgt über die Schweißdrüsen und der Vorteil ist der der Temperaturregelung, die über die Verdunstungskälte erzielt wird. Es sind zwei

Fliegen auf einem Schlag, die der Körper da erledigt. Und aus zwei Gründen schwitzt daher der Mensch, einerseits weil er Schadstoffe ausscheidet und andererseits, weil er die Temperatur seines Körpers konstanthalten muß. Der Schweiß besteht aus Wasser, Salz und den Stoffwechselprodukten. Nicht von ungefähr bemüht man sich, einen Kranken zum Schwitzen zu bringen, denn es gilt, die Schadstoffe auszuscheiden, und ein Schweißausbruch ist oft die Wende zur Genesung. Oder eine Notmaßnahme des Körpers, denn ehe der Kreislauf zusammenbricht und der Kollaps vollständig ist, versucht der Körper durch einen Schweißausbruch überflüssiges Wasser abzugeben. Wenn Sie daher einem Toten gegenüberstehen, der deutlich erkennbar einen Schweißausbruch vor seinem Tod erlitten hat und ein blasses Gesicht aufweist, dann dürfen Sie mit großer Sicherheit auf Kreislaufkollaps tippen. Noch eine Funktion aber gibt die Natur dem Schweiß: Er trägt den arteigenen Geruch und den individuellen in sich. An ihn erkennen sich die Artgenossen und er entscheidet über Sympathie und Antipathie, auch wenn Ihnen das nicht bewußt wird. Das Volk aber weiß es und hat die treffende Redewendung „..er kann ihn halt nicht riechen" geprägt. Und über den Geruch erfolgt übrigens auch der sexuelle Reiz, oder sagen wir besser, einer davon. Vielleicht sogar der stärkste, weil er unbewußt wirkt. Der Erfolg der Husaren bei den Frauen beruhte zu einem nicht geringen Teil auf den Geruch von Pferdeschweiß, Leder und Mannesschweiß, der ihnen anhaftete. Ein gepflegter Mann wird von der Frau bewußt empfunden, ein verschwitzter und erhitzter Mann — ist Natur, er wirkt unbewußt. Aber zurück zur Kriminalistik. Welche Bedeutung haben nun Schweißspuren, die der Täter hinterlassen hat? Eine große — und das hängt mit alldem zusammen, das wir vorhin überlegt haben. Zunächst der Geruch: Er bietet die Chance einer unmittelbaren Verfolgung des geflüchteten Täters durch einen Spürhund. Der Täter hinterläßt eine feine Geruchsspur, und der Hund verfolgt sie mit seiner empfindlichen Nase. Dann die unmittelbare: Bleibt vom Täter getragene Kleidung zurück und sichern Sie diese richtig in einem luftdicht abgeschlossenen Plastiksack, kann Ihnen der Hund noch lange Zeit danach einen Verdächtigen unter vielen anderen heraussuchen. Und dann noch die Zusammensetzung des Schweißes selbst. Eben diese Zusammensetzung, die sehr spezifisch ist, drückt sich in der Spektralanalyse aus. Das FBI hat diese Methode ausgearbeitet und ein Täter wurde auf Grund der Schweißspuren, die er in einem von ihm getragenen Gummihandschuh zurückgelassen hatte, überführt. Inzwischen wurde diese Methode so weiterentwickelt, daß sie möglicherweise dieselbe Bedeutung erlangen wird, wie sie heute die Daktyloskopie hat. Damit sind wir aber bereits bei der wohl wichtigsten Spur angelangt, die der Schweiß hinterläßt, nämlich bei der Fingerspur. Als Spur kommt sie durch den Schweiß zustande. Aber nicht ausschließlich. Auch oberflächlich der Haut anhaftende Verunreinigungen können daran beteiligt sein. Oder die sie sogar ausschließlich verursachen, wenn der Betreffende ölige Finger hatte oder sonst eine klebrige Substanz an ihnen haftete. In Normalfall sind es aber Schweiß und seine Zerfallsprodukte, die diese Spur hervorrufen. Wegen ihrer grundsätzlichen Bedeutung in der Kriminalistik wollen wir sie in einem eigenen Kapitel behandeln.

Die Daktyloskopie

Von ihren Anfängen an stand die Kriminalistik vor einem schwierigen Problem: Ein einmal als solch bekanntgewordener Verbrecher sollte später wieder identifiziert werden. In einer Zeit, in der mit der Todesstrafe recht großzügig umgegangen worden war, hatte sich dieses Problem nicht gestellt. Der Verbrecher endete am Galgen, auf dem Rad, er wurde enthauptet oder gevierteilt, es gab ihn später nicht mehr. Erst ab dem Zeitpunkt, wo der Täter nicht mehr hingerichtet wurde, ergab sich auch das Problem, ihn später als Vorbestraften wiederzuerkennen. Ein Toter kann nicht rückfällig werden, ein Lebender schon. Es war ein Problem der Praxis und es wurde praxisnahe, aber brutal gelöst: Der Verbrecher selbst wurde gezeichnet und diese Zeichnung selbst als Strafe benutzt. Dem Dieb wurde eine Hand abgehackt, der Sexualverbrecher kastriert, oder der Verbrecher wurde einfach wie ein Vieh gebrandmarkt, ein Schandmal wurde ihm mit glühendem Eisen auf seine Stirn oder Schulter eingebrannt. Einfach, brutal — aber wirksam. Der Verbrecher war gezeichnet und das für die Zeit seines Lebens, es genügte, ihn auf das Schandmal zu unteruschen und man wußte, daß er schon straffällig geworden war. „Hütet euch vor den Gezeichneten!", aus dieser Zeit stammt dieser Spruch.

Unter dem Einfluß des Humanismus kam es auch zu einer Abkehr von dieser einfachen aber unmenschlichen Methode, sie wurde wie die Folter abgeschafft. Das Problem aber blieb: Ein einmal erkannter Verbrecher sollte später als eben dieser wiedererkannt werden, auch wenn er einen falschen Namen angenommen hatte. Man begegnete diesem Problem mit der Bertillionage. Nach seinem Erfinder Bertillion benannt, wurde nach einem komplizierten System, das wieder in seinen Anfängen auf den italienischen Arzt Lonbroso zurückging, der Körper des Verbrechers vermessen. An Hand dieser umfangreichen Meßdaten sollte er später wiedererkannt werden. Der Nachteil liegt auf der Hand: Das System funktionierte nur bei Erwachsenen und selbst da war es zur eindeutigen und widerspruchsfreien Identifizierung nicht geeignet. Dennoch hielt es sich recht lange, denn es gab kein besseres System. Auch wenn wir es nicht wahrhaben wollen, die Kriminalistik verhält sich wie die Schulmedizin eher konservativ, nicht dynamisch. Die Bertillionage wurde daher nur zögernd aufgegeben. Noch heute erinnert ein Formular der österreichischen Kriminalpolizei an dieses System, der sogenannte „Meßzettel", der natürlich längst schon eine andere Funktion übernommen hat. Befriedigend war das Ergebnis dieser Messung nicht und man suchte nach neuen Wegen. Und man fand sie in der Tatsache, daß die Papillarlinien der Finger eines Menschen nie ident mit denen eines anderen sind. Die Antike hatte das schon längst erkannt und wichtige Dokumente mit Daumenabdruck besiegelt. Und auf altrömischen Ziegeln finden Sie den Daumenabdruck des Kontrollors. Nun war die Daktyloskopie wiederentdeckt worden, und um die Jahrhundertwende gingen alle Polizeidirektionen endgültig auf dieses neue System über, es hatte sich durchgesetzt. Worauf beruht nun die Daktyloskopie? (Daktylos = Finger und Skopein = Schauen.) Auf zwei Tatsachen:

- Das Papillarlinienmuster eines Menschen ist niemals gleich dem eines anderen.
- Dieses Papillarlinienmuster verändert sich von der Geburt bis zum Tod nicht (sonst wäre für den Erkennungszweck ja wertlos).

Betrachten Sie kritisch Ihre Fingerkuppen, die Fingerbeeren. Sie werden feststellen, daß die Haut nach einem bestimmten Muster gebaut ist. Um dieses Baumuster geht es. Ehe es kriminalistische Verwertung fand, mußte es in ein System gebracht werden. Dieses System ist relativ einfach. Man unterscheidet nach diesem System:

Bogenmuster: A

Alle Linien verlaufen bogenförmig von der einen auf die andere Seite. Es gibt kein Delta = A.

Tannenmuster: T

In der Mitte steigt eine Linie in mehr oder weniger senkrechter Richtung aufwärts, die anderen Linien legen sich bogenförmig an und geben dem Muster das Aussehen einer Tanne. Es gibt kein Delta = T.

Schlingenmuster: R oder U

Die von rechts oder links kommenden Linien laufen schlingenartig nach links oder rechts wieder zurück. Je nachdem, ob die Schlingenöffnung der einzelnen Muster zum Daumen oder Kleinfinger gerichtet ist, wird sie als Radialschlinge = R (nach Radiusknochen) oder als Ulnarschlinge = U (nach Ulnarknochen) bezeichnet.

Wirbelmuster: W

Die Linien des inneren Teiles der Muster laufen spiralig oder kreisförmig in sich selbst zurück, es gibt rechts und links ein Delta. Es handelt sich somit um zusammengesetzte Muster, die zwei oder auch mehr Delta haben = W.

Sie geben doch nicht schon auf? Hoffentlich nicht, denn es waren nur die Grundmuster, die wir eben besprochen haben. Es wird noch komplizierter, obwohl das System an sich einfach ist. Die Papillarlinienzeichnung erschöpft sich nicht in Grundmuster, sondern gründet sich auf Detailmerkmale, die sich aus der Verschiedenheit der Linienbildung ergeben. Beginn und Ende einer Linie kann plötzlich sein, es kann Gabelungen, Inselbildungen und Zusammenschlüsse geben. Diese Details geben die wichtigsten Anhaltspunkte bei der Vergleichung zweier Muster, diese Details muß eine von Ihnen gesicherte Spur enthalten, damit durch diese Spur der Täter überführt werden kann. Die Spur muß klassifizierbar sein, womit wir auf einen neuen Begriff gestoßen sind. Sehen wir uns an, wie klassifiziert wird:

Hauptklassifikation:

Die Wirbelmuster sind die sogenannten „bewerteten" Muster, weil sie mit Zahlenwerten von 16, 8, 4, 2 und 1 bei der Klassifikation berechnet werden. Hingegen sind alle anderen die „unbewerteten" Muster, da ihnen kein Zahlenwert zugeordnet wird. Da nun aber beim Vorkommen von lauter Schlingenmustern eine Formel $\frac{0}{0}$ herauskäme, wird im Zähler und im Nenner der Formel stets die Zahl 1 hinzugezählt, so daß zunächst insgesamt 1024 Möglichkeiten in Formeln von $\frac{1}{1}$ bis $\frac{32}{32}$ bestehen. Am besten sehen wir uns das wieder in einem Beispiel an:

Rechte Hand

	1 Daumen	2 Zeigef.	3 Mittelf.	4 Ringf.	5 Kleinf.
Bewertung der Muster	16	16	8	8	4
Bezeichnung der Muster	W	W	W	W	S

Linke Hand

	6 Daumen	7 Zeigef.	8 Mittelf.	9 Ringf.	10 Kleinf.
Bewertung der Muster	4	2	2	1	1
Bezeichnung der Muster	W	W	W	W	S

Die Zahlen der Finger 1, 3, 5, 7 und 9 werden addiert und die sich ergebende Summe als NENNER und die Zahlen der Finger 2, 4, 6, 8 und 10 ebenfalls addiert und die sich ergebende Summe als ZÄHLER unter Hinzurechnung der schon erwähnten Zahl „1" angeschrieben. In unserem Fall würde daher die Hauptklassifikationsformel $\frac{31}{28}$ lauten.

Nun reicht aber die Hauptklassifikation noch nicht dazu aus, daß die erstellte Fingerformel einer Person schon so spezifisch ist, daß sie an Hand dieser Formel später rasch aus Millionen anderen gespeicherten Formeln herausgesucht und so identifiziert werden kann. Es gibt daher noch eine **Subklassifiktion**, die darin besteht, daß die einzelnen Muster der 10 Finger noch ohne Rücksichtnahme darauf, ob Wirbel- oder Schlingenmuster gegeben ist, nach einem ausgeklügelten und komplizierten System mit Buchstaben bezeichnet werden, die dann der Hauptformel beigeführt werden. Wir wollen auf diese Subklassifikation nicht eingehen, da sie den Spezialisten vorbehalten ist. Aber in unserem Beispiel würde die volle Formel dann etwa lauten:

$$\frac{\text{i 31 m o i 9}}{\text{m 28 o i m i}}$$

Diese Formel wird dann in der sogenannten Zehnfingersammlung eingereiht. Wird später die Person neuerlich aufgegriffen und soll ihre Identität bestimmt werden, so muß neuerlich eine Formel erstellt werden und an Hand dieser Formel kann dann die ursprünglich erstellte herausgesucht werden. Sind dann die Fingerabdrücke, die früher abgenommen wurden, mit jenen der Person ident, dann steht auch die Identität der betreffenden Person fest.

Bisher ist es darum gegangen, daß eine Person als solche wieder identifiziert werden kann, um ein rein erkennungsdienstliches Problem also. Spektakulären Durchbruch aber haben die Papillarlinien des Menschen auf eine andere Weise gefunden. Das erkennungsdienstliche Problem wurde in der Stille der Wissenschaft und der Polizeidirektionen gelöst, der Nachweis der Täterschaft über die einzelne Fingerspur spielte sich in der Öffentlichkeit des Gerichtssaales ab. Erst als hier die gesicherte und mit dem Finger des Verdächtigen verglichene Fingerspur als zuverlässiger Beweis anerkannt wurde, begann der „Fingerabdruck" in der Kriminalistik eine immer größere Rolle zu spielen und wurde zum integrierenden Bestandteil der Kriminalromane, und die Verbrecher stellten sich rasch um und begannen Handschuhe zu tragen. Sie haben es gemerkt, es geht um die einzelne

Fingerspur, die Sie am Tatort sichern. Wie groß sind die Erfolgschancen? Sie werden enttäuscht sein, sie sind eher gering. Die Spur muß zunächst einmal klassifizierbar sein, sie muß die notwendigen Details aufweisen, damit sie als Beweis anerkannt wird. Ist das der Fall, muß ihr Gegenstück aus der Einzelfingersammlung herausgesucht werden. Das ist eine mühsame Arbeit, und Sie sind vom Eifer der Spezialisten abhängig und von deren Können. Wenn Sie Pech haben, dann ist der Täter, von dem Sie die Spur gesichert haben, noch nicht registriert und Sie können über die gesicherte Spur nicht zu ihm kommen. Die Chance und der Wert einer gesicherten Fingerspur besteht daher weniger darin, daß Sie über sie zum bisher unbekannten Täter kommen, als daß Sie einem Ihnen unbekannten Täter durch diese Spur die Täterschaft nachweisen können. Deshalb lassen Sie sich nicht entmutigen und sichern Sie Fingerspuren. Selbst wenn Sie schon lange in Pension gegangen sind, kann Ihr Nachfolger noch durch die von Ihnen gesicherte Spur berühmt werden. Und Sie durch die Ihres Vorgängers.

Die Sicherung der Fingerspuren

Der Täter faßt etwas an, Schweiß und Hautverunreinigungen bewirken, daß sich die Papillarlinien seiner Finger auf den Gegenstand abzeichnen. Die Finger wirken wie Stempel, sie hinterlassen einen Abdruck. Ist die Oberfläche des Gegenstandes rauh, dann haben Sie wenig davon, Sie haben wenig Chancen, daß Sie eine Spur sichern können. Ist sie glatt, dann schon, der Abdruck bleibt als fettige Spur erhalten. Sie müssen ihn nun sichtbar machen. Das einfachste Mittel hiezu ist Staub, Staub jeder Art. Er bleibt an dem fettigen Abdruck der Spur besser haften als auf der glatten Oberfläche des Gegenstandes. Von der können Sie ihn wieder wegblasen oder wegpinseln. Sie nützen also die Adhäsion aus. Die Kriminalistik hat sich früh für Argentorat entschieden, ein feinstzermahlenes Metallpulver, das haften bleibt. Sie tragen es mit einem Pinsel oder mit der Spraydose auf den Gegenstand auf und pinseln dann das überschüssige Pulver weg, die Spur wird jetzt sichtbar. Nun legen Sie eine Klebefolie auf diese gesicherte Spur, an ihrer klebrigen Oberfläche haftet nun die Spur und Sie können sie abheben. Damit sie gut sichtbar ist, ist die Klebefolie dunkel gefärbt. Nun kleben Sie noch ein durchsichtige Folie darüber und die Spur ist für alle Zeit gesichert. Befindet sich die Spur auf Papier, dann wird es bereits schwieriger und Sie selbst können diese Spur nicht sichtbar machen, Sie brauchen bereits wieder einen Spezialisten im Labor. Dieser bringt die Spur dadurch zum Sichtbarwerden, daß er sie durch Gaseinwirkung zur chemischen Reaktion zwingt, wodurch sie gegenüber dem Papier eine andere Farbe annimmt und photographiert werden kann.

In der Praxis haben Sie mit der Auswertung einer Spur weniger zu tun, als mit deren Sicherung. Da gilt aber wieder: Mehr ist besser als weniger. Auch wenn Sie von den Spezialisten, die die Auswertung vornehmen, immer wieder die lapidare Mitteilung erhalten, daß die von Ihnen eingesandte Spur nicht klassifizierbar ist, kann sie dennoch ungeheuer wichtig werden. Nämlich dann, wenn Sie einen konkret Verdächtigen haben. Die Schwierigkeit bei Fingerspuren ist einfach die: Je größer die Zahl der gespeicherten Fingerabdrücke der bekannten Täter ist, um so größer ist die Chance, daß die von Ihnen gesicherte Spur in ihnen ihr Gegenstück findet. Aber mit der Zahl der gespeicherten Fingerabdrücke wächst auch die Arbeit und der Zeitaufwand beim Vergleichen mit der Spur. Und dieser Vergleich erfolgt mit dem Auge und händisch! Zwar durch Klassifikationen und Unterklassifikationen erleichtert, aber trotzdem zeitaufwendig und mühsam. Sämtliche Versuche, über Lochkartensystem und elektronische Datenverarbeitung dieses Problem der Zahl zu ändern, sind bisher gescheitert. Aber vielleicht sollten wir gerade das auch wieder positiv sehen: Der Mensch ist einmalig und individuell, er zeigt sich jeder Maschine und Technik überlegen und trotzt der Vereinheitlichung und Schematisierung. Noch. Hoffen wir, daß es so bleibt, auch wenn wir die zeitaufwendige Arbeit auf uns nehmen müssen. Doch nun wieder zurück zu den anderen biologischen Spuren des Menschen:

Sperma

Aus einem primitiven Einzeller ist der Mensch entstanden, heute ordnen sich viele Milliarden Zellen einem gemeinsamen Plan unter und bilden das Phänomen Mensch mit all seinen Schwächen und Größen, eine individuelle Existenz, die sich ihrer selbst bewußt ist, und bestrebt ist, den Kosmos zu erforschen und zu begreifen. Mit allen Zweifeln, die daraus entspringen. „Cogito, ergo sum", faßte der große Denker Descartes die Erkenntnis seines Lebens zusammen: Ich denke, also bin ich. Nie war ein großer Geist demütiger und kriminalistisch logischer. Diesen Satz sollten wir uns immer als Vorbild vor Augen halten und ihn anerkennen, denn er ist logisch und restriktiv, restriktiv in einem Maße, das nicht mehr zu überbieten ist. Ein skeptischer und streng nach den Denkgesetzen vorgehender Geist hat ihn geprägt. Und dieser Geist war das Endergebnis von einer Evolution vieler Millionen von Jahren. Bei der Zeugung, bei der Schaffung neuen Lebens muß der Mensch diese vergangenen vielen Millionen von Jahren überwinden und wieder zum Einzeller werden. Er hat selbst das Gesetz entdeckt, nach dem das geschieht: Das biologische Grundgesetz. Die gesamte Entwicklung, die die Art genommen hat, spiegelt sich in der Entwicklung des Einzelindividuums wieder. Also muß auch der Mensch wieder als

Einzeller beginnen und wie der Frosch über den einfachen Vielzeller, das Morula und Gastrula fortschreiten, entwickelt Kiemen und überschreitet erst relativ spät im fötalen Zustand die Grenzen des Tierreiches. In den ersten Anfängen sind die Entwicklung des Menschen und des Frosches praktisch gleich. Die Anfänge sind bei der Zeugung, bei der Vereinigung der beiden Einzeller Samenzelle und Eizelle, gesetzt, aber erst am Ende der gesamten Entwicklung, wie sie die Art genommen hat, wird er zum Menschen. All das ist in den Chromosomen der Samenzelle des Mannes und der Eizelle der Frau gespeichert und enthalten. Aber erst durch die Vereinigung dieser Chromosomen beginnt die Entwicklung zu laufen. Man könnte daher Eizelle und Spermium als halben zukünftigen Menschen bezeichnen, denn erst zusammengefügt ergeben sie einen werdenden Menschen. Alles ist in diesen Chromosomen gespeichert, ob der werdende Mensch eine gerade oder eine schiefe Nase haben wird, ob er blaue Augen oder eine Anfälligkeit für Magenkrankheiten haben wird, gespeichert ist alles, was vererbbar ist. Strittig ist, ob auch die Neigung zum Verbrechen erblich ist. Die neuere Forschung ist, könnte man sagen, eher geneigt, dies zu bejahen, indem sie auf das zusätzliche Y-Chromosom verweist und wegen dieses bei einem Verbrecher vorhandenen Chromosoms die Frage der Zurechnungsfähigkeit bedingt verneint hat. Es ist die uralte Frage der Kriminologie, ob der Verbrecher das Ergebnis einer Vererbung oder seiner Umwelt ist. Fast könnte man hoffen, daß diese Frage nie entschieden wird, den die Bejahung der Frage in der Form, daß es eine vererbte Veranlagung zum Verbrechen gibt, somit auch einen geborenen Verbrecher, würde unvermeidlich wieder zu einer neuerlichen Diskussion über die Nürnberger Gesetze zur Erhaltung der Reinheit des Erbgutes führen. Denn im älteren und ursprünglichen Teil des durch die Bestimmungen über die Juden berüchtigt zum Rassengesetz gewordenen Gesetzes ging es noch um die Reinhaltung des Erbgutes von vererbbaren Krankheiten, um Syphilis, Schizophrenie usw. Dieser Teil war übrigens von einem jüdischen Arzt initiiert worden. Käme man zur Kenntnis, daß die Veranlagung zum Mörder, zum Notzüchtler, zum Einbrecher usw. schlicht vererblich ist, dann käme auch unvermeidlich wieder zur Diskussion, ob man diese Gefahr nicht durch Zwangssterilisationen und angeordnete Abtreibungen beseitigen könnte. Oder durch Euthanasie der schon geborenen zukünftigen Verbrecher, denn sie würden sich als logischer einziger Ausweg anbieten. Daher: Besser, wir wissen es nicht.

Aber noch ein weiterer biologischer Aspekt eröffnet sich uns bei der Betrachtung der Zeugung: Ab dem Zeitpunkt der Vereinigung von Spermium und Eizelle und der beginnenden Zellteilung und Vermehrung beginnt auch bereits die Todesuhr zu ticken, denn auch der Tod ist miteingeplant. Die Zellen, aus denen sich der Körper zusammensetzt sind nicht ein Leben lang dieselben, sie müssen nach gleichem Baumuster erneuert werden. Und eingeplant sind soviel Zellerneuerungen, daß ein theoretisches Alter von der siebenfachen Zeit erreicht werden kann, die der Mensch zur völligen körperlichen Reife gebraucht hat. Demnach 7 x 21 Jahre etwa, was einem biblischen Alter von 147 Jahren entsprechen würde. Ein theoretisches Alter, denn vergessen die Zellen bei ihrer Erneuerung ihr Baumuster oder werden sie durch äußere Einflüsse, wie dauernde Verletzungen, Schadstoffe, Angriff durch Viren usw. zu einer ständigen Erneuerung gezwungen, dann wird diese vorgegebene Möglichkeit und Zahl er Erneuerungen vorzeitig verbraucht, die neugeschaffenen Zellen sind entartet und der Mensch stirbt an Krebs. Die Molekularbiologie hat es herausgefunden. Sie hat auch noch etwas herausgefunden: Jede Entwicklung der Art ist vorprogrammiert, aber vom Zufall abhängig. Was keinen Widerspruch bildet. Milliarden von Möglichkeiten der Entwicklung bestehen, aber der Zufall, das Klima, die Umgebung sind es, die bestimmen, welche Entwicklung ihm Rahmen dieser Vielzahl von Möglichkeiten genommen wird. Aber wenn eine bestimmende nicht vorprogrammiert ist, kann sie auch nicht genommen werden und die Art kann aussterben. Ein Gottesbeweis? Der Nachweis einer allmächtigen Planung und Vorsehung? Zugleich der Nachweis der individuellen Freiheit im Rahmen des großen Planes? Es bleibt Ihnen überlassen, darauf eine Antwort zu finden, aber Sie sehen, wir kommen auch hier in philosophische Fragen. Es wird immer eine persönliche Antwort sein, die der einzelne Mensch darauf findet. Auch Sie. Wie auch sicher bei der Abtreibung, die wir hier auch, fernab jeder Polemik rein kriminalistisch betrachten wollen, da sie mit der Entstehung neuen Lebens aktuell wird: Der Mensch beginnt auch als Individuum als Einzeller und endet nach Ablauf des ihm von der Natur zugebilligten Alters. Ein Lebensfaden mit bestimmter Länge gewissermaßen ist der entsteht. Je früher Sie ihn abschneiden, ein um so größeres Stück geht verloren. Am frühesten wird er bei der Abtreibung abgeschnitten, da straffrei. Geschieht es unmittelbar nach der Geburt und durch die Mutter, ist es bereits Kindesmord, der milder beurteilt wird, aber schon Mord ist. Der Mord an einem schulpflichtigen Kind erregt Aufsehen und Ekel, er wird auch am härtesten bestraft. Der Mord an einen Erwachsenen wird nach den Umständen beurteilt und der an einem hilflosen Greis erregt wieder Aufsehen und Abscheu. Sicher ist aber, daß bei der Tötung des Fötus der längste Lebensfaden abgeschnitten wird. Straffrei. Auch hier werden Sie Ihre eigene und ganz persönliche Ansicht haben. Wir wollen das auch nur zum Anlaß nehmen, daß wir klarstellen: Als Kriminalisten haben wir diese persönliche Ansicht auszuklammern und die Gesetze zu befolgen, auch wenn wir feststellen müssen, daß eben diese Gesetze eine willkürliche Regelung festsetzen.

Wir haben schon festgestellt: Jedes Lebewesen unterliegt der Zellalterung und ist zur Zellerneuerung während seines Lebens gezwungen, auch der Mensch. Bei Eizelle und Spermatozoid überwindet die Natur durch eine List diese Schranke. Sie bildet beide aus, stoppt aber dann die Entwicklung, beide reifen erst dann, wenn sie für eine Zeugung vorgesehen sind. Im reifenden Ei der Frau und im reifenden Spermium des Mannes wird daher der Alterungsprozeß durchbrochen. Das Leben kann neu beginnen und hat die volle vorgesehene Spanne vor sich. Eine gleichsam magische Kraft, die da tätig ist. Das Ei der Frau konnte man nicht sehen, das Sperma schon, deshalb wurde dem Sperma immer schon eine gewisse magische Kraft zugeschrieben. Nur ein Beispiel dazu aus dem heutigen Europa: Noch heute werden in Jugoslawien immer wieder Morde deswegen verübt, weil die Frau den Mann „verschlossen" hat. Argwöhnt die Frau, daß ihr Mann fremdgeht, dann nimmt sie ein Tuch mit dem sie das Sperma des Mannes aufgesaugt hat, eine Kette und ein Schloß und vergräbt alles zusammen an einem verborgenen Platz. Ab diesem Augenblick ist der Mann bei allen anderen Frauen impotent und das sagt sie ihm. Dadurch funktioniert es wahrscheinlich, denn das Unterbewußte tut seinen Teil, er weiß, daß er „verschlossen" ist. Befreien kann er sich davon nur, wenn er Tuch und Schloß findet, oder aber die Frau umbringt, die ihn „verschlossen" hat. Nicht wenige wählen die zweite Lösung, sind sie doch dann vom Zauber und der ungeliebten Frau befreit. Übrigens ein Mordmotiv, das jeder kennen sollte, der mit Gastarbeitern zu tun hat.

Woraus besteht nun dieses magische Sperma? Zunächst aus den Spermien selbst, von denen wir jetzt so lange gesprochen haben, den Samenfänden, Einzellern, die mit einem Schwanz zur Fortbewegung ausgestattet sind, damit sie ihr Ziel, die Eizelle, erreichen können. Millionen von ihnen sind in einem Ejakulat enthalten und von ihrer Anzahl hängt die Zeugungsfähigkeit des Mannes ab. Beweglich sind die Samenzellen nur in der alkalischen Samenflüssigkeit, was die Natur wieder zur Auslese benutzt. Die Scheide der Frau ist den Spermien gegenüber feindlich eingestellt, ihre Oberfläche reagiert nicht basisch wie die Samenflüssigkeit, sondern sauer. Die Zeugung spielt sich für die Spermien in einer für sie extrem lebensfeindlichen Umwelt ab, nur kurze Zeit steht ihnen zur Verfügung und nur wenige kommen zum Ziel. Und nur eines kann im Regelfall befruchten, manchmal zwei, dann gibt es eineiige Zwillinge. Nur der Stärkste ist zur Zeugung vorgesehen, er ist der Garant für die Überlebensfähigkeit der Art. Auch bei den Spermien.

Der Kriminalist steht alldem gegenüber, wenn es seine Spur hinterläßt. Im Extremfall ist es eine lebende, wenn die Tat so kurz zurückliegt, daß die Spermien noch lebensfähig sind, dann sind sie unter dem Mikroskop noch sichtbar und könnten mit einem Vergleichsejakulat eines Verdächtigen verglichen werden. Natürlich nur theoretisch. Es würde auch wenig bringen, denn selbst wenn der Verdächtige dazu fähig und bereit wäre, müßten Sie den Nachweis erbbiologisch führen, indem Sie gesichertes Sperma und Vergleichsejakulat zur Befruchtung verwenden und über die Kinder den Nachweis erbringen. Ich bezweifle aber wohl zu Recht, daß Sie zwei Frauen finden werden, die sich für einen solchen Nachweis zur Verfügung stellen werden.

Sie müssen demnach als gegeben annehmen, daß für Sie kein Unterschied besteht, ob die Spermien noch leben oder nicht. Vielleicht mit einer einzigen Ausnahme, wenn es um eine ungewollte und unbeabsichtigte zufällige Zeugung geht. Wenn etwa durch einen besonderen, unglücklichen Zufall eine Frau von Samenzellen eines Mannes befruchtet wird, die dieser in das Wasser der Badewanne, des Schwimmbades ausgeschieden hat. Bei der Überprüfung eines solchen Falles spielen dann Fragen wie Wassertemperatur und seine Zusammensetzung eine wesentliche Rolle bei der Beurteilung der Frage, ob die Spermien über einen längeren Zeitraum lebensfähig sein konnten. Für eine von Ihnen gesicherte Spur gilt das nicht. Dennoch spielt die Zeit auch hier eine wesentliche Rolle, denn der Zerfall setzt rasch ein. Besonders dann, wenn er in der Scheide der Frau stattfindet, sie ist ganz darauf eingerichtet, daß sie ihn besonders schnell herbeiführt. Eine eigene Bakterienflora sorgt dafür, daß die nicht überlebenden Spermien rasch zerfallen. Deshalb: Wenn eine Notzucht behauptet wird, bringen Sie die Frau möglichst rasch zum Arzt und lassen Sie einen Scheidenabstrich vornehmen. Besonders auch dann, wenn sie Ihre Zweifel haben, wenn die Frau nicht auch die für Notzucht typischen Abwehrverletzungen und Verletzungen, wie Kratzer im Genitalbereich, den Oberschenkeln und am Gesäß hat. Sie haben dann zumindest den Nachweis, daß überhaupt ein Geschlechtsverkehr stattgefunden hat. Denn auch das ist leider Tatsache: Eine erhebliche Anzahl von Anzeigen von Notzucht ist fingiert. Die Motive sind unterschiedlich, es kann die übersteigerte Phantasie eines frühreifen Mädchens sein, es kann die Scham über das Nachgeben sein, Angst vor Schwangerschaft, Angst vor dem Gatten — vieles. Leider. Denn aus diesem Grund müssen sich die echten Opfer eines Verbrechens einer oft entwürdigenden und belastenden Untersuchung und Fragestellung unterziehen.

Nun muß bei Sexualdelikten das Sperma keineswegs immer in den Körper der Frau gelangt sein. Oder in dem des Mannes, denn auch das gibt es ja. Es kann auch von der Kleidung aufgesaugt worden sein, es kann sich auf dem Boden oder auf einem Gegenstand finden. Sperma ist Eiweiß, es ist aus Proteinen zusammengesetzt und es verhält sich auch wie Eiweiß, unter Hitzeeinwirkung koaguliert es und erhärtet. Der Täter versucht oft seine Kleidung zu reinigen und die verdächtige Spur mit Wasser wegzubringen. Macht er das mit kaltem Wasser, kann er Erfolg haben und alles aus dem Gewebe herausschwemmen. Tut er es im Übereifer mit heißem Wasser, haben Sie eine Chance, denn das Eiweiß kann erhärtet im Gewebe bleiben. Wie auch immer, die Spur muß gesichert werden.

Das bedeutet für Sie, daß Sie die Kleidung von Opfer und Täter sicherstellen müssen. Sicher nicht immer eine delikate Aufgabe, aber Ihre Handlung nach gesundem Menschenverstand findet im Gerichtssaal dann eine hochwissenschaftliche Erklärung durch den Gerichtsmediziner. Mit Sicherheit kann er jedenfalls eines feststellen, nämlich, ob es sich um Sperma handelt. Und wenn sie Glück haben und der Mann ein Ausscheider war, auch dessen Blutgruppe. Sperma ist eine wahrhaft biologische Spur, anfangs selbst lebend, später den Gesetzen des Lebens und dem Zerfall unterworfen. Fehler im Zusammenhang mit dieser Spur können Sie nur vermeiden, wenn Sie sich der Zusammenhänge des Lebens selbst bewußt sind. Deshalb die etwas längeren Ausführungen.

Haare

Nur in ganz seltenen Ausnahmen ist das Klima unserer Umwelt so stabil und günstig, daß Lebewesen ohne Schutz gegen die klimatisch bedingten Einflüsse auskommen könnten. Ein solcher Schutz gegen Wärmeschwankungen, der entwickelt wurde, sind die Haare. Aber noch eine weitere Funktion haben die Haare, wenn wir uns auch der nicht mehr so bewußt sind: Durch die um ein Vielfaches vergrößerte Oberfläche werden körpereigene Duftstoffe zum schnelleren Verdunsten gebracht. Deswegen gibt es die in der Nähe der Schweißdrüsen liegenden Achselhaare und die Schamhaare. Es hängt mit der Erkennung des Artgenossen und mit der Anziehung des Geschlechtspartners zusammen. Die Kopfbehaarung dürfte in der Hauptsache auf eine Schutzfunktion zurückzuführen sein. Was sind nun eigentlich Haare? Im Prinzip sind es eigentlich abgestorbene Hautzellen, die in den Haarwurzeln wachsen, später absterben und zu unter dem Mikroskop als schachtelhalmig anzusehnden Gebilden werden. An ihren Enden sind sie nicht selten gespalten und dann der Alptraum jeder auf eine gute Frisur bedachten Frau. Vorneweg: Scham- und Achselhaare von Kopfhaaren zu unterscheiden, ist relativ leicht, denn die Kopfhaare sind dünner. Darüber hinaus wird es bereits schwieriger. Dennoch sind Haare für den Kriminalisten eine nicht selten gesicherte Spur. Der Täter streift mit dem Kopf wo an, er vierliert seine Kappe, seinen Taschenkamm, die Frau krallt sich bei einem Sexualdelikt an seinen Haaren fest und hat sie unter ihren Fingernägeln — es gibt viele Möglichkeiten, bei denen der Täter buchstäblich Haare läßt. Auch wenn er sein Opfer getötet hat, können sie zurückbleiben. Was bringen sie nun kriminalistisch gesehen? Sie werden ein wenig enttäuscht sein, denn sie bringen mitunter ein recht gewichtiges Indiz, aber keinen unwiderleglichen Beweis. Anders als die Fingerspuren, die so einmalig sind, daß damit ein unwiderleglicher Beweis geführt werden kann. Haare sind deswegen ein so gewichtiges Indiz, weil sie zu einer gewaltigen

Einengung des potentiellen Täterkreises führen können. Zunächst einmal die Farbe, ist sie natürlichen Ursprungs, braucht es keiner näheren Erläuterung. Ist sie künstlich und läßt sich das Färbemittel noch feststellen, haben Sie ein zusätzliches Indiz und einen Anhaltspunkt für Ihre weiteren Erhebungen gewonnen. Dann die Länge, da bedarf es bereits Ihrer genauen Erhebungen, abgestellt auf die Tatzeit, wenn Sie einen konkret Verdächtigen ermittelt haben, denn er kann ja seine Frisur geändert haben. Zuletzt noch Form, Bauart, Dicke und Beschaffenheit — diese Eigenschaften sind bereits Ihrer unmittelbaren Feststellung weitgehend entzogen. Diese Feststellungen bedürfen bereits einer genauen und exakten Untersuchung unter dem Mikroskop bei gewaltiger Vergrößerung und durchgeführt von einem Wissenschaftler. Sie engt den Täterkreis enorm ein, bringt aber keinen wissenschaftlich anerkannten Identitätsnachweis. Selbst wenn die Wahrscheinlichkeit der Identität 1:1000000 sein würde, wird der Verteidiger sich darauf stützen, daß eben jetzt dieser eine unwahrscheinliche Fall gegeben sei und der unschuldig Angeklagte zufällig gleiches Haar habe. Für den Advokaten ist die Ausnahme der erwünschte und gegebene Normalfall, es ist seine Plficht, die für seinen Klienten günstigste Situation herauszustreichen. Das bedeutet nun nicht, daß Sie darauf verzichten sollen, diese gewichtige Spur zu sichern. Im Gegenteil, denn Geschworene sind auch nicht dumm, sie haben Hausverstand. Und bei einer Wahrscheinlichkeit von 1:1000000 mag der Verteidiger noch so eloquent sein, die Geschworenen werden ihm aber nicht mehr glauben. Für sie ist die Ausnahme nicht die Regel. Zum Nachweis dieser Wahrscheinlichkeit benötigen Sie aber Haare des Verdächtigen. Sie können sie ihm nicht einfach, nehmen und abschneiden, das Gesetz steht dem entgegen, ohne seine Zustimmung geht es nicht. Es bleibt Ihrer Erfindungsgabe überlassen, wie Sie zu diesen Vergleichshaaren kommen. Sie können seinen Kamm sicherstellen, den Polsterüberzug in seiner Zelle, oder Sie warten einfach, bis er selbst zum Gefängnisfriseur geht. Geben Sie jedenfalls nicht auf, wenn es um Mord geht. Die Freiheit des Verbrechers in Ehren, aber Mord geht vor, die Freiheit ist nur dann gewahrt, wenn der Einzelne die Freiheit hat, daß er lebt. Eine Blöße dürfen Sie sich allerdings nicht geben, nämlich die, daß Sie nicht erklären können, wie Sie in den Besitz der Vergleichshaare gekommen sind...

Wir können nicht alle biologischen Spuren vollständig aufzählen und besprechen. Wie Sie sicher schon selbst erkannt haben, sind es besonders die vom Täter oder vom Opfer selbst zurückgelassenen Spuren, die für Sie besondere Bedeutung erlangen, weil Sie einen unmittelbaren Rückschluß auf die Person des Täters zulassen, oder bei bekanntem Täter zu einem unwiderleglichen Beweis seiner Anwesenheit am Tatort werden können. Oder auch zu einem gewichtigen Indiz. Aus diesem Grund haben wir ihnen auch einen breiteren Raum eingeräumt.

BESONDERE TATORTE

Todesfälle

Sie werden recht häufig Todesfälle zu untersuchen haben, am Ende Ihrer Laufbahn werden Sie vielleicht über dieses Kapitel lächeln, denn längst haben Sie aus Fehlern gelernt und sich eine schützende Routine angeeignet. Aber zu Beginn? Da ist man dankbar für Tips und Ratschläge. Auch ich war das. Beginnen wir also damit. Zunächst, wenn Sie zum Tatort, zur Leiche fahren, vergessen Sie nach Möglichkeit die Ihnen kurz zuvor mitgeteilte Todesursache. Erinnern Sie sich an die suggestive Kraft des Ersturteils. Es macht Sie blind und unvorsichtig. Ihre Einstellung muß sein: Es gibt einen Toten, und warum er zum Toten geworden ist, weiß ich nicht. Und nun gehen wir die einzelnen Punkte Ihres weiteren Vorgehens am Tatort auch einzeln durch.

I. Zutritt zum Tatort

Sie müssen zunächst klarstellen, unter welchen Umständen die Leiche gefunden wurde. Bei einer Wohnung, ob die Wohnungstüre verschlossen war, ob der Schlüssel innen steckte, ob die Fenster verschlossen waren, ob die Wohnung im vierten Stock liegt und so weiter. Sie sagen, daß das eine Binsenweisheit ist? Es ist mitunter der schwierigste Teil Ihrer Arbeit, daß Sie das zweifelsfrei ermitteln. Die Aufregung spielt mit, die Zeugen sind nicht mehr in der Lage, sich daran zu erinnern, der Feuerwehrmann, der als erster in die Wohnung gestiegen ist, ist bereits wieder in seine Feuerwache eingerückt. Gelingt es Ihnen aber Punkt 1 zweifelsfrei zu klären, können Sie in vielen Fällen schon Fremdverschulden mit an Sicherheit grenzender Wahrscheinlichkeit ausschließen. Denn wenn ein Täter nicht in die Wohnung gelangt sein kann, kann es auch keinen Täter geben.

II. Potentielle Todesursachen

Gemeint sind all jene Gegenstände und Geräte, die sich am Tatort befinden **und** die den Tod herbeigeführt haben können. Das kann der Gasherd sein, ein Elektrogerät, wenn es sich in der Nähe der Leiche befindet, ein Auto in der Garage, Medikamente, die herumliegen. Hauptziel Ihres Vorgehens ist, daß Sie sich Klarheit darüber verschaffen, **was** den Tod herbeigeführt haben könnte. Dies deshalb, weil Sie dann bei der Untersuchung überhaupt daran denken. Durchaus möglich ist, daß Sie dabei schon auf die wahrscheinliche Todesursache stoßen, es kann dies der offene Gashahn sein, das Auto mit leerem Tank aber eingeschalteter Zündung, aber auch das Elektrogerät mit der defekten Zuleitung, oder die Zyangase in einer Einsatzhärterei. Einziger Zweck Ihres Vorgehens ist, daß Sie nichts übersehen. Und auch Ihre negativen Feststellungen gehören in Ihren Bericht, sie lassen spätere Zweifel nicht aufkommen.

III. Untersuchung der Leiche

Auch wenn Sie selbst nicht Arzt sind, sollten Sie hier nach einer gewissen Routine vorgehen. Zunächst allgemeiner Zustand: Verwest oder nicht, Totenstarre eingetreten oder nicht, bereits erkaltet oder nicht, Totenflecke vorhanden oder nicht und so weiter. Sie wissen dadurch annähernd, wann es passiert ist. Dann: Sie stellen ganz allgemein fest, ob das Aussehen der Leiche abnorm ist oder nicht. Jede auffällige oder abweichende Veränderung ist bereits bedenklich, eine Verletzung ebenso wie helle Totenflecke. Scheuen Sie sich auch nicht, auf abnorme Beweglichkeit der Extremitäten und des Genicks, die auf Brüche hinweisen, zu achten. Und beklopfen Sie die Schädelkapsel, Sie wissen dann sofort, ob es einen Sprung in ihr gibt. Dann achten Sie auf die Augen: Sind die Pupillen gleich groß oder verschieden weit? Sind sie verschieden weit, ist das bereits wieder ein Alarmsignal, eine Blutung im Gehirn muß dann in Betracht genommen werden, beim linken Auge in der rechten Gehirnhälfte und umgekehrt. Ich sagte damit, es kann sein, es muß aber nicht. (Ich selbst habe einen Fall gehabt, wo die verschiedene Pupillenweite auf einen im Krieg erlittenen Kopfschuß, der zur Blindheit eines Auges geführt hatte, zurückzuführen war.) Die Pupillenweite sagt Ihnen übrigens nichts über die Lichtverhältnisse zum Zeitpunkt des Todeintritts aus. Auch hier gilt: Sie kann, aber sie muß nicht. Bei Todesgefahr reißt der Mensch die Augen weit auf, das Opfer eines Frontalzusammenstoßes hatte zum Beispiel bei grellstem Sonnenlicht rießengroße Pupillen. Aber die Größe der Pupillen kann wieder auf Gifte hinweisen, auf Atropin, das in der Tollkirsche enthalten ist, wenn sie groß sind, auf gewisse Rauschgifte, wenn die Pupillen nur stecknadelgroß sind. Registrieren müssen Sie daher die Größe der Pupillen, auch wenn Sie am Tatort noch keine zwingende Erklärung dafür haben. Dann weiters: Gibt es Körperausscheidungen? Erbrochenes, Harnabgang, Stuhlabgang, Spermaabgang, Schweiß? All das hat seine Bedeutung. Erbrochenes kann auf Gift hinweisen, Harnabgang auf Alkohol (sie müssen sich nur überwinden und daran riechen), Stuhlabgang auf Krankheit, wenn er besonders faulig ist (auch da müssen Sie sich überwinden und riechen). Und Sperma schließlich auf Strangulierung. In unmittelbarer Nähe des Todes kommt es zu einer Ejakulation, bei Strangulierung ebenso wie bei Einwirkung von Kohlenmonoxyd. Die Folge davon ist, daß es Menschen gibt, die auf diese Art ihre Befriedigung suchen, es gibt autoerotische Unfälle durch Strangulierung und es gibt Gasatmer, die dabei umkommen. Besonders bei Menschen, die sich scheinbar unmotiviert selbst umgebracht haben, müssen Sie daher auch auf die Bekleidung achten: Teilentblößt oder nicht? Haben sie übrigens gewußt, daß man auch mit elektrischem Strom eine Ejakulation herbeiführen kann? Stiere werden so für die künstliche Befruchtung entsamt. Eine Elektrode in den Mastdarum gesteckt, die andere an der Peniswurzel befestigt, einige Stromstöße und in Sekunden ist es vorbei. Ein japanischer Erfinder versuchte sogar auf diese Weise die Impotenz zu bekämpfen, es funktionierte auch, allerdings nur solange, als der Strom eingeschaltet blieb (Gleichstrom versteht sich). Aber es gab auch Todesfälle, wenn es Menschen waren, die auf diese ausgefallene Weise Befriedigung erlangen wollten.

Wir haben auch den Schweiß erwähnt, warum? Nun, eine recht häufige Todesart, der Sie gegenüberstehen, ist das Herz-Kreislauf-Versagen. Der Mensch geht eben noch aufrecht, plötzlich wird ihm übel, er schwankt, fällt um und ist tot. Es kann ein Herzinfarkt sein oder ein Kreislaufversagen. Ob es letzteres ist, erkennen Sie am Schweiß und dem blassen Gesicht des Toten. Bevor der Kollaps, der Zusammenbruch auftritt, versucht der Körper noch in einer Notmaßnahme Flüssigkeit abzugeben, damit bei verringerter Flüssigkeitsmenge der Kreislauf nocht aufrechterhalten werden kann. Alles kann er nicht mehr durch das Kreislaufsystem durchpumpen, aber vielleicht noch einen Teil. Also scheidet er über einen plötzlichen Schweißausbruch einen Teil der überschüssigen Flüssigkeit aus. Gelingt das nicht mehr und bricht der Kreislauf endgültig zusammen, dann stehen Sie vor einer im Gesicht extrem blassen Leiche, die naß von Schweiß ist. Anders ist das beim Herztod, es kann ein Infarkt sein oder plötzlich auftretendes Herzversagen. Beim Infarkt sind die Ursachen nervlicher Natur, die Steuerung funktioniert nicht mehr und das Ergebnis ist ein Krampf der Herzmuskulatur, der sich nicht mehr löst und zu deren Absterben führt. Lange Zeit hatte man geglaubt, daß der Infarkt durch zuviel Cholesteringehalt im Blut entstehe, der letztlich zur Ausbildung eines Embolus, eines Blutpfropfens führe, der dann die Gefäße verstopfe, die den Herzmuskel versorgen. Der Grund war der, daß man in etwa 40 % der Fälle bei der Obduktion von Infarkttoten diesen Embolus fand. Dem aber standen hochaktive Sportler entgegen, die auch an Herzinfarkt verstarben. Heute weiß man, daß der Blutpfropfen nicht Ursache, sondern Folge des erlittenen Infarkts ist. Für Sie aber ist das Aussehen des Infarkttoten wichtig: Das Herz krampft sich zusammen, alles Blut wird nach oben gepreßt. Den Herzinfarkt erkennen Sie daran, daß von der Herzgegend nach oben, insbesonders auch der Hals und das Gesicht blutgefüllt und gedunsen wirken. Ebenso der linke Arm und die linke Hand. Wenn Sie die linke und die rechte Hand zusammenlegen, dann sind die Fingernägel der linken dunkler und blutgefüllter, als die der rechten. Einfach, aber man muß es wissen und es bewahrt vor Irrtümern. Anders ist das beim sogenannten Sekundenherztod, der insbesondere bei älteren Menschen auftritt. Das Herz ist bereits so schwach und müde, daß es einfach, und oft ohne besonderen Anlaß, zu arbeiten aufhört. Im Grunde genommen der vorweggenommene Tod aus Alterschwäche, oder eben dieser Tod, wenn es sich um einen sehr alten Menschen handelt. Wenn nicht, dann ist das Herz vorzeitig durch Krankheit, Überanstrengung bei unzureichender Ernährung oder sonstige Umstände vorzeitig geschwächt worden, es kann seine Aufgabe nur unzureichend erfüllen. Das bedeutet, daß auch der Körper nur noch unzureichend mit Sauerstoff versorgt wird, der Kranke empfindet das subjektiv als Atemnot. Und das bedeutet weiter, daß die Flüssigkeit nicht mehr genügend ausgeschieden wird, weil sie nicht mehr genügend zu den Ausscheidungsorganen transportiert werden kann, der Kranke hat Wasser in den Beinen. Den Sauerstoffmangel erkennen Sie an den bläulich verfärbten Lippen und den Flüssigkeitsüberschuß können Sie an den verdickten Beinen und oft bis zum Bauch reichend ertasten. Sie können natürlich nicht selbst eine sichere Diagnose stellen, aber Sie gewinnen so ein Indiz dafür, ob es sich im konkreten Fall um einen bedenklichen Todesfall handeln **muß**, nämlich dann, wenn sich keine harmlose Erklärung mehr anbietet. Insbesonders werden Sie aber dann auch Verletzungen, die von einem Sturz herrühren können, richtig einschätzen können. Wir haben uns bei der Besprechung der natürlichen Todesarten bewußt auf die häufigsten beschränkt und da wieder auf jene, die Sie auch an der Leiche mit einiger Sicherheit erkennen können.

Gewaltsamer Tod

Vom gewaltsamen Tod spricht der Gerichtsmediziner dann, wenn der Tod nicht aus natürlicher, in der Natur gewissermaßen als Regelfall vorgesehener Ursache eingetreten ist, wenn er also nicht durch Krankheit oder Alter herbeigeführt wurde. Gewaltsamer Tod ist also immer ein vorzeitiger, durch äußere Ereignisse und Einflüsse bedingter Tod, den die Natur selbst nicht gewollt hat. Das kann nun aber ein Unfall, ein Selbstmord oder ein Verbrechen sein, und an Ihnen wird es liegen, das zu klären. Gewaltsamer Tod bedeutet also noch keineswegs, daß auch ein Verbrechen gegeben sein muß. Wir wollen wieder die häufigsten gewaltsamen Todesarten gesondert besprechen, denen Sie gegenüberstehen werden, gewissermaßen die Standardsituationen, denen der Kriminalist begegnet, wenn er vor einer Leiche steht.

Erhängen, Erdrosseln, Erwürgen

Die Schlinge, die sich um den Hals zusammenzieht, ein fester Würgegriff, der nicht gelöst wird, sie führten zum Tod, und Sie stehen vor der Leiche. Nicht in die Überschrift hineingenommen haben wir den Begriff des Henkens. Mit gutem Grund, denn er paßt da nicht so recht hinein. Beim Henken wird die Schlinge mit dem Henkersknoten so berechnet, daß beim Sturz in die Schlinge der Knoten die Halswirbelsäule auseinanderreißt. Die Folge ist der augenblickliche Tod, weil alle Nervenbahnen des Rückenmarkes unterbrochen werden, die zur Aufrechterhaltung der Lebensfunktionen notwendig sind. Das Herz kann allerdings noch bis zu 20 Minuten weiterschlagen. Der Unterschied von Henken und Hängen ist der, daß ein Gehenkter auch dann nicht mehr zu retten ist, wenn er unmittelbar nach dem Sturz in die Schlinge von dieser befreit wird, sein Tod ist mit dem Auseinanderreißen der Halswirbelsäule nicht mehr reversibel, der Zuseher einer solch grausigen Szene erkennt das daran, daß der Körper des Gehenkten sich nicht mehr bewegt. Anders ist das beim Erhängten. Beim Erhängten bleiben nämlich die Nervenverbindungen aufrecht, wenn auch die Blutzufuhr zum Gehirn unterbunden wird. Adolf Hitler ließ die Teilnehmer des Juliputsches 1944 an Klaviersaiten aufhängen und ihren Tod filmen, er weidete sich an ihren qualvollen Tod, den er am Zucken der Körper zu erkennen glaubte. Und er wußte nichts. Denn richtig ist, der Körper zuckt noch, es entsteht der Eindruck, daß er um das Überleben kämpft, in Wahrheit ist aber längst schon tiefste Bewußtlosigkeit eingetreten. Die Blutzufuhr zum Gehirn wird schlagartig unterbunden, dazu der Schock beim Aufprall in der Schlinge, all das führt zu einer momentan eintretenden Bewußtlosigkeit, wie etwa ein Karateschlag gegen eine der Halsschlagadern. Der Tod wird durch das Erhängen hinausgezögert, er tritt erst endgültig mit dem Ausfall der lebenwichtigen Zentren des Kleinhirns, die nicht mehr mit Sauerstoff versorgt werden können, ein. Innerhalb einer gewissen kleinen Zeitspanne kann daher ein Erhängter noch gerettet werden, manchmal allerdings um den Preis, daß ein Großteil der Zellen seines Gehirns schon abgestorben sind und er als Gehirngeschädigter sein Leben weiterführen muß. Worauf müssen Sie nun achten, wenn Sie vor der Leiche eines Erhängten oder Erhenkten stehen? Für Sie geht es immer um die Frage: Freiwillig oder nicht? Zunächst achten Sie daher einmal darauf, ob es grundsätzlich möglich ist, daß der Betreffende sich selbst die Schlinge umlegen konnte. Wenn der umgestürzte Sessel 50 cm hoch ist und die Fußspitzen der Leiche hängen 3 m über den Boden, wird das kaum der Fall sein. Sie verstehen? In der Praxis sind es nicht so große Differenzen, es bedeutet, daß Sie vermessen müssen. Weiters: Bei einem Erhängten steigt die durch die Schlinge hervorgerufene Strangulationsfurche nach oben hin zu den Ohren steil an. Und es darf nur eine geben. Ist sie waagrecht, oder gibt es mehrere Strangulationsfurchen, müssen Sie bereits sehr, sehr vorsichtig sein. Die Wahrscheinlichkeit eines Selbstmordes ist im ersten Fall schon äußerst gering und im zweiten Fall müßte dem gelungenen ein mißlungener vorangegangen sein. Wenn Sie die vorangegangenen Ausführungen über die momentane Bewußtlosigkeit gelesen haben, wissen Sie selbst um die Wahrscheinlichkeit eines solchen Falles. Nun wird aber die Strangulationsfurche auch dann steil ansteigen, wenn ein bereits Toter in die Schlinge gehängt wird, wenn also ein Selbstmord vorgetäuscht wird. Aber dann gibt es, wenn es sich um einen Mann handelt, keinen Samenabgang mehr, der charakteristisch für den Tod durch Erhängen ist. Es muß auch nicht immer eine Schlinge sein, die sich zusammenzieht und zum Tod führt, es kann auch nur eine Schlaufe, ein Stück endloses Seil sein. Der durch den Sturz auf das Seil bewirkte Schock führt zur augenblicklichen Bewußtlosigkeit und das Körpergewicht bewirkt, daß sich die Schlaufe so zusammenzieht, daß der Körper gehalten wird. In diesem Fall finden sie seitlich am Hals die Eindruckspuren der Seile. Selbst ein Knieender, der sich nach vorn in so eine Schlaufe fallen läßt, kann zu Tode kommen, selbst wenn der seitliche Druck des Seiles gegen den Hals durch das verringerte Körpergewicht nicht ausreichen würde, die Blutzufuhr zu unterbinden. Der Tod kann dann entweder durch den Schock, oder durch den Bruch des Kehlkopfes und damit durch Ersticken, oder im Zusammenwirken beider Faktoren eintreten. Haben Sie es mit einem Erhängten zu tun, ist vor allem wichtig, daß Sie auf die Situation achten und auf die Strangulationsfurche, wobei sie allfällig aufkommende Zweifel durch eine Rekonstruktion entweder bestätigen oder erhärten.

Würgen

Machen Sie mit Ihrer Frau einmal folgenden Versuch (natürlich, wenn sie vorher nicht mit ihr über die Scheidung gestritten haben, sonst ist er lebensgefährlich): Sie versuchen, sie zu erwürgen und sie versucht es bei Ihnen. Dann prägen Sie sich ein, wie die Daumen und die anderen Finger der Hände zu liegen kommen. Sie werden es nie mehr vergessen: Es ist der Bereich des Kehlkopfes, der durch den Würgegriff, insbesondere durch die Daumen, gefährdet ist. Oberhalb davon liegt das Zungenbein, ein sehr zartes Bein, das sehr leicht zerbricht. Ob eine Person erwürgt worden ist, stellt der Gerichtsmediziner daher vor allem dadurch fest, daß er das gebrochene Zungenbein herauspräpariert. Vor allem kann er das auch noch bei einer bereits stark verwesten oder gar schon skelettierten Leiche. Sie können das nicht, aber Sie können zweierlei Merkmale an der Leiche sehen: Die Druckstellen der Finger, meist seitlich am Hals, und punktuelle Blutungen durch den Blutstau in den Augen und Augenbindehäuten. Finden Sie beides an einer Leiche vor, dann bedeutet das, daß auch eine steil ansteigende Strangulationsfurche und ein Strick um den Hals ichtsmehr über eine Unbedenklichkeit aussagt.

Wir haben bisher vom einfachen Würgen gesprochen, vom ungelernten Würgen sozusagen, vom naturbelassenen, aber es gibt auch ein gekonntes, eines, das erlernt wird. Von Kampftechniken ist hier die Rede, ob sie nun Jiu-Jitsu, Kung-Fu, oder Taek-Wand-Do heißen mögen. Der Mensch hat auch das Töten durchdacht und perfektioniert. Leider. Mit zwei dieser Würgegriffe sollten Sie vertraut sein, weil sie bei der heutigen Verbreitung von diesen Sportarten von grundsätzlicher Bedeutung sind. Es handelt sich um den „Todeszug“ und den mit dem Reverskragen ausgeübten Würgegriff. Den Todeszug können Sie an Ihrer Frau ausprobieren, wenn sie es Ihnen erlaubt. Sie treten von hinten an sie heran und legen ihr die Handinnenfläche an den Nacken. Den rechten Unterarm legen Sie gegen ihren Kehlkopf und fassen mit der rechten Hand nach Ihren linken Unterarm. Und dann ziehen Sie zusammen. Durch die Hebelwirkung drückt Ihre linke Hand den Hals gegen den rechten Unterarm. In Sekunden sind Sie Witwer, denn der Kehlkopf Ihrer Frau wird zertrümmert. Sie können auch den Kopf Ihrer Frau zusätzlich nach unten reißen, dann brechen Sie ihr wahrscheinlich auch das Genick. Weil wir dabei sind: Es gibt auch den Henkergriff, gegen gutes Trinkgeld brachen damit früher die Henker den „Hexen“ das Genick, ehe der Scheiterhaufen entzündet wurde. Wenn Sie ihn wieder an Ihrer Frau ausprobieren wollen: Sie treten diesmal von vorn auf sie zu, fassen mit Ihrer linken Hand um den Hinterkopf herum die linke Seite des Hinterkopfes und legen die Hand fest an, oder krallen sich liebevoll im Haar fest. Dann legen Sie den Handballen Ihrer rechten Hand gegen ihre rechte Kinnpartie und reißen ruckartig den Kopf entgegen dem Uhrzeigersinn. Ein Knacks — und Sie sind wieder Witwer. Wenn sie neuerlich geheiratet haben, können wir den nächsten Würgegriff besprechen, den probieren Sie aber besser an Ihren Vorgesetzten aus. Sie gehen von vorne auf ihn zu und fassen nach seinem Revers im Bereich des Halses, Sie fassen aber nicht so, wie man es normalerweise macht, wenn man in Zorn gerät, daß die Daumen von Ihnen wegweisen, sondern so, daß die Daumen Ihnen zugewandt sind. Die Knöchel Ihrer Finger drücken nun gegen die beiden Halsseiten Ihres Vorgesetzten. Sie brauchen nun nur noch, während Sie sich am Revers festhalten, im Hebelgriff die Daumen einander näheren, und das Ergebnis ist, daß beide Schlagadern momentan unterbunden werden und zusätzlich der Kehlkopf gequetscht wird. Selbst wenn Sie nur leicht zusammendrücken, wird Ihr Vorgesetzter deswegen minutenlang husten, drücken Sie stark, können Sie sich in wenigen Sekunden um seinen Posten bewerben, denn dann ist er bereits eine Leiche. Voraussetzung ist allerdings, daß Ihre Kollegen nicht die charakteristischen seitlichen Druckstellen und den zerquetschten Kehlkopf erkennen. Auf diese Weise wurde übrigens in Wien ein bis heute nicht geklärter Mädchenmord verübt.

Erdrosseln

Noch nicht genug damit, es gibt noch eine gewaltsame Todesart, die über den Hals zustandekommt. Eine tatsächlich qualvolle Todesart, eine langsame, denn die Luft wird abgeschnürt, die Halsschlagadern aber werden geschont. Der Mensch erstickt langsam und er weiß darum, er will atmen, kann es aber nicht. Es ist die Wirkungsweise der spanischen Garotte, des Halseisens. Es drückt gegen den vorderen Halsbereich und wird mit einer Schraube langsam zugezogen. Das Eisen drückt den vorderen Halsbereich gegen den im Rücken des Deliquenten befindlichen Pfosten. Nur Menschen konnten so etwas erfinden. Ungewollt kommt ähnliches zustande, wenn ein Mensch nach vorn kippt und gegen eine scharfe Kante fällt, nur geht es dann wenigstens schlagartig. Oder gewollt, die Fremdenlegion hat diese Methode entwickelt und Geheimdienste haben sie willig übernommen: Der Täter schleicht sich von hinten an sein Opfer heran, in den Händen hält er ein kurzes Seil oder Kette und wirft seinen Opfer das mit beiden Händen gehaltene Seil über den Kopf, so daß es am vorderen Halsbereich anliegt. Dann zieht er ruckartig an. Das geschockte Opfer kippt durch den Ruck nach hinten um und befindet sich in einer wehrlosen Stellung. Ehe es noch zur Gegenwehr kommt, ist sein Schicksal längst schon besiegelt, denn der Täter kann es jetzt wie beim Würgegriff mit dem Reverskragen zusätzlich noch würgen. Entscheidend bei diesem heimtückischen Angriff ist der Umstand, daß das Opfer sofort wehrlos ist. Infolge der Schockwirkung gibt es praktisch keine Gegenwehr. Ähnlich ist es auch bei dem berüchtigten Karateschlag gegen den Kehlkopf, der den Kehlkopf zertrümmert. Der Mensch erstickt eher langsam, aber er ist durch die Schockwirkung sofort kampfunfähig. Sie sehen, es gibt viele Arten, wie man einen Menschen durch äußere Einwirkung auf den Halsbereich umbringen kann. Kennen Sie aber die wichtigsten, können Sie auch auf die verdächtigen Verletzungen besser achten.

Gift

Es gibt kein Gift schlechthin, keine absolut giftige Substanz. Die Menge macht das Gift. Auch das lebensnotwendige harmlose Kochsalz kann in hoher Konzentration zum lebensgefährlichen Gift werden. Umgekehrt wirkt das tödliche Pfeilgift Curare in geringer Menge sogar herzstärkend und ist das klassische Gift der Kriminalromane, in geringer Menge ein allgemeines Stärkungsmittel.

So viele Arten von Gift es gibt, so verschiedenartig wirken sie auch. Sie können das Nervensystem lähmen, das Gehirn angreifen und Halluzinationen herbeiführen, die Gefäße erweitern oder verengen, die Muskeln verkrampfen, Blutungen herbeiführen, die Darmtätigkeit hemmen oder sie beschleunigen. Oder mehrere dieser Erscheinungen zugleich bewirken. Zuständig für die Bekämpfung der Gifte sind die Leber, die Niere und die Ausscheidungsorgane, bewältigen sie ihre Aufgabe nicht, so kann der Mensch sterben. Wobei ein Gift um so gefährlicher und heimtückischer ist, je später die Symptome der Vergiftung auftreten, da es dann für die ersten Abwehrmaßnahmen des Körpers, der durch Erbrechen und Durchfall das Gift möglichst noch ausscheiden will, ehe es in die Blutbahn gelangt, zu spät ist. Wir können nicht alle Gifte einzeln besprechen, es gibt ihrer zuviele. Aber ein Phänomen müssen Sie kennen, es ist eines, das die Homöopathie bewußt ausnützt, nämlich die konträre Wirkung der Gifte abhängig von der Dosierung. Eine große Dosis eines Quecksilberpräparates führt zu heftigem Durchfall und tödlichen Darmblutungen, eine winzige Dosis desselben Präparates wirkt stopfend. Die winzige Menge führt zu einer überstarken Reaktion des Körpers in konträrer Richtung und die Auswirkung des eingenommenen Stoffes ist dadurch eine entgegengesetzte. Bereits jetzt werden Sie erkennen, welch schwierigen Problemen Sie gegenüberstehen, wenn Sie es mit Giften zu tun haben: Sie können nicht einmal unbedingt den Symptomen der Erkrankung vertrauen. An etwas müssen Sie sich aber doch halten, gehen wir also ruhig davon aus, daß Sie es immer mit einer größeren Dosis zu tun haben und daß der betreffende Mensch wie ein Durchschnittsmensch darauf reagiert. An einer homöopathischen Behandlung wird man eher selten sterben. Wenn Sie nun vor einer Leiche stehen, woran erkennen sie nun, daß Gift im Spiel war? Zunächst schon oft aus der gesamten Tatortsituation. Leere Medikamentenschachteln, Pulverreste in einem Glas, Injektionsspritze, Geruch der Luft nach Abgasen oder Leuchtgas usw. Sie werden bereits vorsichtig, denn Sie sind vorgewarnt, Sie müssen die Stoffe als potentielle Todesursachen in Ihre Untersuchung miteinbeziehen. An der Leiche selbst: Die erste Abwehrreaktion des Körpers haben wir bereits erwähnt, Erbrochenes und Stuhlabgang sind immer bedenklich, beides kann durch diese Abwehrreaktion verursacht worden sein. Wenn das Gift bereits in das Blut gelangt ist, können Sie das mitunter an der Farbe der Totenflecke erkennen, jede abweichende Färbung der Totenflecke sollte daher für Sie ein Alarmsignal sein. Und schließlich noch die Pupillen, wenn es um Rauschgift geht. Vor allem aber sind Sie auf das angewiesen, was Ihnen allenfalls von Zeugen des Todes erzählt wird. Sind die gesamten Umstände des Todes mysteriös und finden Sie sonst keine plausible Todesursache, dann müssen Sie auch Gift in Betracht ziehen. Nun ist es so, daß der Gerichtsmediziner beinahe alle Gifte im Körper nachweisen kann. Voraussetzung ist allerdings, daß er nach einem bestimmten Gift gezielt sucht und dessen Vorhandensein dann nachweist. In eine Routineobduktion sind derlei Untersuchungen nicht miteingeschlossen, es sei denn, daß sich bereits aus dem Aussehen der Leiche der Verdacht auf Gifteinwirkung ergibt. Oder daß Sie den Verdacht erhärten, weil durch Ihre Befragung von Personen sich der zwingende Schluß ergibt, daß kein natürlicher Tod vorliegen kann. Sehen wir uns das an einem Beispiel an: Ein Mann kränkelt über längere Zeit, dann stirbt er, alles sieht danach aus, daß er an einer Magenkrankheit verstorben ist. Wenn Sie die glatzköpfige Leiche sehen, müssen Sie noch nicht auf Arsenvergiftung kommen, denn die Witwe wird Ihnen kaum sagen, daß ihm vor seinem Tod die Haare ausgefallen sind, wenn sie selbst die Täterin ist. Aber eine Nachbarin kann es erwähnen und sich darüber wundern, daß das mit der Krankheit zusammenhängt. Geben Sie diesen Hinweis dem Gerichtsmediziner, wird er sofort auf Arsen tippen und es mühelos nachweisen. Es ist daher zweifellos so, daß in der Praxis Sie der Anlaß dafür sind, ob gezielt nach Giften gesucht wird, daß Sie somit den Umfang der Untersuchungen bestimmen. Daher auch bei anscheinend krankheitsbedingten Todesfällen Vorsicht, wenn sonstige verdächtige Umstände (hochverschuldeter Erbe, Freundin des Ehemannes und Tote war scheidungsunwillig) gegeben sind. Ein Gift wollen wir wegen seiner Verbreitung und oft verheerender Wirkung gesondert betrachten, es ist der

Alkohol.

Mit den fürchterlichen Auswirken diese Narkosemittels werden Sie recht häufig konfrontiert. Sie haben richtig gelesen, Alkohol oder, genauer gesagt, Äthylalkohol (C_2H_5OH) ist im Grunde genommen ein Narkosemittel, wie Äther und Chloroform, wenn auch eines mit Besonderheiten. Jedes Narkotikum hat die Eigenschaft, daß es abhängig von der Dosierung in mehreren Phasen wirkt: Erregung — Schlaf — Tiefschlaf — Tod. Die Operation erfolgt in der Phase des Tiefschlafes, da erst in ihr absolute Schmerzunempflindlichkeit gegeben ist. Je nachdem, wie nun die Bandbreiten der einzelnen Phasen eines Narkotikums beschaffen sind, ist es gut oder schlecht für die Narkose geeignet. Erwünscht ist eine kurze Erregungszone und eine breite Tiefschlafzone. Alkohol ist so gesehen ein schlechtes Narkosemittel, er hat eine breite Erregungsphase und der Tiefschlaf geht leicht in den Tod über. Dazwischen liegt das Trinken. Die Beeinträchtigung, die ein Mensch durch Alkohol erfährt, hängt weniger von seiner Konzentration im Blut ab — da kann man den Alkoholgehalt nur exakt messen —, sondern von seiner Konzentration im Liquor, der Rückenmarksflüssigkeit. Und da gibt es bei den Menschen große Unterschiede, bei einigen geht der Alkohol ungebremst in den Liquor über, bei anderen besteht eine gewisse Barriere, die er erst überwinden muß. Mit dem Blut gelangt der Alkohol auch ins Gehirn (das erste, das der Gerichtsmediziner am freigelegten Gehirn macht, ist, daß er riecht, ob Alkohol, Äther und dergleichen im Spiel sind) und über Gehirn und Liquor wirkt er sich nun aus. Zunächst durch Euphorie, alles sieht rosig aus, die Blutgefäße erweitern sich, der Herzschlag wird beschleunigt, psychisch wird die Kritikfähigkeit verringert, werden Hemmungen abgebaut, die Probleme werden kleiner. Wir sind nun etwa beim zweiten Viertel Wein angelangt, das Denken ist noch nicht sehr beeinträchtigt, aber die Reflexe sind bereits erkennbar verzögert und die Sicht im Augenwinkel verringert. Das Gesichtsfeld wird enger, Sie sehen die Fußgänger am Fahrbahnrand schon schlecht, die Fahruntüchtigkeit beginnt. Sie trinken weiter. Nach dem vierten oder fünften Viertel Wein werden Sie bereits unrealistisch, Gefahren werden unterschätzt, das eigene Vermögen überschätzt, noch bestehende Hemmungen bereits deutlich verringert. In diesem Stadium kommt es nicht selten zu Raufhändel. Aber die Euphorie kann noch durchaus anhalten, ja, sich steigern, Sie sind im siebenten Himmel und schunkeln. Es fällt Ihnen aber bereits schwer, mit Ihren Augen einen Punkt zu fixieren, kleine Schrift können Sie nicht mehr lesen, weil Sie bereits unscharf sehen. Sie haben jetzt schon gute 1,5 Promille im Blut, Ihre Reflexe sind jetzt deutlich verzögert, wenn Sie die Augen schließen, haben Sie Schwindelgefühl, die ersten Gleichgewichtsstörungen machen sich bemerkbar. Vom 6. bis zum 8. Viertel an können sie bereits nicht mehr gerade gehen, die Koordiantion, das Zusammenspiel der Muskeln funktioniert nicht mehr so richtig, von Reflexen ist keine Rede mehr, Ihre Augen beginnen zu glotzen, Sie bekommen einen stieren Blick und wenn Sie jetzt ins Bett fallen und die Augen schließen, beginnt es sich bereits zu drehen. Sie sind auch so schon müde, besonders wenn Sie noch weitertrinken, Ihr Kopf ist schwer, Sie können im Sitzen einschlafen. Ihr Schmerzgefühl ist schon verringert, Sie können jetzt leicht bestohlen werden, weil Sie die Hand des Diebes nicht spüren. Sind Sie hartnäckig und trinken weiter, kann Ihnen übel werden oder Sie fallen um und sind eine Alkoholleiche. Oder eine richtige Leiche, weil Sie an Alkoholvergiftung gestorben sind. Bei 3,5 Promille wird es bereits lebensgefährlich, sind Sie durch eine Krankheit geschwächt, dann schon vorher, denn der Kreislauf macht nicht mit. Dennoch gibt es ein Phänomen, das Sie als Kriminalist kennen sollten, das sogenannte „Nüchterntrinken". Der Mann hat alle Anzeichen einer beträchtlichen Alkoholisierung, er schwankt, er lallt, er redet Unsinn. Er trinkt weiter und plötzlich wirkt er wieder normal, die spektakulären Symptome der Alkoholisierung sind verschwunden, den stieren Blick aber können Sie noch erkennen und die verlangsamten Bewegungen. Aber der Mann ist jetzt nicht normal, denn er hat jetzt einen besonders hohen Blutalkoholgehalt. Und er reagiert auch nicht normal, der Alkohol hat die Schranke zum Unterbewußtsein aufgehoben, das Unterbewußte dominiert nun sein Verhalten. In diesem Stadium geschehen die unsinnigsten und unerklärlichen Verbrechen. In einer Gulaschhütte erschießt ein Mann einen anderen, den er gar nicht kannte, nur deshalb, weil ihm sein Bart nicht gefallen hat. Ein anderer ersticht seinen besten Freund, weil er gesagt hat, daß Rapid eine schlechte Fußballmannschaft sei. Und Ähnliches. — Erklärlich nur, wenn man weiß, daß das Unterbewußte am Werk war, das keine Wertung nach moralischen und ethischen Grundsätzen kennt.

Wird dem Körper laufend Alkohol zugeführt, gewöhnt er sich irgend einmal daran, er stellt seinen Stoffwechsel darauf ein. Jetzt ist es umgekehrt: Mit dem Gift im Körper verhält sich der Mensch „normal" und erbringt die Leistung, die von ihm gefordert wird, ohne Gift fühlt er sich krank, zittert, hat Schweißausbrüche und ist arbeitsunfähig. „Normal" steht unter Anführungszeichen, denn natürlich ist der Alkoholiker längst nicht mehr normal. Seine Kritikfähigkeit ist merklich herabgesetzt, Gehirnzellen sterben ab, die Intelligenz verringert sich, die Leber hat längst schon kapituliert, denn es gehen laufend Leberzellen zugrunde, der Blutdruck hat sich erhöht, — die Schäden sind bereits unverkennbar. Psychisch hat bereits der Abbau der gesamten Persönlichkeit begonnen und damit auch der soziale Abstieg. Ändert der Mensch jetzt nicht seine Lebensweise, kommt es irgendwann einmal zum Delirium tremens, schlagartig stirbt eine große Zahl von Gehirnzellen ab, die anderen können den Ausfall nicht ausgleichen, der Alkoholiker hat Wahnideen, er fühlt sich verfolgt, nimmt Dinge wahr, die es gar nicht gibt, es können die berüchtigten weißen Mäuse, Spinnen, glühende Tropfen und anderes sein. In diesem Stadium werden Sie wieder mit dem Alkoholiker befaßt. In der Sinnesverwirrung bekämpft er die für ihn realen Bedrohungen und er wird gemeingefährlich. Oder er bringt sich um. Beide Male haben Sie dann mit ihm zu tun. Noch kann er aber geheilt werden, wenn er rechtzeitig in ärztliche Behandlung kommt. Er kann auch noch ein zweites und ein drittes Delirium überstehen, aber das geht dann bereits stark auf Kosten der Intelligenz, die abgestorbenen grauen Zellen des Gehirns können nämlich nicht ersetzt werden, können die verbleibenden die Aufgabe der abgestorbenen nicht mehr voll übernehmen, wird der Alkoholiker zusehends dement. Irgendwann einmal ist es dann endgültig aus, auch wenn der Alkoholiker sonst nichts dazu tut, das Gift hat seine Wirkung getan und den Körper ausgehöhlt und entkräftet, er stirbt. Woran erkennen Sie nun, daß es der Alkohol war, der jemanden auf dem Gewissen hat? Zunächst wieder an der Umgebung. Leere Flaschen, unsaubere Wohnung, die Körperpflege stark vernachlässigt, all das zeigt Ihnen an, daß sich das Interesse des Alkoholikers im fortgeschrittenen Stadium auf eines reduziert hat: auf Alkohol. Dann an der Leiche selbst: Magerer kachektischer Körper, aufgeschwollene Leber, hochgewölbte klauenartige Fingernägel „Uhrglasfingernägel", gelbliche Augen. Im letzten Stadium bietet ein Trinker ein elendes Bild. Der Tod kann aber auch schon früher kommen, nämlich durch Blutsturz nach einer Varitzenblutung (Varitzen sind Krampfadern in der Speiseröhre). Der Trinker erbricht eine große Menge dunklen venösen Blutes. Finden Sie dieses erbrochene venöse Blut und dazu Leberpräparate wie etwa Legalon, dann können Sie ziemlich sicher sein, daß es der Alkohol war, der den Toten auf dem Gewissen hat. Es muß nicht immer der Alkohol sein, der allein zum Tod führt, oft ist er das auslösende Moment, den bedingt durch die Herabsetzung der Reaktionsfähigkeit und Sehfähigkeit in Verbindung mit dem übersteigenden Selbstbewußtsein und der wieder herabgesetzten Kritikfähigkeit kommt es zu Unfällen. Eine bekannte Tatsache, über die wir nicht reden brauchen. Über eine Art von Unfall müssen wir es aber schon, weil dieser Unfall recht häufig nicht dem Alkohol zugeschrieben wird: Es handelt sich um die guten Schwimmer, die unerklärlicherweise plötzlich ertrinken. In Wahrheit nicht unerklärlich, denn es spielt sich folgendes ab: Der Alkohol dehnt die Gefäße, er weitet sie und der Mann verspürt subjektiv die Hitze noch mehr. In diesem Zustand sucht er Abkühlung im Wasser. Das relativ kühle Wasser bewirkt wieder, daß sich die Gefäße zusammenziehen. Der durch den Alkohol ohnehin schon belastete Kreislauf hält den konträren Befehl nicht mehr aus und bricht zusammen. Das Ergebnis ist, daß der gute Schwimmer in Sekundenschnelle durch den Kollaps bewußtlos wird und lautlos untergeht. Ein Badetoter mehr. Ein unnötiger Badetoter. Wenn Sie so einen Fall untersuchen und alle Ihnen versichern, daß es sich um einen guten Schwimmer gehandelt hat, dann fragen Sie in der Richtung Alkohol. Mit sehr großer Wahrscheinlichkeit werden Sie Ihren Verdacht bestätigt bekommen. Ein letzter Hinweis noch auf die Mitwirkung des Alkohols an Todesfällen, ehe Sie ganz zum Abstinenzler werden: Alkohol ist nun einmal ein Narkosemittel und er bewirkt in großer Menge genossen Schlaf und Tiefschlaf. Es ist eine Betäubung und kein gesunder Schlaf. Alle Alarmeinrichtungen unseres Körpers, die uns auch im Schlaf bei Gefahr schlagartig munter werden lassen, sind abgeblockt und funktionieren nicht. Die Gefahr kann Kälte sein, aber sie kann auch das gerade Gegenteil davon, nämlich Feuer sein. Der schwer Betrunkene merkt weder das eine noch das andere. Er erfriert, oder er erstickt an den Rauchgasen. Wenn sie daher keine Erklärung dafür finden, warum sich ein Mensch nicht gerettet hat, obwohl doch die Möglichkeit dazu gegeben war, dann ziehen Sie Alkohol als Ursache in Betracht.

Gas

Aus ungefähr vier Fünftel Stickstoff und einem Fünftel Sauerstoff besteht unsere Atemluft. Dazu gibt es Beimengungen von Edelgasen in geringer Menge. Um den Sauerstoff spielt sich nun alles ab, das Leben heißt. Die Tiere brauchen ihn für die Aufrechterhaltung ihres Stoffwechsels, sie nehmen ihn auf und scheiden CO_2 (Kohlendioxyd) aus. Die Pflanzen nehmen wieder dieses CO_2 auf und geben Sauerstoff ab, ein wohlausgewogenes Gleichgewicht der Natur — solange es nicht gestört wird. Gelangen aber nun schädliche Beimengungen in die Atemluft, ist es einzig der Geruchssinn, der uns noch warnen kann. Sind die gefährlichen Beimengungen geruchlos, dann haben wir keine Chance. Leider sind viele giftige Gase völlig geruchlos. Wobei giftig in diesem Fall nicht mit gefährlich gleichzusetzen ist. Gefährlich ist nämlich alles, was nicht Sauerstoff ist, Auch in einer Atmosphäre von Edelgas oder Stickstoff gehen Sie innerhalb kürzester Zeit zugrunde. Gefährlich ist das Fehlen des Sauerstoffes, bereits sein Fehlen wirkt sich so katastrophal aus. Sie atmen weiter, aber nutzlos, es gelangt kein Sauerstoff mehr in Ihr Blut. Dem Gehirn fehlt der Sauerstoff zuerst und die Folge ist Bewußtlosigkeit. Sie fallen zusammen und können selbst nichts mehr unternehmen, um sich zu retten. Atmen Sie tatsächlich Giftgas ein, dann sind die Folgen annähernd die gleichen, denn es ist wieder Ihr Gehirn, das zuerst beeinträchtigt ist, Sie können schläfrig werden, unkonzentriert sein, leichtsinnig, in Panik geraten, immer aber bleibt, daß gerade im Moment der Gefahr Ihre Denkfähigkeit herabgesetzt ist und Sie nicht in der Lage sind, richtig zu reagieren. Wir können nicht alle Gase besprechen, die zur Todesursache werden können, aber doch die wichtigsten, mit denen Sie es in der Praxis zu tun haben werden. Die erste Frage für Sie ist immer: Schwerer oder leichter als Luft? Ist das Gas schwerer, dann kommt der schleichende Tod von unten, ist es leichter, dann von oben. Rückschlüsse darauf geben Ihnen oft überlebende Haustiere, die in höherer oder tieferer Position als die Verunglückten waren.

Kohlenmonoxyd (CO)

Bei der vollständigen Verbrennung des Kohlenstoffes entsteht Kohlendioxyd oder CO_2, der vierwertige Kohlenstoff bindet zwei zweiwertige Sauerstoffatome an sich. Bei der unvollständigen Verbrennung entsteht das Kohlenmonoxyd, also CO, das noch weiterverbrannt werden kann. Es ist der Hauptbestandteil des Leuchtgases, das durch die fraktionierte Destillation der Kohle gewonnen wird. CO ist somit ein Energieträger, denn es kann bei seiner Verbrennung Wärme erzeugen. Solange es als Leuchtgas den Haushalten zugeliefert wurde, war es eine der häufigsten gewaltsamen Todesursachen, denn es war **das** Mittel der Selbstmörder. CO ist leichter als Luft, wenn Sie es in einen Ballon füllen, steigt der gegen den Himmel. Und es ist ein völlig geruchloses Gas (deswegen mengte man dem Leuchtgas ein intensiv riechendes Gas als Warnung bei), darin liegt auch seine Gefährlichkeit. CO geht mit dem roten Blutfarbstoff, dem Hämoglobin, noch leichter eine Verbindung ein als der Sauerstoff, dadurch ist das Blut nicht mehr in der Lage den Sauerstoff zu transportieren und der Mensch stirbt an innerer Erstickung. CO entsteht immer bei unvollständiger Verbrennung, also auch bei einem schadhaften Kamin, bei einem schlecht eingestellten Durchlauferhitzer und bei der Verbrennung von Benzin im Automotor. Für Sie als Kriminalist charakteristisch für CO als Todesursache sind die hellroten Totenflecke. (Sie erinnern sich an unsere Feststellung bei der Besprechung der Gifte, wonach jede abweichende Färbung der Totenflecke immer bedenklich ist?) Wenn Sie diese hellroten Totenflecke vorfinden, dann suchen Sie unbedingt nach dem Ursprung des CO. Das teuflische am CO ist nämlich, daß es so völlig geruchslos ist. Wenn der Ofen stinkt und Sie deshalb beunruhigt sind, ist er ungefährlich, wenn das Feuer in ihm glimmt und Sie an keine Gefahr denken, dann kann er lebensgefährlich sein. Haben Sie es mit CO in einer Wohnung zu tun, dann müssen sie **alle** Wohnungen untersuchen, die den gleichen Kamin haben. Einziger Zweck Ihres Vorgehens: Überzeugen, ob die Bewohner leben! Dann gehört zu Ihrer Routine, daß Sie Ofen, Durchlauferhitzer und Kamin untersuchen lassen. Weiters, daß Sie mit der Wetterwarte Kontakt aufnehmen, denn bei Niederdruckwetter kommt es zum Rückschlag der Rauchgase. Hier noch eine Information: Ein Kamin soll mindestens 6 Meter Höhe haben, soll er einigermaßen sicher sein, weist er weniger auf, muß infolge des ungenügenden Zuges mit unvollständiger Verbrennung gerechnet werden. Darauf müssen Sie wieder Bedacht nehmen, wenn Sie es mit Todesfällen in Gartenhäusern und Baracken zu tun haben. Gerade bei der Untersuchung von Gastodesfällen haben Sie eine hohe Verantwortung, weil es von Ihrem Vorgehen abhängt, ob noch Menschen gerettet werden können. Und bedenken Sie auch, daß es eben auch Kriminelle gibt. Ein auf dem Dachboden in den Kamin gestopfter Pullover, der dann wieder entfernt wird, kann den Tod von mehreren Familien bewirken (der Fall hat sich ereignet), sind Sie aber mit Ihren Untersuchungen sehr genau, dann können sie noch die Rußspuren an der Kamintüre entdecken. Übrigens wird CO auch als sexuelles Anregungsmittel verwendet, wir haben es schon erwähnt, Sie müssen also auch darauf achten, ob nicht ein autoerotischer Unfall vorliegen kann. Erinnern Sie sich an unsere Grundregeln: Alles in Betracht ziehen und das wahrscheinlichste und schwerwiegendste vorerst als gegeben annehmen!

Gärgas, Faulgas

Gärgas entsteht bei der Gärung des Weines und ist nichts anderes als CO_2, das Kohlendioxyd, das wir schon kennen, mit einer ganz geringen Menge von Methan (CH_4). Im Prinzip also harmlos, weil es ja auch sonst in der Luft enthalten ist. Trotzdem fordert es gerade im ländlichen Bereich immer wieder Opfer. Gefährlich ist es deswegen, weil es den Sauerstoff verdrängt und weil es völlig geruchlos ist. Gefährlich deshalb, weil die Gefahr als solche nicht zu erkennen ist. Die Sauerstoffzufuhr wird abrupt abgeschnitten, dem Menschen wir plötzlich schwarz vor den Augen und er wird bewußtlos. Einmal bewußtlos, ist es aber bereits um ihn geschehen, weil er keine Chance mehr hat, daß er sich selbst rettet. Ähnlich ist es bei den Faulgasen, die eine höhere Menge Methan enthalten können und die in Senkgruben und stillgelegten Brunnen entstehen können. Auch sie sind weniger giftig an sich, als daß sie durch die Verdrängung des Sauerstoffes gefährlich werden. CO_2 ist übrigens schwerer als Luft, es sammelt sich zuerst am Boden an, deswegen ist es besonders in den Kellern so gefährlich. Als Kriminalist müssen Sie lediglich um diese mögliche Todesursache wissen, da sie eine sehr naheliegende ist, wenn Sie einen Toten in einem Keller, im Brunnenschacht oder in der Senkgrube vor sich haben.

Lösungsmittel, Reinigungsmittel

Sie versiegeln selbst Ihren Fußboden und arbeiten einen Nachmittag daran angestrengt. Sie haben einen trockenen Mund und vielleicht sind Sie sogar trotzdem gut aufgelegt. Auf jeden Fall sind Sie berauscht, ohne daß Sie das wissen, und Sie haben Azeton in Ihrem Blut. Wenn Sie sich jetzt an das Steuer Ihres Wagens setzen, kann es bereits schiefgehen. Bekämpfen Sie Ihren Durst und trockenen Mund noch mit Bier, dann erst recht. Es gibt eine Unzahl von Lösungsmitteln, die ähnlich wirken, sei es, daß sie in Farbe, Klebstoff oder Nagellack enthalten sind. Und es gibt Leute, die darauf süchtig sind, sie zu riechen. Todesfälle ergeben sich meist erst aus den daraus resultierenden Unfällen. Man sollte aber um diese Möglichkeit wissen, findet doch durch sie manch sonst unerklärlicher Unfall seine Erklärung. Anders ist das mit Reinigungsmitteln, die wie das in der Industrie verwendete Trichloräthylen hochgiftig sein können. Funktioniert dann die Absorptionseinrichtung nicht, dann haben Sie es mit einem tödlichen Arbeitsunfall zu tun. Daß die Absorptionsanlage nicht funktionierte, wird man Ihnen nicht unbedingt sagen, wenn Sie in den Betrieb kommen. Da Sie selbst kaum das nötige Fachwissen haben, empfiehlt es sich daher für Sie, in solchen Fällen immer einen Sachverständigen aus dem Gebiet der Technik, insbesondere aus der technischen Unfallverhütung, herbeizuziehen. Ihm kann man nämlich nichts vormachen. Grundsätzlich sollten Sie aber selbst auch immer bei Ihrer Routineuntersuchung auf die Gefäße, Maschinen, freiliegende Chemikalien usw. achten, die auf die Möglichkeit hindeuten, daß giftige oder berauschende Dämpfe entstehen. Und immer sollten Sie sich bei Unfallopfern für deren berufliche Beschäftigung interessieren.

Sturz aus großer Höhe

Er ist der Alptraum des Kriminalisten. Eine zerschmetterte Leiche wird gefunden und es stellt sich die Frage: Freiwilliger Sturz oder nicht? Vorneweg: Es wird nicht immer mit Sicherheit zu klären sein. Vor allem nicht, wenn die Situation am Tatort grundsätzlich beide Möglichkeiten offenläßt. Leicht haben Sie es, wenn die im 4. Stock liegende Wohnung von innen versperrt ist und auf dem Fensterbrett noch die Trittspuren zu sehen sind. Schwerer schon, wenn es sich um ein Gangfenster handelt, und noch schwerer, wenn in der Wohnung eine zweite Person war und von den Nachbarn Streit gehört wurde. Dennoch gibt es auch hier Anhaltspunkte, wenn sie auch mit gebührender Vorsicht zu behandeln sind. Zunächst vergegenwärtigen Sie sich einmal, wie Sie selbst hinunterspringen würden, wenn Sie sich entschlossen hätten, sich umzubringen. Sie würden es mit großer Wahrscheinlichkeit so tun, wie sie von einem Tisch hinunterspringen, nämlich mit den Füßen voran. Wenn Sie sich in der Luft nicht drehen, kommen Sie gewissermaßen als Stehender an, Sie machen das, was man einen „Steher" beim Springen nennt. Beim Aufprall auf den harten Boden brechen als erstes die Oberschenkelhalsknochen, sie sind der schwächste Punkt, und dann spießen sich die Oberschenkelknochen wie Speere in den Leib. Was von Ihnen zurückbleibt, ist eine Leiche mit seltsam kurzen Beinen, denn die Oberschenkelknochen haben Sie ja im Leib. In diesem Fall kann Ihr Kollege mit einiger Sicherheit annehmen, daß Sie freiwillig gesprungen sind. Ähnlich, wenn sie gehockt gesprungen sind, dann haben Sie eine vielfach gebrochene Wirbelsäule und ein zertrümmertes Becken, Ihr Kopf kann aber noch einigermaßen heil sein. Was aber, wenn Sie mit dem Rücken voran hinunterfallen, weil man Sie gestoßen hat? Dann haben sie sogar noch eine gewisse relative Überlebenschance, so unwahrscheinlich das auch klingt. Denn Sie fallen flach auf, haben Sie noch dazu Arme und Beine weit von sich gestreckt, dann reduziert sich nach den Gesetzen der Physik der Druck auf die Flächeneinheit, weil sich die Gesamtfläche vergrößert und es gibt weniger Brüche. Einziges Problem dabei ist Ihr Kopf, den müßten Sie im richtigen Moment voll anziehen. Was meist nicht gelingt, dann gibt es doch eine Leiche. Eine Leiche, die für Sie „Vorsicht!" bedeutet. Es kann eine Frau sein, die beim Fensterputzen abgestürzt ist, aber es kann auch eine Frau sein, die verzweifelt um ihr Leben gekämpft hat. Deswegen suchen Sie immer nach Abwehrverletzungen. Bleibt uns jetzt noch der in größter Todesverachtung ausgeführte Sprung kopfüber aus großer Höhe. Im Gegensatz zum „Steher" bleibt er meistens nicht ein richtiger Kopfsprung. Wer mit dem Leben abgeschlossen hat, dem kommt es in der letzten Sekunde seiner Existenz nicht mehr darauf an, daß er einen stilgerechten Kopfsprung durchführt. Der Körper beginnt sich in der Luft zu drehen und, egal wie der Unglückliche dann aufkommt, das Ergebnis ist immer gleich schrecklich. Trotzdem auch hier etwas, das Sie wie in anderen Fällen auf Selbstmord hinweisen kann: Auch der Sprung mit dem Kopf voran ist ein **Sprung**. Entsprechend der Fallgesetze macht der Körper eine zusammengesetzte Bewegung von Haus weg und nach unten in Form einer Kurve. Eine eher weiter von der Hausmauer entfernt liegende Leiche deutet daher eher auf Sprung und damit auf Selbstmord. Deutet, denn eine von einem körperlich überlegenen Gegner durch das ganze Zimmer gestoßene Person, die dann über das Fensterbrett kippt, macht auch diese Bewegung. Gerade beim Sturz aus großer Höhe liegt eben das Problem darin, daß eine völlig sichere Rekonstruktion oft nicht möglich ist, da Umstände, wie starker Wind und flatternde Kleidung, bereits zu atypischen Lagen der Leichen führen können. Oder das Fenster, aus dem der Selbstmörder gesprungen ist, wurde später ahnungslos von jemand verschlossen, den Sie nicht ermitteln können. Über die Untersuchung der Leiche nach Abwehrverletzungen hinaus liegen daher Ihre Chancen in erster Linie in der genauen Untersuchung der Tatortsituation und der Erforschung des Vorlebens des Opfers. Insbesondere über die Erforschung des Vorlebens können Sie auf ein Motiv zum Selbstmord stoßen, oder auf einen potentiell denkbaren Mörder.

Weil wir schon beim Sprung aus großer Höhe sind: Wie verhalten Sie sich selbst, wenn Sie nur durch einen gewagten Sprung, sagen wir aus dem 3. Stock, noch eine Chance haben, Ihr Leben zu retten? Da ist zunächst die Frage: Ist ein Sprungtuch oder Sprungkissen vorhanden? Wenn ja, dann gilt für Sie folgendes: Klettern Sie auf das Fensterbrett und halten Sie sich mit dem Gesicht zum Zimmer am Fensterrahmen fest. Sie sind nun zusammengekrümmt, und Ihr Rükken und Gesäß bilden einen Bogen nach außen. Dann drücken Sie sich mit den Beinen fest weg und lassen zugleich Ihren Halt los. Haben Sie in dieser Situation noch genug Kaltblütigkeit und Konzentration, dann strecken Sie die Beine. Das Ergebnis ist, daß Sie mit Beinen und Gesäß zuerst auf dem Sprungtuch landen, die erste Wucht wird so abgefangen, ohne daß es einen Bruch gibt und die gekrümmte Wirbelsäule kann auch abfedern. Das verhindert wieder, daß Ihr Kopf zu sehr erschüttert wird, wenn auch er schließlich im Sprungtuch abgebremst wird. Möglich, daß Sie benommen sind, aber Sie überleben ohne schwere Verletzung. Würden Sie mit dem Gesicht voraus wegspringen, gelingt es Ihnen schwer, diese sitzende Haltung beim Aufprall einzunehmen, deshalb mit dem Rücken voran. Auch dann, wenn kein Sprungtuch gespannt ist und Sie im Sprung Ihre allerletzte Chance sehen. Dann aber sollten Sie sich bemühen, vollkommen flach und mit gestreckten Armen und Beinen und angezogenem Kopf aufzukommen. Wollen wir hoffen, daß Sie nie in eine so verzweifelte Lage kommen, denn diese Überlebenschance ist bereits eine theoretische und es hängt viel vom Glück im Einzelfall ab.

Ertrinken

Bereits beim Alkohol haben wir festgestellt: Nicht jeder, der in der Tagespresse als Ertrunkener geführt wird, ist tatsächlich ertrunken. Bei einem hohen Prozentsatz ist es der Kreislauf, der aus irgendeinem Grund plötzlich versagt hat. Es muß nicht immer der Alkohol sein, es kann auch ein gefüllter Magen, eine Krankheit oder einfach der Kälteschock sein. Oder es kann an der Temperaturdifferenz zwischen Luft und Wasser oder erhitztem Körper und Wasser liegen. Oder an der extrem niedrigen Wassertemperatur überhaupt.

Während des Krieges hatte ein Mann, der in das Wasser des nördlichen Eismeeres fiel, keine Chance, daß er auch nur eine Minute überlebte. Im extrem kalten Wasser passiert nämlich folgendes: Die Blutgefäße ziehen sich ganz eng zusammen, das Herz muß jetzt drei- und vierfache Arbeit leisten, wenn es noch eine gewisse Menge Blut durch diese verengten Gefäße pumpen will. Dazu kämpft der Körper noch gegen einen massiven Wärmeverlust an, der bei der nunmehr verringerten Sauerstoffzufuhr nicht ausgeglichen werden kann. Auch ein gesunder Mensch hält das nicht aus, er ist bald erschöpft, hält der Zustand an, dann stirbt er. Ob an Erschöpfung oder Unterkühlung, darüber könnte man streiten. Entscheidend für einen Schwimmer ist aber, daß bei sehr kaltem Wasser die Erschöpfung rasch kommt. Es wäre der Mensch nicht Mensch, wenn er nicht auch das ausgenützt hätte, um einen anderen Menschen zu quälen. In China stellte man den Deliquenten bis zum Oberkörper in einen eiskalten Gebirgsbach. Das Herz des Unglückseligen arbeitete verzweifelt, um Blut durch die verengten Gefäße zu pumpen, jeden Herzschlag empfand er qualvoll hämmernd im ganzen Körper und wurde so langsam zum Wahnsinn getrieben. Nun sind wir sicher nicht in China, aber die Wirkungsweise des sehr kalten Wassers ist auch bei uns die gleiche und sie verursacht Tote, die als Ertrunkene gelten. Das bedeutet aber für Sie wieder, daß Sie feststellen müssen, ob ein echter Ertrinkungstod vorliegt, oder ob die eigentliche Todesursache Kreislaufversagen war. Der Gerichtsmediziner hat es da leichter als Sie: Der Prosekturdiener wirft die herausgeschnittene Lunge in einen Kübel mit Wasser. Geht sie unter, dann war der Betreffende ertrunken, denn dann ist seine Lunge wassergefüllt. Bleibt sie oben, dann war er bereits tot als er in das Wasser gelangte, denn er atmete kein Wasser mehr ein. Simpel die Methode, aber auch die Gerichtsmedizin arbeitet manchmal mit ganz einfachen Mitteln, sie drückt nur das Ergebnis später wissenschaftlich aus. So einfach ist es übrigens auch nicht, wir werden später noch darauf zurückkommen. Wenn Sie selbst vor der Leiche stehen, können Sie diese Art von Untersuchung jedenfalls nicht durchführen. Aber Sie können darauf achten, ob Wasser aus seiner Lunge fließt, und Sie können klarstellen, ob der Tote Schwimmer oder Nichtschwimmer war. Sie können weiters klären, was der Betreffende vorher gemacht hat, ob er in der Sonne gelegen hatte, Fußball gespielt hatte, ein opulentes Mahl zu sich genommen hatte und so weiter. Sie erinnern sich an all die Warnungen der Ärzte, die zu Beginn jeder Badesaison immer in den Zeitungen stehen? Der Mann, der jetzt als Leiche vor Ihnen liegt (oder die Frau), kann sie alle mißachtet haben, und Sie müssen das herausfinden. Das können Sie nur durch gezieltes Fragen. Es sind alles Fragen in der Generalrichtung, ob Kreislauf oder Herzschwäche gegeben sein konnte. Weist der Tote dann auch keine augenfälligen Verletzungen auf (Kratzspuren und Schwellungen können dann schon sehr, sehr bedenklich sein!), dann dürfen

Sie mit einiger Sicherheit annehmen, daß ein unechter Ertrinkungstod ohne Fremdverschulden vorliegt. Natürlich kann auch ein guter Schwimmer tatsächlich ertrinken, aber dann müssen schon Umstände vorliegen, die das glaubwürdig machen, hoher Seegang mit unberechenbaren Wellen, Hineingeraten in den Sog eines Brükkenpfeilers oder eines Schiffes, aber diese Umstände erfahren Sie dann im allgemeinen leicht. Nun also zum echten Ertrinkungstod, was spielt sich da ab? Da Sie sicher selbst Schwimmer sind, wissen Sie, daß Sie im Wasser nicht untergehen können, selbst wenn Sie keine Bewegung machen. Ein Teil Ihres Kopfes bleibt außerhalb des Wassers, während Ihre Beine nach unten sinken und schließlich Ihr Körper im Wasser „steht". Leider bleibt nicht soviel von Ihrem Kopf aus dem Wasser, daß Sie sicher atmen können. Eine geringe und richtige Bewegung mit den Armen oder Beinen — und Sie lägen auf dem Rücken im Wasser und könnten sich genußvoll entspannen. Ein Nichtschwimmer kann das nicht, ihm fehlt diese Kenntnis der koordinierten Bewegung. Er empfindet nur, daß sein Körper absinkt und daß Mund und Nase unter Wasser kommen. Panik erfaßt ihn und er schlägt wild um sich, weil er aus dem Wasser und zu Luft kommen will. Irgendwann einmal atmet er dann doch ein, aber es ist Wasser, das er dann einatmet. Von diesem Augenblick an ist sein Schicksal besiegelt, wenn ihm niemand zu Hilfe kommt, denn ab diesem Augenblick ist die Tätigkeit seiner Lungen nicht mehr willentlich kontrollierbar. Ein Hustenreiz schleudert das Wasser heraus, der Atemreflex holt noch mehr herein. Wenn Ihnen jemals Wasser in die Lungen gekommen ist (beim Trinken natürlich), kennen Sie das. Der Atemreflex gewinnt dabei, denn er hat die Überlebensfunktion, die sich in diesem Fall aber tödlich auswirkt. In wenigen Sekunden ist alles vorbei und die Bewußtlosigkeit tritt ein. Der Atemreflex arbeitet bis zum bitteren Ende weiter und das Ergebnis ist, daß die Lunge des Verunglückten mit Wasser gefüllt ist. Es sind die mechanisch unter Ausschaltung des bewußten Denkens wirkenden Reflexe, die sich tödlich auswirken. Geschaffen für die normalen Lebensbedingungen, wirken sie sich in dieser einen Extremsituation verheerend aus. Sie können das ausnützen und Ihre Frau in der Badewanne umbringen: Ihre Frau sitzt in der Wanne und trällert vor sich hin. Sie streicheln schmeichelnd ihren Unterschenkel und fassen nach ihrer großen Zehe. Und dann ziehen Sie ruckartig an. Das Ergebnis ist, daß Ihre Frau unter Wasser kommt und den Mund weit aufreißt, wobei sie tief einatmet. Schon ist es geschehen, der Mechanismus setzt ein. Sie können der Mordkommission eine in der Badewanne ertrunkene Frau präsentieren, die keine Verletzungen aufweist. Wenn Ihre vorherigen Streitigkeiten nicht publik geworden sind und der Kriminalist der Mordkommission dieses Buch nicht gelesen hat, können Sie vielleicht sogar damit durchkommen. Ähnlich ist es, wenn das Wasser durch einen besonders hohen Salzgehalt (etwa im toten Meer) besonders stark reizauslösend wirkt. Dann ist auch schon das Einatmen einer geringen Menge von Wasser für einen geübten Schwimmer tödlich.

Wenn Sie nun vor einer Wasserleiche stehen, nützt Ihnen dieses Wissen etwas? Bedingt ja, denn meistens gibt es Zeugenaussagen und Sie sind in der Lage, deren Glaubwürdigkeit zu beurteilen. Oder Sie können selbst abschätzen, ob nun ein echter oder ein unechter Ertrinkungstod gegeben sein wird. Haben Sie keine Anhaltspunkte, weil die Leiche noch nicht identifiziert werden konnte, dann können Sie nur die Obduktion abwarten, wobei es wieder Sie sind, der aus den Umständen der Auffindung und dem Zustand der Leiche Verdachtsmomente finden muß. Scheuen Sie sich nicht, einen Verdacht auszusprechen, wenn Sie Verletzungen an der Leiche feststellen oder etwa Injektionsspritze oder Medikamente bei der Leiche vorfinden. Es ist wesentlich leichter, als Gerichtsmediziner ein sicheres Gutachten zu erstellen, als am Auffindungsort der Leiche einen begründeten Verdacht auszusprechen. Fürchten Sie daher nicht eine spätere Blamage und gehen Sie auf Nummer sicher. Kriminalistische Arbeit ist nun einmal Arbeit auf bloßem Verdacht hin, Irrtümer sind dabei möglich und einkalkuliert. Weil wir bei der nachträglichen Überprüfung sind: Selbstverständlich ist es nicht der Prosekturgehilfe mit dem Wasserkübel, in den er die Lunge wirft, der den tatsächlichen Nachweis des Ertrinkungstodes erbringt. Dieser Nachweis wird über die Lungenbläschen geführt. Sind in ihnen Algen, feiner Sand oder sonstiges Schwemmgut enthalten, dann gilt das als Nachweis, daß Wasser eingeatmet worden ist, also daß tatsächlich Ertrinkungstod gegeben ist. Wobei es wieder Ausnahmen gibt: Bei sehr starkem Wasserdruck und längerem Liegen der Leiche im Wasser können diese Teilchen auch postmortal in die Lungenbläschen gelangen. Noch ein Hinweis: Nehmen Sie nie etwas als gegeben an, das noch nicht erwiesen ist. Ist zweifelhaft, wie die Leiche zu jenem Ort gelangt ist, an dem sie geborgen wurde, dann übernehmen Sie nie die Vermutung anderer. Verlassen Sie sich mehr auf die eigenen Beobachtungen und machen Sie, wenn es sich um strömendes Wasser handelt, ruhig auch Versuche mit Holzstücken, die Sie in das Wasser werfen. So wie Leichen nach Sturz aus großer Höhe und Brandleichen zählen nämlich Wasserleichen zur größten kriminalistischen Herausforderung. Die Sie aber eben annehmen müssen. Dazu zählt auch der vermutliche Todeintritt, der bei Wasserleichen nicht so genau bestimmt werden kann, wie bei sonstigen Leichen. Die Temperatur des Wassers und der Umstand, daß nach dem Todeintritt Luftabschluß gegeben sind, sind dafür ausschlaggebend. Die niedrige Wassertemperatur kann die Verwesung verzögern, der Luftabschluß führt wieder zur Leichenwachsbildung, es kommt zu Waschhautbildung und anderem. Sie können bei einer Wasserleiche daher auch nie mit Bestimmtheit sagen, wie lange sie schon im Wasser gelegen hat, Sie können es an den aufgetretenen Veränderungen nur schätzen. Zur Genauigkeit Ihrer

Erhebungen gehört aber die Feststellung der Wassertemperatur zum Zeitpunkt der Auffindung, weil Sie dadurch dem Gerichtsmediziner die Arbeit erleichtern. Daß Wasserleichen wieder hochkommen, weiß auch das Volk schon lange, es sind die im Körper enthaltenen Faulgase, die das bewirken. Ihr Entstehen ist aber vom Fortschritt der Verwesung abhängig und aus dem bloßen Hochkommen der Leiche ist daher noch kein zulässiger Rückschluß auf den Zeitpunkt des Versinkens möglich. Wenn ein Mensch im Winter im Eis eingebrochen und versunken ist, kann seine Leiche auch erst im Frühjahr hochkommen. Wir haben vorhin die Waschhaut erwähnt, es handelt sich um die Ablösung der Haut, die durch die Wassereinwirkung hervorgerufen wird. Wenn Sie an die Hand der Leiche fassen, können Sie die Haut samt den Fingernägeln wie einen Handschuh abziehen. Dieser Handschuh aus Haut, den Sie abziehen können, ist lediglich ein makabrer Beweis dafür, daß die Leiche längere Zeit im Wasser gelegen ist, wielange genau, sagt er Ihnen aber auch nicht.

Ein toter menschlicher Körper verhält sich nun im Wasser nicht anders als jeder leblose Gegenstand, er treibt dahin und ist allen Einflüssen ausgesetzt, ohne daß er sich wehren kann. Bei Leichen, die längere Zeit im Wasser gelegen haben, finden sie daher auch Algenwuchs, Tierfraß und sonstige postmortale Verletzungen durch Steine oder Schiffsschrauben usw. Diese Verletzungen als postmortal entstanden zu erkennen, ist in den Fällen von Tierfraß vielleicht noch relativ leicht möglich, bei Schnittverletzungen, wie sie durch Schiffsschrauben entstehen können, aber insbesondere bei bereits fortgeschrittener Verwesung, schon sehr schwer für Sie als Laien möglich. Im Zweifel sollten Sie daher annehmen, daß die Verletzung vor dem Tod entstanden ist und sich das Gegenteil durch den Gerichtsmediziner beweisen lassen, oder durch Ihre eigenen Erhebungen widerlegen. Gerade bei Wasserleichen können Sie nämlich nie vorsichtig genug sein, Sie könnten sonst unangenehme Überraschungen erleben.

Stumpfe Gewalt

So steht es meist im Obduktionsbericht, und es macht sich gut. Ihnen bringt es weniger, Ihnen wäre es lieber, wenn Sie nach einem zweischneidigen Dolch oder nach einer Pistole bestimmten Kalibers suchen könnten. Stumpfe Gewalt, das kann die Faust gewesen sein, ein Holzprügel, ein Nudelwalker, ein Stein oder eine runde Eisenstange. Warum also widmen wir dieser so indifferenten Stumpfen Gewalt ein eigenes Kapitel? Weil es auch wieder nicht so aussichtlos ist, es kommt nämlich darauf an, daß Sie bereits am Tatort erkennen, ob diese Stumpfe Gewalt im Spiel war. Nehmen wir daher also einmal an, Sie schlagen mit einem dicken Holzprügel gegen den Oberarm eines Menschen. Schlagen Sie leicht, wird das Gewebe der Haut und der Muskel gegen den Knochen gepreßt, es wird gequetscht, denn der Knochen weicht ja nicht aus. Wird es so stark gequetscht, daß es zu Zerreißungen kommt, dann gibt es Blutaustritte, Sie haben eine relativ leichte Verletzung herbeigeführt, ein Hämatom, einen blauen Fleck. Schlagen Sie bereits stärker zu, dann wird nicht nur das Gewebe gequetscht, es löst sich auch die Knochenhaut ab, jetzt ist es bereits eine erhebliche Verletzung, die Sie herbeigeführt haben, eine überaus schmerzhafte Prellung mit zusätzlichem Hämatom. Schlagen Sie ganz fest zu, wird der Knochen, der ja nicht ausweichen kann (er ist dem Trägheitsgesetz der Physik unterworfen), bereits zertrümmert, er bricht entzwei. Da es sich in unserem Fall um den Oberarmknochen handelt, bricht er in drei Teile, wobei das Mittelstück keilförmig ist und die Spitze des Keils in die Richtung weist, aus der der Schlag gekommen ist. Der Gerichtsmediziner kann so noch lange nach Ihrem Schlag feststellen, in welche Richtung Sie zugeschlagen haben, oder aus welcher Richtung das Auto gekommen ist, wenn es sich um einen zusammengefahrenen Fußgänger handelt. Schlagen Sie mit dem Prügel ebenso stark gegen den Kopf, dann gibt es einen Berstungsbruch, den die Schädelkapsel verhält sich im Grunde genommen wie ein Tongefäß, nur ist sie widerstandsfähgier. Wie sich nun die sogenannte Stumpfe Gewalt auswirkt, das haben Sie am Beispiel mit dem Holzprügel erkannt. Das verwerten Sie jetzt, wenn Sie vor der Leiche stehen. Ein Hämatom von einem Totenfleck zu unterscheiden, wird Ihnen nicht schwerfallen, vor allem sind Totenflecke nicht striemenförmig und es gibt sie nur an den tiefergelegenen Körperpartien. Eine Platzwunde werden Sie auch erkennen, Voraussetzung ist nur, daß Sie auch wirklich den gesamten Körper der Leiche besichtigen. Bei Knochenbrüchen wird es bereits schwieriger, gerade sie weisen aber auf schwere Verletzungen hin. Was Sie tun können, ist, daß Sie zunächst einmal alle Extremitäten daraufhin untersuchen, ob sie abnormal beweglich sind, ob sie sich an Stellen abknicken lassen, wo sie das nicht dürften. Beim Rumpf tasten Sie nach weichen Stellen, die dort sind, wo sie nicht sein dürften, im knöchernen Brustkorb etwa. Es kommt wieder auf Ihre Genauigkeit an und darauf, daß Sie einigermaßen die Anatomie beherrschen. Es bleibt Ihnen dann nur noch der Kopf. Hier bedienen Sie sich der einfachen Methode, mit der ein Arbeiter feststellt, ob eine Schleifscheibe einen Sprung hat: Er hält sie auf einem Draht schwebend und klopft dagegen. Wenn sie klingt, hat sie keinen Sprung und er kann sie beruhigt an der Schleifmaschine montieren. Klingt sie nicht und er hört den dumpfen Ton, dann hat sie einen Sprung. Beim Kopf ist es nicht anders. Wenn Sie mit dem Fingerknöchel gegen die Schädelkapsel klopfen, hören Sie sofort, ob diese gesprungen ist oder nicht, Sie müssen es nur vorher an einem gesprungenen und einem intakten Tonkrug ausprobieren, damit Sie es ins Gehör kriegen. Denn genügend Totenköpfe werden Sie ja kaum zur Verfügung haben. Außerdem drücken Sie auch den

Kopf nach Eindellungen ab, schwerste Kopfverletzungen erkennen Sie so leicht, auch wenn sie nicht von Platzwunden begleitet sein sollten. Es weisen Sie aber nicht nur die eher spektakulären Knochenbrüche auf die Einwirkung von Stumpfer Gewalt hin, sondern auch etwa ungleicher Pupillenstand, der auf Blutungen im Gehirn hindeutet, oder die Lage der Hämatome. Befinden sich diese an kritischen und empfindlichen Stellen, etwa Leber und Nierengegend, dann müssen Sie auch innere Blutungen in Betracht ziehen. Ziel Ihrer Untersuchung am Tatort muß es sein, daß Sie überhaupt erkennen, daß die Möglichkeit besteht, daß die Stumpfe Gewalt den Tod herbeigeführt haben **kann**. Denn dann geben Sie ihren Nachforschungen bereits eine andere Richtung und werden auch die Möglichkeit eines Raufhandels miteinbeziehen. Die Stumpfe Gewalt, die immer wieder in den Obduktionsberichten aufscheint, sollte besser mit „nicht identifizierbarer Gegenstand" bezeichnet werden, denn sie läßt alle Möglichkeiten offen. Anders ausgedrückt: Alles was nicht spitz oder kantig ist, kann die Tatwaffe sein. Selbst ein Schlag mit einem Schusterhammer wird im Obduktionsbericht als Stumpfe Gewalt aufscheinen, wenn er nicht so heftigt geführt wurde, daß sich seine Kanten abzeichnen. Lassen Sie sich daher durch das Wort „Stumpf" bei der Suche nach möglichen Tatwaffen nicht zu sehr beirren.

Erstechen

Speer und Messer gehören neben dem Beil zu den ersten von den Menschen erfundenen Waffen, sie waren gewissermaßen selbstgefertigte Zähne und Klauen, um den Gegner zu zerfleischen. Der Speer, die Lanze, die Hellebarde, sie werden heute selten gebrauchte Waffen sein, denn sie waren zum Töten auf eine gewisse Distanz gedacht. Das Messer, der Dolch, sie haben sich als Nahkampfwaffe bis heute erhalten. Ein Fixiermesser, ein Fallmesser oder ein Springmesser nehmen wenig Platz ein und sie sind rasch zur Hand. Und töten lautlos. Selbst beim Angriff mit dem Messer unterscheiden sich die Völker. Der Südländer führt den Stich im allgemeinen von unten her gegen den Bauch, der Inder wieder führt ihn von oben nach unten gegen die Brust und das Herz und dem Nordländer lag das Messer als Stichwaffe eigentlich nie so richtig, er bevorzugte die Hiebwaffen, später den Degen als Fechtwaffe. Es liegt an der Mentalität. Der eher kühle Nordländer erschlägt im aufbrausenden Zorn, der nimmt zur Hand, was gerade da ist. Der temperamentvolle Südländer denkt eher praktischer und rechnet bereits mit einem möglichen Angriff. Entscheidend ist für ihn der Ausgang der Sache und die körperliche Überlegenheit des Gegners wird durch die Waffe ausgeglichen. So denken auch Zuhälter und haben Waffe und Kampfweise des Südländers mit großer Selbstverständlichkeit übernommen. Aus der Art der Stichführung läßt sich daher heute kein Rückschluß auf die Nationalität des Täters ziehen.

Eine Stichwunde an einer Leiche erkennen Sie leicht als solche, fehlen ihr doch die charakteristischen Merkmale einer Schußwunde oder Schlagverletzung. Sie sehen Sie sie an und denken, daß es ein ... Schon denken Sie falsch. Denn aus der äußerlich sichtbaren Form der Wunde erkennt man noch nicht, welche Waffe sie hervorgerufen hat, ob es eine zweischneidige, eine einschneidige oder eine mit rundem Querschnitt war. Mit ganz wenigen Ausnahmen, die dreischneidig zugeschliffene Feile, mit der Kaiserin Elisabeth ermordet worden war, die könnten Sie an der äußerlich sichtbaren Verletzung erkennen. Sonst sind Sie auf den Gerichtsmediziner angewiesen. Der präpariert schichtweise den Stichkanal und da Gewebe und Muskelfasern schichtweise verschieden verlaufen, kann er genau verfolgen, wo sie durchtrennt wurden und wo nicht. Wo sie durchgehend durchtrennt sind, da war eine Schneide die Ursache. Auf die Art bringt er rasch heraus, ob es sich um eine einschneidige Waffe oder eine zweischneidige gehandelt hat, ist der Stichkanal genügend tief und verläuft er im Muskelgewebe, kann er möglicherweise noch herausfinden, ob es eine besonders spitze Klinge war oder nicht. Oberflächlich können Sie bei einer Wunde nicht sehen, wo Gewebe durchschnitten wurde und wo nicht, da kann eine Waffe mit rundem Querschnitt ohne weiteres unter bestimmten Bedingungen eine Wunde hinterlassen, die so aussieht wie die von einer zweischneidigen Waffe verursachte. Noch viel weniger können Sie erkennen, ob es sich um eine ein- oder zweischneidige Waffe gehandelt hat. Deshalb Vorsicht und keine voreiligen Schlüsse!

Sie werden zu einer Leiche gerufen, die Tatwaffe steckt noch hineingerammt bis zum Heft in ihrer Brust. Und wenn Sie jetzt noch so neugierig sind, lassen Sie sie stecken. Der Gerichtsmediziner tut sich leichter und wird Ihnen dafür dankbar sein. Sollten Sie das Pech haben und selbst gestochen werden, oder auf einen Schwerverletzten stoßen, der in seinem Körper noch die Waffe stecken hat, dann ziehen Sie diese auch nicht heraus. Was von Ihnen als Hilfeleistung gut gemeint ist, kann ihn töten. Solange die Waffe noch steckt, verhindert sie die volle Blutung, Sie oder der Unglückliche haben dadurch noch eine Chance. Mitunter eine geringe, aber dennoch eine, die Sie sonst nicht hätten, vorausgesetzt, daß jede Bewegung vermieden wird.

Besonders bei Stichverletzungen kommt es bei der Beurteilung der Frage, ob Tötungsabsicht gegeben war oder nicht, darauf an, in welcher Situation es zur tödlichen Verletzung gekommen ist. Ein Stich in den Rücken — und die Tötungsabsicht kann als erwiesen angenommen werden. Sicher eine verlockend einfache Argumentation. Vor Gericht erleben Sie dann Ihr blaues Wunder, denn der Verteidiger weist haarklein nach, daß sich das Opfer überraschend umgedreht hat und aus dem Schnitt, der die Kleidung beschädigen sollte, ein ungewollter Stich wurde... Dagegen können Sie sich nur durch eine sorgfältige Rekonstruktion unter Berücksichtigung aller Aussagen schützen, wenn Sie dies photographisch festhalten.

Erstechen geht nie unblutig vor sich, es liegt im Wesen der Verletzung. Erinnern Sie sich an unser Beispiel aus dem Allgemeinen Teil? Begehen Sie nicht auch den Fehler und lassen Sie sich vom Blut abhalten, Ihre Untersuchungen peinlich genau zu führen. Nötigenfalls müssen Sie eben die Leiche waschen, wenn die Spurensicherung ihre Arbeit getan hat.

Den Stichkanal im Körperinneren können Sie, wenn es sich nicht um einen Durchstich handelt, nicht erkennen. Aber Sie können ihn vermuten und das wieder nur, wenn Sie selbst schon mit einer der gängigen Waffen gestochen haben (es muß ja diesmal nicht unbedingt Ihre Ehefrau sein, die Sie als Übungsobjekt benutzen, es kann ja auch eine Kleiderpuppe sein). Sinn des Ganzen ist einzig und allein, daß Sie sich anschaulich vergegenwärtigen, wie Sie die Waffe halten, wenn Sie gegen Bauch oder Rücken stechen. Sie wissen es jetzt, ja? Und haben Sie alle Variationen durchprobiert? Dann wissen Sie außer dem Verlauf des Stichkanals auch, wie Sie sich einem Angreifer gegenüber verhalten, der Sie mit dem Messer bedroht. Schon aus der Art, wie er das Messer hält, erkennen Sie, welchen Stich er beabsichtigt. Oder sagen wir besser, welchen Stich er nur führen kann. Alle waffenlosen Selbstverteidigungssysteme bauen darauf auf und beantworten bereits die Art, wie das Messer gehalten wird, mit einer entsprechenden Reaktion. Zweck dieser Überlegung war aber nicht, Sie dafür zu interessieren — wenn das bei Ihrem Beruf auch sicher kein Nachteil ist —, als daß Sie sich vor einem Irrtum bewahren. Die beste Schule ist immer das Ausprobieren. Haben Sie Ihre Kleiderpuppe oder Ihren Strohsack ausgiebig bekämpft, werden Sie bei den Einvernehmen dann mancher Aussage viel skeptischer gegenüberstehen. Und vor der Leiche werden Sie viel zutreffendere Vermutungen über die Körpergröße des Täters und seine Position erstellen können.

Vielleicht haben Sie es gemerkt: Bei der Besprechung dieser Tötungsart haben wir am Schluß das Hauptgewicht darauf gelegt, daß Sie sich selbst in die Rolle des Täters einleben. Bewußt, denn Kampf mit dem Messer ist Nahkampf, es entscheidet der Vorteil des Augenblicks, und den Ausgang eines solchen Kampfes können Sie sich nur vor Augen halten, wenn Sie sich selbst als Täter zu sehen imstande sind.

Manchmal gibt es aber keinen Täter, sondern nur einen Selbstmörder. Woran können Sie nun erkennen, daß Selbstmord und kein Mord gegeben ist? Nun, Sie müssen nur wieder versuchen, sich selbst mit dem Messer umzubringen. Ihrer Aktivität sind Grenzen gesetzt, Sie können nur dort zustechen, wo es Ihnen die Anatomie erlaubt. Gelingt es Ihnen nicht, daß Sie schon nach dem ersten Mal bewußtlos sind, und sind Sie wild entschlossen, dieser Welt den

Rücken zu kehren, versuchen Sie es noch einmal, oder mehrere Male. Dann liegen die Einstiche nebeneinander und sind prinzipiell mit einem Messer, das Ihre Hand gehalten hat möglich. Fügen Sie sich nur Schnittverletzungen zu, dann verlaufen diese annähernd parallel. Ähnlich ist es aber auch bei den Stichverletzungen. Aus der Art der Lage und dem parallelen Stichkanalverlauf erkennt der Gerichtsmediziner, ob Selbstmord vorliegt oder nicht. Denn ein um sein Leben kämpfender Mensch wird sich kaum hinstellen und dem Gegner ermöglichen, daß dieser mehrmals dieselbe Stelle völlig ohne Abwehrhandlung trifft. Gibt es einen Täter, dann verlaufen die Stichkanäle nicht gleich und die Einstiche liegen auch nicht dicht aneinander. Sie verstehen? Sie brauchen nur zu versuchen, daß Sie sich selbst umbringen, dann haben Sie die Situation eingeprägt.

Erschießen

Der Kampf Mann gegen Mann bringt die Gefahr des Zufalls mit sich, eine falsche Bewegung und man ist selbst der Getötete. Der Verstand des Menschen versuchte diese Gefahr zu eliminieren. Das Ergebnis waren die Schußwaffen, die ein Töten über eine große Distanz hinweg ermöglichten. Bei der Besprechung der Spuren haben wir schon damit Bekanntschaft gemacht: Wir unterscheiden den Weitschuß, den Nahschuß und den angesetzten Schuß. Um Wiederholungen zu vermeiden, bitte ich Sie daher zurückzublättern. Worum es uns nun geht, ist einzig und allein Ihr Verhalten am Tatort eines mit einer Schußwaffe begangenen Deliktes. Dazu müssen wir zunächst einmal wissen, wie eine Schußwaffe tötet. Sie sagen, durch die Verletzung, die sie hervorruft? Es stimmt, aber nur bedingt und das „nur bedingt" spielt bei den moderneren Waffen eine immer größere Rolle. Verfolgen wir daher am besten eine abgefeuerte Kugel auf ihrem Weg in Zeitlupe, während sie in den Körper eindringt. Die Haut wird eingedellt, schließlich durchstoßen, die Kugel bahnt sich einen Weg in das Körperinnere, die Hautränder zieht sie dabei mit in den beginnenden Schußkanal. An der Leiche sehen Sie diese mit hineingezogene Haut später als etwas bräunlich verfärbten Einschußring, der beim Nahschuß mit dem Schmauchring überlagert ist und den Sie nicht mit der Stanzmarke des angesetzten Schusses verwechseln dürfen. Mit viel Glück können Sie aus der Form dieses Ringes auf einen schrägen Schußkanal schließen. Im Augenblick nun, wo die Kugel in den Körper einzudringen beginnt, kommt es darauf an, welche Größe und welche Rasanz das Projektil hat. Der Körper besteht nämlich zu etwa 65 Prozent aus Wasser. Diese Flüssigkeit muß verdrängt werden (Sie erinnern sich an das archimedische Prinzip?), die Frage ist nun, ob es noch Zeit hat, auszuweichen. Ist das Kaliber zu groß und die Rasanz auch, dann kann es nicht ausweichen und die Folge davon ist eine augenblickliche Druckerhöhung im Körper, die einen tödlichen Schock bewirkt. Das heißt, Sie müssen bei mehreren Einschüssen im Körper die dazu identen Durchschüsse in der Kleidung finden. Sie halten das für nicht gerade besonders wichtig? Ein Beispiel dazu aus der Praxis: In einem Kleinwagen wurde die Leiche einer Frau und ein Schwerverletzter bewußtloser Mann aufgefunden. Ein verheirateter Mann mit seiner Freundin, eine alltägliche Geschichte, nur ging sie hier tragisch aus. Die Frau, die mit einem Mantel bekleidet war, wies zwei Einschüsse im Körper auf, der Mantel hatte aber drei Löcher, eines davon in der Bauchgegend. Der Mann überlebte, und behauptete später, daß er in beiderseitigem Einvernehmen zuerst seine Freundin erschossen habe und dann versucht habe, sich selbst zu töten (übrigens ernsthaft, er hatte zwei Durchschüsse des Brustkorbes und einen Kopfschuß). Rätselhaft blieb vorerst das Loch im Mantel der Frau in der Bauchgegend, es sah wie ein Schußloch aus, hatte aber keinen dazupassenden Einschuß im Körper. Eine ganz genaue Durchsuchung des Wagens förderte eine sechste Patronenhülse an den Tag. Zwei Einschüsse wies die Leiche der Frau auf, 3 Kugeln waren dem Mann herausoperiert worden, jetzt gab es eine 6. Hülse und ein Schußloch im Mantel. Die Rekonstruktion ergab dann, daß der geöffnete Mantel der Frau nach vorne fiel, weil sie vom Beifahrersitz aus versuchte, die Tür des Wagens zu öffnen (um zu fliehen), und daß er dann von dem am Fahrersitz sitzenden Mann von innen nach außen durchschossen werden konnte, ohne daß es einen Einschuß im Körper gab, wobei das Projektil durch die bereits geöffnete Türe ins Freie ging. Da auch die beiden Einschüsse im Körper der Frau so lagen, daß sie nur bei einem mißglückten Fluchtversuch zustandegekommen sein konnten, legte der Mann ein Geständnis ab und wurde wegen Mordes verurteilt. Was ich damit sagen wollte: Sie dürfen nicht von vornherein davon ausgehen, daß Schußlöcher an der Kleidung unbedingt bedeuten, daß die Kugel die Kleidung von außen nach innen durchschlagen hat.

Wenn Sie es mit einem Nahschuß oder einem angesetzten Schuß zu tun haben und Sie haben Zweifel wegen des Verlaufes des für Sie an der Ausschußöffnung erkennbaren Schußkanals, dann versuchen Sie sich auf die gleiche Weise zu erschießen (mit ungeladener Waffe, versteht sich). Ihre Zweifel werden dann bestätigt oder ausgeräumt sein. Vor allem wissen Sie aber dann, welche Fingerabdrücke sich auf der Waffe befinden müssen, soll es sich um Selbstmord gehandelt haben (manchmal ist es der Daumen, der am Abzugshahn liegen mußte). So banal es auch klingt: Die Anzahl der Hülsen, die Sie am Tatort vorfinden, muß der Zahl der verfeuerten Projektile oder der Einschüsse entsprechen (wenn es nur Treffer gab). Eine andere Lösung dürfen Sie nur unter Anwendung restriktivster Logik akzeptieren, wenn Sie sich selbst vor Fehlern und Irrtümern bewahren wollen. Hiezu noch ein Beispiel: Ein krebskranker Mann lag mitten in einer großen Blutlache, die Pistole hielt er noch in der rechten Hand. Das Blut war aus dem Mund gekommen.

Aus der Pistole war nur ein Schuß abgegeben worden. Der Aufschlag des Projektils auf dem Keramikboden im flachen Winkel, sein Einschlag und weiters Abprallen an der Mauer konnten an Hand der Spuren sicher rekonstruiert werden. Eine Hülse — ein Projektil und trotz genauester Untersuchung der blutüberströmten Leiche gab es keinen Einschuß. Der bei einem vorhandenen Abschiedsbrief sicher schwierige Schluß der Kriminalisten lautet daher: Kein Selbstmord, Tod durch Blutsturz. Die Obduktion bestätigte diese kriminalistische Schlußziehung. Das Karzinom in der Lunge hatte die Aorta angegriffen. Und die war geplatzt, gerade in dem Augenblick, als sich der Mann erschießen wollte, wahrscheinlich durch den in der Aufregung gestiegenen Blutdruck. Nicht zu erwähnen brauchen wir, daß keine Hülsen zurückbleiben, wenn der Täter einen Revolver verwendet hat.

Die Bedeutung der durch den entstehenden Sog bewirkten Stanzmarke beim angesetzten Schuß haben wir bereits besprochen. Aber auch hier gilt, daß Sie bei Annahme eines Selbstmordes unbedingt klarstellen müssen, ob ein Ansetzen der Waffe durch den Selbstmörder grundsätzlich möglich war. Und erkundigen Sie sich auch, ob der Betreffende Rechtshänder oder Linkshänder war, es erpart Ihnen später auftauchende Zweifel.

Normalerweise, wir haben auch das schon erwähnt, ist der Einschuß klein, denn er erfolgt mit voller Rasanz, der Ausschuß des bereits abgebremsten oder abgelenkten Projektils groß. Haben Sie es aber mit einem Geller oder einem Dum-Dum-Geschoß (das durch abgeschrägte oder abgesägte Spitze durch die Luft wirbelt) zu tun, dann können Sie Einschuß und Ausschuß nicht mit Sicherheit auseinanderhalten. Sie könnten es auch mit zwei Steckschüssen zu tun haben (gerade bei diesen Geschossen ist ein Durchschuß nicht sehr wahrscheinlich). Ziehen Sie daher keine voreiligen Schlüsse und halten Sie die Verletzungen als solche fest, ohne Sie als Ein- oder Ausschuß zu qualifizieren, da warten Sie besser die Obduktion ab.

Noch ein Hinweis: Der „Wasserschuß". Man könnte behaupten, das Militär habe ihn erfunden. Der Lauf des Gewehres wird mit Wasser gefüllt und das Gewehr mit dem Kolben auf den Boden gestellt, dann der Lauf in den Mund genommen. Ein Druck auf den Abzug und — meist fliegt die Schädeldecke weg und das Gehirn auch. In so einem Fall dürfen Sie beruhigt Selbstmord als gegeben annehmen, denn ein heimtückischer Mörder wird wohl kaum mit einem wassergefüllten Gewehr kommen und ein Opfer finden, das bereitwillig die Mündung des Laufes in den Mund nimmt. Er kann aber mit winzigem Kaliber und mit vergifteten Projektil kommen. Geheimdienste haben diese Tötungsart ersonnen und praktiziert, das Kaliber des Projektils war nicht größer als einen Millimeter. Sie verspüren einen Stich und denken an ein Insekt. Das winzige Projektil steckt in Ihrer Muskulatur und das Gift oder der Virus werden wirksam. Drei Tage später sterben Sie an einer rätselhaften Infektion, die mit der winzigen Wunde nicht in Zusammenhang gebracht wird. Mit Geheimdiensten werden Sie es selten zu tun haben, dennoch sollten Sie an diesem Hinweis die Gefahr erkennen, die Schußverletzungen dem Kriminalisten bringen: Es sind die nicht als Schußverletzung erkannten Wunden, die zu Trugschlüssen führen. Ein Mörder ist auch nicht dumm und er kämpft um sein Überleben. Wenn er den Erschossenen auf die Schienen legt und ihn von einem Zug überrollen läßt, finden Sie auf hundert Meter verstreut die Leichenteile. Es hängt dann von Ihrer Genauigkeit und von Ihrer Überwindung des Ekels ab, ob Sie erkennen, daß es vor dem Überrollen eine Schußwunde gegeben hat. Oder denken Sie an den Fall, daß ein Motorradfahrer während der Fahrt in den Rücken geschossen wird. Aus unerklärlichen Gründen fährt er gegen einen Brückenpfeiler, die Zeugen haben es beobachtet. Es enthebt Sie nicht von der Verpflichtung, daß Sie auch seine Leiche ganz genau untersuchen und die mitunter kleine Einschußöffnung entdecken. Findet sie später der Gerichtsmediziner, hilft Ihnen das wenig, denn dann sind alle Chancen der sofortigen Tatorterhebung vertan. (Auch dieser Fall hat sich übrigens ereignet.) Die Gefahr, aber auch die Chancen, liegen in der Genauigkeit bei der Untersuchung am Tatort. Es zieht sich wie ein roter Faden durch die gesamte Kriminalistik: Genauigkeit ist Sicherheit. Besonders zum Tragen kommt es aber bei Schußverletzungen. Erst wenn Sie überhaupt erkannt haben, daß eine solche vorliegt, sind Sie in der Lage, daß Sie durch die weiteren Erhebungen klären, ob Fremdverschulden gegeben ist oder nicht. Weniger liegt die Gefahr darin, daß Sie bei bereits erkannter Schußverletzung einen falschen Schluß ziehen, aus welcher Richtung der Schuß gekommen ist. Das kann später klargestellt werden, Sie verlieren durch solch einen Fehler Zeit, aber Sie verlieren nicht alles. Erkennen Sie aber nicht, daß es ein Projektil war, das getötet hat, dann verlieren Sie alles. Ein nicht erkannter Mord ist kein Mord.

DIE AUSKUNFTSPERSON

Ein Verbrechen ist geschehen und Sie sollen nun herausfinden, wer es begangen hat. Da Sie kein Hellseher sind, werden Sie auf die Auskünfte jener Personen angewiesen sein, die eine Beobachtung gemacht haben, die Ihnen weiterhilft. Wollen Sie auf Grund dieses Wissens der Auskunftspersonen einen Beweis führen, dann müssen Sie sie auch noch als Zeugen formell vernehmen. Übrigens: Auch heute im Zeitalter der modernsten Kriminaltechnik wird die weitaus überwiegende Zahl der Verbrechen durch Zeugenaussagen und Geständnis geklärt! Es wird daher in sehr hohem Maße davon abhängen, **wie** Sie Auskunftspersonen befragen, es entscheidet, ob Sie ein erfolgreicher Kriminalist sind oder nicht. Aus diesem Grund ist es auch wichtig, daß Sie zumindest grundlegende Kenntnisse darüber haben, welche Voraussetzungen vorliegen müssen, daß ein Mensch zum Zeugen werden kann. Das Gesetz verlangt zwei: Die Wahrnehmungsfähigkeit und die Mitteilungsfähigkeit. Der Zeuge muß fähig sein, eine Wahrnehmung zu machen, er muß sehen, hören, riechen oder fühlen können **und** er muß fähig sein, diese seine Wahrnehmung auch mitzuteilen und wiederzugeben. Was recht einfach klingt, stellt sich meist als ziemlich kompliziert heraus. So ist es auch hier und wir wollen mit der Wahrnehmungsfähigkeit beginnen:

Bekanntlich besitzt der Mensch gewissermaßen drei Gehirne. Das entwicklungsgeschichtlich älteste Stammhirn, das bereits wesentlich jüngere Zwischenhirn und das erst in ganz jüngster Zeit entwickelte Großhirn, in dem sich das bewußte Denken abspielt. Insofern es sich daher um die bewußte Wiedergabe einer Wahrnehmung handelt, haben wir es daher mit dem Großhirn zu tun und es muß der gesamte Informationsgehalt der Wahrnehmung im Großhirn gespeichert worden sein. Ob und inwieweit diese Speicherung erfolgte, darum geht es. Nun gelangen nicht nur von den Sinnesorganen Informationen an das Gehirn, sondern von vielen anderen Stellen, im Grunde genommen von jeder einzelnen Zelle des Körpers. Die Körperfunktionen müssen ja ständig aufrechterhalten werden, die Bluttemperatur darf nicht absinken, der Blutzuckerspiegel soll gleichbleiben und so weiter. All diese Informationen sind nicht für das Großhirn bestimmt, sie gelangen auch nicht dorthin, sondern werden schon vorher durch die erst in jüngster Zeit entdeckten Endorphine abgeblockt. Wie störend diese Informationen für das Großhirn sind, können Sie bei einem Rauschgiftsüchtigen in der Entziehungsphase beobachten. Durch den Konsum von Rauschgift, besonders aber bei Heroin, verliert nämlich der Körper die Fähigkeit, diese Endorphine zu erzeugen, da das Rauschgift deren Funktion übernimmt. Fehlt dann das Rauschgift, ist das Großhirn schutzlos den für ihn nicht bestimmten Informationen ausgesetzt und empfindet sie bewußt als grauenvolle Entzugserscheinungen. Das Großhirn will also vor störenden Informationen freigehalten werden und es verhält sich auch recht kritisch gegenüber jenen, die von den eigentlichen Sinnesorganen zu ihm gelangen. All diese über die Sinnesorgane erfolgenden Informationen von Wahrnehmungen werden dem Großhirn in Form einer elektrischen Welle weitergegeben. Das Großhirn trifft nun eine Entscheidung: Interessant oder nicht? Die überwiegende Mehrzahl der Informationen wird als uninteressant eingestuft, sie wird nicht gespeichert und sie wird Ihnen gar nicht bewußt. Auf diese Auswahl, die da das Großhirn eigenmächtig trifft, haben Sie nur sehr bedingt Einfluß, es arbeitet vollkommen selbständig. Zum Leidewesen aller Schüler, denn auch den Lehrstoff stuft es recht häufig als uninteressant ein. Lediglich jene Informationen, die als wichtig eingestuft wurden, werden auch gespeichert. Über die Art, wie die Speicherung erfolgt, herrscht bereits in der Wissenschaft Uneinigkeit. Die einen vertreten die Ansicht, daß sie in Form einer elektrischen Ladung in den Gehirnzellen erfolgt, die anderen die, daß sie chemisch durch Ausbildung eines Gedächtnismoleküls erfolgt. Dafür, daß sie in chemischer Form durch Bildung eines Gedächtnismoleküls erfolgt, dessen Informationsgehalt wieder in Form einer elektrischen Welle abgerufen werden kann, sprechen die Ergebnisse der letzten Gehirnforschung. Gesichert ist weder die eine noch die andere Ansicht. Sicher ist aber, daß in dem Augenblick, wo Ihnen ein Vorgang bewußt wird, Neuronenverbindungen (Nervenbahnen durch Nervenzellen) zwischen mehreren Gehirnzellen ausgebildet werden. Und zwar neue Verbindungen. Intelligenz ist weniger eine Frage der Anzahl der Gehirnzellen (der Mensch besitzt davon etwa 15 Milliarden und es sterben jeden Tag davon etwa 1000 ab, die nicht ersetzt werden), sondern eine Frage, wieviel Querverbindungen im Gehirn bestehen. Bei der Obduktion der Leiche von Albert Einstein stellte sich heraus, daß sein Gehirn eher untergewichtig war. Dennoch war er zweifellos ein Genie. Es kommt eben auf die Querverbindungen, auf die mögliche Anzahl von Schaltungen an. Wissenschaftlich gesichert ist auch, daß es ein Kurzzeitgedächtnis und ein Langzeitgedächtnis gibt, daß gewisse Erinnerungen nur kurz, einige Minuten oder Stunden erhalten bleiben und andere aber dauernd. Mit zunehmendem Alter wird das Kurzzeitgedächtnis immer geringer, der Mensch verliert die Fähigkeit, sich neue Eindrücke zu merken, kann aber die lang zurückliegenden Erinnerungen aus seiner Kindheit in Einzelheiten wiedergeben. Wovon ist es nun abhängig, ob etwas im Gedächtnis bleibt oder nicht? Es sind drei Faktoren, die sich hier bestimmend auswirken. Es ist abhängig davon,

ob das Ergebnis besonders einprägsam ist,
ob eine bewußte und gewollte Beobachtung gegeben ist,
ob die Information über das Ereignis nicht einmal, sondern mehrmal, also auf Grund eines gewollten Lernprozesses ins Gehirn gelangt.

Beginnen wir mit dem ersten Faktor: Ein glühender Meteor, der zwei Meter von Ihnen entfernt in den Boden schlägt, ein Blitz, der in Ihrer nächsten Umgebung eine Eiche spaltet, es sind für Sie solch aufregende Erlebnisse, daß sie Ihnen für immer im Gedächtnis haften bleiben werden, auch wenn die Ereignisse selbst nur ganz kurz gedauert haben. Sie selbst aber haben keinen Einfluß darauf, daß sich ein bestimmtes Ereignis besonders einprägsam gestaltet. Für Ihre eigene Person können Sie diesen Faktor nicht willkürlich zur Geltung bringen, wohl aber bei einer anderen ohne deren Wissen, wir werden noch darauf zurückkommen. Irrationale und emotionelle Komponenten, wie Angst, Schmerz und Wut, die zusammen mit einem Ereignis, das wahrgenommen wird, auftreten, bewirken jedenfalls immer, daß dieses Ereignis besonders gut im Gedächtnis haften bleibt. Auf die kriminalistische Praxis übertragen bedeutet das, daß Sie kaum auf Schwierigkeiten hinsichtlich der Erinnerung stoßen werden, wenn die Auskunftsperson das Verbrechen unmittelbar und im Bewußtsein, daß da ein Verbrechen geschieht, erlebt hat. Mit einer Ausnahme : Ist das Schockerlebnis übergroß, kann der Mechanismus der Verdrängung einsetzen und keine Erinnerung gegeben sein, weil diese in das Unterbewußtsein verlagert wurde. Dann kommen Sie ohne Arzt nicht weiter.

Nun zum zweiten Faktor : Der Umstand, ob eine bewußte Beobachtung vorliegt oder nicht, spielt eine wesentliche Rolle. Es ist ein Unterschied, ob Sie auf die Uhr sehen, weil Sie wissen wollen, wie spät es ist, oder ob Sie das Bild an der Wand betrachten und dabei auch die Uhr im Blickfeld haben. Das eine Mal werden Sie **wissen**, wie spät es ist, das andere Mal ist es **möglich**, daß Sie es wissen. Davon, inwieweit sie auch für Sie zum Zeitpunkt der Beobachtung uninteressante Nebensächlichkeiten in Erinnerung behalten, ist es nun abhängig, ob Sie ein guter Zeuge sind oder nicht. Nun sind aber die meisten Zeugen, mit denen Sie es in Ihrer Praxis zu tun haben, Zufallszeugen, die nicht darauf vorbereitet und eingestellt waren, eine Beobachtung zu machen. Besonders dann nicht, wenn sie ihr keine Bedeutung zumessen. Ein eilig gehender Mann mag zwar einer flüchtigen Beobachtung wert sein, aber Sie würden ihn sicher viel genauer betrachten, wenn Sie wissen, daß er ein Bankräuber oder ein Mörder auf der Flucht ist. Dennoch kann auch dieser Zeuge für Sie von Wert sein, wenn Sie ihn auf die richtige Art fragen. Fragen Sie ihn falsch, können Sie ihn entwerten, denn Sie haben es bei ihm mit einer nur kurzfristigen und nicht voll ausgebildeten Speicherung zu tun, die durch äußere Einflüsse — nämlich Ihrer Fragestellung — verändert werden kann. Wir werden dies später ausführlich besprechen. Der dritte Faktor, den wir gefunden haben, das bewußte Lernen durch wiederholtes Zuführen derselben Information, wird für diese Zufallszeugen nicht in Betracht kommen. Daß Lernen ein schwieriger und unangenehmer Prozeß ist, davon weiß jeder Schüler ein Lied zu singen. Vielleicht Streber und Vorzugsschüler ausgenommen, aber wir sprechen ja von normalen Menschen. Es geht um die Überlistung des eigenen Gehirns, das nicht geneigt ist, ein Streber und Vorzugsschüler zu sein und hartnäckig das Vokabel, das gelernt werden soll, als uninteressant einstuft. Und daher nicht speichert. Sie lesen das Wort, es entsteht auch der elektrische Impuls im Gehirn — aber damit ist alles zu Ende, denn eine Speicherung wird nicht vorgenommen. Erst wenn der Impuls immer wieder kommt, wenn er gewissermaßen dem Gehirn lästig wird, entschließt es sich seufzend dazu, daß es ihn doch als wichtig einstuft und bildet zur Speicherung ein Gedächtnismolekül aus, zugleich stellt es die notwendigen Neutronenverbindungen zu jenen Begriffen her, mit denen der neue Speicherinhalt in Zusammenhang zu bringen ist, also z.B.: Auto — Fahrzeug — Fortbewegungsmittel usw. Jetzt haben Sie das Fremdwort im Langzeitgedächtnis und vergessen es nie mehr. Wurden die Impulse zuwenig oft wiederholt, dann merken Sie sich das Vokabel nur für wenige Stunden und am nächsten Tag haben Sie es wieder vergessen. Sämtliche Memnotechniken (Technik, daß etwas im Gedächtnis behalten wird) beruhen daher im Prinzip darauf, daß sie einerseits mit bewußter Wiederholung des Lernimpulses arbeiten oder bereits vorhandene Gedächtnisinhalte ausnützen und den Lehrstoff mit ihnen in Verbindung bringen. Das Wort „Zeuge" erinnert übrigens auch an eine Memnotechnik, die die alten Germanen anwandten und die sich bis in das neue Mittelalter erhielt. Da den Germanen die Schrift nicht bekannt war, ergab sich das Problem der Beweisbarkeit wichtiger Verträge und Geschäfte für die nachfolgende Zeit, wenn die Rechtssicherheit gewahrt sein sollte. Dazu dienten die Geschäftszeugen, es waren Kinder, denn die hatten eine große Lebenserwartung und der Vertragsabschluß war so lange beweisbar. Sie wurden an den Ohren zum Acker gezogen (Zeuge = Der Gezogene), der verkauft werden sollte, was sicher für den Zeugen schmerzhaft und nicht angenehm war. Dort wurde ihnen wiederholt erklärt, was hier vor sich ging, daß nämlich der Acker verkauft wurde. Dann erhielten sie zwei schallende Ohrfeigen — und anschließend ein Geschenk und Leckereien. Sie können sich vorstellen, daß dieser Kaufabschluß den kleinen Zeugen ewig im Gedächtnis blieb. Denn er war sowohl mit schmerzhaften als auch angenehmen Ereignissen verbunden, es war ein bedeutsamer Tag, an dem sich alles abgespielt hatte. Wenn wir bei der Besprechung des ersten Faktors darauf hingewiesen haben, daß Sie ihn in Bezug auf Ihre eigene Person nicht wirksam werden können lassen, wohl aber in Bezug auf andere Personen, so haben Sie hier einen solchen Fall vor sich, hinzu auch den zweiten Faktor, den der bewußten Beobachtung, und den dritten, den der Wiederholung. Die alten Germanen haben alle Faktoren genutzt, um zu erreichen, daß ein Ereignis den Zeugen im Langzeitgedächtnis haften blieb. Sie haben nicht gewußt, **wie** es funktioniert, aber sie haben gewußt, **daß** es funktioniert. Sie sollten es als Kriminalist den alten Germanen nachtun. Stoßen Sie in der Praxis darauf, daß Sie mit einem bestimmten Verhalten oder einer bestimmten Verhörtechnik Erfolg haben, dann bleiben Sie dabei und betrachten Sie es als gegeben, **daß** es funktioniert, auch wenn Sie nicht wissen **wie**. Und lassen Sie mich wissen, was Sie herausgefunden haben!

RICHTIGES VERHALTEN GEGENÜBER ZEUGEN

Der erste Eindruck

Sie wollen etwas von dem Zeugen und nicht der Zeuge von Ihnen. Nur wenn Sie diese Einstellung haben, werden Sie auch Erfolg haben. Sie müssen die Einstellung eines guten Vertreters haben, der zu einem Gechäftsabschluß kommen will, Sie müssen agil und wendig sein, ohne daß Sie aufdringlich wirken und dabei einen seriösen Eindruck machen. Das Problem beginnt für Sie nämlich damit, daß der Zeuge Ihnen überhaupt sagt, daß er Zeuge ist, daß er überhaupt zu erkennen gibt, daß er ein Wissen hat. Die wenigsten Menschen sind sofort dazu bereit, alles zu erzählen, was sie von ihren Mitmenschen wissen. Gerade aber bei der Suche nach Auskunftspersonen werden aber die häufigsten Fehler begangen: „Kriminalpolizei! Wie heißen Sie? Haben Sie etwas gesehen? Haben Sie etwas gehört? Sie sind verplichtet, uns die Wahrheit zu sagen!" Oder ähnlich. Klar, daß der Betreffende nichts gesehen und nichts gehört hat. Wenn Sie so das Gespräch beginnen, haben Sie Ihrem Gesprächspartner nämlich bereits den Eindruck vermittelt, daß er eher Unanehmlichkeiten hat, wenn er Ihnen etwas sagt, als wenn er einfach erklärt, nichts zu wissen. Sie haben dann nämlich so ziemlich alles falsch gemacht, was Sie falsch machen können. Zunächst haben Sie forsch darauf hingewiesen, daß Sie der Kriminalpolizei angehören. Für Sie selbst alltäglich und selbstverständlich, für den Mann oder die Frau, mit der Sie sprechen, aber keineswegs. Wenn Sie hervorheben, daß Sie Kriminalpolizist sind, erreichen Sie bei Ihrem Gesprächspartner eine psychologische Sperre und er reagiert mit „Vorsicht!", er wird sich jedes Wort, das er sagt, genau überlegen. Diese Sperre könnten Sie vielleicht noch überwinden, aber mit der Frage „Wie heißen Sie?" machen Sie diese Sperre noch größer. Denn Sie selbst bleiben anonym, sind der Repräsentant eines Machtapparates, geben aber Ihrem Gesprächspartner gleich zu verstehen, daß **sein** Name schon festgehalten wird, noch ehe er zur Sache etwas aussagen wird. Das bedeutet für ihn: „Vorsicht! Vorsicht! Ich werde festgenagelt, das kommt auch in den Gerichtsakt!" Keiner geht aber gerne zu Gericht. Sie etwa? Und niemand hat gerne mit der Kriminalpolizei zu tun. Die Barriere wird größer und unüberwindlicher. Und über diese Barriere hinweg fragen Sie: „Haben Sie etwas gesehen? Wissen Sie etwas?" Klar, daß Ihr Gesprächspartner **nichts** weiß. Oder würden **Sie** einem Polizisten, der Sie so fragt, erzählen, daß Sie Ihren Nachbarn aus bestimmten Gründen für einen

Homosexuellen halten? Wohl kaum, denn Sie müßten ja befürchten, daß Sie Schwierigkeiten haben werden, wenn es nicht stimmt, weil Sie dann Ihre Aussage vor Gericht wiederholen müssen und der Nachbar Ihnen zuhört. Mit dem Nachbarn aber müssen Sie auch später noch zusammenleben, mit dem Polizisten nicht. Wir haben also erkannt, daß wir, wenn wir so beginnen, kaum zu Informationen kommen werden. Sie werden jetzt vielleicht einwenden, daß Sie ja schließlich bekanntgeben müssen, daß Sie von der Kriminalpolizei sind und daß Sie ja wissen müssen, mit wem Sie sprechen. Das ist schon richtig, zumindest teilweise, denn auch Privatdetektive kommen zu Informationen. Manchmal sogar zu mehr. Aber alles muß in der richtigen Reihenfolge geschehen. Daß Sie von der Kripo sind, können Sie harmlos einflechten, wenn Sie sich namentlich vorgestellt haben. Und den Namen Ihres Gesprächspartners können Sie immer noch erfragen, wenn Sie zur Überzeugung gelangt sind, daß seine Aussage wichtig ist. Vor allem hat er aber dann zu Ihnen schon ein gewisses Vertrauen gefaßt. Wichtig ist jedenfalls, daß Sie das Gespräch immer persönlich gestalten. Dazu gehört auch der von den Psychologen so bezeichnete richtige situative Einstieg in das Gespräch, daß Sie sich an die vorgefundene Situation richtig anpassen. Sehen Sie einen eingeschalteten Fernsehapparat, dann bedauern Sie, daß Sie die Frau vom Fernsehen abhalten, und erwähnen Sie, daß Sie selbst diese Sendung gerne gesehen hätten, aber ... Ist die Wohnung gepflegt, dann bewundern Sie den Boden und erwähnen Sie, welche Schwierigkeiten Sie als Junggeselle hatten, ihn sauberzukriegen, wenn Sie mit der Hausfrau sprechen. „... in meinem Beruf sehe ich ja viele Wohnungen, aber bei Ihnen sieht man sofort, daß Sie eine gute Hausfrau sind", es geht Ihnen leicht über die Zunge und Sie haben schon einen Stein im Brett, denn Sie haben ihr gerade amtlich Ihre Tüchtigkeit bestätigt und **da** hat es nicht geschadet, daß Sie Ihren Beruf erwähnt haben. Natürlich, es kostet Zeit, über derlei persönliche Dinge zu reden, aber Sie vermitteln dadurch die Überzeugung und den Eindruck, daß auch Sie ein Mensch und nicht nur der Repräsentant eines Machtapparates sind. Werden Sie dann noch als sympathisch und nett eingeschätzt, haben Sie ganz gewonnen. Ich habe das Gespräch mit einer älteren Frau damit begonnen, daß ich ihr gesagt habe, ich hätte eigentlich nur deswegen bei ihr auch angeklopft, weil der Apfelstrudel im Rohr so gut gerochen habe usw. Und ich habe mit Leuten über Kaltwasserkuren, Rheumatismus, vergebliche Versuche, sich das Rauchen abzugewöhnen und vieles andere mehr gesprochen. Mit einem habe ich sogar geturnt (er war Joga-Anhänger), manchmal auch ein Gläschen getrunken oder von meinen Kindern erzählt. Wie es sich eben ergeben hat. Aber ich habe von den Leuten das erfahren, was ich wissen wollte. Oft von Leuten, bei denen Kollegen schon vergeblich vorgesprochen hatten. Grundvoraussetzung dafür, daß Sie etwas erfahren, ist jedenfalls, daß es Ihnen gelingt, einen persönlichen Kontakt herzustellen.

Der Zeuge erzählt es **Ihnen** und nicht abstrakt der Polizei. Zu Ihnen muß er Vertrauen haben und Sie dürfen dieses Vertrauen auch nicht mißbrauchen. Teilt Ihnen jemand etwas vertraulich mit, dann können Sie ihn nicht dem Gericht als Zeugen bekanntgeben. Sie können sein Wissen verwerten, aber nicht ihn selbst, auch wenn Sie ihn noch so dringend benötigen würden. Oder Sie überzeugen ihn, daß er gefahrlos aussagen kann. Immer aber wird es eine persönliche Sache zwischen Ihnen und der Auskunftsperson sein. Sie soll es auch sein. Inwieweit der Betreffende bereit ist, Ihnen zu helfen, wird wieder von Ihnen selbst und Ihrem Verhalten abhängen. Es gilt, diese Bereitschaft zu wecken und das geht wieder nur, wenn der potentielle Zeuge überhaupt Interesse an Ihrer Arbeit und den Fall hat, den Sie gerade bearbeiten. Geben Sie keine Information darüber, **warum** Sie fragen, muß der Befragte selbst abschätzen, ob es wichtig ist, daß er etwas sagt oder nicht. Ein gewisses Mindestmaß an Information sollten Sie daher gewissermaßen als Anzahlung bieten. Denn das, was er morgen ohnedies in der Zeitung lesen wird, kann er, auf dessen Hilfe Sie angewiesen sind, ruhig auch von Ihnen selbst erfahren. Wenn Sie in einer Mordsache ermitteln, dann sollten Sie das immer ausdrücklich erwähnen, wie Sie überhaupt das Verbrechen, das Sie klären sollen, eher als schwerwiegend darstellen sollten. Sie erreichen dadurch, daß sich die Auskunftsperson moralisch verpflichtet fühlt, Ihnen zu helfen. Und noch eine Möglichkeit haben Sie, daß Sie unauffällig appellieren, Ihnen zu helfen. Nämlich die, daß Sie sich keineswegs als großartig und überlegen präsentieren. Denn tun Sie das, dann sagt sich Ihr Gegenüber, daß Sie ohnehin auch ohne seine Hilfe fertig werden. Oder er findet Sie unsympathisch und überheblich. Der Typ „Ich weiß alles, ich kläre alles" ist nicht gefragt. Es schadet übrigens auch nicht, wenn Sie mitunter zu erkennen geben, daß Sie, der kleine Kriminalbeamte, von Ihrem Vorgesetzten gerade diese unangenehme Arbeit aufgehalst bekommen haben usw. Erfahrungsgemäß ist es besser, menschliche Schwächen zuzugeben, denn Menschen erzählt man etwas, Denkmälern und Übermenschen nicht.

Wie die Fragen stellen?

Sie haben alles richtig gemacht, der Zeuge ist jetzt durchaus bereit, Ihnen weiterzuhelfen, er wartet darauf, daß Sie ihn befragen. Nun können Sie das **so** tun oder so, es wird wieder davon abhängen, ob dabei viel oder wenig herauskommt. Ist das Thema genügend klargestellt, dann fordern Sie am besten den Zeugen auf, daß er Ihnen seine Erinnerung zusammenhängend erzählt. „Erzählen Sie mir bitte wie das war." So oder ähnlich. Der Zeuge hat nämlich den Vorfall als Gesamtheit in Erinnerung und gibt ihn auch als Gesamtheit so wieder, wie er ihn erlebt hat. Natürlich interessiert Sie brennend die Personsbeschreibung des Täters, den der Zeuge beobachtet hat, aber lassen Sie trotzdem den Zeugen zusammenhängend erzählen, ohne ihn durch gezieltes Fragen zu unterbrechen. Denn es ist ein Unterschied, ob jemand von sich aus eine Beschreibung abgibt, oder ob er dies auf Grund von einzelnen Fragen tut, die er beantwortet. Das einemal war die Größe, Leibesfülle, Haarfarbe usw. so markant, daß sie der Zeuge aus eigenem erwähnt, fragen Sie gezielt, können Sie nicht abschätzen, ob das der Fall war. Sie gewinnen daher dadurch vorerst nur durch Zuhören, einen Überblick davon, was den Zeugen besonders beeindruckt hat. Diese Eigenschaften einer Person oder Sache, oder das Geschehen überhaupt, können Sie einigermaßen sicher als gegeben voraussetzen, sie müssen so einprägsam gewesen sein, daß sie für den Zeugen bestimmend waren. Dann aber stellen Sie auf jeden Fall die Frage, wie der Zeuge auf das Ereignis oder die Person aufmerksam geworden ist. Denn durchaus nicht alles, was jemand wahrgenommen hat, hat er auch tatsächlich wahrgenommen. Das Gehirn spielt uns da oft einen Streich und gaukelt uns etwas vor, das nicht ist. Eine Wahrnehmung ist ein komplexer Vorgang, das Gehirn hat das Bedürfnis, uns keine halben Sachen zu liefern und bezieht die Erklärung eines Sachverhaltes in die Wahrnehmung mit ein. Sehen wir uns das an einem Beispiel an: Sie gehen auf der Straße und hören Bremsgeräusch, das Klirren von Glas und den Knall von Blech, das deformiert wird. Sie identifizieren die Geräusche als die eines Zusammenstoßes und fahren herum. Sie sehen zwei beschädigte Fahrzeuge auf der Kreuzung und für Sie ist klar, daß diese beiden Fahrzeuge soeben zusammengefahren sind. Aus der Stellung der Fahrzeuge schließen Sie zumeist noch, ohne daß Ihnen das bewußt werden muß, daß etwa der rote Pkw — von rechts gekommen ist. Sie haben daher die Gesamtwahrnehmung. „Der rote Pkw ist von rechts gekommen und mit den von links kommenden blauen zusammengestoßen, es ist vor wenigen Sekunden geschehen". Und eben diese Wahrnehmung muß nicht stimmen, denn:

Das Zusammenstoßgeräusch kann von einem Unfall eine Kreuzung weiter stammen und die beiden beschädigten Fahrzeuge stehen schon 2 Stunden auf der Kreuzung und

Der rote Pkw muß keineswegs von rechts gekommen sein, er könnte im Retourgang in die Kreuzung eingefahren sein, oder erst durch den Zusammenprall herumgeschleudert worden sein.

Sie verstehen? Als Kriminalist ist es Ihre Aufgabe, auch gegenüber Aussagen, die in der besten Absicht und aus tiefster Überzeugung abgelegt werden, skeptisch zu sein. Es gilt, subjektive Wahrheit, die sich in der Überzeugung gründet, von objektiver zu trennen und herauszufinden, welche Wahrnehmung der Zeuge tatsächlich gemacht hat. Wobei Sie sich nicht dadurch beeinflussen lassen dürfen, daß der Zeuge ja von der Richtigkeit seiner Aussage vollkommen überzeugt ist, ja sein muß. Er hat einen Schuß gehört und den Mann zusammenbrechen sehen, deshalb sagt er: „Der Mann ist erschossen worden". In das Protokoll aber müssen sie aufnehmen: „Ich habe einen Knall gehört und mich umgedreht, da habe ich gesehen, daß der Mann zusammengestürzt ist". Diese Aussage ist nun widerspruchsfrei zu allen späteren Untersuchungsergebnissen, denn sie stimmt auch dann noch, wenn ein Knallkörper gezündet worden war und der Mann einen Herzinfarkt erlitten hat. Erst wenn Sie durch die Kontrollfrage, wie der Zeuge auf das Geschehen aufmerksam geworden ist, klargestellt haben, welche Wahrnehmung er tatsächlich gemacht haben kann, können Sie darangehen, durch gezielte Fragen jene Punkte zu klären, die Sie interessieren. Auch dabei müssen Sie aber noch geradezu höllisch aufpassen, daß Sie nicht durch unbewußte Suggestiv- und Fangfragen den Zeugen zu einer Aussage veranlassen, die einfach nicht richtig ist. Der Zeuge hat eine Wahrnehmung gemacht, er hat sie in Erinnerung, noch, denn ursprünglich hatte sie nicht die Bedeutung, die sie jetzt erlangt hat. Es gilt, diese Eindrücke vorsichtig abzuformen und zu erhalten, wie einen Fußabdruck im weichen Erdreich oder eine Tonaufnahme auf einer Wachsplatte. Üben Sie durch falsche Fragestellung Druck aus, zerstören Sie die noch nicht ausgeprägte Erinnerung, weil sie überlagert wird. Dazu eine Klarstellung, was man unter einer Fangfrage und einer Suggestivfrage versteht:

Fangfrage: Sie fragen: „Hat der Mann einen grauen oder einen grünen Hut aufgehabt?" Sie nehmen bereits vorweg, **daß** er einen Hut auf hatte. Egal, ob der Zeuge jetzt sagt, daß es ein blauer oder daß es ein grüner war, er sagt auf jedem Fall auch aus, daß der Mann einen Hut trug. Denn durch die Beantwortung Ihrer Frage wurde automatisch eine andere beantwortet.

Suggestivfrage: Sie fragen: „Der Mann war doch mit einer grünen Joppe bekleidet, nicht?" Sie erwarten, daß der Zeuge die Frage bejaht, weil Sie das brauchen, sind Sie doch hinter einem Mann mit einer grünen Joppe her. Dabei hat der Mann von sich aus diese grüne Joppe nicht erwähnt. Durch Ihre Frage aber bildet er sich nun ein, daß der Mann eine grüne Joppe hatte.

Nun kann man durchaus darüber diskutieren, ob man bei der Vernehmung eines Verdächtigen mit Fangfragen und Suggestivfragen arbeiten soll, und wir werden das auch tun — bei der Vernehmung von Zeugen sind sie unangebracht. Sie entwerten das Beweismittel der Zeugenaussage. Deshalb stellen Sie Ihre ergänzenden Fragen nach Möglichkeit immer so, daß Sie den Zeugen möglichst wenig beeinflussen. Es gilt, die Erinnerung zu Tage zu fördern, ohne daß sie Schaden erleidet. Also nicht: „Hat er eine Kappe aufgehabt?", sondern : „...erinnern Sie sich vielleicht, er könnte eine Kappe, einen Hut, eine Haube aufgehabt haben oder langes Haar oder eine Glatze gehabt haben". Fragen Sie nämlich gezielt nach dem Hut, verneint der Zeuge und kann gleichzeitig vergessen, daß es eine Kappe war. Bieten Sie eine breite Palette von Möglichkeiten an und treffen sie auf eine vage Erinnerung, kann sich diese so verschärfen, daß der Zeuge spontan sagt: „Es war eine Kappe!“ Und hinzufügt: „Jetzt, wo Sie das sagen...“ Ich weiß schon, nicht immer läßt sich das konsequent durchführen, aber es genügt, um die Gefahren zu wissen, die sich aus einer ungeschickten Fragestellung ergeben.

Die Personenbeschreibung

Überaus häufig werden Sie in der Praxis mit dem Problem beschäftigt, daß der Zeuge den Täter gesehen hat und Sie nun auf Grund der Erinnerung des Zeugen diesen Täter suchen und überführen müssen. Womit Sie konfrontiert werden, ist ein Kommunikationsproblem. Der Zeuge hat ein durchaus klares Bild von der Person des Täters, Sie nicht. Und der Zeuge hat den Täter gesehen, oft nur kurz und ohne ihm besondere Beachtung zu schenken und Sie sollen seine, manchmal nur vage Erinnerung, nun dazu verwenden, daß Sie den Täter finden. Es gilt also nun, diese Erinnerung hervorzuholen, um sich selbst ein Bild von dem Täter zu machen, wobei dies durchaus wörtlich genommen werden kann, wenn auf Grund der Angaben des Zeugen ein Fahndungsbild angefertigt wird. In dem Maße, in dem es nun gelingt, die Vorstellung des Zeugen vom Aussehen des Täters auf Sie selbst zu übertragen, in dem Maße sind Sie auch in der Lage bei der Fahndung zum Erfolg zu kommen. Also ein Problem der Kommunikation. Bleiben wir aber bei der Personsbeschreibung, der ältesten Form der Personenfahndung. Der Zeuge teilt Ihnen mit Worten mit, wie der Täter ausgesehen hat. Grundsätzliche Probleme, die dabei auftreten sind:

Das Wort, die Beschreibung, der Vergleich sind oft nur ein unzulängliches Mittel, um einen bildhaften Gesamteindruck zu übertragen. Schriftsteller wissen darum und sind um eine bildhafte Sprache bemüht. Das Ergebnis der Beschreibung ist daher abhängig von der Ausdrucksfähigkeit und dem Wortschatz des Zeugen.

Auf Grund der Beschreibung machen Sie sich erst durch Ihre Vorstellungskraft ein Bild vom Täter, das Ergebnis ist daher abhängig von Ihrer Phantasie.

Diese beiden Faktoren sollten Ihnen bewußt sein, wenn Sie darangehen, eine Personsbeschreibung einzuholen und versuchen, daß Sie ihre negative Wirkung ausschalten. Sicher können Sie nicht ändern, daß sich eine Person schlecht ausdrücken kann, aber Sie können ihr durch Anbieten einer großen Palette von Möglichkeiten eine Auswahlmöglichkeit bieten. Und Vorstellungskraft ist zwar angeboren, man hat sie oder man hat sie nicht, aber sie läßt sich anregen. Am besten beginnen Sie daher damit, daß Sie den Zeugen mit eigenen Worten erzählen lassen, wie der Täter ausgesehen hat.

Da unterbrechen Sie ihn nicht! Denn oft verwenden gerade einfache Leute Vergleiche, die Ihnen sofort einen überaus bildhaften Eindruck von der Person geben: „... hat ausgesehen wie der Freistilringer Blemenschütz... wie der James Bond... wie der Quasimodo." Wenn Sie aber sofort routinemäßig zu fragen beginnen: „Wie groß? Schlank oder korpulent?", verhindern Sie geradezu, daß der Zeuge über einen von ihm selbst gewählten Vergleich eine viel brauchbarere Beschreibung abgibt. Diese Routinefragen stellen Sie daher erst dann, wenn der Zeuge mit seiner eigenen Ausdrucksmöglichkeit zu Ende gekommen ist und Ihnen noch verschiedene Angaben fehlen. Vorher aber fragen Sie selbst den Zeugen noch, ob der Täter einem Filmschauspieler, Sportler, Politiker oder sonst einem Menschen, den Sie beide kennen, ähnlich gesehen hat. Es heißt Ihren Hausverstand zu unterschätzen, wenn ich Sie daran erinnere, daß zu einer routinemäßig erfragten Personsbeschreibung

Alter,
Größe,
Statur,
Haarfarbe,
Augenfarbe,
besondere Kennzeichen (Narben usw.),
Bekleidung usw.

gehören. Durchaus möglich aber ist, daß Ihnen entgangen sein könnte, daß Alter, Größe und Gewicht vom Zeugen ja geschätzt werden müssen und die Genauigkeit seiner Angaben von seiner Fähigkeit zur Schätzung abhängig ist. (Besonders bei Kindern als Zeugen beachten.) Diese Fähigkeit zur Schätzung müssen Sie überprüfen, weil Sie dann Korrekturen durchführen müssen. Am einfachsten lassen Sie sich daher selbst in Bezug auf Alter, Größe und Gewicht einschätzen und sicherheitshalber auch noch zwei Kollegen verschiedenen Alters. Auch können Sie durch gezielte Fragestellung erreichen, daß etwa die Größe im Verhältnis zu bekannten Daten angegeben wird: „Sein Kopf war gerade in der Höhe des Rückblickspiegels vom Lkw" usw. Banken haben aus diesem Grund unauffällige Meßmarken im Schalterraum und beim Ausgang angebracht, die ein genaues Schätzen der Größe eines Bankräubers ermöglichen. Egal, ob sich nun durch das Schätzen der Vergleichspersonen herausgestellt hat, daß der Zeuge gut oder schlecht schätzt, das Ergebnis der Vergleichsschätzung gehört in Ihren Bericht! Es gewährleistet Genauigkeit und erspart Ihnen einen billigen Triumpf des Verteidigers vor Gericht. Denn der setzt garantiert dort an, er weiß, daß er auf diese Art eine Zeugenaussage spektakulär ausschalten kann. Daß Sie auch so vorgehen, wenn es um geschätzte Entfernungs- und Geschwindigkeitsangaben geht, ist selbstverständlich. Die Ergebnisse sind übrigens hochinteressant, schon deswegen sollten Sie diese Überprüfungen durchführen. Erstaunlicherweise sind viele Menschen etwa in der Lage, daß sie das Alter einer Person, mit der sie nur telephonisch gesprochen haben, auf ungefähr drei Jahre genau angeben.

Das Fahndungsbild

Die Erinnerung des Zeugen soll so verwertet werden, daß ein echtes Bild entsteht, das zur Fahndung vervielfältigt wird. Vom Grundsätzlichen her gibt es zwei Systeme, die beide ihre Vor- und Nachteile haben:

Das gezeichnete Bild

Der Zeuge beschreibt den Täter, und ein Zeichner fertigt auf Grund der Angaben des Zeugen ein Bild an. Der Zeuge korrigiert nun solange, bis er das gezeichnete Bild als ident mit dem Täter, oder sehr ähnlich bezeichnet.

Vorteil: Gezeichnete Bilder — künstlerische Ausdrucksfähigkeit des Zeichners vorausgesetzt — vermitteln im allgemeinen einen lebhaften Gesamteindruck, die Augen haben einen echten lebenden Ausdruck (sehen Sie sich da ein gutes Gemälde an), das Bild lebt als Ganzes. Denken Sie an einen Karikaturisten, der mit wenigen Strichen das Wesen einer Persönlichkeit einfangen kann. Gute Polizeizeichner müssen daher eben diese Fähigkeit besitzen, dann aber sind die Bilder für eine Fahndung wertvoll.

Nachteil: Die Anfertigung des Fahndungsbildes dauert lange und ist abhängig von der guten Kommunikation des Zeugen mit dem Zeichner. Durch die vorerst fehlgezeichneten Bilder wird die Erinnerungsfähigkeit des Zeugen strapaziert. Das Bild kann nur über die Vorstellungskraft des Zeichners entstehen, der sich auf Grund einer Beschreibung ein Bild über eine Persönlichkeit machen muß.

Insbesondere das Negativum, daß sich der Zeichner über seine Vorstellung ein Bild vom Täter machen muß und das darauf starken Einfluß ausübende Kommunikationsproblem haben zur Suche nach anderen Möglichkeiten geführt, man fand sie im zusammengesetzten Bild.

Das zusammengesetzte Bild (Identy-KID und andere)

Die einzelnen markanten Teile des Gesichtes werden nach einem bestimmten System in vielen Varianten gesondert eingeordnet, Nase, Augenpartien, Bärte, Münder, Kopfbehaarung usw. Der Zeuge setzt nun selbst aus diesen Teilen des Gesichtes das des Täters zusammen, wobei diese Teile des Gesichts entweder vorgezeichnet sind, oder aus zerlegten Photographien tatsächlich existierender Personen bestehen können. Das Zusammenstellen des Tätergesichtes kann nun durch Übereinanderlegen der gezeichneten Folien (Identy-Kid) oder durch das Zusammenfügen der in Einzelteilen zerlegten echten Photographien geschehen. Oder durch Einspielen der Einzelteile in einen Monitor, auf dem das Gesicht des Täters entsteht.

Vorteil: Es geht rasch und die Erinnerung wird nicht strapaziert, der Zeuge braucht sich nur jeweils für eine bestimmte Nasenform, Augenform usw., die er heraussucht, entscheiden. Besonders markante Eigenarten des Gesichts (Hakennase, wulstige Lippen, Bart) bleiben voll erhalten. Wie Versuche ergeben haben, wirkt sich der Gesamteindruck vom Gesicht durch eine gewisse Übersteigerung aus (besonders schmales Gesicht, besonders engstehende Augen), es bleibt somit der Gesamteindruck auch erhalten.

Nachteil: Der Zeuge kann nur unter Vorhandenem wählen. Selbst wenn er aus photographierten Nasen, Augen und Mündern auswählt, wird das Ergebnis nie mit dem tatsächlichen Aussehen des Täters voll übereinstimmen. Das zusammengesetzte Bild ist steril, es lebt nicht und gibt nicht die Persönlichkeit wieder, was besonders beim aus gezeichneten Teilen zusammengesetzten Bild der Fall ist.

Welches der beiden Systeme nun besser oder schlechter ist, darüber gehen die Meinungen auseinander. Wie gesagt: Jedes System hat seine Vor- und Nachteile. In letzter Zeit geht man allerdings weltweit eher zum zusammengesetzten Bild über, weil dieses einer echten Photographie doch am ähnlichsten kommt. Ein Nachteil aber ist mit jedem System verbunden, nämlich der, daß der Zeuge als Erkennungszeuge gewissermaßen ungewollt entwertet wird. Er wird, ohne daß das von Ihnen oder von ihm beabsichtigt ist, auf das schließlich zusammengesetzte Bild fixiert und wird bei einer Gegenüberstellung jene Person als Täter identifizieren, die dem Bild am ähnlichsten ist. Sie werden also abwägen müssen, ob Sie die Anhaltspunkte für eine Fahndung für wichtiger erachten, als den Umstand, daß Sie einen sicheren Erkennungszeugen haben, dessen Beweiskraft vom Verteidiger nicht angezweifelt werden kann. Das Problem der Identifizierung eines Verdächtigen durch den Erkennungszeugen ist so wichtig, daß wir es gesondert besprechen wollen.

Der Erkennungszeuge

Es ist bereits vorhin angeklungen: Die Beweiskraft der Aussage eines Erkennungszeugen ist nicht immer gleich, sie ist von mehreren Faktoren abhängig: Vom Erinnerungsvermögen des Zeugen, von neuen Eindrücken, die die Erinnerung überlagern und beeinflussen können und schließlich von der Art, wie die Gegenüberstellung durchgeführt wird. Das Erinnerungsvermögen können Sie nicht ändern, es gibt eben Menschen mit gutem und Menschen mit schlechtem Personengedächtnis. Von Ihrem Vorgehen wird es aber abhängen, wie sich die beiden anderen Faktoren auswirken werden. Naheliegend ist, daß Sie dem Zeugen eines Verbrechens die Photographien bereits bekannter Verbrecher zeigen werden, daß Sie ihm Einsicht in das sogenannte Verbrecheralbum gewähren werden. Aber mit Vernunft! Lassen Sie sich erst einmal den Mann beschreiben, treffen Sie dann selbst eine Auswahl unter den Bildern, die Sie dem Zeugen vorlegen. Denn jedes Gesicht, das sich der Zeuge ansieht, trübt sein Erinnerungsvermögen. Stundenlanges Blättern im Verbrecheralbum hat nur dann einen Sinn, wenn es sich beim Zeugen um den eher seltenen Fall eines Menschen handelt, der ein absolutes photographisches Personengedächtnis hat. Und wieviele Bilder der Zeuge sich angesehen hat, das halten Sie im Bericht fest, denn auch das gehört zur Genauigkeit, durch die einer späteren Argumentation des Verteidigers die Schlagkraft genommen wird.

Noch viel wesentlicher können Sie durch die Art, wie Sie die Gegenüberstellung durchführen, darauf Einfluß nehmen, ob die Aussage des Erkennungszeugen Beweiskraft haben wird oder nicht. Es ist sicher verlockend, einen Verdächtigen ohne viel Umstände dem Erkennungszeugen sofort gegenüberstellen. Der sieht sich den Verdächtigen an und sagt: „Ja, der war es!" und Sie haben den Täter. Vor Gericht sagt dann der Verteidiger folgendes: „Dem Zeugen wurde erklärt, daß es sich um einen der Tat dringend Verdächtigen handelt. Dadurch war der Zeuge schon psychologisch beeinflußt und wollte den Täter wiedererkennen. Er sah eine Person, die möglicherweise dem Täter sogar ähnlich sah, und er glaubte, sich auf die Erhebungen der Polizei verlassen zu können. Man erwartete von ihm, daß er in meinen Mandanten den Täter wiedererkannte, also tat er es!" Der Anwalt hat damit nicht so Unrecht und er kann auch damit Erfolg haben. Wenn Sie dem Anwalt keine derartige Möglichkeit bieten wollen, dann müssen Sie eine Wahlkonfrontation durchführen. Je mehr Personen Sie hiezu beiziehen und je ähnlicher diese dem Verdächtigen sind, um so besser. Vor allem achten Sie darauf, daß der Verdächtige nicht bereits durch Kleidung und Äußeres auffällt. (Ein bartstoppeliger Mann ohne Krawatte zwischen zehn glattrasierten Männern im Maßanzug wird unschwer als der von der Polizei Verdächtigte zu erkennen sein.) Erkennt der Zeuge bei der Gegenüberstellung den Täter wieder, photographieren Sie die Situation und legen Sie das Bild zum Akt. Jetzt hat der Anwalt keine Chance mehr. Sie denken, daß das doch alles Selbstverständlichkeiten sind? Sie würden sich wundern, wie oft in der Praxis und in der Hitze des Gefechtes dagegen verstoßen wird. Deswegen gibt es auch erfolgreiche Anwälte, die Mordprozesse gewinnen und damit im Monat mehr Geld verdienen, als Sie, der Sie an der Front der Kriminalität stehen, im Jahr.

Kontrollierte Gespräche

Nein, es ist hier nicht von dem die Rede, was Sie etwa denken. Es geht nicht um abgehörte Gespräche, sondern darum, wie Sie sich vor Mißverständnissen schützen können. Es geht um eine intensive und konzentrierte Form der Gesprächsführung. Erfunden und eingeführt hat sie das Management. Wenn es um Millionen geht, können Mißverständnisse bei den Verhandlungen teuer zu stehen kommen. Kontrolliert verläuft das Gespräch insofern, als sich die Gesprächspartner durch Rückfragen jeweils, oft nach jedem Satz, davon überzeugen, ob sie nicht nur das Wort, sondern auch Sinn und Inhalt des Gesagten richtig verstanden haben. Nicht wenige Begriffe und Wörter sind nämlich vieldeutig und, obwohl das Wort selbst richtig verstanden wurde, der Sinn kann sich in das Gegenteil verwandeln. Aber sehen wir uns das an einem Beispiel an:

A.: „Ich bin ihm durch die ganze Stadt nachgelaufen."

B.: „Sie sind richtig gelaufen? Das waren doch dann einige Kilometer?"

A: „Ich meine, ich bin ihm nach. Ich habe ihn verfolgt. Zuerst zu Fuß, dann habe ich mir ein Taxi genommen."

B.: „Sie meinen also nur, daß Sie ihn verfolgt haben?"

A.: „Ja."

B.: „Sie wollten ihn beobachten?"

A.: „Erwischen wollte ich ihn, aber ich habe ihn erst bei der Sparkasse eingeholt. Da habe ich ihn dann erwischt."

B.: „Sie haben ihn festgehalten? An der Kleidung?"

A.: „Bleiben Sie stehen, habe ich zu ihm gesagt und da..." usw. usw.

Sie haben es schon selbst gemerkt: Unklarheiten werden ausgeräumt, die Rückfragen erfolgen so lange, bis keine Zweifel mehr bestehen. Das „Nachlaufen" kann wörtlich gemeint sein, es kann aber auch die Bedeutung haben, daß man jemand beobachtet, dringend gesucht hat und anderes. Durch die Rückfragen wird klargestellt, was im konkreten Fall tatsächlich gemeint war. Es ist dies eine intensive und mitunter anstrengende Form der Gesprächsführung, die aber den Vorteil hat, daß beide Partner sicher sein können, daß sie nicht unbeabsichtigt aneinander vorbeireden und bei der jeder Partner weiß, daß ihn der andere verstanden hat. Im Ansatz war diese Art der Gesprächsführung, allerdings auf den Wortlaut abgestellt, beim Militär üblich. Der Befehl mußte wörtlich wiederholt werden, dadurch war klargestellt, daß er auch wörtlich verstanden worden war. Empfehlenswert ist diese Form der Gesprächsführung in kriminalistischer Hinsicht dann, wenn einem Punkt der Aussage besondere Bedeutung zugemessen werden muß. Der springende Punkt bei dieser Art der Gesprächsführung ist nämlich der, daß das Ergebnis eines solchen kontrollierten Gesprächs zwar prägnant und zweifelsfrei ist, aber nicht „lebt", es ist nicht mehr in der ursprünglichen Ausdrucksweise des Zeugen gehalten. Ziel einer guten Protokollierung muß nämlich grundsätzlich sein, daß auch aus der Textierung und den gewählten Wörtern und Begriffen bereits hervorgeht, welche persönlichen Eigenschaften ein Zeuge hat, ob er gebildet ist, ob er Fachwissen hat, ob er sich einfach und eher unbeholfen ausdrückt usw. Im nach diesen Grundsatz abgefaßten Protokoll kommt daher dem kontrollierten Gespräch dann eine Ausnahmestellung zu, wenn dadurch Vieldeutigkeiten und Mißverständnisse vermieden werden können.

Viele Zeugen...

Ein Flugzeugabsturz, ein Erdbeben, ein spektakulärer großer Unfall, eine Explosion, haben sich ereignet. Sie haben es jetzt mit sehr vielen Leuten zu tun, die etwas beobachtet haben. Sie können nicht mit allen selbst sprechen und müssen diese Aufgabe einer großen Zahl von Beamten delegieren. Dennoch müssen Sie als Leiter der Untersuchung rasch einen Überblick gewinnen und Ordnung in die Sache bekommen. Am besten richten Sie daher Ihr Vorgehen danach, wie Sie eine spätere Auswertung all dieser vorliegenden Aussagen vernehmen wollen. Bei allen größeren Katastrophenfällen erfolgt die Auswertung der Zeugenaussagen in der Form, daß die Beobachtungen nach dem Zeitpunkt, zu dem sie erfolgten und nach dem Ort, an dem sie gemacht wurden, geordnet werden. Wobei die eingesetzte Kommission bemüht ist, daraus dann den Ablauf des Ereignisses minutiös zu rekonstruieren. Um diese Art der Auswertung zu erleichtern, ist es notwendig, daß alle eingesetzten Beamten von vornherein die Protokollierung von Aussagen, die Berichte und die Meldungen nach dem Schema: Zeit der Beobachtung, Ort der Beobachtung, Art der Beobachtung, Name des Beobachters, abfassen. Also nach dem Schema „Wann — wo — was — wer", wobei nur tatsächliche eigene Beobachtungen des Zeugen aufgenommen werden. Angaben wie: „Der Nachbar hat mir erzählt, daß..." haben in diesem Grundgerüst nichts verloren, sie können allenfalls als Ergänzung und getrennt von der eigentlichen Wahrnehmung hinzugefügt werden, damit später kontrolliert werden kann, ob auch dieser Nachbar befragt worden ist. Nur dadurch nämlich, daß in der Grundmeldung oder dem Protokoll nur tatsächliche Wahrnehmungen aufscheinen, ist eine rasche und zweifelsfreie Auswertung gewährleistet. Wie in vielen Fällen, hat der Krieg auch hier Vorarbeit geleistet. Die Notwendigkeit, der Überwachung des Luftraumes, die Notwendigkeit, nach schweren Angriffen einen raschen Überblick über die Gesamtlage zu gewinnen, haben zur Ausarbeitung von Meldungsschemata geführt, die sich in kritischen Situationen bewähren mußen. Natürlich waren sie auf den jeweiligen Zweck abgestimmt, aber das Prinzip war immer gleich: Unnötiger Ballast sollte ferngehalten, nur tatsächliche eigene Wahrnehmung weitergegeben und größtmöglichste zweifelsfreie Verständigung erreicht werden. Denn auch Wahrnehmungen von Zivilpersonen (etwa über Zahl und Anflugsrichtung von feindlichen Flugzeugen) mußten mitunter zur Grundlage von militärischen Entscheidungen oft großer Tragweite gemacht werden. Es ist nicht uninteressant, die für die Zivilbevölkerung herausgegebenen Anweisungen über die Erstattung einer richtigen Meldung eines oder mehrerer Flugzeuge zu studieren. Nach eben diesem Prinzip sollten Sie daher vorgehen, wenn Sie es mit Großereignissen zu tun haben. Sind Sie dann selbst der Einsatzleiter, dann durch klare Anordnungen, sind Sie als Kriminalist durch die Umstände (defekte Telephonleitungen, keine Funkverbindung) von der zentralen Leitung abgeschnitten, dann aus einer eigenen Voraussicht, man wird es Ihnen später danken.

Das Zeit-Weg-Diagramm

Nach gleichem Prinzip, nämlich der Ordnung der Beobachtungen nach Zeit und Ort, jedoch mit einer anderen Zielsetzung, wird bei dem unter den Begriff Zeit-Weg-Diagramm vorgegangen. Ziel des Ordnens und der Auswertung ist hier weniger den Ablauf eines Ereignisses zu rekonstruieren, als sämtliche Handlungen einer bestimmten Person innerhalb eines bestimmten Zeitraumes mit Sicherheit festzuhalten. Deswegen „Zeit-Weg", man will wissen, **wann** die Person **wo** war. Leicht zu erkennen: Es geht meist um das Alibi, um den Nachweis, ob eine Person zur Tatzeit woanders als am Tatort war. Meist, aber durchaus nicht immer, es kann auch um den Nachweis gehen, ob ein Zeuge eine bestimmte, für die Untersuchung ganz wichtige Beobachtung überhaupt gemacht haben kann. Es ist die Person, um die es geht, weniger die Tat, das Verbrechen, denn das ist bekannt. Das Zeit-Weg-Diagramm hat zwei Seiten und von beiden können Sie es angehen: Die der Person und die der Zeugen. Stimmen sie beide überein, dann haben Sie Glück gehabt, denn der Idealfall ist eingetreten, die Person hat über sich selbst Auskunft gegeben und Sie haben das überprüft und für richtig befunden. Meist ist es anders, der Verdächtige gibt keine oder eine falsche Auskunft, er lügt. Oder er ist noch flüchtig. Oder Sie haben keine Zeugen. Darin liegt das Problem. Egal von welcher Seite Sie an die Sache herangehen — tun Sie es genau. Ob es bei der Vernehmung des Beschuldigten ist oder bei der Befragung der Zeugen. Es mag vielleicht verlockend sein, eine Übereinstimmung der Aussagen durch großzügigen Umgang mit den Faktoren Zeit und Weg herbeizuführen, sozusagen eine perfekte Arbeit zu leisten, aber es rächt sich. Bei der Verhandlung erzählt dann der Zeuge mit eigenen Worten und da sagt er „Es kann gegen halb Fünf gewesen sein" und nicht 16.30 Uhr, wie Sie es festgehalten haben. Der Verteidiger stellt dann todsicher die Frage, ob der Zeuge auf die Uhr gesehen hat!

Ihre Beweisführung ist dann schwer erschüttert. Wie nirgends anders in der Kriminalistik muß hier das Gebot der Genauigkeit besonders beachtet werden, kann es doch oft darum gehen, ob ein Mensch sein weiteres Leben im Gefängnis verbringen wird.

Die Zeugen besinnen sich

Sie haben eine klare und eindeutige Aussage festgehalten, vor Gericht ändert der Zeuge seine Aussage und spricht von Irrtümern, die bei der Protokollierung passiert sind, davon, daß er das Protokoll nicht durchgelesen hat, daß er sich anders ausgedrückt hat und ähnliches. Der Dumme dabei sind Sie, denn Sie müssen nun vor Gericht selbst als Zeuge dafür auftreten, daß alles mit rechten Dingen zugegangen ist. Kann man sich davor schützen? Nur bedingt. Denn auch dieses Problem hat zwei Seiten, ein persönliches Motiv des Zeugen und ein rein handwerkliches, nämlich Ihres. Zunächst das Motiv: Es ist Zeit vergangen, der Zeuge hat sich die Sache überlegt oder ist anderen Einflüssen ausgesetzt gewesen. Die Scheidungsverhandlung kann vorüber sein und der Anzeiger möchte seine Ruhe haben, er möchte an die unliebsamen Vorfälle nicht mehr erinnert werden. Oder er ist bedroht worden und hat Angst. Grundursache, warum ein Zeuge es sich anders überlegt, warum er „umfällt", ist jedenfalls die Zeit und die Änderung, die sie mit sich gebracht hat. Liegen die Motive im ureigenen persönlichen Bereich des Zeugen (Bedürfnis nach Ruhe, nachsichtigere Betrachtungsweise des Vorfalls, Aussöhnung), haben Sie keinen Einfluß darauf, Sie können sich nur durch eine handwerklich gute Abfassung des Protokolls dagegen schützen, daß eine Fehlprotokollierung behauptet wird. (Darüber an anderer Stelle.) Kommen aber die Einflüsse von außen, so können Sie zumindest dagegen ankämpfen, denn das häufigste Motiv ist dann Angst. Angst in ihrer ursprünglichen Form, Angst, daß der Zeuge selbst durch die wahrheitsgemäße Aussage in seinem Leben, seiner Gesundheit, Sicherheit oder Ehre bedroht ist. Wobei sich die Angst um die Angehörigen meist stärker auswirkt, als die um die eigene Person. Es ist Angst, Angst als Unsicherheit, die drohend an ihn herantritt. Der Zeuge kann sich erst viel später bewußt werden, daß es gerade **seine** Aussage ist, durch die ein besonders gefährlicher Verbrecher überführt wird. Der Zeuge kann sich erst später bewußt werden, daß durch seine öffentliche Aussage nun alle Welt erfährt, daß er homosexuell ist. Oder er kann tatsächlich von einem Komplizen des Täters bedroht worden sein. Es kann vieles sein. Insofern aber bereits bei der ersten Vernehmung ein später mögliches Motiv, nämlich Angst oder Scham usw., zu erkennen ist, können Sie diese Ursache einer späteren Aussageänderung zumindest bekämpfen. Ob Sie damit auch Erfolg gehabt haben, wissen Sie dann allerdings erst bei der Gerichtsverhandlung. Vorerst aber müssen Sie durch ein Gespräch mit dem Zeugen

Klarheit schaffen, insbesondere auch hinsichtlich der durch die Aussage möglicherweise eintretenden Folgen. Dadurch, daß Sie mit ihm offen darüber reden, haben Sie zumindest die Sicherheit, daß eine mögliche Ursache einer Aussageänderung nicht erst nachträglich auftaucht oder hinzukommt. Nicht verhindern können Sie allerdings, daß die bereits erkannte Ursache später vom Zeugen als gravierender eingeschätzt und bewertet wird. Gewißheit ist immer besser als Ungewißheit, was bekannt ist, ist konkret und vorstellbar, vor allem kann man dagegen ankämpfen. Was unbekannt ist, erzeugt Furcht, gerade deswegen, weil es nicht konkret bekämpft werden kann. Die häufigste Entstehungsursache von Angst ist daher Ungewißheit. Sie erinnern sich an das Kind im dunklen Keller? Es ist die Ungewißheit, die es Furcht empfinden läßt. Der Satz „... werde ich Mittel und Wege finden, um Sie zu vernichten!", wird als bedrohlicher empfunden als die konkrete Drohung „... werde ich Sie wegen Sachbeschädigung anzeigen". Denn im ersten Satz wird nicht gesagt, wie der Sprecher vorgehen will, und auch nicht, was er unter Vernichten versteht. Alles bleibt der Phantasie des Bedrohten überlassen und die neigt dazu, das Gefährlichere anzunehmen. Wollen Sie daher den Faktor Angst ausschalten, dann tun Sie das vor allem durch die Ausschaltung der Ungewißheit, indem Sie über alles offen sprechen, auch darüber, wie Sie im Fall der Bedrohung den Zeugen schützen können.

Wenn aber nun der Zeuge dennoch vor Gericht seine Aussage abändert, was dann? Dann wird es darauf ankommen, ob Sie handwerklich gut bei der Protokollierung gearbeitet haben. Haben Sie sehr genau und zweifelsfrei protokolliert, wird der Zeuge schwer von Mißverständnissen reden können, ist ja seine Aussage in sich widerspruchsfrei festgehalten worden. Hat seine persönliche Motivation für die Aussage selbst eine Bedeutung (z. B. Straftat zwischen Ehegatten) und haben Sie auch die festgehalten, wird der Zeuge schwer behaupten können, er habe das alles nicht eigentlich sagen wollen. Schließlich können Sie sich bei besonders wichtigen Aussagen vor einem späteren Vorwurf der Unkorrektheit dadurch schützen, daß Sie selbst einen Zeugen bei der Vernehmung beiziehen oder ein Tonbandgerät mitlaufen lassen, wenn die Rechtsordnung Ihres Landes das zuläßt. Im letzteren Fall wird das „Kontrollierte Gespräch" von besonderer Bedeutung sein, weil später im Gerichtssaal alle mitverfolgen können, wie Sie bemüht waren, daß Sie die Mißverständnisse ausräumen.

Da es letzten Endes immer Sie selbst sein werden, der Auskunft über die näheren Umstände geben muß, unter denen eine Aussage abgelegt wurde, halten Sie diese bereits vorher in einem Bericht fest (der Zeuge war müde, erregt, alkoholisiert usw.). Denn was bereits vorher dem Gericht bekannt ist, braucht später nicht erfragt zu werden. Kommt es dennoch zur Sprache, wird Ihre bestätigende Aussage aber wesentlich glaubhafter sein.

DER SACHVERSTÄNDIGE

Sie können viel wissen, Sie sollen auch viel wissen, wir haben das bereits mehrmals festgestellt, denn nur ein breitgefächertes Wissen ermöglicht Ihnen, daß Sie Verdachtsmomente in Betracht ziehen, die Sie sonst gar nicht als Verdachtsmomente erkannt hätten. Aber Sie können natürlich nicht alles wissen, könnten Sie es, dann wären Sie der Idealfall eines Kriminalisten und die Sachverständigen wären dann unötig. So aber gibt es den Sachverständigen, den Mann, der von einer bestimmten Sache mehr versteht als Sie, es gibt den Sachverständigenbeweis.

Grundsätzlich betrachtet, macht der Sachverständige dasselbe wie Sie, er untersucht, sammelt Fakten und zieht dann einen Schluß. Bei all, dem setzt er aber sein besonderes Fachwissen ein. Jeder Sachverständigenbeweis gliedert sich daher in einen Befund und in ein Gutachten, welche beide säuberlich voneinander getrennt gehalten werden. Der Befund, das sind die gesammelten Fakten, das Gutachten der Schluß, den der Sachverständige auf Grund seines Fachwissens aus diesen Fakten zieht. Daß sie getrennt gehalten werden, hat seinen guten Grund: Das Gutachten muß überprüfbar sein. Ein anderer Gutachter könnte später durchaus zu einem anderen Schluß kommen. Von der Leiche etwa wäre aber dann nichts mehr vorhanden, weil sie schon lange begraben worden wäre. Sie erinnern sich jetzt wieder an unseren IV. Grundsatz, wonach Tatsache und Vermutung immer strikt zu trennen sind? Auch die Sachverständigen halten sich daran. Weil sie aber meistens auch Wissenschaftler sind, sogar strenger, denn Wissenschaft will alles überprüfen können, erst dann wird es anerkannt.

DAS VERHÄLTNIS KRIMINALIST — SACHVERSTÄNDIGER

Der Sachverständige kann vieles für Sie tun, aber eines kann er nicht, nämlich Ihnen die Arbeit abnehmen, obwohl manche Kriminalisten das glauben. Wenn Sie einen bedenklichen Todesfall zu untersuchen haben, genügt es nicht, daß Sie eine gerichtliche Obduktion der Leiche beantragen, es bleibt Ihnen dennoch nicht erspart, daß Sie selbst Untersuchungen durchführen. Denn der Gerichtsmediziner wird zwar durchaus in der Lage sein, daß er die genaue Todesursache feststellt, aber in den seltensten Fällen kann er schon allein deswegen mit apodiktischer Sicherheit auch sagen, ob Fremdverschulden gegeben ist oder nicht. Ein eingedrückter Schädel kann durch einen Schlag entstanden sein, aber er kann es auch durch einen Sturz. Und ein tödlicher Herzschuß kann Selbstmord oder Mord sein. Wenn ein Sachverständiger ein Gutachten darüber abgibt, daß Mord gegeben ist, dann überschreitet er im Grunde genommen seine Kompetenz. In der Praxis machen es dennoch viele. Wissenschaft strebt nach Vollständigkeit, sie will alles erklären können und gibt nicht gerne zu, daß sie es nicht kann. Deshalb gibt es zum Beispiel bei den Archäologen so viele „Kultische Gegenstände“, nämlich meist jene, deren Verwendungszweck nicht erkennbar ist. Der Sachverständige sollte aber von seiner Funktion her völlig unabhängig vom bisherigen Erhebungsergebnis agieren, also ohne Kenntnis desselben. Erst dann wird seine Arbeit und deren Ergebnis, das Gutachten, zwei wichtige kriminalistische Forderungen erfüllen können, nämlich:

1. Überprüfung des Erhebungsergebnisses und
2. Ergänzung des Erhebungsergebnisses.

Bleiben wir beim Beispiel des Gerichtsmediziners als Sachverständigen. Untersucht er eine Leiche ohne jede Kenntnis der Auffindung und der näheren Umstände, kann er durchaus zu einem Schluß kommen, der etwa Zweifel an der Richtigkeit von Zeugenaussagen aufkommen läßt. Umgekehrt aber wieder kann er zu völlig neuen Erkenntnissen gelangen, die Anlaß zu weiteren Erhebungen sind. Kennt er aber das gesamte Erhebungsergebnis und bezieht er es in seine Untersuchung mit ein, so wird dieses Erhebungsergebnis auch unweigerlich in das Gutachten miteinbezogen werden und die Chance auf eine Überprüfung desselben ist vertan. Auch ein Sachverständiger, mag er noch so selbstsicher und kritisch sein, kann der suggestiven Kraft des Ersturteils unterliegen. Würden wir nun diese Überlegungen konsequent weiterverfolgen, so gelangten wir zur Forderung, daß der Sachverständige auf keinen Fall und unter keinen Umständen Kenntnis vom Erhebungsergebnis haben dürfe, daß er seiner Aufgabe völlig unabhängig davon nachzugehen habe. Nun wäre aber dieser Extremfall auch nicht richtig, denn dann müßten Sie ihn ja vom Tatort fernhalten. Wenn Sie ihn aber vom Tatort fernhalten, dann entgeht Ihnen all das, was er nur auf Grund seiner Sachkenntnis herausfinden kann. Um wieder ein Beispiel aus der Gerichtsmedizin zu nennen: Soll eine exhumierte Leiche auf Arsengehalt oder Thalliumgehalt (bei Rattengift z. B.) untersucht werden, hat diese Untersuchung nur dann einen Sinn, wenn auch Bodenproben entnommen werden, denn der Boden könnte ja arsenhältig sein. Der Gerichtsmediziner könnte am Tatort Blutspuren erkennen, die Sie nicht als solche erkannt hätten. Und vieles mehr. Wie jetzt also einen Ausweg aus diesem Dilemma finden? Ideal wären zwei Sachverständige, einer, der das Erhebungsergebnis berücksichtigt, und einer, der als Absicherung unbeeinflußt von allen Ermittlungen sein Gutachten erstattet. Die Praxis ist längst den Weg gegangen, daß der Sachverständige als selbstkritisch genug erachtet wird, und sie will daher nicht auf seine Mitwirkung am Tatort verzichten. — Eine Lösung, die zwar nicht ideal ist, deren Nachteile sich aber in Grenzen halten und in Kauf genommen werden. Damit hat aber der Sachverständige eine Stellung erlangt, die einer richterlichen gleichkommen kann und zu Recht wurde in letzter Zeit vermehrt kritisiert, daß es in Wahrheit der Sachverständige ist, der das Urteil spricht. Warum wir das Problem etwas ausführlicher behandelt haben? Weil der Kriminalist dem Sachverständigen neutral und sachlich gegenüberstehen sollte. Er darf seine Leistung nicht über- aber auch nicht unterschätzen. Er darf im Sachverständigengutachten nicht **die** Lösung des Falles sehen, aber er darf auch genau so wenig seinen Wert nicht erkennen, begibt er sich doch sonst einer sehr wichtigen Möglichkeit, den Fall doch noch zu klären. Ungeschriebenes Gesetz sollte daher für Sie sein, daß Sie immer lieber einen Sachverständigen zuviel, als einen zuwenig beiziehen, daß Sie aber darin nicht **das** Allheilmittel sehen, sondern so weiterarbeiten, als ob kein Sachverständiger beigezogen worden wäre. Nur so können Sie sich selbst vor Unterlassungen schützen. Und stehen Sie einem Sachverständigengutachten ruhig kritisch gegenüber, denn auch Sachverständige können irren! Es ist in der Praxis nicht selten vorgekommen.

Wann einen Sachverständigen beiziehen?

Die Frage ist leicht zu beantworten: Immer dann, wenn Sie mit Ihrem Latein zu Ende sind, wenn Ihr Wissen nicht ausreicht, um zu erkennen, was genau geschehen ist, wenn Ihr Wissen aber ausreicht, um zu erkennen, daß einer, der von der Sache mehr versteht, auch mehr herausholen kann. Wenn Sie mit Ihrem Wissen nicht alle auftauchenden Fragen selbst sicher beantworten können, dann ist es an der Zeit, daß Sie einen Sachverständigen berufen. Ohne Anspruch auf Vollständigkeit wollen wir uns die wichtigsten Fälle überlegen, wo wir einen Sachverständigen beiziehen werden und uns auch überlegen, welche Hilfe wir uns von ihm erwarten dürfen.

Der Mediziner

Den Mediziner werden wir immer dann beiziehen, wenn ein Mensch in seiner Gesundheit Schaden erlitten hat, wenn er verletzt, vergiftet oder gar getötet worden ist. Was wir mit Sicherheit von ihm erwarten dürfen, ist, daß er

den Grad der Verletzung,
die Art der Krankheit,
die Todesursache

feststellt, also daß er auf Grund seines Fachwissens mit Sicherheit eine Diagnose stellt. Wir dürfen annehmen, daß er nicht irrt, wenn er eine Schnittverletzung, eine Vergiftung oder den Tod durch Genickbruch feststellt, denn das sind Tatsachen, die er auf Grund seines Fachwissens feststellen können muß. Hier macht der Arzt nichts anderes als Sie, wenn Sie einen bestimmten Sachverhalt unter einem bestimmten Tatbestand eines Gesetzes subsumieren. Sie sagen: Ein

Mann bricht eine Türe auf und stiehlt aus der Wohnung Geld — das ist Einbruchsdiebstahl. Der Arzt sagt: Der Mann ist tot, die Halswirbelsäule im Bereich zwischen Dreher und Nicker abnorm beweglich — Tod durch Genickbruch. Bei allen über diese Diagnose hinausgehenden Fragen beanspruchen Sie bereits die persönliche Erfahrung des Mediziners und seine Fähigkeit, aus eben dieser Erfahrung heraus die richtigen Rückschlüsse zu ziehen. Stellen Sie etwa Fragen, wie nach der

voraussichtlichen Heilungsdauer,

dem Gegenstand, der die Verletzung hervorgerufen haben kann, oder

nach der genauen Todeszeit

und ähnliche, kann der Mediziner nicht auf Grund einfacher Subsumption zu einem Ergebnis gelangen. Hier kann er auch irren und er weiß das auch. Deshalb wird er alle derartigen Fragen nur innerhalb der Grenzen einer von ihm selbstkritisch festgelegten Sicherheitsspanne beantworten. Er wird angeben: „... ist zwischen 1.00 Uhr und 4.00 Uhr verstorben." Und ähnlich. Sie haben keine Freude damit, Sie möchten nach einer Bronzefigur suchen, die als Schlagwaffe benutzt wurde und nicht nach „Stumpfer Gewalt". Aber drängen Sie dennoch nicht darauf, daß der Mediziner noch genauer wird. Er wird Ihnen möglicherweise den Gefallen tun und sagen: „... möglicherweise gegen 2.00 Uhr ... wahrscheinlich ein Holzprügel", aber Sie erkaufen sich diese genauere einschränkende Antwort mit dem Gegenteil davon, mit Ungenauigkeit und Unsicherheit. Und Unsicherheit ist der größte Feind des Kriminalisten überhaupt. Wenn Sie daher vom medizinischen Sachverständigen eine präzisere Auskunft haben wollen, so können Sie diese nur erwarten, wenn Sie die Tatsachen vermehren, auf Grund derer er seine Rückschlüsse ziehen kann. Das heißt, daß Sie dadurch, daß Sie genau erheben, wann der Ermordete welche Mahlzeit und Nahrung zu sich genommen hat, dem Mediziner die Unterlage dafür liefern, daß er nach dem Grad des Verdauungsfortganges auf die Zeit schließt, die zwischen Nahrungsaufnahme und Tod vergangen ist. Oder daß Sie dadurch, daß Sie Babynahrung, Kinderpuder und Windeln sicherstellen, ihm weitere Anhaltspunkte liefern. Es kommt eben auch auf Sie an. Der Sachverständige ist wie ein Computer, je mehr Sie einspeichern, um so mehr kann er Ihnen helfen. Auch der Mediziner ist so, er ist nicht anders als die anderen.

Der Psychiater

Sicher, es kann niemand in einen anderen Menschen hineinsehen, Telepathen vielleicht ausgenommen. Aber die sind umstritten. Die Psychiater versuchen es dennoch. Es ist noch eine sehr junge Wissenschaft, diese Psychiatrie, sie steckt noch in den Kinderschuhen. Wenn es aber darum geht, Mandanten freizubekommen, behaupten die Anwälte das Gegenteil. Deswegen spielen die Psychiater eine immer größere Rolle bei den Prozessen und das einfache Volk verfolgt das mit einem gewissen Unbehagen, das seinen Ursprung im gesunden Hausverstand hat. Es sind im Grunde genommen immer zwei Fragenkomplexe, die die Psychiater in ihrem Gutachten klären wollen: War der Angeklagte zum Zeitpunkt der Tat zurechnungsfähig? Und: Welche Aussichten bestehen, daß er die Tat nicht wiederholt und gebessert wird? Inwieweit derartige Gutachten exakt und beweiskräftig sind, darüber gehen die Meinungen auseinander, manche sprechen von einer Bevormundung der Richter, manche glauben blindlings daran und sind der Meinung, daß mit einer psychiatrischen Behandlung alles zum Besseren gewendet werden kann. Die Grenzen der Psychiatrie können Sie selbst überdenken: Wenn Sie sich als normal empfindender Mann (Frau) in psychiatrische Behandlung begeben und die Psychiater bringen es zusammen, daß Sie nach, sagen wir sechsmonatiger Behandlung, als hochkarätiger Homosexueller die Anstalt verlassen — dann können sie tatsächlich alles. Ich glaube es nicht. Ähnlich sind aber die Heilungschancen bei einem Exhibitionisten, bei einem Schänder, bei einem Lustmörder. Sie verstehen? Es ist noch eine sehr junge Wissenschaft, und man darf nicht Unmögliches von ihr verlangen. Aber Sie müssen sich damit abfinden, daß heute faktisch kein Urteil gesprochen wird, ohne daß ein Psychiater vorher sein Urteil über den Angeklagten abgibt. Was kann nun die Psychiatrie tatsächlich? Vor allem kann sie die klassischen Formen der Geisteskrankheiten, wie es die Schizophrenie, das manisch depressive Irresein und andere sind, mit Sicherheit diagnostizieren, wenn alle Symptome voll ausgeprägt sind. (Dann können Sie es mit einger Übung auch.) Nun sind aber die Übergänge vom Normalen zum Kranken fließend, ein Querulant kann bereits eine Paranoia querulans haben, aber er kann auch ein Michael Kohlhaas sein und um sein Recht hartnäckig streiten. Absolut sinnesverwirrte Geisteskranke, die ein Verbrechen begehen, landen aber nun nicht vor Gericht, sondern im Krankenhaus. In der Hauptsache werden Sie es daher mit Leuten zu tun haben, deren Geistszustand sich im Grenzzustand befindet, mit Verbrechern, die entweder noch oder schon nicht mehr als normal anzusprechen sind, aggressiven Assozialen, Alkoholikern vor dem Delirium, leicht erregbaren Menschen mit hohem Affekt, Süchtigen. Auch Ihnen werden oft Zweifel an der Zurechnungsfähigkeit kommen, wenn Sie aber nur den geringsten Zweifel daran haben, dann ist es besser, wenn Sie den Psychiater gleich beiziehen. Denn dann kann er den Betreffenden kurz nach der Begehung der Tat oder nach seiner Festnahme untersuchen, jedenfalls aber in einem Zeitraum, der der Tatzeit am nähesten ist. Und der Zeitfaktor spielt gerade da eine nicht unwesentliche Rolle, zumal der Betreffende noch unter Alkohol und Drogeneinfluß stehen kann, wenn Sie ihn festgenommen haben. Auch wenn gerade in der Psychiatrie schwerwiegende

Irrtümer vorkommen können, so liefert sie dennoch Anhaltspunkte dafür, daß Sie sich selbst, oder später der Richter, ein Urteil bilden können. Eine Psychiatrierung ist nun ohne Mitwirkung des zu Untersuchenden nur sehr bedingt möglich. Allenfalls können Abnormitäten im Gehirnstrombereich festgestellt werden, Reflexe können nicht stimmen, und aus der Beobachtung des Gesamtverhaltens (auch ohne Wissen des Beobachteten) können Schlüsse gezogen werden. Aber die Hauptanhaltspunkte liefern das eingehende Gespräch und die Ergebnisse von Tests, die für solche Untersuchungen ausgearbeitet wurden. Zweifellos hat der Täter ein Interesse daran, daß er für unzurechnungsfähig erklärt wird, aber Sie dürfen einen erfahrenen Psychiater schon zutrauen, daß er einen Simulanten von einem tatsächlich Kranken unterscheiden kann.

In letzter Zeit hat sich die Praxis herausgebildet, daß bei Geiselnahmen ein Psychiater den Verhandlungen mit den Tätern beigezogen wird, als „Wiener Weg" ist diese Praxis in die Kriminalgeschichte eingegangen. Nun glaube ich persönlich (als Initiator dieser Praxis kenne ich den Anfang) nicht, daß ein Psychiater große Chancen haben wird, einen Berufsverbrecher oder einen politischen Fanatiker zur Aufgabe zu überreden. Und wenn, dann liegt es in der Persönlichkeit des betreffenden Psychiaters und nicht in dem Umstand, daß er Psychiater ist. Derlei ist immer eine Frage der Persönlichkeit, weniger eine des Wissens. Trotzdem ist es zweckmäßig, einen Psychiater beizuziehen. Der Täter kann eine psychisch abnorme Persönlichkeit sein, immer aber befindet er sich in einer psychischen Ausnahmesituation, in der er zu Kurzschlußhandlungen neigt. Und da kann Ihnen der Psychiater insofern helfen, als er die Streßsituation des Täters besser abzuschätzen imstande ist. Es geht dann nämlich oft um die Frage des gezielten Todesschusses, einer Tötung des Geiselnehmers, weil das Leben der Geiseln in unmittelbarer akuter Gefahr ist. Ein gezielter Todesschuß bedeutet aber für Sie als Kriminalist eine gewaltige Verantwortung, ob Sie ihn nun selbst abgeben, oder anordnen. Sie ganz auf den Psychiater abzuschieben, wäre sicher unfair, aber Sie können sich auf seine Meinung stützen und später Ihren Einfluß leichter begründen. Gegenüber sich selbst und gegenüber der Öffentlichkeit, was gerade in einem demokratischen Staat sehr wichtig ist.

Noch eine Gelegenheit gibt es, bei der Ihnen der Psychiater kriminalistisch weiterhelfen kann: Das Psychogramm. Es gibt so etwas wie typische geistige Strukturen, Verhaltensmuster oder geistige Baumuster im abnormen Bereich unserer Seele. Komplexe, Frustrationen, Phobien und ähnliche Dinge bewirken, wenn sie manifest geworden sind, ein abnormes Verhalten von typischer Art. Dieses Verhalten wird Ihnen in seiner schrecklichsten Auswirkung, etwa beim Lustmord, bekannt. Durch Zeugenaussagen können Sie möglicherweise sogar Äußerungen des Täters beweisen. Nur den Täter selbst haben Sie nicht und wissen auch nicht, wo Sie ihn suchen müssen. Der Psychiater geht nun den umgekehrten Weg und zieht aus den bekanntgewordenen Verhalten des Täters einen Rückschluß auf den seelischen und geistigen Zustand desselben, er erstellt eine umfassende Beschreibung der Seele des Täters — ein Psychogramm. Und dieses kann Ihnen viel helfen, denn der Personenkreis wird dadurch eingeengt. Selbstverständlich bewegen wir uns dann, wenn es um die Vorausberechnung des zukünftigen Verhaltens eines Menschen geht, auf sehr unsicherem Boden. Dennoch können wir gewisse Grundverhaltensweisen und Motive als einigermaßen gesichert annehmen, ein sorgfältig erstelltes Psychogramm eines unbekannten Täters können wir als für die weiteren, nunmehr gezielten, kriminalistischen Erhebungen als genügend sichere Basis annehmen.

Zahnärzte, Dentisten

Wer an seinen Zähnen interessiert ist, sucht ihn auf. Ungern zwar, aber doch. Noch viel genauer als der praktische Arzt führt der Zahnarzt eine Patientenkartei, denn sie erspart ihm die Arbeit einer neuerlichen kompletten Untersuchung, wenn der Patient wieder kommt. In der Kartei Ihres Zahnarztes oder Dentisten ist auch alles verzeichnet, was er mit Ihren Zähnen schon (oft zu Ihrem Leidwesen) angestellt hat, jede Plombe, jeder Stiftzahn, jede Regulierung, vielleicht auch schon Ihr künstliches Gebiß. Und Zahnärzte haben etwas mit Künstlern gemein, sie erkennen ihre Arbeit sofort wieder und bewahren auch Modelle auf. Da Zähne nicht verwesen und mit den Knochen am längsten überdauern, ist der Zahnarzt wie kein anderer dazu prädestiniert, daß er in schwierigen Fällen die Identifizierung einer Leiche durchführt. Das Problem ist nur, daß Sie auch den Zahnarzt finden, wenn Sie eine Leiche haben. Hiezu ein Tip: Es gibt eigentlich keine Berufssparte, die nicht auch ihre eigene Fachzeitung hat. Es gibt eine Trafikantenzeitung, eine Zeitung für Tankstellenpächter (da sogar von jeder Mineralölfirma eine), es gibt Fachblätter für Optiker und es gibt natürlich auch eine Fachzeitung für Zahnärzte und eine für Dentisten. Und Fachzeitungen werden genau gelesen, nicht weil sich der Zahnarzt unbedingt weiterbilden will, sondern weil es oft um Geld geht. Wenn Sie hier eine Einschaltung vornehmen, können Sie mit sehr hoher Wahrscheinlichkeit rechnen, daß sich der Zahnarzt meldet. Weniger, wenn Sie über andere Medien, etwa das Fernsehen oder die Tagespresse gehen. Behalten Sie bei unbekannten Leichen, besonders aber bei stark verwesten, diese Möglichkeit immer im Auge und drängen Sie darauf, daß Ihnen der Gerichtsmediziner das genaue Zahnschema des Toten bekanntgibt, möglichst mit einer Photographie, die Sie veröffentlichen können.

Der Techniker

Eine Gasexplosion, ein Elektrounfall, ein Großbrand oder ein Arbeitsunfall in einer Fabrik hat sich ereignet. Sie haben nun die

Untersuchung zu führen. Von Anfang an ist Ihnen klar, daß Sie ohne Sachverständigen nicht auskommen werden, denn von der Technik, die Ursache des Ereignisses war, verstehen Sie wenig oder nichts. Von einem müssen Sie aber etwas verstehen, nämlich davon, den richtigen Mann zu berufen. Weil wir schon davon sprechen: Es muß nicht unbedingt der sein, der die höchste akademische Bildung hat. Es soll der sein, der am meisten damit zu tun hat, der, der die größte Erfahrung hat. Erfahrung ist das, was Sie suchen. Ein Diplomingenieur kann Ihnen ein hochgestochenes Gutachten liefern, wozu er einige Wochen braucht, ein Sprengmeister aber kann Ihnen auf Grund seiner Erfahrung mitunter sofort sagen, wieviel Sprengstoff und welcher im konkreten Fall verwendet worden ist. Ein Kriminalist kämpft aber auch gegen die Zeit, und ein rascher Hinweis ist oft mehr wert als das sorgfältig ausgearbeitete Gutachten Wochen später. Ein Installateur kann Ihnen über die Schwäche einer elektrischen Anlage, eines Durchlauferhitzers und eines Kanals sofort Bescheid sagen, denn er hat hunderte Reparaturen durchgeführt, die auf Grund dieser Schwächen notwendig wurden, der Ingenieur kann das nicht unbedingt. Am besten verwenden Sie daher beide, den Installateur für Ihre Erhebungen und den Diplomingenieur für das spätere Beweisverfahren, wenn Sie den Täter haben. Da macht sich nämlich der Diplomingenieur besser. Erwarten dürfen Sie auch vom Techniker, daß er Tatsachen feststellt, daß er Ihnen sagt, ob die Leitung stromführend ist, ob das Heißwassergerät funktionsfähig ist und so weiter. Darauf können Sie sich verlassen. Nicht mehr unbedingt aber darauf, was er sagt, wenn er selbst auf Vermutungen angewiesen ist, etwa darauf, wie sich das Gas im Zimmer ausgebreitet hat, oder wann der Kurzschluß entstanden sein könnte. Sie überfordern ihn dann, wenn er das, was Sie fordern, nicht berechnen kann. Technik ist genau, alles muß berechenbar und festzulegen sein. Durchaus möglich ist es zum Beispiel, darüber Berechnungen anzustellen, wann das mit gegebenem Druck ausströmende Gas eine tödliche Konzentration in einem Zimmer mit gegebenem Rauminhalt hat. Nicht geht das aber, wenn es sich um einen defekten Kohlenofen und einen noch dazu teilweise verstopften Kamin handelt, bei dem noch dazu Faktoren, wie Niederdruckwetter, Föhn, Sturm und andere, in Rechnung zu stellen sind. Feststellbar und berechenbar ist, welche Stromstärke und Spannung erforderlich ist, um einen Draht bekannten Materials zum Schmelzen zu bringen, es ist dies auch im Laborversuch nachvollziehbar. Aber schon nicht mehr, wie lange es gedauert hat, bis der schmelzende Draht den Großbrand ausgelöst hat, denn zwischen der durch den schmelzenden Draht bewirkten Intitialzündung und dem Ausbruch des Großbrandes kann ein lang andauernder Schwelbrand liegen. Und das bei einem Rekonstruktionsversuch verwendete Material wird niemals völlig ident mit jenem sein, das bei dem Ereignis eine Rolle gespielt hat. Sie erkennen das Dilemma: Der technische Sachverständige (das ist im weitesten Sinne gemeint) ist durchaus in der Lage, mit bekannten Größen, Daten und Materialien zu rechnen und zu rekonstruieren, das dann sehr genau. Niemals aber kann er das mit unbestimmbaren Faktoren. Hier wird er dann in seinem Gutachten seine „Wenn" und „Aber sollte ..." einbauen. In dem Maße, in dem Sie ihm genaue Daten beistellen können, in dem Maße können Sie auch die von ihm vorsichtshalber im Gutachten eingebauten „Falls aber" und „Wenn" ausschließen. Es wird also wieder auf die Genauigkeit Ihrer Erhebungen ankommen, ob Sie durch das Gutachten des technischen Sachverständigen verwertbare Beweise erhalten oder nicht. Bei welchen Gelegenheiten werden Sie nun auf jeden Fall einen technischen Sachverständigen beiziehen? Ohne Anspruch auf Vollständigkeit und nur demonstrativ erwähnt sicher bei Elektrounfall, Gasunfall, Sprengstoffdelikten, Gebäudeeinsturz, Arbeitsunfall (Sie können nicht alle Sicherheitsvorschriften kennen). Die Reihe ließe sich beliebig fortsetzen. Immer also dann, wenn ohne spezielle Fachkenntnis und ohne spezielle Fachuntersuchung der Fall nicht restlos geklärt werden kann.

Der Graphologe

Der Mensch ist Individualist, das drückt sich auch in seiner Handschrift aus. Die Handschriften von zwei Menschen können einander ähneln, sie werden aber niemals ident sein. Da setzt die Kriminalistik an und für sie der Graphologe. Es geht immer um das Problem, ob eine bestimmte Schrift von einem bestimmten Menschen stammt. Sei es, um den Nachweis zu erbringen, daß ein Verdächtiger etwa einen Erpresserbrief geschrieben hat, sei es, um den Nachweis zu erbringen, daß die Unterschrift auf einem Scheck nicht von dem Berechtigten selbst stammt, also gefälscht ist. Ein Echtheits- und Identitätsproblem also, das der Graphologe lösen soll. Ohne Vergleichshandschriften kann er es nicht lösen. Nun kann er zwar vom Verdächtigen selbst verlangen, daß er eine Vergleichsschrift geben soll, dann riskiert er aber, daß dieser nun seine Schrift verstellt, denn er will ja nicht überführt werden. Zum Teil kann sich der Graphologe davor dadurch schützen, daß er den Verdächtigen unter Bedingungen schreiben läßt, unter denen er seine eigene Handschrift selbst nicht sieht (auf durchscheinendem roten Papier unter rotem Licht, das durchstrahlt). Oder daß er den Verdächtigen in mehreren Abständen den gleichen Wortlaut schreiben läßt und so hofft, daß nunmehr Differenzen im Schriftbild auftreten. Was aber, wenn sich der Verdächtige überhaupt weigert, daß er schreibt? All diese Probleme tauchen aber gar nicht erst auf, wenn es Ihnen gelingt, Vergleichshandschriften sicherzustellen. Diese haben dann noch dazu den Vorteil, daß sie unbeeinflußt geschrieben worden sind. Es kann das ein Meldezettel, ein Schulheft, ein Geschäftsbrief oder ähnliches sein. Bei der Sicherstellung gehen Sie nach dem Grundsatz vor, das mehr besser als weniger ist. Auf zwei Dinge müssen Sie allerdings dabei achten: Die Handschrift muß zweifelsfrei von der Person stammen, die in die Untersuchung miteinbezogen wurde und sie darf nicht zu alt sein (die Handschrift, nicht die Person). Mit einem Schulheft wird sich der Graphologe beim Vergleich der Schrift eines Siebzigjährigen schwer tun.

Die Handschrift eines Menschen wird nicht zu Unrecht als Spiegel seiner Seele bezeichnet. Selbstbewußtsein und Euphorie können sich in ihr ebenso abzeichnen, als Angst, Schüchternheit, Korrektheit und Depressionen. Für die Kriminalistik erlangt der Umstand, daß man aus der Schrift eines Menschen Rückschlüsse auf seine seelische und geistige Verfassung ziehen kann, in zwei Fällen wesentliche Bedeutung, beim Schreiben eines Abschiedsbriefes und beim Schreiben unter behaupteten Zwang oder Drogeneinfluß und anderem.

Zunächst zum Abschiedsbrief: Der Entschluß, seinem Leben selbst ein Ende zu setzen, ist wohl der gravierendste überhaupt, den ein Mensch fassen kann. Immer schon haben daher Theologen und Mediziner darüber gestritten, ob ein Mensch, der bereit ist, seine eigene Existenz aufzugeben, sinnesverwirrt ist oder nicht. Ich selbst habe hunderte Abschiedsbriefe gelesen und bin mit wenigen Ausnahmen zur Überzeugung gelangt: Er ist es nicht. Nicht im Sinne des Begriffes einer Sinnesverwirrung im strafrechtlichen Sinne. Die Störung des Geistes liegt weniger im logischen Denken, sie liegt im Gefühlsbereich, in der subjektiven Wertung von Ereignissen und damit im Irrationalen. Denken Sie sich einen Kreis und teilen Sie ihn in Sektoren unterschiedlicher Größe. Zusammen ergibt die Kreisfläche das, was Ihnen das Leben lebenswert erscheinen läßt, die Sektoren sind die einzelnen Menschen und Dinge, durch die Ihnen das Leben lebenswert erscheint: Beruf, Sport, Ehefrau, Kinder, leibliche Genüsse. Sind nun die Sektoren gleichmäßig verteilt und kommt einer zum Wegfall (die Gattin stirbt, Sie werden gekündigt usw.), passiert nichts, der Mensch hängt trotzdem am Leben und kämpft darum, daß er überlebt. Und langsam ergänzen sich wieder die Sektoren, so daß sie zusammen einen vollen Kreis ergeben. Ist aber ein Sektor so übermäßig geworden, daß er mehr als die Hälfte der Kreisfläche ausfüllt und kommt der dann zum Wegfall — wenn die über alles geliebte Frau, das Kind, stirbt —, setzt die Katastrophe ein. Was übrigbleibt, reicht nicht aus, daß es den Wunsch, am Leben zu bleiben, aufrechterhält. Noch einmal: Es sind durchwegs subjektive Einschätzungen des Geschehens, die sich auswirken, nicht eben objektive. Deswegen fällt es uns oft so schwer, ein Selbstmordmotiv als solches zu begreifen. „Deswegen hat er sich umgebracht?", fragen wir verwundert und begreifen nicht. Nicht, daß eine augenblickliche endogene Depression mitspielen kann, die alles schwärzer sehen läßt, nicht, daß der Zusammenbruch des hormonellen Gleichgewichts der Frau zu Beginn der Regel eine Gemütsstörung herbeiführen kann, und nicht, daß Erfolg oder Nichterfolg bei einer Prüfung für einen pubertierenden Schüler, der um Selbstbestätigung ringt, zur Existenzfrage werden kann. Subjektives Wertwachstum, diesen Ausdruck hat die Psychologie für das letzte Beispiel geprägt. All das aber, die Depression, die Angst vor dem Nichtbestehenkönnen, die Verzweiflung über den Tod des Lebenspartners und anderes, drückt sich in der Handschrift aus. Und noch etwas: Der Lebenserhaltungstrieb, der übermächtig aufschreit und dem Naturgesetz der Erhaltung des Individuums Geltung verschaffen will, muß ausgeschaltet werden. Deshalb finden Sie im Gefolge von Selbstmord so oft die Flasche Alkohol oder sonst eine Droge. Auch das drückt sich in der Schrift aus. Machen Sie einmal den einfachen Versuch und schreiben Sie eine Seite, wenn Sie vier oder fünf Viertel Wein beim Heurigen getrunken haben. Und sehen Sie sich die Schrift am nächsten Tag an, wenn Sie Ihren Katzenjammer überwunden haben. Sie werden dann für immer wissen, wie sich eine Schrift unter Alkoholeinfluß verändern kann.

Haben Sie als Kriminalist Zweifel, ob der Abschiedsbrief, den Sie bei einem Selbstmörder gefunden haben, echt ist oder nicht, kann Ihnen der Graphologe über den Echtheitsbeweis hinaus Aufschluß über die psychische Situation des Briefschreibers geben, auch wenn sich diese aus dem Inhalt selbst nicht ergibt, weil dieser lediglich testamentarische Anweisungen enthält. Ähnlich ist es, wenn vom Schreiber selbst behauptet wird, daß er bei der Verfassung des Schreibens aus irgend einem Grund unzurechnungsfähig war, sei es, daß er unter Zwang, sei es, daß er unter Schockeinwirkung, sei es, daß er unter Alkoholeinwirkung geschrieben habe. Schock und Zwang werden sich nicht nachstellen lassen, Alkoholeinwirkung schon. Eines aber kann der Graphologe immer: Eine ohne diese behaupteten Einflüsse abgegebene Vergleichsschrift der inkriminierten als Gegenstück untersuchen.

Die am häufigsten an den Schriftsachverständigen herangetragene Frage ist übrigens die nach der Echtheit einer Unterschrift. Deshalb hiezu auch noch einige grundsätzliche Ausführungen. Eine Unterschrift ist ein geübter Schriftzug, gewissermaßen eine durch Übung verkürzte Reflexbahn wie beim Autofahren der Tritt auf die Bremse bei Gefahr. Keine bewußte Steuerung ist mehr nötig, je öfter die Unterschrift gesetzt wird, um so schneller und schwungvoller, meistens auch unleserlicher wird sie. Der Fälscher hat nun zwei Möglichkeiten: Er kann selbst die Unterschrift einüben, bis auch er einen eingelernten Reflex hat. Seine gefälschte Unterschrift hat jetzt den Vorteil, daß sie hinsichtlich ihres Schwunges, Schriftdrucks und der Abgabe in einem Zug echt ist, sie hat jedoch den Nachteil, daß Abweichungen im Schriftzug selbst und im Schriftdruck im Vergleich zur Originalunterschrift in Kauf genommen werden müssen. Die zweite Möglichkeit ist die, daß er eine echte Unterschrift kopiert. Dann ist die Unterschrift im Schriftzug absolut ident, aber sie wirkt dennoch nicht schwungvoll und der Schreibdruck ist eher gleichförmig. Zudem gibt es eine absolut idente Unterschrift, die zum Verhängnis werden könnte. In beiden Fällen aber können Sie den Sachverständigen unterstützen. Im ersten Fall, wenn Sie vom Betroffenen Unterschriftsproben unter gleichen Bedingungen abverlangen (gleiches Papier, gleiches Schreibgerät usw.). Und im zweiten Fall, indem sie durch Erhebung klarstellen, ob der potentielle Fälscher in den Besitz eines Dokumentes mit echter Unterschrift gelangt sein kann und gegebenenfalls dieses Dokument auch sicherstellen. Leute, die um die Bedeutung ihrer Unterschrift wissen, bauen übrigens selbst meistens eine Sicherung ein und ändern sie etwa vierteljährlich bewußt ab. Stimmt dann die Datierung des Dokumentes nicht mit der für diese Zeit gültigen Unterschrift überein, kann bereits dadurch eine Fälschung nachgewiesen werden.

Der Kunstsachverständige

Immer schon hat der Mensch das Bedürfnis gehabt, seine Umwelt und seine Eindrücke von ihr wiederzugeben, Ängsten, Befürchtungen, aber auch Freude und Hoffnung Ausdruck zu verleihen. Das Ergebnis ist dann Kunst, Kunst, die den Menschen mehr vom Tier unterscheidet, als der Intellekt. Intellekt kann auch ein Tier unter bestimmten Umständen entwickeln, niemals aber wird es ein Kunstwerk schaffen. In der Kunst hat der Mensch Zugang zum hohen Schöpferischen, ein begnadeter Künstler wie Johann Sebastin Bach hat das demütig zum Ausdruck gebracht, indem er erklärte, daß er nur dann schaffen könne, wenn er eins sei mit Gott.

Kunst ist einmalig, und was einmalig ist, hat seinen Wert, es ist der Wert des Seltenen, wie beim Diamanten. Genau deshalb werden Sie dann als Kriminalist mit der Kunst befaßt. Auch Kunstwerke werden gestohlen und gefälscht, die Habgier des Kriminellen macht auch vor dem Kunstwerk nicht Halt. Wird ein Bild, eine Skulptur, ein Gobelin oder ein anderes gegenständliches Kunstwerk gestohlen, ist das für Sie ein Fahndungsfall, Sie suchen das gestohlene Kunstwerk und den Täter. Einen Sachverständigen brauchen Sie dann nur, wenn der Wert des Kunstwerkes strittig ist. Oder wenn ein Versicherungsbetrug geplant war. Anders ist das bereits, wenn eine Idee, ein Einfall gestohlen wird, wenn ein Plagiat einer Komposition, eines literarischen Werkes behauptet wird, wenn ein Täter sozusagen abgeschrieben hat und nun damit Geld macht. Hier werden Sie zwei Nachweise führen müssen: Den der Priorität der ursprünglichen Idee und den der Identität des Plagiats mit dieser ursprünglichen Idee. Hier werden Sie bereits ohne Sachverständigen nicht auskommen, ja Sie sind sogar einzig auf ihn angewiesen, es sei denn, daß Sie selbst ein begnadeter Künstler sind. Das Problem ist dann nur, einen zu finden, der auch die entsprechende Autorität auf diesem Gebiet genießt. Denn auch dieser Sachverständige muß

Künstler sein, erst dann ist er in der Lage, Ihnen zu sagen, ob eine Idee gestohlen wurde oder nicht.

Anders liegt der Fall, wenn ein gegenständliches Kunstwerk gefälscht worden ist und nun als echt angeboten wird. Hier sind Sie nicht nur auf den Kunstkenner angewiesen. Sicher wird dieser eine plumpe Fälschung auf Anhieb erkennen, wenn die Technik des Pinselstriches, die Farbe und das Grundmaterial bei einem Bild etwa nicht mit dem Original übereinstimmen. Aber es gibt auch Fälscher, die selbst begnadete Künstler sind, dann ist die Kopie vom Original nicht so schnell zu unterscheiden. Dann wird der Nachweis der Fälschung bereits über die Kriminaltechnik und über Analysen geführt. Der schwache Punkt für den Fälscher ist das Alter des Grundmaterials, wenn es sich um ein Bild handelt, des Leinens und des Holzes. Bei Skulpturen ist es meist das Holz, das die Fälschung verrät. Besonders raffinierte Fälscher altern daher das Grundmaterial nicht künstlich, sondern sie übermalen alte, aber wertlose Bilder, dann sieht man das aber wieder in der Röntgenaufnahme. Oft scheitern Fälscher schon bereits daran, daß viele berühmte Maler das Geheimnis der Zusammensetzung ihrer Farben mit in das Grab genommen haben. Allgemein kann gesagt werden, daß eine Fälschung, vorausgesetzt, daß sie einer genauen Untersuchung unterzogen wurde, auch als solche erkannt wird. Das ist aber der springende Punkt: Die Vornahme einer Untersuchung setzt einen bereits erhärteten Verdacht voraus, so wie eine gerichtliche Untersuchung nur bei begründeten Verdacht durchgeführt wird. Bereits für diesen begründeten Verdacht benötigen Sie den Sachverständigen, den Kunstkenner. Beinahe alle bedeutenden Kunstwerke sind in Katalogen erfaßt, es gibt eine riesige Literatur darüber, die Sie nicht kennen können. Daher zögern Sie nicht, einen Sachverständigen beizuziehen, wenn Sie es als Kriminalist mit Kunst zu tun haben. Gerade die Zeit des Überflusses, der Hochkonjunktur und des Schwarzgeldes hat nämlich einen neuen Zweig der Kriminalität, die Kunstkriminalität, entstehen lassen.

Gutes Essen

Sie kennen das aus der Zeitung: Ein größerer Personenkreis ist plötzlich erkrankt, die Teilnehmer einer Tagung, eine Schulklasse, die Belegschaft einer Firma und andere. Man hat herausgefunden, daß diese Personen an einem gemeinsamen Essen teilgenommen haben oder daß sie in einem bestimmten Restaurant zu Gast waren. Der Reporter sieht es bereits als feststehend an, daß mit dem Essen etwas nicht in Ordnung war. Er kann recht haben, aber er muß nicht. Derlei Untersuchungen gehören zu den unangenehmsten Aufgaben eines Kriminalisten, einerseits ist ein recht großer Personenkreis zu befragen und andererseits läuft die Zeit davon, denn nach zwei oder drei Tagen werden keine Speisereste mehr zur Sicherstellung vorhanden sein. Die brauchen Sie aber, denn entsprechend unserer kriminalistischen Grundsätze müssen wir uns eine ganze Palette von Möglichkeiten überlegen und in Betracht ziehen. Die Ursache der Erkrankung kann unmittelbar in der Speise liegen, etwa bei einer Pilzvergiftung, sie kann aber auch mittelbar in ihr liegen, wenn etwa Bakterien in sie hineingelangt sind, sie kann aber auch gar nicht in der Speise liegen. Es kann die Ursache auch eine Person mit hochansteckender Krankheit sein, oder radioaktive Strahlung, oder giftiges Gas und vieles andere mehr. Hinzu kommt, daß Sie bei der Sicherstellung schwerwiegende Fehler machen können. Luftabschluß oder nicht? Manche Bakterien und Viren brauchen Luft zur Entwicklung, manche wieder nicht. Der Erreger des Botulismus, einer Erkrankung, die lebensbedrohende Lähmungen hervorruft, gedeiht nur unter Luftabschluß, z. B. in Konservendosen. Die Art, wie Sie die Sicherstellung durchführen, ist daher bestimmend, ob Sie nun tatsächlich sichern, oder ob Sie sogar damit das Gegenteil davon erreichen. Daher: Haben Sie das Pech, daß Sie mit einer derartigen Untersuchung befaßt werden, ziehen Sie von Anfang an und möglichst rasch einen Sachverständigen aus der Lebensmittelbranche bei und überlassen Sie ihm die Sicherung der Proben. Die beste Sicherung, die Sie selbst vornehmen können ist die, daß Sie alles sichern und die verdächtige Küche versiegeln, bis der Sachverständige eintrifft. Und in der Zwischenzeit konzentrieren Sie sich auf die Befragung der Erkrankten und die Erhebungen im Spital.

Schieß- und Sprengmittel

Wir haben es an anderer Stelle bereits erwähnt: Explosivstoff ist nicht Explosivstoff, es kommt auf die Schnelligkeit der Verbrennung an, von ihr hängt die Wirkung des Explosivstoffes ab, ob er hochexplosiv ist oder nicht. Aber auch, auf welche Art seine Zündung erfolgt, durch Hitze, Funken oder Schlag. Im Zweiten Weltkrieg haben Soldaten das hochexplosive Pulver der Granaten und Bomben aus Blindgängern herausgeholt und angezündet, um sich genüßlich ihr Essen zu wärmen. Es war eben Pulver, das auf Schlag, nicht aber durch Hitzeeinwirkung explodierte. Hätten die Soldaten dasselbe mit dem Inhalt ihrer Patronen versucht, wären ihnen die Eßgeschirre um die Ohren geflogen. Nun werden Sie in Ihrem Beruf Ihr Essen nicht ausgerechnet auf TNT kochen, aber gerade in einer Zeit der zunehmenden Terroranschläge werden Sie in vermehrtem Maße mit Sprengstoff konfrontiert. Entweder, wenn er schon explodiert ist, oder wenn ein verdächtiger Gegenstand gefunden worden ist. Hier gilt dann ohne jede Einschränkung: Vorsicht ist besser als eine Himmelfahrt! Gerade weil Sie nicht wissen können, um welchen Sprengstoff es sich handelt und auf welche Art seine Zündung vorgesehen ist, lassen Sie besser alles unberührt, denn ohne Fachmann kommen Sie da nicht aus. Es ist keinesfalls eine Blamage, wenn sich nachträglich herausstellt, daß Sie eine Schuhschachtel überwacht haben, denn umgekehrt schützt Sie auch das Abzwicken von Drähten nicht, wenn es sich um einen tatsächlichen Sprengkörper gehandelt hat. Im Gegenteil, gerade durch das Abzwicken der Drähte können Sie die Explosion auslösen, da Ihnen ja die Schaltung der Stromkreise nicht bekannt ist. Die einzige Maßnahme, die Sie daher zu treffen haben, ist daher die, daß Sie Personen von dem vermutlichen Sprengkörper fernhalten und allenfalls durch Abdekken des Sprengkörpers die möglichen Explosionsfolgen mildern. Alles andere ist Sache des Fachmannes. Auch die Untersuchung einer Explosionsstelle. Hier können Sie ihn durch genaue Vermessung, Beschreibung, Photographieren und Festhalten von Zeugenaussagen unterstützen. Ohne sein Gutachten werden Sie aber nicht auskommen.

Schußwaffendelikte

Es gehörte bereits in der Praxis der Gerichte zum ungeschriebenen Gesetz, daß ein Schießsachverständiger immer dann beigezogen wird, wenn es sich um ein mit einer Schußwaffe begangenes Delikt handelt, über das geurteilt werden soll. Nicht zu Unrecht, denn dadurch können Vorstöße der Verteidigung von vornherein abgeblockt werden. In der Verhandlung hat der Schießsachverständige die Funktion, daß er durch sein Gutachten einen Beweis gegen einen bereits bekannten Verdächtigen erbringt. Was bringt dieser Sachverständige aber Ihnen, wenn Sie am Anfang stehen? Viel, nämlich Klarheit. So vielfältig die Schußwaffen sind, die der Mensch zum Töten konstruiert hat, so vielfältig sind auch die Spuren, die zurückbleiben, jede Waffe hat ihre eigene Handschrift und der Sachverständige ist der Graphologe, der sie deuten kann. Betrachten wir das im einzelnen.

Die Waffe selbst

Sie kann funktionsfähig sein, oder nicht, der Sachverständige hat dies bald festgestellt. Die Waffe allein sagt nur bedingt über die Schußleistung im konkreten Fall etwas aus, es kommt auch auf die verwendete Munition an, ob diese brisant ist oder nicht, die Jäger wissen das. Die Konstruktion und die Bauart einer Waffe gibt aber Anhaltspunkte dafür, welche Munition verwendet werden kann. Und sie gibt auch Anhaltspunkte dafür, welche Spuren durch sie am Tatort zurückbleiben können. Um nicht zu abstrakt zu werden: Bei der Verwendung eines Revolvers werden in der Regel keine Patronenhülsen am Tatort zurückbleiben, bei der Verwendung einer Pistole hingegen schon. Eine Pistole kann nun wieder die Patronenhülsen nach rechts oder links auswerfen, in seltenen Fällen auch nach rechts-rückwärts. Die Eigenheiten einer Waffe, die sich aus der

Konstruktion heraus ergeben, sind daher insbesondere durch den möglichen Rückschluß von der Tatortsituation auf die Waffe wichtig und wertvoll. Sie können durch richtigen Rückschluß eingrenzen und brauchen nur noch einen bestimmten Typ einer Waffe suchen. Ebenfalls abhängig von Konstruktion und Bauart einer Waffe werden die Spuren der Schußhand sein und erleichtern auch hier die Beweisführung. Die bei der Fertigung selbst entstandenen individuellen Eigenheiten, Ungenauigkeiten und Abweichungen, hinterlassen wieder Spuren auf Hülse und Projektil, die wieder eine Identifizierung der Tatwaffe ermöglichen.

Die Patronenhülse

Im Prinzip besteht die Patronenhülse aus der auf Schlag explodierenden Zündkapsel, dem Pulver und dem eingepreßten Projektil. Bereits beim Aufschlagen der Nadel des Hammers auf die Zündkapsel ergeben sich spezifische Abweichungen bei den einzelnen Waffen. Die Kapsel wird nicht genau zentrisch getroffen, sie wird stärker oder schwächer eingedellt, die eine Nadel kann spitzer sein als die andere — eben Unterschiede. Bei der Pistole entstehen noch zusätzlich durch den Auswerfer Kratzer an der Hülse. Übrigens: Die Pistolenpatrone hat eine Rille, die Revolverpatrone einen Rand. Gelingt es Ihnen, die bei der Tat verwendeten Patronenhülsen zu sichern, haben Sie mitunter schon dadurch den Grundstein dazu gelegt, daß eine später sichergestellte Waffe als Tatwaffe identifiziert werden kann. Insbesondere kann aber auch durch die Lage der Patronenhülsen im Verhältnis zueinander am Tatort, der Tathergang selbst oft rekonstruiert werden. Die Suche nach Patronenhülsen im Fall der Auffindung von Leichen mit Schußwunden gehört daher zu einer der wichtigsten kriminalistischen Aufgaben überhaupt, und insbesondere in unwegsamen Gelände hängen Erfolg oder Mißerfolg oft von der Hartnäckigkeit des Kriminalisten bei dieser Suche ab.

Das Projektil

Die allerersten Faustfeuerwaffen haben noch Rundkugeln aus einem gewöhnlichen Rohr verschossen. Dadurch kam es aber zu einen unkontrollierten Flug des Projektils in der Luft und durch die Drehung des Projektils bewirkter starker Zielabweichung. Dem Projektil fehlte einfach ein Stabilitätsfaktor. Diesen fand man bald in der Kreiselwirkung. Ein rasch rotierender Kreisel wehrt sich beharrlich gegen jede Verschiebung seiner Rotationsachse. Das Projektil wurde daher nunmehr zylindrisch gestaltet und dazu gebracht, daß es um seine Längsachse rasch rotiert. Das Ergebnis: Es wehrt sich gegen die Verschiebung dieser Rotationsachse und behält die gegebene Zielrichtung bei. Zum Rotieren um sich selbst wird das Projektil durch den spiralenförmig in das Laufinnere geschnittenen

Drall gebracht, er kann fünf oder sechs Züge haben. Das Projektil paßt streng in den Lauf und während es ihn durcheilt, wird es gegen den Drall gepreßt und zur Schraube in einer Mutter, die sich rasch zu drehen beginnt. Zur besseren Anpassung an den Drall haben Granaten übrigens an ihrem hinteren Ende den aus weichem Buntmettal bestehenden Granatring. Weil das Projektil zur Schraube wird, bleibt auch das Gewinde des als Mutter wirkenden Dralls des Laufes an ihm erhalten, und zwar in Form von Einkerbungen. Nun haben wir schon festgestellt, daß keine Waffe völlig gleich mit einer anderen desselben Typs ist, besonders aber ist sie es nicht im Lauf. Der Eindruck, den der Drall des Laufes auf dem Projektil hinterläßt, ist gewissermaßen der Fingerabdruck der Waffe. Haben Sie das Tatprojektil und die Waffe, kann Ihnen der Schießsachverständige unter dem Mikroskop auch den Nachweis erbringen, daß es diese Waffe war, aus der das sichergestellte Projektil verfeuert worden war. Das Problem ist also die Sicherstellung des Projektils, es kann für Sie mühsame Suche bedeuten. Längst ist auch den Tätern bekannt, daß zurückgelassene Patronenhülsen verräterisch werden können, Profis verwenden daher Revolver oder Pistolen mit aufgesetzten Hülsenfängern. Aber die Projektile sammeln auch diese Profis nicht ein! Und da liegt Ihre Chance.

Nun noch kurz zum Problem der Schußrichtungsbestimmung, der Ermittlung des vermutlichen Standortes des Schützen, denn dort müssen Sie ja die Hülsen suchen. Sie brauchen dazu den Schußkanal oder zumindest zwei hintereinanderliegende Durchschüsse oder Durchschuß und Einschuß. Den Schußkanal in einer Leiche können Sie am Tatort nur bestimmen, wenn Sie mit Sicherheit Einschuß und Ausschuß identifizieren können (der Ausschuß ist im Regelfall größer, weil die Kugel ablenkt oder langsam war). Dann haben Sie aber bereits wieder das Problem, daß Sie die Stellung des Mannes festlegen müssen, in der ihn der tödliche Schuß getroffen hat, was Ihnen mit völliger Sicherheit selten gelingen wird. Leichter haben Sie es, wenn etwa die Scheiben eines Doppelfensters durchschossen worden sind. Behelfsmäßig können Sie dann mit einem runden Stab in der Stärke des Kalibers die Richtung anvisieren, aus der der Schuß gekommen ist. Ihre Feststellungen am Tatort werden immer behelfsmäßig sein und dienen auch nur als Ausgangsbasis für die sofort notwendigen Erhebungen. Dann lassen Sie aber den Sachverständigen werken, er hat mehr Möglichkeiten, vor allem aber die notwendigen Geräte, mit denen er punktgenau den Standort des Schützen anvisieren kann.

Wir konnten nicht alle Möglichkeiten besprechen, die der Schießsachverständige hat, um an der Aufklärung eines Verbrechens mitzuwirken, lediglich die wichtigsten. Die Beiziehung eines Schießsachverständigen erscheint aber insbesondere bei gravierenden Delikten, die mit Schußwaffen begangen wurden, unumgänglich, und Sie sollten daher nicht leichtfertig darauf verzichten.

DER LOKALAUGENSCHEIN

Längst natürlich haben auch Sie es schon festgestellt: Wir besprechen in den Hauptkapiteln die einzelnen in der Strafprozeßordnung vorgesehenen Beweismittel und sind wir beim Lokalaugenschein angelangt. Vor allem fragen wir uns, was er in kriminalistischer Hinsicht bringt. Wie der Name schon sagt, versteht man unter Lokalaugenschein die Besichtigung eines Ortes, meist des Tatortes, aber diese Besichtigung muß durch jene Person vorgenommen werden, die entweder das Urteil spricht, oder sich eine Meinung bilden soll. Sie denken: Eine Selbstverständlichkeit, daß Sie sich den Tatort angesehen haben, wir haben ja ausführlich darüber gesprochen, wie Sie sich am Tatort verhalten sollen. Es ist dennoch nicht immer eine Selbstverständlichkeit. Nehmen wir nur den Fall, daß eine Frau eine Vergewaltigung anzeigt: Sie ist verletzt, sie weint, sie steht kurz vor dem Zusammenbruch, ihre Kleider sind zerrissen und verschmutzt. Kurz, die Sache ist glaubwürdig. Die Versuchung ist für Sie mehr als groß, daß Sie darauf verzichten, sich auch noch den Tatort — mag er nun eine Wohnung, ein Waldstück oder die Straße sein — anzusehen. Wie gesagt, es sieht alles glaubwürdig aus und Sie haben keine Zweifel. Sie sollten es aber unbedingt doch tun, denn es könnte sich herausstellen, daß die gesamte Schilderung des Verbrechens nicht mit den örtlichen Gegebenheiten übereinstimmt. Wenn auf der Kleidung Gras- und Lehmflecken sind, kann der Tatort schwer eine Tankstelle sein, denn dann müßten ja Ölspuren vorhanden sein. Sie wissen, worauf es ankommt? Das Beweismittel des Lokalaugenscheins besteht weniger in einer bloßen Besichtigung des Tatortes, sondern in einer Besichtigung des Tatortes unter dem Aspekt und unter der Berücksichtigung der bereits vorliegenden Aussagen von Zeugen und Beschuldigten. Diese Aussagen sind das Drehbuch, nach dem nun unter Ihrer oder des Untersuchungsrichters Regie das Verbrechen nachgestellt wird und nochmals abläuft. Ergibt sich nun eine völlige Übereinstimmung der Aussagen mit den örtlichen Gegebenheiten, ist ein zusätzlicher Beweis, eben der des Lokalaugenscheins, erbracht, daß das Verbrechen so abgelaufen sein **muß** und nur so abgelaufen sein **kann**. Das bedeutet nun, daß Sie gerade bei schweren Verbrechen einen Lokalaugenschein auch dann durchführen müssen, wenn Ihnen der Tatort schon von den ersten Erhebungen her bekannt ist, nämlich dann, wenn Sie den Täter haben und dieser geständig ist. Zum einen erlangen Sie dadurch völlige Gewißheit wie sich die Tat abgespielt hat und zum anderen — und das ist von entscheidender Wichtigkeit — stellt dieser Lokalaugenschein eine Absicherung dagegen dar, daß der Täter sein Geständnis problemlos widerrufen kann. (Darüber mehr im Kapital „Der Verdächtige".) Der Lokalaugenschein ist eine dieser Absicherungen, nicht die einzige, aber eine sehr wirksame. Wenn der Täter die Tat in allen Einzelheiten demonstriert und Sie photographieren und filmen das, wird er später schwer behaupten können, daß er sein Geständnis nur unter Zwang abgelegt hat, denn er arbeitet ja aktiv und von sich aus an der Klärung mit. Haben Sie darüber hinaus das Glück, daß sich bei dieser Demonstration von Ihren im Akt enthaltenen Vermutungen und Schlußfolgerungen abweichende Einzelheiten ergeben, die nur der Täter wissen konnte, brauchen Sie sich über einen späteren Widerruf des Geständnisses durch den Täter keine Sorge mehr zu machen. Was ist nun bei der Durchführung des Lokalaugenscheins alles zu beachten? Wir sprachen schon darüber: Es soll der Ablauf des Verbrechens nachgestellt werden. Das bedeutet, daß auch die gleichen Bedingungen wie zur Tatzeit gegeben sein müssen, Wetterverhältnisse, Lichtverhältnisse usw. Nun wird sich das nicht immer leicht durchführen lassen, besonders wenn es um die Jahreszeit und damit auch um den Sonnenstand geht. Erlangt sie aber eine extrem gravierende Bedeutung, dann können Sie nicht umhin, auch sie zu berücksichtigen. (Es gab in der Kriminalgeschichte einen Prozß gegen einen Massenmörder, der sich extrem lang dahinzog, weil der Lokalaugenschein immer am Jahrestag der Tat stattfand.) Auf jeden Fall aber müssen die gleichen Witterungs- und Sichtverhältnisse wie zum Zeitpunkt der Tat auch beim Lokalaugenschein gegeben sein. Sonst können Sie nicht überprüfen, was die Zeugen gesehen haben können. Als Autofahrer werden Sie wissen, wie stark sich tiefstehende Sonne, Nebel oder starker Regen auf die Sicht auswirken können. Haben Sie bei Ihren Vernehmungen im ersten Eifer darauf nicht Bedacht genommen, lassen sich diese Dinge bei der meteorologischen Anstalt erfragen, und es zeigt dann nur von Ihrer Gründlichkeit, wenn im Bericht über den Lokalaugenschein steht, daß dies alles berücksichtigt wurde.

Nun wird nicht selten der Lokalaugenschein und die damit verbundene Rekonstruktion des Verbrechens auch von namhaften Kriminalisten als eine zwar vom Gericht geforderte, im Grunde genommen aber doch überflüssige Ergänzung des Beweisverfahrens angesehen, gewissermaßen als eine aus formalistischen Gründen nicht zu umgehende Fleißaufgabe. Dem ist aber nicht so, Es stimmt zwar: Durch Zeugenaussagen kann zweifelsfrei erwiesen sein, daß ein Täter Meier das Opfer Müller umgebracht hat, trotzdem kann unter Umständen erst über den Weg einer sorgfältigen Rekonstruktion das Geschehen erwiesen werden, daß der Meier den Müller gar nicht umbringen wollte. Dazu ein Beispiel aus der Praxis: Nach heftigem Streit unter Autofahrern war der Lkw-Lenker Müller (bleiben wir bei diesen Namen) vom Pkw-

Lenker Meier durch einen Stich mit einem sogenannten Taschenfeitel getötet worden. Ein Herzstich, der sofort tödlich war und den vier Zeugen beobachtet hatten. Sie hatten gesehen, wie der Meier das Messer aufgeklappt hatte, am Führerhaus hochgesprungen war und einen Stich gegen Müller durch das offene Fenster geführt hatte. Ein Stich — aber zugefügt mit einem Messer, das zum Stechen absolut ungeeignet war, da die Klinge des billigen Messers lose im Holzgriff pendelt (Taschenfeitel sind billige Klappmesser, bei denen die Klinge nicht durch eine Feder wie bei einem richtigen Taschenmesser einrastet). Selbst Meier wollte bei der Vernehmung nicht glauben, daß er Müller tatsächlich getötet hatte, erst als er die Polaroidbilder der Leiche gesehen hatte, akzeptierte er überhaupt, daß Müller tot war und glaubte nicht an einen Vernehmungstrick. Bei der Rekonstruktion stellte sich dann folgendes heraus: Müller hatte durch das offene Fenster Meier beschimpft und bedroht, dabei hatte er Meier die Brust zugewendet. Im wilden Zorn wollte Meier mit dem Messer einen Schnitt quer über die Brust führen, unglückerweise dreht sich Müller gerade in diesem Moment weg und aus dem beabsichtigten Schnitt wurde ein Schnitt-Stich. Ein Stich auf die einzig mögliche Art überhaupt, denn erst durch die ursprüngliche Schnittbewegung kam es zu einer Fixierung der Klinge des billigen Messers durch den Körper von Müller. Meier wurde auch nur wegen Totschlages (heute heißt es Körperverletzung mit tödlichem Ausgang) verurteilt. Nun mag es sicher nicht immer im Interesse der Kriminalisten liegen, den Nachweis zu erbringen, daß nicht die schwerwiegendere Tat gegeben ist. Psychologisch gesehen, ist das vielleicht verständlich, ist aber dennoch falsch. Ein Kriminalist muß fair sein, er hat unparteiisch zu sein, es ist seine Aufgabe, daß er Tatsachen feststellt und nicht, daß er wertet. Und es erspart Blamagen vor Gericht. Hiezu wieder ein Fall aus der Praxis: Ein älteres Ehepaar zeigte den getrennt lebenden Sohn wegen gefährlicher Bedrohung an. Die Beschuldigung war glaubhaft, der Sohn wurde daher in Haft genommen. Bei der Vernehmung schwor er Stein und Bein, daß er seine Eltern nicht bedroht habe. Auch nicht unglaubhaft, nur hatte er kein Alibi, ja er gab sogar zu, daß er zur angeblichen Tatzeit beim Wohnhaus seiner Eltern vorbeigekommen war. Eine Rekonstruktion ergab nun, daß es zur angegebenen Zeit, die Zeit der absoluten Verkehrsspitze, unmöglich war, ihm Wohnhaus auch laut geschrieene Worte von der Straße her zu vernehmen. Die Eltern waren so verblüfft, daß sie die Verleumdung zugaben, sie haßten ihren Sohn wegen einer langandauernden Familienstreitigkeit. In diesem Fall war das Ergebnis der Rekonstruktion auch eine Genugtuung für den Kriminalisten, denn auch der Nachweis der Unschuld kann zu einem Erfolgserlebnis werden. Und gerade über solche Fälle kommen Sie zur richtigen Einstellung: Objektivität, ob

Ihnen der Verdächtige sympathisch ist oder nicht. Er hat einen Anspruch auf diese Objektivität — Objektivität kann aber nur realisiert werden, wenn Sie mit einer gesunden Portion Skepsis ausgestattet sind und nur das als gegeben annehmen, was auch tatsächlich gegeben ist. Zur Skepsis gehört aber eben auch der Lokalaugenschein.

DER VERDÄCHTIGE

Sie haben alles zusammengetragen, haben mühsam Nachforschungen durchgeführt und Beweise gesammelt. Endlich sind Sie nun auf ihn gestoßen und haben ihn nun vor sich, den Verdächtigen: Er kann der Täter sein, er kann es aber auch nicht sein. Sie wollen es nun durch die Vernehmung herausbringen. Ob dabei viel oder wenig herauskommt, wird davon abhängen, ob Sie selbst gut oder schlecht bei der Durchführung der Vernehmung sind. Sehen wir uns das daher einmal genau an.

DIE VERNEHMUNG

Ausgangsposition

Vorneweg: Jede Einvernahme ist ein Zweikampf, ein psychologisches Duell, ähnlich einem Gladiatorenkampf, ein Duell, das mit verschiedenen Waffen von den Gegnern geführt wird. Der Verdächtige hat Vor- und Nachteile und Sie haben sie auch. Betrachten wir das einmal ganz nüchtern und nehmen wir ruhig an, daß der Verdächtige auch tatsächlich der Täter ist:

Sein Vorteil: Er weiß ganz genau, wie sich die Tat ereignet hat, und er kann daher auch abschätzen, was Sie wissen, ob Ihre Vorhalte stichhältig sind oder nicht, er bekommt dadurch heraus, ob Sie überhaupt Beweise in der Hand haben. Denn sind Ihre Vorhalte unrichtig, weiß er, daß Sie nichts wissen.

Sein Nachteil: Er weiß nicht, welche Beweise Sie tatsächlich in der Hand haben, das Erhebungsergebnis ist ihm unbekannt. Der Ausgang des Kampfes ist für ihn lebensentscheidend, er ist daher psychisch belastet. Obwohl er, wie viele Täter, glaubt, daß ihm keine Fehler unterlaufen ist, hat er zumindest unterbewußt Angst, daß er überführt werden könnte.

Nun zu Ihnen. Bei Ihnen ist es genau umgekehrt, wo der Vorteil des Verdächtigen liegt, liegt Ihr Nachteil und wo sein Nachteil ist, ist Ihr Vorteil.

Ihr Vorteil: Sie wissen um das gesamte Erhebungsergebnis und die vorliegenden Beweise. Sie können aus der Situation heraus auch welche erfinden, sind diese erfundenen Beweise grundsätzlich möglich, kann Ihr Gegner nicht erkennen, daß es sich um nichtexistente Beweise handelt. Sie sind vom Ausgang des Kampfes nicht in Ihrer Existenz bedroht und können gelassener agieren.

Ihr Nachteil: Sie haben nur eine Vermutung wie die Tat geschehen ist, keine Gewißheit. Ist Ihre Vermutung unrichtig, merkt Ihr Gegner das sofort. Sie müssen daher vorsichtig agieren und dürfen sich keine Blöße geben. Andererseits müssen Sie mit Ihren Beweisen argumentieren. Das ständige Abschätzen, ob es gut oder schlecht ist, mit einer Vermutung oder einem Beweis zu argumentieren, belastet Sie psychisch und ist Ihre Schwäche.

Nun überdenken Sie einmal in Ruhe die Ausgangsposition von Ihnen und dem Verdächtigen. Sie merken, daß es nur eine variable Größe gibt, die sich im Verlauf der Vernehmung ändern kann: Es ist das **Wissen**. Wenn Sie jetzt denken, daß das doch eine Selbstverständlichkeit ist, weil doch jede Vernehmung darauf abzielt, etwas vom Verdächtigen zu erfahren, dann haben Sie leider nicht verstanden. Denn Sie sehen das Problem dann einseitig und nur aus Ihrer Sicht. Nehmen Sie daher einmal den Fall, daß der Verdächtige hartnäckig schweigt und Sie auf ihn einreden. Ihr Wissen bleibt gleich, seines erhöht sich laufend, weil Sie durch Ihre Argumentation Ihres preisgeben. Er erfährt auch, ob Sie temperamentvoll, gefährlich, gutmütig oder bösartig sind. Sie hingegen nichts. Oder, abstrakt gesprochen: Sein Informationsstand erhöht sich, Ihrer nicht. So gesehen ist es tatsächlich die beste Taktik, die ein Täter anwenden kann, wenn er Ihnen nichts sagt und schweigt. Dabei muß er allerdings von vornherein in Kauf nehmen, daß Ihre Beweise für eine Verurteilung ausreichen und er keine Chance hat, auf freien Fuß zu kommen. Sie werden sich nun sicher fragen, warum denn dann nicht alle schweigen, es müßte sich doch auch unter den Verbrechern herumgesprochen haben, daß dies das günstigste Verhalten ist, so wie sie ja auch schnell das Tragen von Handschuhen zur Vermeidung von Fingerabdrücken erlernt hatten. Die Antwort ist relativ einfach: So wie viele Täter davon überzeugt sind, daß sie niemals ausgeforscht werden, sind auch viele davon überzeugt, daß sie sich durch Lügen und falsche Behauptungen retten können. Das setzt aber dann voraus, daß sie reden und deswegen tun sie es. Der uralte Spruch „Sagst du ja, bleibst da, sagst du nein, gehst heim" ist so aufzufassen, daß zwar hartnäckiges Leugnen, keinesfalls aber absolutes Schweigen empfohlen wird.

Mit diesen Ausgangspositionen, die im Prinzip beiden Gegnern gleiche Chancen lassen, stellen Sie sich nun dem psychischen Zweikampf der Vernehmung. Wie bei jeden Zweikampf wird sein Ausgang von zwei Faktoren abhängig sein. Die eine Seite dieser Angelegenheit ist die technische, also Vernehmungstaktik, sprachlich der Ausdruck, Argumentation und so weiter. Die Technik der Vernehmung läßt sich erlernen und wir werden sie auch ausführlich besprechen. Vielleicht aber viel wesentlicher als die erlernbare Technik ist der zweite Faktor, Ihr psychisches Potential, mit dem Sie in die Vernehmung einsteigen, der unbedingte Wille und die absolute Überzeugung, daß Sie in diesem Kampf als Sieger hervorgehen werden. Aus diesem Grunde, weil man die Bedeutung dieser Komponente des Sieges schon frühzeitig erkannt hatte, hat man den Zweikampf schon immer als Gottesurteil angesehen. Nicht ganz zu Unrecht, denn das Gefühl der Schuld wirkt sich unbewußt negativ für den Betroffenen aus. Da er selbst an das Gottesurteil glaubt, erwartet er unbewußt, wenn er dies auch nicht selbst wahrhaben will, einen für ihn negativen Ausgang des Kampfes. Ebenso ist das aber auch bei Ihnen, wenn Sie mit einer Vernehmung beginnen. Der Verdächtige **kann** für Sie der Täter sein, dann sind Sie auch voll davon überzeugt, daß am Ende der Vernehmung nur das volle Geständnis kommen kann. Oder Sie haben Zweifel daran, daß er der Täter ist, dann erwarten Sie unbewußt kein Geständnis und Sie werden wahrscheinlich auch keines bekommen. Diese subjektive absolute innere Überzeugung vom Ausgang einer Vernehmung bestimmt nämlich meistens auch den Ausgang derselben. Es ist einfach so: Wer überzeugt ist, argumentiert gewichtiger, auch wenn er dieselben Worte verwendet wie ein anderer, der nicht überzeugt ist. Seine Gestik, Mimik, Stimmlage und Körpersprache, all das drückt eines aus: Überzeugung. Er sendet soviel Emotion der Sicherheit über den Ausgang der Vernehmung aus, daß im Gegner die unbewußte Überzeugung von eben diesen Ausgang entsteht. Es ist die emotionelle Argumentation, die als Funke überspringt, nicht die intellektuelle, die zum Sieg verhilft. In der Praxis sind das dann die Fälle, wo ein Kriminalist dem Täter die Tat auf den Kopf zusagt und der gesteht, obwohl keine Beweise vorgelegen hatten und sich andere Kollegen schon die Zähne an den „Steher" ausgebissen hatten. Der zum Erfolg gekommene Kriminalist hat dann eben nicht dem Täter **gesagt**, daß er die Tat begangen hat, sondern er hat ihn **fühlen lassen**, daß er **weiß**, daß er der Täter ist. Das ist der Unterschied. Aber der wesentliche.

Sosehr also die absolute Objektivität des Kriminalisten während der gesamten Erhebungen wünschenswert ist, bei der Vernehmung des Verdächtigen ist sie es nicht. Nun läßt sich eine innere Überzeugung nicht steuern, entweder ist sie vorhanden oder sie ist es nicht. Sie können sie allerdings herbeiführen, wenn

Sie durch die von Ihnen durchgeführten Erhebungen soviel Beweise sammeln, daß sie sich von selbst in Ihnen festsetzt. Wenn nicht, dann haben Sie Pech und können nur darauf bauen, daß Ihre Vernehmungstechnik den Ausschlag geben wird. Aber selbst die Überzeugung, daß Sie die Vernehmungstechnik **so** gut beherrschen, daß Sie obsiegen müssen, kann Ihnen bereits jene notwendige Sicherheit verleihen, daß Sie dann tatsächlich obsiegen. Gehen wir daher diese Vernehmungstechnik in den einzelnen Punkten genau durch und beginnen wir mit dem Augenblick, in dem Sie zum erstenmale Auge in Auge dem Verdächtigen gegenüberstehen.

Erstes Abschätzen

Es geht darum, daß Sie zwangsläufig versuchen, noch vor Eingehen in die Vernehmung herauszubekommen, was Sie dem Verdächtigen zutrauen können und wie er reagieren wird. Sie ziehen also von seinem Aussehen einen Schluß auf seine Persönlichkeit und geistige Verfassung. Wie weit ist nun ein solcher Schluß überhaupt möglich und zulässig? Sicher wird man zunächst einmal auf Grund der Kleidung und des allgemeinen Aussehens und Auftretens bei einiger Lebenserfarhung einen einigermaßen zutreffenden Schluß ziehen können, welcher Bevölkerungsschicht der Verdächtige angehört. Darum geht es hier aber nicht, sondern darum, inwieweit körperliche Merkmale auf psychische Eigenschaften hinweisen können. Erstmals wissenschaftlich nachzuweisen versucht hat das der italienische Arzt Lombroso, nach seiner Lehre sollte man aus der körperlichen Typologie den Verbrecher erkennen. Es ging um die Lehre vom geborenen Verbrecher und dessen typische körperliche Merkmale. Man kann sagen, daß Lombroso gescheitert ist, es ist eben nicht so einfach, als es auf den ersten Blick vielleicht aussehen mag. Dennoch steckt auch in diesen Beobachtungen ein Körnchen Wahrheit. Die Beobachtungen Lombrosos waren richtig, nur der Schluß, den er aus ihnen zog, war falsch. Lombroso hatte durchaus richtig beobachtet, daß es Menschen gab, die in ihrem Aussehen dem Urmenschen ähnlicher waren als andere, Menschen mit niedrigerer Stirn, starken Knochenwülsten über den Augen, kräftigem Kinn und starkem Knochenbau. Und er fand Menschen mit diesen Eigenschaften gehäuft unter den Verbrechern. Daraus zog er den Schluß, daß ein Mensch mit bestimmten angeborenen körperlichen Merkmalen zwangsläufig zum Verbrecher werden muß. Daß es also den geborenen Verbrecher gibt. Dieser Schluß war insofern falsch, als er zu weitreichend war, berücksichtigte er doch die Gesetze der genetischen Entwicklung nicht. Unzweifelhaft ist der heutige Homo sapiens eine Weiterentwicklung des Urmenschen, mag man diesen im Neandertal oder Cromagnon-Menschen sehen. Und ebenso unzweifelhaft hat diese Weiterentwicklung auch ihren rein körperlichen Ausdruck darin gefunden, daß es zu einer Schwächung der Konstitution des Menschen im allgemeinen gekommen ist — im großen Durchschnitt. Durch die überlegene Intelligenz des Homo sapiens, der gegen die natürlichen Waffen seiner tierischen Umgebung mit selbsterfundenen besser ankämpfte, hatten auch schwächere noch eine Chance. Ab dem Augenblick, in dem sich der Mensch zum Beherrscher der Welt aufschwang, mußte er das mit der schleichenden körperlichen Degeneration des großen Durchschnitts bezahlen. Dies schließt aber keineswegs aus, daß es nach den Gesetzen der Vererbungslehre auch heute noch Menschen gibt, die körperlich nicht degeneriert sind, also alle Merkmale des Urmenschen aufweisen. Nur sind sie deshalb geistig nicht rückgebildet! Ein Papua, ein moderner Steinzeitmensch ist intelligenzmäßig durchaus in der Lage, daß er Hochschulprofessor der Mathematik wird. Und ob ein Mensch ein Verbrecher wird oder nicht, das entscheidet sich im Gehirn und nicht im Knochenbau. Wertvoll sind die Beobachtungen Lombrosos für Sie dennoch: Am Körperbau können Sie erkennen, ob der Betreffende die tierhaft guten Reflexe und den Kampfinstinkt eines Menschen hat, der sich in einer Welt voll ständig lauernder Gefahren behaupten mußte, mehr aber nicht. Vergegenwärtigen Sie sich die Bilder von überdurchschnittlichen Boxern, die Sie kennen, dann werden Sie wissen, was gemeint ist. Sie haben fast alle ihre Probleme mit den Cuts an den Augenbrauen, die durch die Knochenwülste entstehen. Haben sie einmal einen Blick dafür, so werden Sie erkennen, daß dieser Menschentyp in fast allen Sportarten anzutreffen ist, bei denen es auf gute Reflexe und Kampfinstinkt ankommt, dies eben deshalb, weil dieser Menschentyp sie in besonders hohem Maße besitzt. Deswegen sind aber diese Menschen nicht Verbrecher. Aber sicher wieder werden sie eine Schlägerei leichter zu ihren Gunsten entscheiden können, weil sie in der Gefahr instinktiver reagieren. Ausschlaggebend ist aber immer, wer eine Schlägerei begonnen hat, oft aber scheint dann der Sieger, obwohl er nicht begonnen hat, in den polizeilichen Akten als Gewalttäter auf. Ebenso mag ein Geschlechtsakt nach den bestehenden Gesetzen durchaus als Notzucht gewertet werden, kann aber durch das Verhalten des Opfers, das etwa Petting an sich zuläßt und bereits nackt den Geschlechtsakt verweigert, ausgelöst worden sein. In vermehrten Maße dann sicher bei Männern, deren Naturinstinkt noch voll erhalten ist. Aber einzig zulässiger Schluß, den wir aus dem Aussehen in diesem Fall ziehen dürfen, ist der, daß wir es mit einem Menschen zu tun haben, der im Extremfall der Gefahr aus dem Instinkt heraus und mit guten Reflexen reagiert (auch bei einer Lebensrettung).

Nun hat die Psychologie nie ganz den Gedanken fallen lassen, daß man vom körperlichen Aussehen auf den Geisteszustand schließen kann. Sie kennen Cäsars Ausspruch: „Laßt wohlbeleibte Männern um mich sein..." Die Weiterentwicklung dieses Gedankens ist die Körperbautypologie nach Kretschmer, die noch ein so angesehener Psychologe wie Hubert Rohracher lehrte. Sie basiert auf der Beobachtung, daß bestimmte Geisteskrankheiten bei bestimmten Körperbautypen besonders häufig auftraten. Die Schizophrenie bei den schmalgebauten hageren Leptosomen und das manisch depressive Irresein bei den rundlichen und zum Übergewicht neigenden Pyknikern. Als sich dann noch bei Testversuchen auch bei Gesunden herausstellte, daß etwa bei den Leptosomen eine bessere Spaltbarkeit der Konzentration gegeben war (sie konnten zwei Dinge gleichzeitig bei weniger Gesamtfehlern als die Pykniker tun), glaubte man, den Stein der Weisen gefunden zu haben, zumal auch speziell für die Pykniker ausgearbeitete Tests bestätigend ausgingen. Es sah alles danach aus, daß man nun endlich einen zuverlässigen Schluß vom Körperbau auf psychische Eigenschaften ziehen konnte. In dieser Typologie gab es dann noch den muskulösen Athletiker, dem man Ehrgeiz, Kraft, Schnelligkeit und gute Reflexe zuordnete. Da sich bald herausstellte, daß es nicht nur reine Leptosome, Pykniker und Athletiker gab, mußte man die Mischformen in dieses System einbauen, nun gab es den athletisch-pyknischen Typ, den athletisch-leptosomen Typ usw. Sie merken: In dieser Typologie wurde das Hauptgewicht auf den Körper als Gesamtheit gelegt. Nach der ersten Begeisterung und nach vielen ausgearbeiteten Tests folgte die wissenschaftliche Ernüchterung, denn selbst unter Berücksichtigung der Mischtypen ließ sich keine wissenschaftlich genaue Aussage über die psychischen Eigenheiten eines bestimmten Menschen treffen. Und es gab Menschen wie Napoleon, der sich auf fünf verschiedene Dinge zugleich konzentrieren konnte und der sicher nicht als hochgewachsener hagerer Leptosome einzuordnen war. Die Typologie nach Kretschmer gilt heutzutage bereits als überholt. Dennoch war sie im Grunde nicht falsch, beruhte sie doch auf einer richtigen Beobachtung und der uralten Volksweisheit, daß Magere und Dicke sich im großen Durchschnitt anders verhalten. Wissenschaft verlangt aber mehr als den großen Durchschnitt, sie verlangt unbedingte apodiktische Wiederholbarkeit. Und da hat jeder Leptosome schizothym (spaltbar) zu sein und jeder Pykniker Stimmungsschwankungen zu unterliegen. Warum ich Sie dann doch mit dieser Typologie vertraut gemacht habe? Weil sie zwar wissenschaftlich (nach den strengen Grundsätzen einer Wissenschaft) nicht aufrechtzuerhalten ist, aber wegen der ekklatant hohen Wahrscheinlichkeit bei den reinen Formen Ihnen zumindest Anhaltspunkte gibt, daß Sie einen Menschen, den Sie zum erstenmal sehen, einschätzen können. Mit Vorbehalten, die eine Revidierung dieses unumgänglichen Vor-Urteiles jederzeit zulassen.

An irgend etwas müssen Sie sich aber halten, also werden Sie auch zu den weiteren Hilfen der volkstümlichen Menschenkenntnis greifen. Warum auch nicht? Auch Begriffe, wie „Falkenauge", „kühne Nase", „sinnlicher Mund", „Fischmaul" und viele andere, die alle die Erfahrung des Volkes geprägt hat und durch sie auf zugeordnete Charaktereigenschaften hinweist, haben ihre Berechtigung. Nehmen Sie sie ruhig als Anhaltspunkte Ihrer ersten Einschätzung, aber vergessen Sie bitte nicht: Der Mensch ist einmalig im wahrsten Sinne des Wortes, er ist nicht wiederholbar und daher auch nicht berechenbar. Leichter haben Sie es schon, wenn der Mensch älter ist. Ab dem 35. Lebensjahr an etwa ist er für sein Gesicht verantwortlich. Die Gesichtshaut ist dann nicht mehr so elastisch, daß sie die durch Mimik der Gesichtsmuskeln entstehenden Falten völlig rückbildet. Wie bei einem häufig gefalteten Papier bleiben sie erhalten. Das Ergebnis ist dann im extremen Fall ein Charakterkopf, der tatsächlich über den Charakter etwas aussagen kann. Beim älteren Mensch können Sie mit einiger Sicherheit aus dem Gesicht ablesen, wie er gelebt hat, zufrieden — unzufrieden, heiter — traurig, ausschweifend — asketisch, religiös — skeptisch, eben seine Grundhaltung, nicht aber seine augenblickliche Einstellung.

All diese zur Gemeinerfahrung des Volkes zählenden Erkenntnisse verhelfen Ihnen zu einer Grobeinschätzung, ebenso wie die schwieligen Hände, die Kleidung und die Ausdrucksweise es tun. Eines aber tun sie leider nicht, Ihnen die Möglichkeit geben, daß Sie Ihre Vernehmungstaktik danach ausrichten können. Grundsätzlich gesehen haben Sie nämlich nur zwei Möglichkeiten zu argumentieren:

Sie können es emotionell tun und
Sie können es sachlich-logisch tun.

Im ersten Fall werden Sie das Gefühl ansprechen („Denke doch an deine arme Mutter!") und im zweiten Fall sachlich und nüchtern verhandeln („Da 20 Einbrüche gestehen — da deine Entlassung"). Hiezu ist aber unbedingt erforderlich, daß Sie einigermaßen sicher wissen, welche Taktik zum Erfolg führen wird. Denn wenn Sie erst später das Ruder herumreißen, kann schon vieles vertan sein. Weiters benötigen Sie einen Anhaltspunkt dafür, in welchem Maße Sie Ihren Gegener überhaupt beeinflussen können, denn können Sie das nicht, müssen Sie trachten ihn „indirekt aufzulösen", das heißt in ihm die Überzeugung wecken, daß **er** es ist, der freiwillig den Entschluß gefaßt hat, zu reden. Wir werden noch darauf zurückkommen. Wonach sich also nun richten? Die bisher erwähnten Möglichkeiten von Rückschlüssen aus dem Aussehen einer Person auf deren psychische Eigenschaften waren ja, wie wir festgestellt haben, nicht geeignet, uns jene Anhaltspunkte zu liefern, die wir für die Wahl der Vernehmungstaktik brauchen. Hier möchte ich Sie mit einer Methode vertraut machen, für die ich wie Kretschmer keinen wissenschaftlichen Nachweis führen kann, weil das ein Lebenswerk für sich wäre, die aber in der Praxis funktioniert. Und ein kriminalistischer Grundsatz ist es, eine Erfahrung zu nützen, auch wenn man hiefür keine Erklärung hat. Probieren Sie diese Methode aus und teilen Sie mir Ihre Erfahrung mit. Die Rede ist von der

Augendiagnostik,

natürlich nicht im ärztlichen Sinne zu verstehen. Das Auge ist das Spiegelbild der Seele, sagt der Dichter und stützt sich auf die uralte Erfahrung des Volkes. Diese gilt es zu nützen. Zunächst wollen wir uns mit einem Begriff vertraut machen, und zwar dem der Augenachse. Denn ihre Stellung ist für Sie bereits für die allererste Einschätzung besonders wichtig, sie gibt Auskunft über das seelische Gleichgewicht. Die Augenachse ist eine gedachte Linie, die von Augenwinkel zu Augenwinkel gezogen wird. Es ergeben sich hinsichtlich ihrer Stellung folgende drei Varianten:

1 2 3

Variante 1:

Das seelische Gleichgewicht ist aus irgend einem Grund gestört, die Ursache kann Alkohol sein, eine Droge, eine Veränderung des hormonellen Gleichgewichtes aber auch Erschöpfung und nervliche Überreizung oder eine echte krankhafte Störung. Die Augenachsen drehen sich in ihrem Verlauf nach unten, das seelische Gleichgewicht ist gestört und die Störung wirkt sich dahingehend aus, daß die verstandesmäßige Hemmung der unterbewußten Einflüsse wegfällt oder schwächer wird. Dies bedeutet eine gewisse Labilität des Verhaltens, insbesondere auch ungebremste Aggressionen. Umgesetzt für Sie: Vorsicht! Ein Mensch mit dieser Stellung der Augenachsen ist immer als unberechenbar anzusehen, Sie müssen jederzeit mit völlig überraschenden Reaktionen rechnen. Mit Reaktionen, die nicht vom Intellekt, sondern vom Unterbewußtsein diktiert sind. Und das Unterbewußte wertet weder, noch berücksichtigt es die Folgen der Handlung. Sie erinnern sich an das, was wir beim Alkohol erwähnt haben? Es ist die Geschichte von der Gulaschhütte, in der ein Mann einen anderen plötzlich ersticht oder erschießt und seine einzige Begründung, die er geben kann, ist die, daß ihm der Mann unsympathisch war. Zwischen Unterbewußtem und Bewußtem besteht eine Sperre oder besser gesagt, ein Filter. Durch diesen Filter wird das, was verdrängt werden soll, in einer Richtung durchgelassen, eine Rückkehr in das Bewußte aber verhindert. Umgekehrt ist das Unterbewußte aber auch intuitiv-schöpferisch, es findet Problemlösungen ohne Assoziationsumwege. Nur dringen diese schöpferischen Ideen normalerweise selten durch, meist im Schlaf. Bei einem Genie oder Künstler doch, da ist die Barriere schwächer, lückenhafter, sie bringt mit ihrer Durchlässigkeit den Vorteil der Kreativität aber auch den Nachteil der Wahnideen und des unsinnig-aggressiven Verhaltens. Nicht von ungefähr hat sich ein so berühmter Maler wie Van Gogh selbst ein Ohr abgeschnitten. Weil eben diese Barriere oder der Filter schwächer ist, liegen Genie und Wahnsinn so dicht beieinander. Beim normalen Menschen wird diese Barriere nur im Schlaf teilweise aufgehoben, das Bewußte konferiert sozusagen mit dem Unterbewußten und das Ergebnis kann ein Traum sein, der in Erinnerung bleibt und in dem eine Problemlösung enthalten ist. Wegen des schöpferisch-göttlichen Elementes des Unterbewußtseins — was man auch immer darunter verstehen mag — hat der Mensch dem Traum immer schon große Bedeutung zugemessen. Nicht zu Unrecht, denn viele schöpferische Ideen gelangten über ihn in das Bewußtsein und konnten realisiert werden. Bewußt mit dem Unterbewußtsein konferieren kann der Mensch nur in jener kurzen Spanne, die zwischen Wachzustand und Schlaf liegt, oder zwischen Schlaf und Erwachen. Viele Dichter und Komponisten hatten deshalb einen Notizblock und Bleistift auf dem Nachtkästchen liegen. Die neuere Zeit hat eine fernöstliche dritte Möglichkeit aufgegriffen, die der Meditation, die im Grunde genommen eine Ausschaltung der Barriere durch Herabsetzung des Einflusses des bewußten Intellekts durch Verringerung seines Potentials darstellt. Welcher Art diese Barriere oder der Filter zwischen Bewußtem und Unterbewußtem ist, wissen wir nicht, mit großer Wahrscheinlichkeit aber ist sie chemicher Natur. Damit auch chemisch beeinflußbar. Daraus läßt sich auch erklären, warum so viele geniale Schriftsteller, Maler und Komponisten zu Alkoholikern wurden, sie suchten nach dem schwächer werdenden Kontakt mit dem Schöpferischen. Wohl die stärkste kurzzeitige Aufhebung dieser Barriere bewirken die sogenannten bewußtseinserweiternden Drogen wie LSD, die im Ergebnis zu einer kurzfristigen Schizophrenie führen. Die Ursache eben dieser Krankheit ist nämlich am schadhaften Filter zu suchen, durch den nun die Befehle, Wünsche und Anregungen des Unterbewußtseins deutlich und als Stimme zu hören in das Bewußte gelangen, das diesen göttlichen Befehlen und Anweisungen der Stimmen nachzukommen bestrebt ist. Es ist wie bei einem Diabetiker: Der Körper erzeugt jenen chemischen Stoff, aus dem die Barriere errichtet wird, nicht mehr, und erst sein Fehlen bewirkt die Symptome der Geisteskrankheit, die Stimmen, die gehört werden, das Abwenden von äußeren Dingen und das In-sich-Zurückziehen. Im extremen Fall der Schizophrenie ist der Kranke nach außen hin vollkommen abgeschlossen, er ist mit den von innen kommenden Eingebungen voll bechäftigt. Wüßten wir um die Zusammensetzung dieses geheimnisvollen Stoffes, würde diese Krankheit wie beim Diabetiker über den Umweg einer Dauermedikation der Vergangenheit angehören. Das Gefährliche wieder an den sogenannten bewußtseinserweiternden Drogen ist der Umstand, daß keiner, der sie nimmt, Kenntnis davon hat, was in seinem Unterbewußtsein vorgeht und während der Dauer der Wirkung der Droge diesen Eingebungen schutzlos ausgesetzt ist.

Nun stellt der Körper unter bestimmten Umständen (hormoneller Natur) die Produktion dieses unbekannten Stoffes vorübergehend zwar nicht ein, aber er verringert sie. Etwa in den kritischen Tagen einer Frau, besonders aber kurz vor Beginn der Regel. Beobachten Sie die Stellung der Augenachsen Ihrer Frau oder Freundin und Sie werden um den Beginn der Regel wissen. Und prägen Sie sich auch die im Gesicht auftretenden Veränderungen und das strähniger und fettiger werdende Haar ein. Sie bekommen dadurch einen untrügerischen Blick dafür, den Sie brauchen, weil Sie als Kriminalist abschätzen können müssen, ob eine Frau im Augenblick labil und aggressiv ist oder nicht. (Was durchaus für Sie nicht nur als Kriminalist interessant sein muß, Sie können so auch manchen unnötigen Ehestreit aus dem Wege gehen.)

Unabhängig davon, welche Ursachen die nach außen-abwärts gerichtete Stellung der Augenachsen nun hat, ist es für den Kriminalisten von größter Bedeutung, daß er durch sie auf den augenblicklichen psychischen Zustand einer Person hingewiesen wird. Einmal weiß er, ob er auf einen Angriff gefaßt sein muß und zum anderen, ob er einer Person eine bestimmte Tat zutrauen kann. Wenn Sie sich die Bilder von Mördern und schweren Alkoholikern ansehen, so werden Sie überrascht feststellen, daß diese Stellung der Augenachsen sehr häufig ist (extrem ausgeprägt etwa beim Massenmörder Speck i. d. USA). Diese sehr signifikante Häufigkeit darf aber nun nicht so verallgemeinert werden, daß ein Mörder diese Stellung der Augenachsen haben muß, daß man daran bereits mit Sicherheit einen Mörder erkennen kann. Aber zulässig ist der Schluß, daß die meisten Morde — abgesehen von jenen, die aus nüchterner und kalter Berechnung geschehen — doch in einem psychischen Ausnahmezustand des Täters begangen werden, in dem die Hemmungen stark herabgesetzt sind. Deshalb ist auch die Wahrscheinlichkeit sehr viel größer, daß ein psychisch labiler Mensch zum Mörder wird, mag nun die Labilität durch Geisteskrankheit, übermäßigen Alkoholgenuß, Eifersucht oder was auch immer herbeigeführt worden sein. Die Labilität des Geisteszustandes ist in diesem Fall primäre Ursache, die Tat die Folge. Umgekehrt verändert die Tat auch den Menschen. Der Tod des in der ersten Aufwallung von Zorn, Wut oder Rage erschlagenen Menschen ist nicht mehr rückgängig zu machen. Der Täter hat Gewissensbisse und schleppt eine schwere Last mit sich herum, er fürchtet, daß er ausgeforscht werden könnte, alle Maßstäbe verändern sich für ihn. Denn wie kann er den Ehebruch des Bürokollegen verurteilen, wenn er selbst ein Menschenleben auf dem Gewissen hat? Es ist für die meisten Mörder leichter, die Tat zu begehen, als mit ihr zu leben. Es ist eine dauernde Streßsituation, die noch dazu den Nachteil hat, daß der Täter sich niemand anvertrauen kann. Sitzt er dann vor Ihnen, befindet er sich in einem Ausnahmezustand, nur war der dann nicht die Ursache der Tat, sondern deren Folge. Es wird also wieder an Ihnen und Ihrem Vorgehen liegen, wie Sie den Hinweis auf die psychische Labilität verwerten. Gelingt Ihnen zum Beispiel der Nachweis des chronischen Alkoholismus, können Sie auf Labilität als Ursache der Tat schließen — anderenfalls noch nicht.

Variante II:

Die Augenachsen verlaufen völlig waagrecht, Sie haben nicht nur den Eindruck, daß Sie es mit einem ausgeglichenen Menschen zu tun haben, sondern es ist tatsächlich der Fall. Sein ruhiger Blick signalisiert Ihnen das. Die Wahrscheinlichkeit, daß dieser Mensch durch ein aus Leidenschaft oder in höchster Erregung begangenes Verbrechen sich schuldig gemacht hat, ist gering. Denn weder ein übergroßes Gefühlspotential noch ein unternehmungslustiger Intellekt regieren das Handeln. Der Mensch ruht in sich selbst, denn die sonst widerstreitenden Kräfte sind ausgeglichen. Suchen Sie sich solch einen Menschen als Freund, denn Ausgeglichenheit ist seine Stärke. Was nicht bedeutet, daß nicht auch diese Menschen kriminell handeln können, aber es ist dann die wohlausgewogene und bedachte Kriminalität, mit der Sie es zu tun haben. Der Berufseinbrecher, der sein Risiko mit einkalkuliert, der Schwarzfahrer, der Ladendieb, aber auch der Erbe, der seine Erbschaft beschleunigen will. Es sind keine angenehmen Gegner, weil Ihre Stärke die ist, daß sie die Tat bereits psychisch verarbeitet haben, oft sogar schon vor ihrer Begehung.

Variante III:

Die Augenachsen steigen nach außen-oben zu an. Es ist der ausgeruhte unternehmungslustige Mensch, der Sie anblickt. Sie empfinden ihn als lebensbejahend und positiv und Sie haben damit Recht. Es ist der Intellekt, der die Umgebung bewußt wahrnimmt, das psychische Potential ist hoch, die Batterie der Nerven ist voll aufgeladen. Primitivreaktionen sind jetzt sehr unwahrscheinlich, die Einflüsse des Unterbewußtseins können mühelos abgefangen und zurückgedrängt werden. Der Filter funktioniert bestens, nur jene Dinge, die erwünscht sind, läßt er durch. Es ist äußerst unwahrscheinlich, daß ein Mensch mit dieser Stellung der Augenachsen jetzt Selbstmord begehen wird. Wird der Mensch jetzt kriminell, dann aus eigenem Entschluß und mit hoher Energie. Als Betrüger, der Freude und Spaß an seiner „Arbeit" findet, als Bandenführer, der die anderen mitreißt, oder als Terrorist, der ausgeruht aus Überzeugung und damit ohne Gewissensbisse Bomben legt. Immer aber mit hohem Potential ausgestattet und nicht getrieben von Leidenschaften und Emotionen, sondern immer aus eigenem Entschluß.

Sie werden es wieder bereits gemerkt haben: Varianten II und III sind kriminalistisch weniger interessant, weil sie im Bereich des Normalen liegen, lediglich aus Gründen der Systematik waren sie zu erwähnen. Anzumerken wäre aber noch, daß Sie sich **nicht** durch die Stellung der Augenbrauen irritieren lassen dürfen, achten Sie daher immer nur auf die Augenachsen.

Augenfarbe

Durch Ihre Beobachtung der Stellung der Augenachsen haben Sie einen ersten Eindruck darüber gewonnen, ob Sie es mit einem psychisch labilen oder stabilen Menschen zu tun haben. Nun geht es darum, daß Sie Ihre Vernehmungstaktik in den Grundzügen auf eine betont emotionelle oder betont sachliche Argumentation ausrichten. Hier orientieren Sie sich an der Augenfarbe Ihres Gegners, wobei Sie den zwei Grundtypen folgende Eigenschaften zuordnen können:

I. Grundtyp:		
Farblos		Vorherrschen des Intellekts,
Grau		er trifft die letzte ausschlag-
Blau	↑	Entscheidung.
	Grün	
II. Grundtyp:		
Bernsteingelb	↓	Vorherrschen des Gefühls,
Braun		es führt die letzte ausschlaggebende
Schwarz		Entscheidung herbei.

Die Pfeile geben jeweils die Richtung der Zunahme der zugeordneten Eigenschaft an. Die Farbe Grün als Mischfarbe gilt es, gesondert zu besprechen. Nun zur Aussage selbst: Wenn hier davon die Rede ist, daß Intellekt oder Gefühl vorherrscht, so darf Sie das nicht zur fehlerhaften Annahme verleiten, daß ein Mensch mit farblosen „Fischaugen" oder einer mit Augen „wie Kieselsteinen" kein Gefühl hat, oder daß ein Mensch mit kohlschwarzen Augen keinen Intellekt besitzt. Es geht hier einzig und allein darum, welche Komponente im entscheidenen Augenblick den Ausschlag gibt. Und da ist es bei Farblos bis Blau der Verstand und bei Bernsteingelb bis Dunkel das Gefühl. In Ihrer Argumentation müssen Sie sich darauf einstellen, wenn Sie Erfolg haben wollen. Sie können beim I. Grundtyp unterstützend emotionell argumentieren, aber im Hauptgewicht müssen Sie logisch-sachlich sein. Umgekehrt wieder mag es durchaus nicht unzweckmäßig sein, beim Typ II an den Verstand zu appellieren, aber in der kritischen Phase seien Sie stark emotionell-irrational. („Der Himmelvater hat dir zugesehen."). Es führt dann eher den Umschwung herbei als die brillanteste logische Beweisführung.

Wenn Sie sich die den Augenfarben zugeordneten Eigenschaften angesehen haben, werden Sie selbst erkennen, in welcher Gruppe Sie mehr Berufsverbrecher und in welcher Sie mehr Leidenschaftsverbrecher finden werden. Allerdings: Der Mensch läßt sich nun einmal nicht katalogisieren und man sollte nie zu weitreichende Schlüsse ziehen. Tatsache ist aber, daß ein Mensch mit farblosen Augen gegenüber Appellen, die sich an ein Gefühl, wie es etwa Mitleid ist, wesentlich mehr immun ist und ein Mensch mit dunklen Augen wesentlich mehr Emotionen und Leidenschaften entwickeln kann als einer mit hellen. (Unter Menschen mit bernsteingelben Augen finden Sie übrigens die leidenschaftlichsten Jäger.)

Bleibt noch die Farbe Grün, wir hatten sie vorerst ausgeklammert. Hier wird es etwas schwierig. Weder der Intellekt noch das Gefühl behalten die Oberhand. Bei hellen und bei dunklen Augen ist das enschieden, nicht bei grünen, es ist aber kein wohlausgewogenes Gleichgewicht, das herrscht, sondern ein latentes Spannungsfeld. Das Gefühl drängt nach spontanem Vorgehen, der Verstand hemmt, ist aber selbst nicht in der Lage und stark genug, daß er eine verstandesmäßige Entscheidung herbeiführt. Es sind schwierige Menschen, die grüne Augen haben. Sie können begnadete Künstler und Genies sein, die aus diesem Spannungsfeld heraus ihre Werke schaffen. Es können aber auch komplexbehaftete und zur Schizophrenie neigende Menschen sein, die an ihrer Unfähigkeit, eine Entscheidung herbeizuführen, zerbrechen. Oder die die Spannung mit Alkohol zu betäuben versuchen, weil dann für kurze Zeit der Intellekt als hemmende Kraft vermindert wird. In Ihrer Argumentation müssen Sie sich bei diesen Menschen darauf einstellen, daß Sie sowohl emotionell wie auch sachlich-logisch zugleich sein müssen, in der kritischen Phase dann aber aus dem Instinkt heraus die eine oder andere Argumentation betonen.

Sender und Empfänger

Worum es hier geht, ist die Frage der Beeinflußbarkeit, denn die Farbe der Augen sagt nichts darüber aus, ob der betreffende Mensch willensstark ist oder nicht, oder ob er leicht zu beeinflussen ist oder nicht. Sie haben schon selbst die Erfahrung gemacht: Manche Leute lassen sich leicht beeinflussen, manche nicht. Sie reden auf einen Mann ein und haben das Gefühl, daß er Ihnen eigentlich nicht zuhört, Sie können nicht „in ihn hinein". Sie haben es dann mit dem extremen Fall eines Senders zu tun, einen Menschen, der seine Gedankeninhalte aussenden kann, aber unfähig ist, daß er Ihre übernimmt, sein Bewußtsein schwingt nicht mit. Der Empfang kann nun bewußt blockiert sein, dann geschieht das willentlich und es ist eine Frage der Willensstärke, diese Blockade zu durchbrechen. (Hiezu lesen Sie Genaueres an späterer Stelle.) Es kann aber auch eine Veranlagung sein. eine angeborene Eigenschaft, die Sie erkennen können. Und wieder an den Augen. Betrachten wir wieder die beiden einander entgegengesetzten Grundtypen:

I. Grundtyp: Kleine tiefliegende geschützte Augen	**Vorteil:** Der Betreffende ist vor Beeinflussung geschützt, kann aber selbst beeinflussen = Sender.
	Nachteil: Dem Betreffenden entgehen die nichtverbalen über Ausstrahlung kommenden Äußerungen seines Mitmenschen.
II. Grundtyp: Große, nicht durch Höhlen geschützte Augen	**Vorteil:** Der Betreffende nimmt die nichtverbalen über Ausstrahlung kommenden Äußerungen seines Mitmenschen wahr = Empfänger.
	Nachteil: Gerade durch die Ausstrahlungen (Emotionen usw.) seiner Mitmenschen, denen er ausgesetzt ist, wird er beeinflußt und ist in seiner Konzentration und Willenskraft geschwächt.

Nun mag es Ihnen auf den ersten Eindruck hin als zu simpel erscheinen, eine so grundlegende Aussage, wie sie die über die Beeinflußbarkeit ist, auf die Größe und das Aussehen der Augen abzustellen. Aber stellen Sie sich einfach vor, daß die Augen gebündelt etwas aussenden, das vom Auge des anderen aufgenommen werden soll, der mit den großen Augen wird alles empfangen, der mit den kleinen nicht. Der Volksmund spricht dann vom „großen seelenvollen Blick" und vom „Drillbohrerblick". Kennen Sie einen großen genialen Schauspieler mit kleinen Schweinsäugerln? Wohl kaum, denn gerade der Schauspieler ist darauf angewiesen, daß er mit seinem Publikum auch auf nichtverbale Art Verbindung aufnimmt, daß er dessen Stimmung und Reaktion fühlt und sich darauf einstellt. Erst die Wechselwirkung Publikum — Schauspieler befähigt ihn dann zu einer überragenden Leistung. Aus eben diesem Grund ist es gerade für die überdurchschnittlichen Schauspieler schwer, ohne Publikum zu einer guten Leistung zu kommen. Über den Blickkontakt treten die Seelen der Menschen unmittelbar miteinander in Kontakt, im Guten — und im Bösen. Erinnern Sie sich an Ihre erste Liebe? Wie haben Sie da erkannt, daß sie nun bereit war ...? Es waren ihre Augen, die es Ihnen verraten haben, es war in ihren Augen, unausgesprochen, und ich will hoffen auch in Ihren. Andererseits wurden Duelle deswegen ausgefochten, weil einer vom anderen angestarrt und fixiert wurde. Das war hier gemeint, jene unausgesprochenen Signale, Stimmungen, Äußerungen und Emotionen, die übertragen werden, ohne daß ein Wort gesprochen wird. Um nicht grundlegend mißverstanden zu werden: Wenn hier von geringer oder starker Beeinflußbarkeit die Rede ist, so besagt das vom Grunde her noch nichts über die Willensstärke, denn auch ein durchaus willensstarker Mensch kann beeinflußbar sein, wenn seine Fähigkeit zur Konzentration durch übertragene starke Emotionen gemindert wird. Sie **können** annehmen, daß Ihnen ein Mensch mit tiefliegenden kleinen Falkenaugen im Willen überlegen ist, die Wahrscheinlichkeit spricht sogar dafür, aber es **muß** nicht sein. Am besten probieren Sie es aus und treten in direkten Blickkontakt: Wer zuerst wegsieht, weil er sich gestört und irritiert fühlt, ist der Schwächere! Auf die Taktik der Vernehmung übertragen, bedeuten unsere Überlegungen folgendes:

Für Sie als Vernehmender ist es einmal grundsätzlich wichtig, daß Sie wissen, ob Sie Sender- oder Empfängertyp sind. Sind Sie Sender, dann liegt Ihr Vorteil bei einer Vernehmung darin, daß Sie durch dauernden Blickkontakt den Vernommenen zermürben und ihn durch die Verringerung der Konzentration im Willen schwächen, daß Sie ihn vielleicht sogar zerbrechen können. Sie sind dann der harte Typ eines Vernehmenden, Sie wirken direkt und nicht über den Umweg des Wortes. Ihr Nachteil dabei ist allerdings der, daß Sie nicht wissen, was im Vernommenen vorgeht, Sie bekommen seine Stimmung nicht mit, Sie erahnen keine Gefühlsreservate und Sie können dadurch viel Porzellan zerschlagen. Plötzlich ist Widerstand da, und Sie haben keine Erklärung dafür. Ein anderer als Sie hätte das längst vorher gefühlt und die Klippe durch Wahl anderer Worte oder mit einem einzigen Satz umschifft. Diesen Nachteil Ihrer Sendereigenschaft können Sie teilweise ausgleichen, indem Sie sich psychische Standardreaktionen einprägen, indem Sie Psychologie studieren. So wie ein Mensch, dem der angeborene Takt fehlt, diesen Mangel durch strikte Einhaltung von gesellschaftlichen Benimmregeln zumindest teilweise ausgleichen kann, so können Sie Ihren Mangel an Empfängereigenschaft ebenfalls teilweise ausgleichen.

Sind Sie Empfängertyp, dann haben Sie den Vorteil, daß Sie in Ihrer Vernehmung sehr flexibel vorgehen können, Sie wissen ja jederzeit um die augenblickliche psychische Verfassung des Vernommenen Bescheid und wissen auch, ob und auf welche Art er auf Ihr Reden reagiert. Sie können sich darauf einstellen und das, was Sie sagen, optimal darauf abstimmen. Im Extremfall wissen Sie sogar, was der Vernommene denkt, weil Sie ganze Gedankeninhalte empfangen. Diesen unbestreitbaren Vorteil erkaufen Sie aber mit dem Nachteil, daß der Blickkontakt Sie anstrengt, ja, daß die Vernehmung Sie überhaupt psychisch belastet, müssen Sie doch alle Emotionen des Vernommenen mitübernehmen. Ihre Konzentration läßt nach, Sie werden rascher müde, und wenn Sie nicht auf der Hut sind, kann es passieren, daß Sie eine von starker Emotion begleitete Unwahrheit als wahr empfinden. Diesen Nachteil können Sie teilweise ausgleichen, indem Sie nur in den entscheidenden Momenten echten Blickkontakt aufrechterhalten, da aber dann voll konzentriert. Sonst blicken Sie immer einen Zentimeter am linken Auge Ihres

Gegenübers vorbei. Haben Sie das Gefühl, daß Ihr Gegner Sie in Ihrer Konzentration stört und daß Sie sich dadurch willensschwächer fühlen, daß Sie plötzlich die Neigung verspüren, nachzugeben, obwohl dies eigentlich sachlich nicht begründet ist und Sie es nicht wirklich wollen, dann sind Sie in Gefahr, daß Ihr Gegner Ihnen seinen Willen aufzwingt. In dieser Situation wenden Sie dann das uralte Mittel zur Stärkung der Konzentration, die Wiederholung, an. Indem Sie das, was **Sie** wollen, mehrmals wiederholen, werden Sie konzentrierter und in der Endauswirkung in der Situation willensstärker. (Z.B.: „Nein, das geht nicht, ah, wo denken Sie hin, das geht nicht, nein auf keinen Fall ... usw.") Über diesen Umweg einer durch Autosuggestion hervorgerufenen Konzentrationserhöhung blocken Sie die gegnerische Störung ab und werden psychisch stärker.

Mittel der Beeinflussung

Ich darf Sie daran erinnern, daß wir ganz zu Beginn der Vernehmungspsychologie schon festgestellt haben, daß jede Vernehmung ein psychischer Zweikampf ist. Und Ihre psychische Stärke ist von Ihrer inneren Überzeugung vom Ausgang dieses Kampfes abhängig. In dem Maße, in dem Sie davon überzeugt sind, daß der Vernommene der Täter ist und daß er gestehen wird, werden Sie das auf ihn übertragen. Sie wirken echt, weil Sie echt sind, mit jeder Geste, jedem Blick, und in Ihrer Stimme schwingt das mit. Sie beeinflussen ununterbrochen unausgesprochen Ihren Gegner und übertragen auf ihn „Aussichtslos!". Nun werden Sie aber nicht immer so hundertprozentig davon überzeugt sein, daß Sie obsiegen werden, Ihr Wissensstand kann einfach zu gering sein. Oder — und da haben Sie bereits einen Fehler gemacht — Sie haben sich vom Nimbus und Ruf Ihres Gegners beeindrucken lassen. Der „beinharte Steher", der „alte Galerist", Sie haben von ihm schon gehört und nun sitzt er vor Ihnen. In dem Moment, wo Sie akzeptieren, daß er einen bestimmten Ruf hat, haben Sie bereits verloren, denn Sie haben ein Vorurteil übernommen und Ihre eigenen Fähigkeiten unterschätzt, Sie geben sich eine geringere Chance, nur weil Sie es mit diesem Gegner zu tun haben. Und ein ganz junger Kollege, der ganz unvoreingenommen mit Elan an die Sache herangeht, beweist Ihnen, daß der berüchtigte Zuhälter, der hartgesottene alte Ganove und der gefürchtete Schläger in Tränen ausbrechen. Geschehen ist dann folgendes: Der Mann hat Sie beeinflußt und nicht Sie ihn, beim Kollegen war das nicht der Fall. Machen Sie es daher genau umgekehrt, schaffen Sie sich den Ruf und den Nimbus, daß es aussichtslos ist, vor Ihnen nicht zu gestehen, bauen Sie sich in den Augen Ihres Gegners auf. Dazu brauchen Sie Propaganda und Demonstration, Ihre Stärke und Bedeutung. Propaganda können Sie über das Publizieren Ihrer Erfolge in der Presse betreiben, aber auch über eine Bemerkung, die der Arrestantenposten fallen läßt, erreichen. Es kommt da ganz darauf an, wie Sie die Weichen stellen. Herauskommen muß eines, der Häftling muß, noch bevor Sie selbst mit ihm gesprochen haben, zur Überzeugung kommen: „Bei dem ist es zwecklos, zu leugnen." Nun ein Abstecher zu einem Mann, der die Klaviatur der Beeinflussung und Propaganda meisterhaft beherrschte und damit unendlich viel Unheil anrichtete: Adolf Hitler. In seiner Reichskanzlei in Berlin waren die Türen 12 Meter hoch und alles war überdimensioniert. Mit Berechnung, denn jeder, der diese riesigen Türen und Säle durchschritt, setzte die überdimensionierte Größe mit der Bedeutung des Mannes gleich, der hier residierte und zu dem er geführt wurde (mit Absicht übrigens durch eine ganze Zimmerflucht riesiger Zimmer). So arbeiten aber auch die Manager und haben riesige Schreibtische mit vielen Telephonapparaten und Schaltknöpfen. Umgesetzt auf Sie bedeutet das, daß Sie ohne weiters vor dem Häftling eine Show abziehen können. Kollegen richten vor ihm Anfragen an Sie, treten Ihnen gegenüber betont respektvoll auf, Sie treffen schwerwiegende Entscheidungen, immer läuft es auf eines hinaus: „Der Mann hat das Sagen, der ist souverän." Wenn Sie aufmerksam das Kapitel über die Befragung von Zeugen durchgelesen haben, so werden Sie gemerkt haben, daß ich davon abgeraten habe, gegenüber Zeugen als Mann von Bedeutung aufzutreten. Beim Verdächtigen schadet es nicht, er traut Ihnen mehr zu, er fühlt sich eingekreist, denn nun ist er voreingenommen und gibt sich bereits unbewußt geringere Chancen. Natürlich hängt in Wahrheit alles davon ab, ob Sie eine starke Persönlichkeit sind, aber sie zu unterstreichen schadet keineswegs. Mit dieser Beeinflussung des Gegners nicht zu verwechseln ist der Abbau der natürlichen Hemmungen des Verdächtigen. Sie sind sein Gegner aber nicht sein Feind, stellen Sie das von Anfang an klar. Auch wenn die Tat Sie selbst entsetzt und abstößt, geben Sie das nicht zu erkennen, vor allem beschimpfen Sie deswegen den Verdächtigen nicht als üblen Verbrecher, menschlichen Auswurf usw., wie sie überhaupt Beschimpfungen vermeiden sollten. Eine Tat gesteht man lieber dem, der einen deswegen nicht verachtet. Es kommt darauf an, daß Sie eine menschliche Bindung aufbauen. Weisen Sie ruhig einen Sexualverbrecher darauf hin, daß Sie in Ihrer Jugend Schwierigkeiten mit der Stärke Ihres Triebes hatten und vergeblich gegen die Selbstbefriedigung ankämpften und ähnliches. Wenn Sie ihn ein Schwein nennen, wird er sich sehr hüten, daß er Ihnen das erzählt, was in ihm vorgegangen ist, bevor er die Tat begangen hat. Sie sind sein Gegner, nicht sein Feind, aber daß sie ein **großer** Gegener sind, das soll er annehmen und in diese Richtung dürfen Sie ihn beeinflussen.

Auf ein weiteres Mittel der Beeinflussung stoßen wir in der Bibel: Jesus sprach in Bildern, ein bildhaftes Vergleichen. Er wußte warum. Die Sprache des Unterbewußtseins ist nicht das Wort, sondern das Bild. Jede Beeinflussung wird aber über das Unbewußte wirksam, dies im Gegensatz zur logischen Argumentation, die sich an den bewußten Verstand wendet. Sehen wir uns das an einem Beispiel an: Der Verdächtige lügt in einem Punkt und Sie erkennen das. Sie können ihm nun einfach sagen: „Sie lügen!". Dann ist dieses Argument des Gespräches in einer einfachen Feststellung erschöpft. Sie können aber auch sagen: „Wenn Sie sagen, der Tisch da hat drei Ecken, hat er deswegen schon drei? Und was Sie da sagen, hat deswegen auch nicht drei Ecken!", wobei Sie auf den viereckigen Tisch weisen. Sie sagen ihm damit auch, daß er lügt, aber Sie sagen damit auch zugleich, daß dies unsinnig und zwecklos ist und daß Sie das selbstverständlich erkannt haben. Und dann sagen Sie bei jeder Ihnen weiter unglaubwürdig erscheinenden Behauptung des Beschuldigten einfach: „Deswegen bekommt der Tisch auch nicht drei Ecken!" Dadurch erreichen Sie, daß er den Begriff „Lüge" mit dem „Unsinnig-zwecklos" verbindet und nicht mit dem „Rettung". Ihr Argument wertet sich im Verlauf der Vernehmung nicht ab, sondern auf. Indem Sie den Begriff „Unsinnig-zwecklos" in sein Gehirn einpflanzen, ohne ihn direkt auszusprechen, glaubt er ihn, denn er kommt ja jetzt aus **seinem** Unterbewußtsein. Sprechen Sie aber aus, daß es unsinnig und zwecklos ist, zu lügen, glaubt er Ihnen nicht, denn Sie sind ja sein Gegner, und es kommt von **Ihnen**. Gewöhnen Sie sich daher an, daß Sie in möglichst bildhaften Vergleichen sprechen.

Wir kommen nun zu einer weiteren wichtigen Möglichkeit der Beeinflussung: Jeder Mensch hat ständig positive und negative Gedanken und Stimmungen, er hat Hoffnungen, Zweifel, Ängste und Zuversicht. Solange sich diese positiven und negativen Gedanken die Waage halten, ist der Mensch ausgeglichen und sie bestimmen nicht wesentlich sein Tun. Überwiegt das Negative oder das Positive, dann schon. Ihr Ziel im Verlauf der Vernehmung ist es nun, daß Sie diese positiven und negativen Gedanken des Verdächtigen herausfinden und diejenigen verstärken, die zum ausschlaggebenden Motiv für ein Geständnis werden können, das können Gefühle der Hoffnungslosigkeit, der Aussichtslosigkeit und der Rache, aber auch edlere, wie Opferbereitschaft, Abkehr vom schlechten Leben und Liebe, sein. Sie gehen wie beim kontrollierten Gespräch vor. Der Gesprächspartner äußert zum Beispiel einen Gedanken, der seine depressive augenblickliche Stimmung verrät, Sie denken diesen Gedanken nach, Sie empfinden ihn nach und geben ihn gezielt und verstärkt wieder. Sie schwimmen also auf der Stimmungswelle des Verdächtigen mit, werden zwar von ihr erfaßt, behalten aber im Hintergrund die Kontrolle. Sie potenzieren durch das gezielte Aussprechen depressiver Gedanken, die der Vernommene zwangsläufig mitdenkt, dessen ohnehin im Grunde schon depressive Stimmungslage. Es ergibt sich bereits aus der Natur der Sache, daß hier der Empfängertyp weit im Vorteil ist, kann er doch die Gefühlsschwankungen des Vernommenen bereits in ihrem Ansatz erkennen. Indem Sie die Stimmungslage, jene Gedankengänge, die auslösendes Motiv für ein Geständnis sein können, verstärken und potenzieren, gelangen Sie zum Ziel. Der ursprünglich vorhandene Widerstand des Verdächtigen wird von innen her aufgelöst, er gesteht aus eigenem Entschluß. Im Fachjargon heißt so etwas „Mit dem Häftling mitweinen",und ist der Grund, warum unzählige schwere Straftaten gestanden wurden. Es ist keine harte Vernehmungsmethode im eigentlichen Sinn, aber wohl die für den Vernehmenden am schwersten psychisch belastende. Deshalb ein ernstes Wort: Sie manipulieren mit Gefühlen, nicht selten mit dem positiven, denn wenige Menschen sind von Grund auf schlecht. Und Sie erleben diese Gefühle, wenn auch kontrolliert, so doch mit. Leidet der Häftling, leiden Sie auch, es ist Mitleid im wahrsten Sinne des Wortes. Das geht auch nicht ohne Veränderungen in Ihnen selbst ab, das Geständnis wird für Sie kein Erfolgserlebnis sein, denn Sie wissen, wie qualvoll es zustandegekommen ist. Deshalb lassen Sie sich nur darauf ein, wenn Sie mit sich selbst ins Reine gekommen sind, wenn Sie schon eine stabile Persönlichkeit geworden sind, weil Sie zu einer grundsätzlichen Lebenseinstellung und Lebensphilosophie gefunden haben, die Sie aus Überzeugung handeln läßt. Wer noch unausgegoren ist, sollte von so empfindlichen und leicht verletzlichen Dingen, wie es Seele und Gefühle sind, die Finger lassen. Der Schaden, den er anrichten kann, kann unermeßlich und nicht zu heilen sein.

Es gibt nun kaum eine länger dauernde Vernehmung, die nicht zu irgend einem Zeitpunkt einen dramatischen Verlauf nimmt. Jeder Zweikampf hat seine Dramatik, wenn er ernsthaft geführt wird und jede Partei nur Sieg oder Niederlage, nicht aber ein Unentschieden im Auge hat. Der Häftling vor Ihnen ist zynisch, er ist aggressiv oder er macht sich über Sie lustig, Ihre Nervenkraft hat schon nachgelassen, Ihr Emotionspotential steigt ständig, ein Gewitter hängt in der Luft, es muß sich entladen. Wenn schon, dann aber richtig, denn dann beeinflussen und zermürben Sie Ihren Gegner mit diesem Potential emotioneller Kräfte. Wollen wir eines festhalten: Es ist durchaus keine Schande, wenn Sie explodieren, und es setzt Sie eine Primitivreaktion, die sich daraus ergibt, keineswegs in den Augen des Häftlings herab. Im Gegenteil, er hat Sie wie ein Kind im Trotzalter solange provoziert, bis er herausbekommen hat, wo Ihre Grenze liegt. Diese Grenze zeigen Sie ihm, es hat mit Nervenschwäche nichts zu tun und Sie selbst bleiben gesund, weil Sie den Ärger nicht in sich hineinfressen. Außerdem zeigen Sie, daß Sie echt sind und nicht gespielt überlegen. Nur richtig! Sehen wir uns das einmal optisch an:

Sie hatten den Ärger gestaut und gestaut, dann war es Ihnen zuviel und Sie haben losgebrüllt und mit der Faust auf den Tisch geschlagen (hoffentlich nicht dem Mann die Ohrfeige versetzt, die in der Luft gelegen hatte) und dann ist Ihr Ärger verflacht. Eben eine Explosion. Genau so verläuft aber die Reaktionskurve Ihres Gegners. Eine Erschütterung — dann abflauen. Anders ist das, wenn Sie so vorgehen:

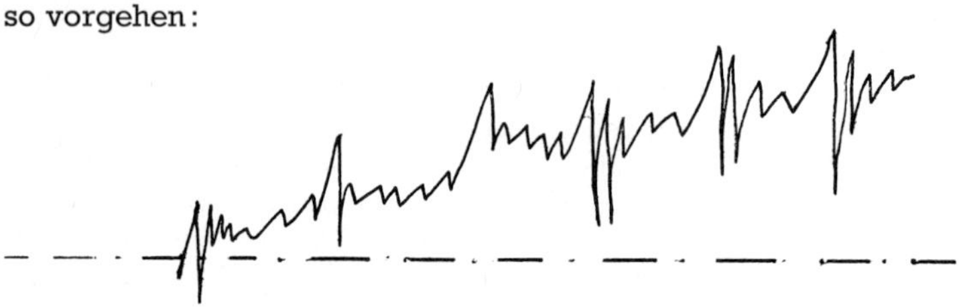

Sie lassen einen ersten Blitz los, steigern sich selbst in die Erregung und Entrüstung, genau in dem Augenblick, wenn Ihr Gegner schon denkt, daß Sie zurückfallen werden, lassen Sie den zweiten Blitz los und donnern auf einem höheren Niveau, fallen zurück und steigern sich wieder, grollen nach und urplötzlich wieder ein noch stärkerer Blitz. Sie haushalten mit Ihrem Emotionspotential und verstärken es bewußt durch Wiederholung (auch hier als Mittel der Autosuggestion angewandt) des Erregungsablaufes. Ihr Gegner weiß nie, wann Sie den Höhepunkt erreicht haben. Das Warten auf etwas Ungewisses ist aber die Grundursache der Angst. Denken Sie an das Kind im dunklen Keller. Nicht die konkrete Bedrohung, der man begegnen kann, sondern das Ungewisse, dem man hilflos ausgesetzt ist, erzeugt die Angst. Deshalb werden auch Floskeln wie „Ich werde Mittel und Wege finden, um Sie zu vernichten" gebraucht und nicht gesagt: „Ich werde Sie verklagen". Das Ungewisse erzeugt Angst, weil keine konkrete Abwehrmaßnahme möglich ist. Und Sie lassen Ihren Gegner im Ungewissen, **wann** Sie mit Ihrer Erregung zu Ende sind. Das zermürbt. Besonders wenn Sie eine starke Persönlichkeit sind.

Bleibt noch die Ohrfeige, die in der Luft lag. Da sie vom Gesetz verboten ist, wollen wir sie wertfrei betrachten und dies wegen der grundsätzlichen Bedeutung unserer Überlegungen in einem eigenen Kapitel. Soviel sei vorweggenommen: Ist sie das Ergebnis eines Verhaltens des Vernommenen und einer Primitivreaktion Ihrerseits auf dieses Verhalten, dann schadet sie dem Vernehmungsablauf nicht. Kommt sie aus Berechnung, schadet sie dem Erfolg und gefährdet Sie als Kriminalist, ohne Ihnen einen Nutzen in der Sache selbst zu bringen.

Zwang und Gewalt

In der Zeitung lesen Sie von Prügelpolizisten, andererseits wird von den offiziellen Stellen, insbesonders aber vom Innenminister heftig bestritten, daß Übergriffe vorkommen. Wo liegt nun die Wahrheit? Wohl auch in der Mitte, die Zeitung versteht unter Übergriff das bewußte und aus Berechnung erfolgte Schlagen und meint das in jeder gesetzlich gedeckten Bändigung eines betrunkenen Randalierers zu erblicken. Der Innenminister als Politiker träumt wieder von einer Polizei, die ohne Gewalt auskommt. Dazwischen liegt die Ohrfeige.

Wir wollen aber dieses Problem völlig wertfrei betrachten und uns fragen: „Was bringt es?". Was bringt körperliche Mißhandlung, was bringt Foltern und Quälen? — Nichts, wie die Märtyrer bewiesen haben. Man hat ihnen die Haut bei lebendigem Leibe abgezogen, man hat sie in siedendes Öl geworfen, mit glühendem Eisen gebrannt und dennoch taten sie nicht das, was man von ihnen verlangte. Andererseits haben heute Geheimagenten die Anweisung, daß sie sich im Falle der Gefangennahme töten sollten — oder reden sollten. Jeder Geheimdienst kalkuliert von Anfang an ein, daß ein gefangener Agent auf jeden Fall dazu gebracht werden kann, sein Wissen preiszugeben. Ein Widerspruch? Nein. Betrachten wir einmal den Mechanismus und das Prinzip der Folter: Der Mensch wird in einen qualvollen Zustand versetzt, ihm wird Schmerz zugefügt und es wird ihm die Beendigung dieses qualvollen Zustandes versprochen, wenn er das tut, was von ihm verlangt wird. Einfach und grausam, gesetzt wird darauf, daß der Gefolterte den Zustand beenden **will**. Aus völlig unterschiedlichen Gründen und Motiven kann aber nun der menschliche Wille so stark sein, daß er auch die Vernichtung der eigenen Existenz miteinschließt. Die Folter kann funktionieren — sie muß es aber nicht. Bei den tausenden Märtyrern tat sie es nicht. Denn diese Art von Folter, die den Weg über den körperlichen Schmerz geht, wendet sich an einen Menschen, dessen Bewußtsein intakt ist und der das Nachgeben selbst **wollen** muß. Die Natur ist aber überdies barmherziger als die Folterknechte und schaltet ab einer gewissen Schmerzensgrenze — die allerdings sehr hoch liegt — eben dieses Bewußtsein ab. Und einem Bewußtlosen kann man keine Fragen stellen.

Diese Grenzen der Folter haben den „Menschen" nicht ruhen lassen, er hat auch sie überwunden. Klar wurde erkannt, daß es die bewußte Persönlichkeit und der Wille waren, die es auszuschalten galt, wobei jedoch das Bewußtsein soweit erhalten werden mußte, daß die Informationen noch abgerufen werden konnten. Das Ergebnis dieser Art von **Forschung** war ein ganzes Arsenal von Wahrheitsdrogen, Psychopharmaka, Neuroleptika und die Gehirnwäsche. Eine weitere teuflische Methode, den Willen zu schwächen, wurde darin gesehen, daß der Betroffene dazu gebracht wurde, etwas freiwillig zu tun, was er eigentlich nicht wollte. Hiezu ein Beispiel: Dem Gefangenen wurde ständig eine Melodie vorgespielt, deren letzter Takt fehlte, die also unvollständig war. Irgendwann ergänzte sie der Gefangene und sang oder pfiff den fehlenden Takt. Damit tat er aber bereits den ersten Schritt zur Bewußtseinstrübung und zum Abbau seines psychischen Widerstandes selbst. Nach dem Ungarnaufstand wurden noch wesentlich diffizilere Methoden der dortigen Geheimpolizei bekannt, die alle in die eine Richtung gingen, daß der Gefangene etwas tat, was ihm ohne Anwendung dieser Methoden nie in den Sinn gekommen wäre. Auf der gleichen Grundlage funktionierten auch die KZ der SS. Es hat nie einen Aufstand gegeben, und Millionen gingen organisiert in den Tod. Warum? Hoffnung hat jeder Mensch, solange er lebt, vorgegaukelt wurden den Unglücklichen, daß es zumindest eine winzige Chance des Überlebens gab, denn es gab ja eine Lagerordnung, willkürlich festgesetzte Vorschriften usw. Aus dem verständlichen Wunsch heraus, zu überleben und vermeidbaren Quälereien zu vermeiden, fügten sich die Unglücklichen, standen stramm, meldeten, hielten die Lagerordnung peinlich ein und taten damit einen ersten Schritt zur Aufgabe der Persönlichkeit. Die Schwächung des Körpers durch absichtlich extrem kalorienarme Nahrung bei schwerer Arbeit tat ein Übriges — das System der Persönlichkeitsvernichtung funktionierte klaglos. Heute kann bei der Weiterentwicklung des Mißbrauchs der Wissenschaft durchaus angenommen werden, daß jede Information aus einem Menschen herausgeholt werden kann, sofern auch die Vernichtung des Lebens oder der Gesundheit des Gefolterten in Kauf genommen wird. Deswegen gibt es die Giftkapsel der Agenten.

Kriminalistisch gesehen ist die Anwendung von Gewalt wertlos. Sie sind ja kein Geheimdienst, der es auf die Information allein abgesehen hat und dem das Leben des Vernommenen egal ist. Noch viel weniger wenden Sie Psychopharmaka an. Ein unter Gewalt und Druck zustandegekommenes Geständnis ist aber in den meisten Fällen ein „Ich gebe zu, daß ...“-Geständnis. Der Betroffene will alles beenden und gibt Ihnen das zu, was Sie glauben, daß er getan hat. Ein solches Geständnis enthält Ihre Vermutungen, mehr nicht. Und es bringt Sie daher mehr in Gefahr, als den Vernommenen. Es ist eine allgemeingültige kriminalistische Erfahrung, daß sich ein echtes und rückhaltsloses Geständnis nie völlig mit den vorhergehenden kriminalistischen Vermutungen und Rückschlüssen deckt. Denn würde das so sein, dann müßte der Kriminalist vollkommen und allwissend sein. Das ist er aber nicht, also weicht das Geständnis, wenn auch nur in Details, so aber doch von diesen Vermutungen ab. Mein Rat daher: Bekommen Sie so ein „Ich gebe zu, daß ...“-Geständnis und haben Sie selbst das Gefühl, daß Sie den Vernommenen unter Druck gesetzt hatten (Sie müssen das ja wissen), dann nehmen Sie das Protokoll, zerreißen Sie es und werfen Sie es in den Papierkorb! Denn spätestens bei der Hauptverhandlung wird der „Geständige“ widerrufen und sein Verteidiger wird berechtigt unangenehme Fragen stellen. In so einem Fall geben Sie besser dem Vernommenen eine Ruhepaue, trinken mit ihm einen

Kaffee und dann fragen Sie ihn, ob er bei seinem Geständnis bleiben will. Entweder ist er dann bereit, offen zu reden, dann haben Sie die notwendigen Details, oder er widerruft. Wenn er widerruft, dann protokollieren Sie nur seine leugnende Verantwortung. Die belastet Sie nicht, und es ist nicht anzunehmen, daß er sich anders als mit einem „Ich gebe zu, daß ...“-Geständnis verantworten wird, wenn Sie ihm erneut hart zusetzen.

Nun zurück zur Ohrfeige, die Ausgangspunkt unserer Betrachtung war. In der Hitze des Gefechtes, in der hochgespannten psychischen Auseinandersetzung, wie sie eine Vernehmung nun einmal ist, kann sie niederfahren wie ein Blitz. Eine zynische Bemerkung, ein besonders provokantes Verhalten, Beschimpfungen, die an Sie oder das Opfer gerichtet sind: Der Verdächtige hat Sie bis aufs Blut gereizt, Ihre Hand hat sich selbständig gemacht und da haben Sie ... So etwas ist nicht schön, aber es kommt vor, ebenso wie es vorkommt, daß der Verdächtige Sie tatsächlich angreift, der psychische Zweikampf findet dann seine psychische Fortsetzung. Werden Sie angegriffen, dann seien Sie nicht zimperlich und stecken Sie das weg, wenn Sie ohne fremde Hilfe auskommen. Sie geben kein gutes Bild ab, wenn Sie wegen so eines Zwischenfalls Anzeige erstatten, aber Sie steigen im Prestige, wenn Sie Ihren Gegner zwar niederringen, dann über über den Vorfall hinwegsehen. Der Verdächtige steckt eine aus der Situation heraus kommende Ohrfeige auch weg. Sie wird nicht als Folter empfunden und ist auch keine. Unschön ja — aber nicht Folter, so wie die Ohrfeige Ihres Vaters auch keine war.

Wenn Sie aber bei einer Vernehmung aus Berechnung schlagen, dann **ist** das Folter und es wird auch so empfunden. Irgendwann einmal in der Laufbahn jedes Kriminalisten kommt die Versuchung, es zu tun. Ein besonders brutaler Raubmord, ein verabscheuungswürdiges Sexualverbrechen an einem Kind, ein Berufsverbrecher, Sie sitzen diesem Verdächtigen gegenüber. Es liegt Ihnen nicht, aber es wäre im höheren Interesse, im Interesse der Allgemeinheit, der öffentlichen Sicherheit, wenn Sie doch ... Vorsicht! Sie haben bereits die Gedankengänge eines SS-Mannes und eines Terroristen im Kopf. So beginnt es nämlich und scheinbar harmlos: Ein Mensch lehnt eine Handlung an sich völlig ab, niemals würde er sie begehen. Er ist ein biederer Kleinbürger, der niemals einen Mord begehen würde. Dann sagt man ihm, daß der höhere Zweck, das Staatsinteresse, die Religion, die Partei, worin auch immer dieser höhere Zweck vorgegeben wird, eben diesen Mord entschuldigt, ja fordert und notwendig macht. Das ist die eine Komponente, der „Höhere Zweck“, sie reicht allein noch nicht aus. Doch geht sie in ihrer teuflischen Wirksamkeit Hand in Hand mit einer zweiten: Dem Elitedenken. Man sagt dem biederen Kleinbürger, daß nur wenige die Größe, Kraft, Härte und Überwindung hätten, im Dienst der höheren Idee zu handeln, er schon, er habe diese Fähigkeit. Die moralischen Bedenken sind durch den „Höheren Zweck“ gefallen, das eingeimpfte Elite- und Sendungsbewußtsein gibt dem rationalen Moment des kritischen Verstandes keine Chance, eine Hemmung zu sein, im Gegenteil, der Verstand wird dazu benutzt, noch vorhandene Skrupel zu überwinden, da es zu beweisen gilt, daß tatsächlich ein Auserwählter gegeben ist. Der vormals biedere Kleinbürger opfert sich im Dienste der höheren Idee auf und begeht die Handlung, die er vorhin noch strikt abgelehnt hat, er „dient" der Allgemeinheit, die mangels Elitedenken nicht in der Lage ist, zu erkennen, welchen Dienst er ihr leistet. Er tötet bewußt und ohne Schuld zu empfinden, sein Gehirn ist kurzgeschlossen und er hat das Gefühl und die Überzeugung, etwas besonderes zu sein und eine Leistung zu erbringen, die notwendig ist. Die besondere Leistung besteht darin, daß er im Dienst der höheren Idee das erledigt, das notwendig ist und wofür die Masse zu schwach ist. — Es ist der SS-Mann, der an Judenerschießungen teilnimmt und der kein Grauen empfindet, es ist der Terrorist, der tötet und keine Gewissensbisse dabei hat, der aus dem Kleinbürger geworden ist. Unmenschen, weil über den Intellekt das Gewissen und Gefühlsempfinden ausgeschaltet wurden. Nicht von ungefähr rekrutierten sich die Angehörigen der SS und der deutschen Terroristenszene aus Kleinbürgern. Daran sollten Sie denken, wenn Sie die Versuchung überkommt. Mit der aus Berechnung gegebenen Ohrfeige beginnt die Folter und Sie machen den ersten Schritt zum Unmenschen, denn Sie tun etwas, das Sie im Privatleben nie tun würden.

Die Sitzposition

Sie sind nun mit dem psychologischen Rüstzeug ausgerüstet und wollen nun in die Vernehmung einsteigen. Da müssen Sie bereits wieder auf etwas achten, wenn Sie Erfolg haben wollen: Es kommt auch darauf an, wie der Mann sitzt, den Sie vernehmen. Sicher haben Sie schon mit jemand gesprochen, der Ihnen dabei mit seinem Gesicht zu nahe gerückt ist. Sie haben das irgendwie störend und unangenehm empfunden, obwohl der Mann keinen Mundgeruch hatte. Warum? Ganz einfach, jeder Mensch besitzt so etwas wie eine Schutzzone um sich, die etwa in der Reichweite seiner Arme beginnt. Ein Eindringen in diese Zone wird als Bedrohung empfunden, denn ein direkter körperlicher Angriff ist jetzt möglich. Es ist immer vom nicht erwünschten Eindringen die Rede, so wie bei Ihren Gesprächspartner von vorhin, den Sie als aufdringlich empfunden haben. Anders ist es beim erwünschten, deshalb gehen Liebespaare so eng aneinander geschmiegt. Aber auch von den Liebespaaren können wir lernen. Durch die Verschmelzung der Schutzzonen (jener, von der wir hier sprechen) ergibt sich der enge psychische Kontakt. Einen intensiven psychischen Kontakt brauchen Sie aber auch bei der Vernehmung. Wenn Sie den Verdächtigen vor Ihren Schreibtisch setzen und ihn über den Tisch hin ansprechen, haben

Sie schon viel vertan. Sie befinden sich außerhalb seiner Schutzzone und der psychische Kontakt ist erschwert. Zusätzlich wird vom Vernommenen der Schreibtisch als schützende Barriere empfunden, die dokumentiert und garantiert, daß eben diese Schutzzone nicht verletzt werden kann. Hiezu kommt noch etwas: Wenn der Verdächtige vor Ihrem Schreibtisch sitzt, hat er den Rücken frei, psychologisch gesehen wirkt sich das so aus, daß er eine Fluchtmöglichkeit offen hat, das heißt, er fühlt sich sicherer. Und Sie haben alles dazu beigetragen, daß es so ist. Deshalb setzen Sie besser den Verdächtigen mit dem Rücken zur Wand, noch besser in die Zimmerecke und sich selbst setzen Sie so, daß Sie ihn anfassen können. Wenn Sie einen Maschinschreibtisch so plazieren, daß sich diese Sitzposition auf natürliche Weise ergibt, haben Sie es richtig gemacht, denn es wirkt nicht künstlich und erzwungen. Sie wollen das Protokoll aufnehmen, also setzen Sie sich mit dem Verdächtigen dorthin. Er wird nie auf die Idee kommen, daß Überlegung dahintersteckt und in einer schwierigen und intensiven Phase der Vernehmung haben Sie die Möglichkeit zum Körperkontakt. Denn auch der ist wichtig, stellt er doch die intensivste Form der Durchbrechung der Schutzzone dar. Sie sprechen suggestiv auf ihn ein und fassen ihn dabei an der Schulter an, all Ihre psychische Kraft übertragen Sie so.

Beginn der Vernehmung

Bisher haben wir uns mit den Möglichkeiten der Beeinflussung auseinandergesetzt, jetzt wollen wir das mit dem intellektuellen Verlauf einer Vernehmung tun. Wie wir schon festgestellt haben, gibt es eine variable Größe in der Vernehmung, das Wissen. Es gilt nun, diese variable Größe, den Wissensstand, zu Ihren Gunsten zu erhöhen. Das setzt einerseits bei Ihnen ein guttrainiertes Gedächtnis voraus und andererseits, daß Sie eine Taktik anwenden, durch die Sie wenig Wissen preisgeben, aber Ihres erhöhen. Daher beginnen Sie am besten mit: „Sie wissen ja, weswegen Sie da sind?". Oder: „Wir müssen jetzt über die Sache reden", oder ähnlich mit einem allgemein gehaltenen und nichtssagenden Satz. Bereits aus der Reaktion (ablehend, aufbrausend, verwundert usw.) des Verdächtigen können Sie Ihre Schlüsse ziehen und erkennen, welche Grundhaltung er einnehmen wird. Was nun tun, wenn der Verdächtige überhaupt nichts sagt? Dann haben Sie Ihren schwierigsten Gegner vor sich, der beinhart miteinkalkuliert, daß er einige Monate Untersuchungshaft in Kauf nehmen muß, daß aber die Indizien vielleicht doch nicht ausreichen könnten. Er demonstriert Ihnen am besten, daß er das Prinzip der Vernehmung erkannt und verstanden hat, indem er seinen Wissensstand **nicht** preisgibt und es darauf anlegt, daß Sie im Übereifer ihn überzeugen wollen und Ihren preisgeben. In so einem Fall hilft nur reden, reden und wieder reden, dabei aber selbst die vorhandenen Beweise nicht preisgeben. Wobei Sie einen weiteren Fehler nicht machen dürfen, nämlich den, daß Sie zu erkennen geben, daß **Sie** es sind, der unbedingt ein Geständnis braucht. Sprechen Sie besser allgemein davon, daß Sie es für sinnlos halten, beim vorliegenden Beweisstand eine Untersuchungshaft auf sich zu nehmen und geben Sie sich dabei sicher. Überhaupt keine Antwort geben nur ganz, ganz wenige Verdächtige. Und in dieser ersten Phase der Vernehmung geht es Ihnen darum, daß Sie eine Gesprächsbasis schaffen und eine menschliche Beziehung aufbauen. Es gibt auch hier sogar einen Erfahrungswert: Mit etwa zwei Stunden müssen Sie schon rechnen, bis jemand eine Grundeinstellung, die er zu Beginn der Vernehmung hatte, abändert, sei es, daß er nun zur Sache Angaben macht oder ein leugnendes Verhalten aufgibt und gesteht. Auch wenn sich in diesen zwei Stunden das Gespräch im Kreise dreht, sollten Sie nicht voreilig aufgeben und immer wieder Ihre Argumente bringen, sie werden stärker, nicht schwächer, wir haben das schon besprochen.

Fehler, die geschehen

Bei einer Vernehmung sollten Sie ehrlich sein, nur wer ehrlich ist, wirkt überzeugend und echt. Spielen Sie nicht etwas vor, das nicht ist, Ihr Gegner merkt das. Wenn Sie ein eher weicher Typ sind, sollten Sie nicht den Eisenfresser spielen und umgekehrt nicht den verständnisvollen Großvater, wenn Sie von Ihrem ganzen Habitus her ein beinharter Typ sind. Aber Sie können mit einem Kollegen, der Ihr entgegengesetzter Typ ist, die Taktik anwenden, die im Jargon „Kalt-warm baden" heißt. Der grobe Typ ist unfreundlich und hart, der weiche verständnisvoll und kommt zum Zug, denn bei ihm legt der Verdächtige das Geständnis ab.

Dazu, daß Sie ehrlich sind, gehört auch, daß Sie nicht vorgeben, mehr zu wissen, als das der Fall ist, oder gar alles. Wenn Sie zu einem Häftling sagen „Ich weiß alles, 30 Einbrüche weise ich dir nach" und können nur einen beweisen, dann ist das tödlich für den weiteren Verlauf der Vernehmung. Denn der Häftling ist auch nicht dumm und denkt: „Wenn er alles weiß und beweisen kann, warum legt er nicht alles auf den Tisch und fragt mich?" Ab dem Augenblick haben Sie verspielt, denn er wird Ihnen nichts mehr glauben. Wenn Sie aber sagen: „Zwei Einbrüche kann ich beweisen, dreißig werden es sein, aber für zwei ohne Geständnis bekommst du mehr als für dreißig mit Geständnis", sieht die Sache bereits anders aus. Jetzt heißt es: Da Vorteil (weniger Strafe, Entlassung und keine Untersuchungshaft) und da Vorteil (geklärte Fakten), das versteht er, und Sie sind glaubwürdig. Gerade jener Fehler, daß mehr vorgegeben wird, als an Beweisen da ist, wird in der Praxis am häufigsten begangen, weil viele der Meinung sind, daß das Zugeben von einer geringeren Beweismöglichkeit Schwäche ist. Das Gegenteil ist der Fall, es stärkt die Position.

Ebenso verhält es sich mit dem Erfinden von Beweisen, das vielleicht verlockend aussehen mag. Ich rate davon ab, wobei ich das wieder wertfrei betrachte. Es hat zwei Nachteile: Einmal müssen Sie ein erfundenes Beweismittel die ganze Vernehmung hindurch mitschleppen und es kann sein, daß es dann hinderlich wird und zum anderen kann der von Ihnen erfundene Tatzeuge der Sachlage nach gar nicht möglich sein. Der Beschuldigte weiß das, und Sie haben bereits verspielt. Abgesehen davon müssen Sie den Beweis glaubwürdig vorbringen, und das können Sie nur, wenn Sie auch Details bringen. Da es sich dann zwangsläufig wieder um erfundene handelt, schaffen Sie sich selbst die Voraussetzung Ihrer Unglaubwürdigkeit, denn ein Detail stimmt dann sicherlich nicht mit dem tatsächlichen Geschehen überein, das der Verdächtige ja kennt. Was das Gesetz von erfundenen Beweisen hält und wie ein Verteidiger darauf reagiert, brauchen wir ja wohl nicht zu erwähnen.

Sie fragen — und fragen zuviel. Sie haben bisher alles richtig gemacht, eine menschliche Bindung aufgebaut und dem Mann zugeredet, jetzt hat er zu sprechen begonnen. Und nun fragen Sie ihn gierig nach Details. Es kann sein, daß Sie damit alles zunichte machen, was Sie mühsam aufgebaut haben. Zum einen erkennt der Mann an Ihren Fragen, daß Sie offenbar recht wenig wissen, und zum anderen kommt die vorhandene Hemmschranke, die ihn bisher am Sprechen gehindert hatte, wieder zum Tragen. Versuchen Sie sich doch in den Mann hineinzudenken: Würden **Sie** gleich gestehen? Oder würde es Sie nicht auch eine Überwindung kosten, eine Schändung zuzugeben, die Sie den Beruf, das Ansehen in der Familie und im Freundeskreis, einfach alles, kostet? Wenn Sie sich aber dann dazu entschließen, dann wollen Sie sich alles von der Seele reden, auf keinen Fall aber wollen Sie dabei unterbrochen werden. Den Verdächtigen geht es da wie einem jungen Schauspieler, der sich erst freireden muß, wenn er auf der Bühne steht. Diese Möglichkeit müssen sie ihm bieten und sich auf die Funktion des Beichtvaters beschränken. Fragen Sie ihn später, wenn er geendet hat, Sie wissen dann bereits alles, was er aus eigenem erzählt hat und er kann schwer zurück.

Das Verbrechen hat Sie entsetzt wegen seiner Brutalität, Sie sind ja noch nicht abgebrüht, da Sie am Anfang stehen. Emotionell sagen Sie dem vermutlichen Täter, welch schweres Verbrechen er begangen hat — und er gibt es Ihnen nicht zu, obwohl Sie doch Beweise dafür haben. Kein Wunder, denn Sie haben alles getan, um ihn darauf hinzuweisen, was ihn erwartet. Jeder Mensch hat Hoffnung, solange er nicht mit dem Leben abgeschlossen hat, auch der Verbrecher. Er weiß, daß er Strafe zu erwarten hat, aber er hofft, daß es nicht die Höchststrafe sein wird. Diese Hoffnung nehmen Sie ihm und nun ist es sein Selbsterhaltungstrieb, der sich Ihnen entgegenstellt. Und der ist stark. Oder entschließen **Sie** sich leichtfertig zum Selbstmord oder lebenslangen Gefängnisdasein? Eben. Deshalb rauben

Sie ihm nicht diese Hoffnung, so entsetzt Sie selbst über die Tat sein mögen. Sprechen Sie besser von den mildernden Umständen eines Geständnisses. Sie lügen da nicht. Keine Regel ohne Ausnahme: Nur dann, wenn dem Betroffenen gar nicht klar ist, was er angerichtet hat, wenn er in seinem Wesen gut ist, können Sie Erfolg haben, wenn Sie ihm auf diese Weise ins Gewissen reden. Bei echt Kriminellen wird das aber recht selten der Fall sein.

Suggestiv- und Fangfragen

Sie sind nun bei der Vernehmung und stellen Ihre Fragen. Der Art ihrer Formulierung nach können es auch Suggestivfragen und Fangfragen sein. Vor Gericht müssen Suggestivfragen wörtlich protokolliert werden und Fangfragen sind überhaupt verboten. Als Kriminalist werden Sie ohne beide nicht auskommen und haben auch gar nicht die Zeit, daß Sie die Formulierung von Fragen überlegen. Oft handeln Sie ja aus dem Instinkt heraus. Die Gerichte wissen das und schicken Ihnen gerne einen Akt zur „lebensnahen Befragung" einer Person mit dem augenzwinkernden Hintergedanken, daß bei dieser Befragung mehr herauskommt, als bei einer formellen Vernehmung. Wenn schon, dann wenden Sie die Suggestiv- und Fangfrage richtig an.

Die Suggestivfrage dient nicht, wie man meinen sollte, zum Einsuggerieren, zum Einhämmern, eines Schuldbekenntnisses, sondern zum Beschleunigen und Lenken eines schon vorhandenen Gedankenganges. Der Beschuldigte sagt: „Ich bin in das Zimmer gekommen, da war auf einmal die Frau da ...", und er will weitersprechen: „... und da habe ich gesagt: Entschuldigen Sie, ich habe mich im Zimmer geirrt", was dann die Lüge wäre. Der Beschuldigte hat aber die Szene jetzt vor seinem geistigen Auge, er weiß, wie es wirklich gewesen ist. Und Sie fragen blitzschnell drein: „Und da hast du sie umgebracht?" Und er sagt „Ja", denn er hat ja die Szene vor seinem Auge. Sie verstehen? Mit der Suggestivfrage ergänzen Sie einen begonnenen Gedankengang dann, wenn der Beschuldigte zögert und in einer Lüge oder einer Ausflucht weitersprechen will. Lügen erfordert Konzentration und unterbewußt will der Beschuldigte oft alles los werden. Sie ergänzen in Ihrem Sinn, wobei Sie auf seine Überraschung und Irritation setzen und die unterbewußte Bereitschaft zum Geständnis ausnützen.

Bei der Fangfrage ist das anders, da setzen Sie auf die Unachtsamkeit und mangelnde Konzentration Ihres Gegners. Sie fragen: „Wohin bist du nach dem Kino gegangen?" und er antwortet: „In das Gasthaus Müller" und gibt damit zu, daß er im Kino war, als der Mord geschehen ist. Auch eine Fangfrage muß zur richtigen Zeit gestellt werden, nämlich dann, wenn nicht anzunehmen ist, daß sie als solche noch leicht erkannt wird.

Sie können aber auch Ihre gesamte Vernehmungstaktik als eine einzige Fangfrage gestalten. Sie fragen konsequent immer nur nach dem Motiv der Tat oder nach der Beute und gehen auf Einwendungen des Verdächtigen, er habe die Tat nicht begangen, gar nicht ein und winken gelangweilt ab. Unweigerlich erhält der Verdächtige den Eindruck, daß Sie darüber, **ob** er die Tat begangen hat, gar nicht diskutieren wollen, weil Ihre Beweise eben ausreichen. Aber eben aus diesem Grund wenden Sie ja diese Taktik an, denn sie erspart Ihnen, daß Sie die Beweise auf den Tisch legen müssen.

In das Gebiet der Fangfragen gehört auch die Bekämpfung eines abgesprochenen falschen Alibis. Sie merken während der Vernehmung, daß sich mehrere Personen abgesprochen haben müssen — die berüchtigte Kartenrunde, die zur Tatzeit stattgefunden hat. Sie vernehmen nun alle Personen zur richtigen Tatzeit, aber zum falschen Tag. Und im Übereifer wird das falsche Alibi für den harmlosen Vortag abgegeben. Erst jetzt, wenn dieses Alibi unterschrieben ist, gehen Sie auf die richtige Tatzeit über. Und jetzt haben Ihre Gegner ihr Pulver schon verschossen. Selbst wenn sie jetzt noch alle einen Irrtum behaupten und die Kartenrunde auf den richtigen Tag verlegen, ist das falsche Alibi insgesamt gesehen in seiner Glaubwürdigkeit schwer erschüttert.

Nicht mehr zulässig hingegen wäre, wenn Sie einen Verdächtigen zu einem fingierten Mord vernehmen und von ihm als Alibi jenen Einbruch angeboten bekommen, den Sie beweisen sollten. Da Sie aber ja wissen, daß Fangfragen nach unserer Rechtsordnung verboten sind, werden Sie ja nicht in Versuchung kommen, daß Sie so vorgehen.

Ebenso augenzwinkernd wie das Gericht kann ich Ihnen aber sagen, daß es sicher kein großes Malheur ist, wenn Ihnen doch in der Hitze des Gefechtes der Vernehmung Fangfragen herausrutschen sollten, denn aus der Erfahrung weiß ich, daß das eigenartigerweise immer dann passiert, wenn sie Ihnen Erfolg bringen.

Mehrere Täter als Komplizen

Eine kriminalistische Grundregel besagt, daß eine Tat dann über die Vernehmung der Verdächtigen zu klären ist, wenn es mehrere Verdächtige gibt und diese Verdächtigen in Haft sind. Zwei wesentliche Gründe sind es, die dafür ausschlaggebend sind: Auch wenn sie sich schon abgesprochen haben, verhindert die Haft, daß sie sich zu den einzelnen Details der Vernehmung weiter absprechen, es kommt daher zu Widersprüchen in den Aussagen, die Sie auswerten können. Und zweitens ist dann meistens immer einer dabei, der „umfällt". Da aber eine Kette nur so stark ist, als ihr schwächstes Glied, ist dieser eine dann bestimmend für das Schicksal der gesamten Bande. Ihre Taktik daher, wenn es mehrere Verdächtige gibt: Sie vernehmen vorerst alle einmal, wobei Sie weniger Wert darauf legen, daß auch etwas dabei herauskommt (Sie machen also nur allgemein gehaltene Vorhalte), als daß Sie herausbekommen, wer vermutlich der Schwächste ist und in welche Richtung die Absprache geht. Als Faustregel können Sie annehmen, daß der am wenigsten Belastete als erster umfällt, hat er doch eine reelle Chance, daß er aus der Haft entlassen wird und weiß auch darum. Auf ihn knien Sie sich dann, wobei Sie kleine Differenzen in den Aussagen als Beweis dafür nehmen, daß alle Aussagen als unwahr anzusehen sind. Die Methode ist Zuckerbrot und Peitsche, die Sie anwenden, da Haftentlassung — da Einlieferung, da Geständnis — da weiteres Leugnen. Die Wahrscheinlichkeit ist sehr groß, daß Sie dabei gewinnen.

Versprechen, die Sie geben

Wie Sie aus dem vorherigen Absatz entnommen haben, läßt es sich nicht umgehen, daß Sie auch verhandeln. Es ist dies kein Zeichen von Schwäche. Sie haben Ihre Vorleistung ja erbracht und die Verdächtigen in Haft genommen. Sie verhandeln daher aus einer Position der Stärke. Machen Sie jetzt ein Angebot, dann aus Großmut, und das müssen Sie auch immer wieder betonen, Sie machen es nur, weil Sie an einer völligen Klärung interessiert sind, wobei eine Verurteilung der Verdächtigen ohnehin sicher ist. Allerdings um den Preis, daß dann die Beute nicht sichergestellt werden kann. Das betonen Sie. Wenn Sie aber ein Versprechen geben, dann halten Sie das eisern und unter allen Umständen ein. Ein einziges nicht eingehaltenes Versprechen — und Sie können für alle Zukunft vergessen, daß Sie auf diesem Weg zum Erfolg kommen. Der Verbrecher lebt in einer selbstgeschaffenen Welt der Unsicherheit und des Mißtrauens gegenüber seinesgleichen. Von Ihnen erwartet er sich als Vertreter der anderen heilen Welt, daß Sie sich auch anders verhalten. Tun Sie das nicht, ist dieser eine, der diese Erfahrung machen mußte, die stärkste negative Reklame, die Sie sich denken können, halten Sie aber Ihr Wort ein, dann eine eher schwach positive, denn wer gibt gerne zu, daß er einen solchen Handel eingegangen ist. Nur: Täter kehren wieder, Sie haben es immer wieder mit Ihnen zu tun, und dann erinnert er sich daran, daß es eine vage Rettungsmöglichkeit gibt. Haben Sie einmal den Ruf, daß ein von Ihnen gegebenes Wort absolute Garantie dafür ist, daß es auch eingehalten wird, — dann arbeiten Sie leicht und erfolgreich.

DAS VERNEHMUNGSPROTOKOLL

Der Verdächtige hat ein Geständnis abgelegt oder auch nicht, Sie müssen nun seine Aussage auf jedem Fall protokollieren. Zunächst soll dieses Vernehmungsprotokoll Beginn und Ende der Vernehmung enthalten, das erspart Ihnen den späteren Vorwurf einer Psychofolter durch den Verteidiger. Weiters sollte es in zwei Abschnitte gegliedert sein, in eine Vernehmung zur Person und in eine

Vernehmung zur Sache. Bei Kapitalverbrechen setzen Sie an Stelle der Vernehmung zur Person einen ausführlichen Lebenslauf des Verdächtigen, die Gerichtspsychiater benötigen ihn. Sie aber auch, weil Sie sich ein Bild über die Persönlichkeit des Verdächtigen machen können. Letztes formelles Erfordernis eines Protokolls ist der Umstand, daß wichtige und entscheidende Fragen von Ihnen wörtlich in das Protokoll aufzunehmen sind. Dies sind Fragen wie: „Haben Sie auf ihn geschossen, weil Sie ihn töten wollten?" Steht diese Frage im Protokoll und lautet die Antwort „Ja", kann der Verdächtige später nicht bestreiten, daß er gewußt habe, worum es gegangen ist.

Grundsätzlich gibt es zwei Arten der Protokollierung, das wörtliche Protokoll und das zusammenfassende. Sie verhalten sich zueinander wie eine Photographie zum Bühnenbild oder einer Karrikatur, das eine gibt jedes auch noch so unwesentliche Detail der Vernehmung wieder, das andere nur den wesentlichen Inhalt. So wie aber eine Karrikatur treffender sein kann, als eine Photographie, kann es auch das zusammenfassende Protokoll sein. Da das wörtliche Protokoll praktisch eine Tonbandabschrift Ihrer Vernehmung ist und auch Ihre Fragen enthält. bedarf es keiner Erläuterung, wir wollen uns daher dem viel häufigeren zusammenfassenden Protokoll oder Resümee-Protokoll zuwenden. Das Protokoll soll in Satzbau und Wortwahl die Persönlichkeit des Vernommenen wiedergeben. Jeder, der es später liest, soll sich ein Bild vom Vernommenen machen können. Wenn Sie ein guter Beobachter sind, dann haben Sie sicher schon festgestellt, daß ein einfacher (um nicht zu sagen primitiver) Mensch ohne Bildung einen geringeren Wortschatz hat und in kurzen unkompliziert aufgebauten Sätzen spricht. Demgemäß darf dann das Protokoll über seine Vernehmung nur seinen Wortschatz und seinen Satzbau enthalten. Wenn Sie das Geständnis eines einfachen Hilfsarbeiters so abfassen, daß er „nach Überwindung eines beträchtlichen und die Sache gegen Wegnahme sichernden Hindernisses, nämlich nach Abreißen eines Vorhangschlosses" in die Wohnung gelangt ist, werden Sie vor Gericht dann schwer behaupten können, daß er das auch tatsächlich so ausgesagt hat. Denn wahrscheinlich wird er sich so ausgedrückt haben: „Das Schloß hab ich weggerissen. Dann bin ich hinein". Keinesfalls wird er in der Mitvergangenheit erzählen und schon gar nicht wird er Juristendeutsch verwenden. Umgekehrt wieder, gelingt es Ihnen spezifische Dialektausdrücke des Vernommenen in das Protokoll aufzunehmen, so muß sein Verteidiger schon überzeugend glaubhaft machen, daß Sie ein sehr guter Schriftsteller sind, will er dieses Geständnis anfechten. Hauptproblem jedes guten Schriftstellers ist es nämlich, daß auch jede Romanfigur sich sprachlich anders ausdrückt.

Besonders wichtig ist das Festhalten von Wortwahl und Wortschatz bei der Befragung von Kindern, insbesondere bei Aussagen über Sexualdelikte. Wenn ein fünfjähriges Mädchen gesagt haben soll „Er verletzte mich an der Klitoris und zerstörte mein Hymen mit seinem Finger", dann wird das mit Recht angezweifelt werden. Schon bei der Befragung von Kindern müssen Sie daher darauf achten, daß nicht Ausdrücke, die Sie gebrauchen, vom Kind übernommen werden. Noch viel weniger aber dürfen sie dann in das Protokoll gelangen.

Wie Sie selbst erkannt haben, liegt das Problem der Protokollierung weniger in der zweifelsfreien und richtigen Wiedergabe des Inhalts der Aussage eines Vernommenen, als in seiner späteren Anfechtung durch den Verteidiger. Anzweifeln kann er alles, glaubwürdig ist er aber dabei nur, wenn Sie selbst durch die Art, **wie** Sie das Protokoll abfassen, ihm die Möglichkeit dazu geben.

Die häufigste Behauptung, mit der ein niederschriftlich festgehaltenes Geständnis angefochten wird, ist entweder die, daß es der Vernommene nicht durchgelesen hat, bevor er es unterschrieben hat, oder die, daß er unter Zwang unterschrieben hat. Beide Behauptungen können Sie mit einem einfachen Trick unwirksam machen: Sie bauen in das Protokoll an sich unwichtige, aber augenfällige Fehler ein, oder beenden einen Satz nicht, so daß er keinen Sinn ergibt. Der geständige Täter erkennt beim Lesen des Protokolls diese Unrichtigkeiten oder Unvollständigkeiten und weist Sie darauf hin. Und Sie drücken ihm den Kugelschreiber in die Hand und sagen ihm, daß er ausbessern und ergänzen möge, wie er es für richtig hält. Das Ergebnis ist dann ein vom Täter handschriftlich verbessertes Protokoll. Wer aber handschriftlich ausbessert, kann schwer behaupten, daß er sich nicht durchgelesen hat, was er ausgebessert hat! Und die Behauptung, daß er nur unter Zwang unterschrieben habe, wird auch nicht sehr glaubhaft sein, spricht doch die Korrektur für geruhsames Durchlesen.

Haben Sie die Möglichkeit, das Geständnis auf Tonband aufzuzeichnen, dann tun Sie das, damit können Sie allen späteren Behauptungen begegnen. So oder so, nach der Protokollierung gehört ein gesonderter Bericht von Ihnen über die Art und Umstände, wie das Geständnis zustandegekommen ist.

Das Geständnis

Sie waren erfolgreich und haben den Täter zum Geständnis gebracht und auch seine Aussge richtig protokolliert. Wenn es auch für Sie ein verständliches Erfolgserlebnis ist, trimphieren Sie nicht, sondern verwandeln Sie sich in einen extremen Skeptiker! So notwendig Ihre Überzeugung von der Täterschaft des Verdächtigen für den Erfolg der Vernehmung war, so notwendig ist auch Ihre Skepsis über das Ergebnis derselben. Vernehmung ist Zweikampf, die Überprüfung des Ergebnisses trockene kriminalistische Kleinarbeit. Zweifeln Sie alles an und überzeugen Sie sich durch die

Überprüfung vom Gegenteil. Ein Geständnis hält, wenn es zumindest in Details grundsätzlich Neues bringt, wenn Sie durch das Geständnis die Mordwaffe, die Einbruchsbeute, den Mittäter oder sogar die Leiche finden können. Nun nehmen wir aber den Fall an, daß Sie so gut ermittelt haben, daß Ihre Rekonstruktion des Verbrechens faktisch ident mit dem Inhalt des Geständnisses ist, wie können Sie sich dann gegen einen Widerruf absichern? Zunächst einmal dadurch, daß das Geständnis in sich widerspruchsfrei ist. Dann dadurch, daß Sie besonders auf die Motivation des Täters bezüglich des Verbrechens und des Geständnisses eingehen. Innere Vorgänge in einem Menschen lassen sich nun nicht einmal ermitteln, man ist hier auf die Angabe des Betroffenen selbst angewiesen. Gibt er freiwillig und bereitwillig hierüber Auskunft, kann er später schwerlich behaupten, daß er dazu gezwungen worden ist. Deshalb: Protokollieren Sie die vom Täter angegebenen Gedankengänge bei der Tat ausführlich, ebenso wie die, die ihn zur Ablegung eines Geständnisses bewogen haben.

Haben Sie die Möglichkeit, und geht es um ein schweres Verbrechen, dann lassen Sie den Täter sein Geständnis unmittelbar danach vor dem Untersuchungsrichter wiederholen. Die Behauptung, er habe unter Zwang und unter Schlägen gestanden, wird sein Verteidiger dann schwer vorbringen können, will er nicht riskieren, daß der Richter nun negativ gegen ihn eingestellt ist. Daß ein Polizist verdächtigt wird, den Angeklagten geschlagen und erpreßt zu haben, das nehmen Richter noch hin, daß es der Kollege war, schon nicht mehr. Denn morgen kann der Richter, der die Verhandlung leitet, der Untersuchungsrichter sein, der verdächtigt wird. Da halten auch Richter zusammen.

Das sicherste Mittel aber, einen geständigen Täter von einem späteren Widerruf abzuhalten, ist die nochmalige Rekonstruktion des Verbrechens unter seiner Regie, die im Bild oder mit Videokamera festgehalten wird. Wer **aktiv** etwas demonstriert, der kann kaum unter Zwang handeln. Und meistens ergeben sich bei der Rekonstruktion eben jene kleinen Abweichungen, die das Geständnis untermauern, weil sie Neues bringen.

Wie wir bereits an anderer Stelle besprochen haben, belastet ein „Ich gebe zu, daß ...“-Geständnis nicht den Täter, sondern Sie selber. Seien Sie daher einem solchen Geständnis gegenüber ganz besonders skeptisch eingestellt. Läßt es sich nicht durch korrespondierende Aussagen von Mittätern, durch Sachbeweise oder durch die Rekonstruktion untermauern, steht es also sozusagen im freien Raum, dann — lieber Hände weg davon. Besonders wenn Sie subjektiv nicht ausschließen können, daß es unter einem gewissen Druck zustandegekommen ist. (Sie wissen das ja.) Dann akzeptieren Sie ein solches Geständnis nur, wenn es vor einer anderen Person und nicht in Ihrem Beisein wiederholt wird. Ich kann nicht nachhaltig genug davor warnen, ein solches Geständnis leichtfertig als richtig aufzufassen. Immer wieder gelangen gute Kriminalisten in den Verdacht, daß Sie Schläger und Prügelpolizisten sind, nur weil Sie pflichtgemäß ein Geständnis zu Protokoll genommen haben und der Verteidiger die Tatsache ausnützt, daß dieses Geständnis nichts grundlegend Neues gebracht hat. Die Möglichkeiten, die in der Art der Protokollierung selbst stecken und Sie ebenfalls vor einem Widerruf schützen, haben wir uns schon gemeinsam überlegt.

DIE ANZEIGE

Der Fall ist nun für Sie abgeschlossen, Sie haben ihn geklärt, und nun müssen Sie alles dem Gericht übergeben. Für Sie ist alles klar und verständlich, denn Sie haben ja alles von Anfang an miterlebt, Sie waren am Tatort, Sie haben die Erhebungen durchgeführt und Zeugen und Täter vernommen. Für den, der nachher den Fall zur Bearbeitung bekommt, sei es nun als Staatsanwalt oder Richter, muß keineswegs alles klar sein, auch wenn Sie noch so gut gearbeitet haben. Die Berichte, die Protokolle, die Aktenvermerke, kurz der gesamte Strafakt, sie sind komprimierte Wirklichkeit. Für Sie steht hinter jeder Aussage die Person, die sie abgelegt hat, Sie sehen diese Person noch vor sich. Derjenige, der später eben diese Aussage liest, kennt nur den Wortlaut der Aussage, nicht aber die Person, die sie abgelegt hat. Er weiß also nicht, weswegen Sie gerade dieser Aussage eine so große Bedeutung zugemessen haben und einer anderen, inhaltlich völlig konträren, nicht. Diese Hilfe müssen Sie dem Staatsanwalt und Richter geben, Sie müssen sich darüber aussprechen und in der Anzeige eine Wertung durchführen. Unabhängig davon bringt das den Vorteil mit sich, daß Staatsanwalt und Richter Ihren Gedankengängen und logischen Überlegungen folgen können. Ich will nicht behaupten, daß Sie sie damit beeinflussen können, aber ganz ist das nicht auszuschließen, und es geschieht dann in Ihrem Sinne, wenn Ihre Logik zwingend ist, so daß sie übernommen werden muß. In der Praxis machen Sie das so, daß Sie einen gedrängten Überblick über den Fall schreiben, wobei Sie auf die jeweiligen Beweismittel und Seitenzahlen des Aktes, wo sie zu finden sind, verweisen. Die Anzeige soll inhaltlich eine vorweggenommene Anklageschrift sein, sie soll sowohl die für die Verfassung der Anklage notwendigen Daten enthalten, als auch die Möglichkeit bieten, daß die einzelnen Beweise leicht aufgefunden werden können.

Von der Anzeige zu trennen ist die Täter-,Fakten- und Depositenevidenz. Liegen nur ein oder zwei geklärte Fakten und ein

Täter vor, dann wird es kaum nötig sein, eine eigene Evidenz über Täter und Fakten zu erstellen, denn dann kann die Anzeige deren Funktion übernehmen. Anders ist das bereits, wenn Sie eine 14köpfige Einbrecherbande unschädlich gemacht haben, deren Mitglieder in unterschiedlicher Komplizenschaft 79 Einbrüche begangen haben. Es mag dann durchaus noch sein, daß Sie selbst auf Grund Ihres ausgeprägten kriminalistischen Supergehirns in der Lage sind, zu überschauen, wer was mit wem zusammen begangen hat. Der Staatsanwalt, der Richter und überhaupt alle nach Ihnen können das nicht mehr. Dies aber nicht, weil ihr Gehirn weniger leistungsfähig ist als das Ihre, sondern einfach deswegen, weil sie im Gegensatz zu Ihnen den Fall nicht vom Anfang an erlebt haben und sich auf die schriftlichen Unterlagen stützen müssen. Erleben prägt sich anders ein als Herauslesen, deshalb sind es auch Sie, der den Fall aufbereiten und ordnen muß. Ordnen bedeutet wieder, daß Sie nach einem Ordnungsfaktor (in der Datenverarbeitung Suchargument genannt) vorgehen müssen. Wir wollen uns nun gemeinsam überlegen, welche Ordnungsfaktoren sich da anbieten können. Eine Tathandlung läßt sich in folgende Elemente zerlegen:

Tatzeit,
Tatort,
Modus operandi,
Opfer (Geschädigter),
Täter (Komplizen),
Angriffsobjekt (Diebsbeute),
Auffindungsort,
Gesamtschaden.

Wenn wir nun diese Grundelemente betrachten, so erkennen wir, daß für unsere Evidenz de facto zur zwei Elemente als Ordnungsfaktoren geeignet sind: Die Tatzeit, weil sie eine chronologische Darstellung aller insgesamt begangenen Verbrechen ermöglicht, und der einzelne Täter, dem Verbrechen und Komplizen zugeordnet werden. Nach diesen beiden Ordnungsfaktoren gehen Sie auch vor. Die gesamte Zahl der Delikte ordnen Sie nach der Tatzeit und die Täter mit zugeordneten Straftaten und Komplizen alphabetisch. Bei den sichergestellten Gegenständen gehen Sie so vor, daß Sie sie einem Täter zuordnen, wenn sie bei ihm sichergestellt worden sind, zugleich aber dem Eigentümer, sofern Sie ihn ermitteln können. Bei einem Beweismittel (Erproben, Fingerspuren) führen Sie die Person oder den Ort an, bei der oder an dem die Spurensicherung erfolgte.

Das Erfordernis der Ordnung und Zuordnung erschreckt manchen sonst so guten Kriminalisten, weil er sich besonders bei großen Amtshandlungen mit einer Vielzahl von Tätern und einer großen Anzahl von begangenen Straftaten vor einer schier unlösbaren Aufgabe sieht. Zu Unrecht, denn auch das ist eine Frage der Methodik. Auch ich hatte in meinen Anfängen mühsam aus einen dicken Akt Täter und Straftaten herausgeschrieben und mich um Ordnung bemüht. Dann beobachtete ich einen alten Hasen der Kriminalpolizei bei einer Einvernahme. Der Täter gestand einen Einbruchdiebstahl, und der alte Hase nahm einen kleinen Zettel und machte sich darauf Notizen zu diesem Einbruch. Der Täter gestand einen weiteren und er nahm einen neuen Zettel. Es wurden viele Zettel, denn der Mann verstand sein Handwerk. Vor der Protokollierung brachte er die Zettel nach der angegebenen Tatzeit in eine grobe Ordnung und schon im Protokoll waren die Straftaten geordnet. Dann warf er die Zettel aber nicht weg, sondern notierte alle weiteren Erhebungen, insbesondere auch die Daten, die er in den gegen unbekannte Täter erstatteten Anzeigen fand, auf eben diese Zettel. Am Ende schrieb er mühelos eine sauber geordnete Täter- und Faktenevidenz, weil er die Zettel nur zu ordnen brauchte. Machen Sie es dem alten Fuchs nach und gehen Sie den Umweg über einzelne Blätter für jede Straftat, Sie haben dann jederzeit Ordnung und Übersicht. Am besten bereiten Sie sich Formulare (in diesem Fall eine Bürokratie, die Sinn hat) vor, in die Sie nur noch die einzelnen Elemente der Straftat, also Tatort, Tatzeit, Modus operandi usw. eintragen müssen. Machen Sie das bereits bei der Erstattung einer Anzeige gegen unbekannte Täter, dann brauchen Sie das Formular später nur zu ergänzen, wenn Sie den Täter haben.

Eine Aufbereitung dieser Art, nämlich durch Zerlegung in die einzelnen Elemente, empfiehlt sich schon deshalb, weil vor Ausforschung der Täter die kriminalistisch interessanten Ordnungselemente andere sind. Zunächst der Tatort: Sie kennen alle die berühmte Karte mit den bunten Fähnchen. Diese Karte liefert Ihnen die Anhaltspunkte für eine gezielte Überwachung. Dann der angewendete Modus operandi des Täters. Ist er besonders markant, können Sie schon vor der Ausforschung dem noch unbekannten Täter die Straftaten zuordnen und sind alarmiert, wenn ein Täter mit **diesem** Modus operandi gefaßt wird. Dann die Opfer, auch sie ermöglichen unter Umständen eine vorherige Zuordnung, wenn nicht sogar Ausforschung des Täters. Ergeben sich signifikante Gemeinsamkeiten (nur Zahnärzte, nur Juweliere, nur Finanzbeamte usw.), können Sie gezielt ermitteln. Und schließlich das, was gestohlen, geraubt usw. wurde. Auch hier können Sie gezielt fahnden. Gerade erst durch die Zerlegung in die einzelnen Elemente stoßen Sie auf kriminalistisch interessante Gemeinsamkeiten, die Ihnen sonst entgehen könnten. Deshalb sollten Sie nicht auf diese Auswertung verzichten, sie bringt Ihnen vor der Ausforschung des Täters wertvolle Anhaltspunkte für eine gezielte Fahndung und Überwachung und nachher die Ordnung und Übersicht.

In diesem Zusammenhang noch einen kleinen Abstecher zur Kiminalstatistik: Was Sie im Kleinen durch Zerlegung und Aufbereitung der einzelnen Verbrechen machen, macht die Statistik im Großen. Richtig geführt, kann sie Anhaltspunkte für das Bestehen von neugebildeten Verbrecherbanden geben, die so genau sind, daß eben diese neugebildete Bande durch gezielte Überwachung der potentiellen Tatorte ausgeschaltet werden kann. Das Problem liegt aber in der richtigen Führung und Auswertung. Eine Kriminalstatistik, die nur die Delikte und die Tatzeit berücksichtigt, bringt kriminalistisch nichts, aus ihr kann nur auf die Zahl der Einwohner umgelegt die sogenannte Kriminalitätsbelastungsziffer errechnet werden beziehungsweise der Sicherheitsbericht erstellt werden, der die Gesamtzahl der begangenen Verbrechen des einen Jahres der des vergangenen Jahres gegenüberstellt. Der Innenminister gibt dann im Parlament bekannt, daß im Berichtsjahr insgesamt mehr oder weniger Verbrechen verübt worden sind als im vergangenen Jahr. — Für Sie als Kriminalist ist das völlig wertlos. Erst wenn in der Statistik auch die Tatorte, der Modus operandi und andere Elemente berücksichtigt und ausgewertet werden, wird die Kriminalstatistik für Sie interessant. Dann wird sie aber auch im Zeitalter der EDV recht aufwendig. Und es liegt am Können des Programmierers, ob auch etwas Verwertbares dabei herauskommt. Aber wenn auch der Trend immer mehr in die Richtung geht, daß die Kriminalität durch Einsatz von modernsten technischen Geräten bekämpft werden soll, so dürfen Sie doch eines nicht übersehen: Verbrechen werden von Menschen begangen, nicht von Maschinen, deshalb wird bei der Bekämpfung dieser Verbrechen immer der Mensch das Wichtigste sein. Und das sind Sie, der Kriminalist.

SCHLUSSBEMERKUNG

Sie haben den Täter ausgeforscht und angezeigt. Wenn das Urteil dann gesprochen ist, wissen Sie, ob Ihre Arbeit gut oder schlecht war. Was Sie nicht wissen, ist, ob der Täter tatsächlich schuldig war, denn nicht nur Sie können irren, sondern auch die Richter. Aber eine Beruhigung wird es doch für Sie sein, wenn der Täter verurteilt worden ist, es schafft nicht Gewißheit, aber große Wahrscheinlichkeit. Wir als Menschen mit all unseren Fehlern und Unzulänglichkeiten sind darauf angewiesen, daß wir nach unserem Gewissen und unserer Überzeugung handeln. Haben Sie das auch getan, dann brauchen Sie sich nichts vorzuwerfen, wenn es einmal danebengegangen sein sollte. Entscheidend ist, was Sie **gewollt** haben, und nicht das, was dann ungewollt dabei herausgekommen ist. Vor Ihrem Gewissen und dem letzten Richter haben Sie Ihre **Absicht** und innere Einstellung zu verantworten und nicht den ungewollten Erfolg.

ANHANG

Die Kriminologie als Wissenschaft und die Kriminalistik als ihre praxisbezogene Anwendung haben eine Reihe von Fachausdrücken und Begriffen geprägt. Mit Fachausdrücken, Bezeichnungen und Definitionen beginnt jede Wissenschaft, es soll von Anfang an sichergestellt sein, daß jeder dasselbe meint.

Auch Sie werden nicht umhin können, daß Sie sich fachlich korrekt ausdrücken, sie es, daß Sie an einer Tagung teilnehmen, sei es, daß Sie einen Fachartikel schreiben, oder sei es, daß Sie einfach Ihr Image heben wollen, indem Sie sich gewählt ausdrücken. Die wichtigsten Fachbegriffe und Bezeichnungen finden Sie daher nachfolgend alphabetisch geordnet mit einer kurzen Erklärung vor.

Abortus: Abgang der Leibesfrucht bis zur 16. Schwangerschaftswoche (Dauer einer normalen Schwangerschaft: 10 Mondmonate = 280 Tage).

Affekt: Starke heftige Gemütserregung, die zur Primitvreaktion bei geminderter Zurechnungsfähigkeit führen kann.

Assoziales Verhalten: Das Unvermögen, sich in die Gemeinschaft einzuordnen. Die frühere Auffassung ging dahin, daß das assoziale Verhalten entweder angeboren ist, oder durch die Umwelt bedingt ist. Die heutige Gehirnforschung nimmt an, daß soziales Verhalten nur innerhalb eines bestimmten Zeitraumes während der Entwicklung erlernbar ist, nachher nicht mehr.

Autoerotik: Befriedigung des Sexualtriebes durch Handlungen am eigenen Körper ohne Partner. Ichbezogene Erotik.

Autoerotischer Unfall: Unbeabsichtige Selbsttötung bei autoerotischen Handlungen, wie Selbstfesselung, Selbstdrosselung, Einatmen von Gas, Überstülpen eines Plastiksackes usw.

Chilfener: Geldwechselbetrüger. Der Täter kauft eine Ware geringen Wertes und bezahlt mit großem Geldschein, das Wechselgeld will er in anderen Geldscheinen und gibt es wieder zurück. Durch Ablenken und Verwirrung des Verkäufers nimmt er schließlich Wechselgeld und den großen Schein, mit dem er „bezahlen“ wollte, an sich.

Exhibitionismus: Die (krankhafte) Neigung, daß geschlechtliche Befriedigung durch Entblößung des Genitales gewonnen wird. Im engeren Sinne: Entblößung des Mannes vor der Frau (exhibere = heraushängen). Bei Männern oft mit sadistischer Tendenz (Lust am Erschrecken der Frau) verbunden.

Fetischismus: Die Unfähigkeit, ohne der Gegenwart eines bestimmten Materials (Gummi, Leder, Plastik) oder eines bestimmten Gegenstandes (Wäschestück, Ring, Stiefel) oder eines bestimmten Körperteils (Füße, Haare, Busen usw.) zur geschlechtlichen Befriedigung zu kommen. Bei extremer Ausprägung ersetzt der Fetisch den Geschlechtspartner.

Forensische Psychiatrie: Gerichtliche Psychiatrie. Die speziell für die Probleme der Rechtsprechung ausgerichtete Psychiatrie, die sich insbesondere mit Fragen der Zurechnungsfähigkeit und Prognosen der Besserungsfähigkeit auseinandersetzt.

Forensische Medizin: Gerichtsmedizin. Die speziell für die Probleme der Rechtsprechung ausgerichtete Medizin, die sich insbesondere mit Fragen der kausalen Todesursache und des Grades einer Verletzung sowie der bleibenden Folgen auseinandersetzt.

Forensische Psychologie: Gerichtliche Psychologie. Die speziell für die Probleme der Rechtsprechung ausgerichtete Psychologie, die sich insbesondere mit der Psychologie des Täters und der Glaubhaftigkeit von Zeugen, auch von Kindern beschäftigt.

Gefängniskunde: Die wissenschaftliche Erforschung und Lehre über das Gefängnis und seine Auswirkungen.

Haschisch: Cannabis oder Indischer Hanf. Ein Rauschgift, das aus den weiblichen Blüten des Hanfes gewonnen wird, die „Einstiegsdroge" für härtere Drogen. Die Konsumation erfolgt durch Rauchen, seltener durch Trinken eines Absudes oder Kauen. Haschisch wirkt enthemmend und berauschend und bringt intensives Farbensehen, es führt nicht zur Sucht im eigentlichen Sinn, zieht aber eine Veränderung der Gehirnzellen mit sich, die die Bereitschaft zum Umstieg auf härtere Drogen weckt. Bei intensivem Genuß über längere Zeit hindurch kommt es zu einer verminderten Gehirnleistung. Je nach dem Herkunftsland kommt Haschisch als „Heller Türke", „Roter Libanese" und „Schwarzer Afghane" usw. in den Handel.

Hämatom: Blutaustritt aus dem Gewebe unter der Haut, „Blauer Fleck".

Hämolyse: Auflösungsprozeß des Blutes nach dem Tod. Solange er nicht abgeschlossen ist, lassen sich die Totenflecke noch wegdrücken. (Etwa bis zu fünf Stunden nach dem Tod.)

Heroin: Diazethylmorphin, ein Abkömmling oder Derivat des Morphins, das wieder ein Bestandteil des Opiums ist, das aus dem Saft der Samenkapsel des Schlafmohns gewonnen wird. Heroin wird aus der Morphinbase hergestellt, die Konsumation erfolgt durch Injizieren und führt zur Euphorie. Bereits nach etwa fünf Injektionen kommt es zur Sucht, weil der Körper die Produktion der Endorphine einstellt, deren Funktion das Heroin übernommen hat.

Homosexualität: Die Unfähigkeit, geschlechtliche Befriedigung beim Partner des anderen Geschlechts zu finden, geschlechtliche Befriedigung kann nur beim Partner des eigenen Geschlechts gefunden werden. Im engeren Sinn: Männerliebe im Gegensatz zur lesbischen Liebe unter Frauen. Ist die homosexuelle Liebe auf unreife Knaben ausgerichtet, spricht man von Päderastie.

Inzest: Der geschlechtliche Verkehr mit einem Verwandten in der auf- oder absteigenden direkten Linie Vater — Tochter, Mutter — Sohn. Früher wurde auch das Verhältnis Bruder — Schwester dazugerechnet.

Kriminalanthropologie: Die Lehre vom Körperbau des Verbrechers, an dem er zu erkennen ist.

Kriminalätiologie: Die Lehre von den Verbrechensursachen, über deren Erkennung das Verbrechen an der Wurzel bekämpft werden soll.

Kriminologie: Die Wissenschaft vom Verbrechen, die Lehre von der Verbrechensbegehung und der Verbrechensbekämpfung.

Kriminalbiologie: Lehre vom Verbrechen als Lebensäußerung, die das Verbrechen aus der Persönlichkeit des Verbrechers heraus zu verstehen sucht, aber auch durch das Erforschen der ursächlichen Lebensvorgänge.

Kokain: Suchtgift, das in den Blättern des Kokainstrauches enthalten ist. Es wirkt gefäßkontrahierend und führt zum Rauschzustand. Ursprüngliche Konsumation durch Kauen der Blätter und als Tee. Aus den getrockneten Blättern heute als Pulver gewonnen, das durch Schnupfen über die Schleimhäute konsumiert wird. „Modedroge der besseren Gesellschaft", die in geringerer Dosierung anregend und in höherer lähmend wirkt.

Kriminalpädagogik: Speziell auf die Probleme der Rehabilitation von Verbrechern ausgerichtete Pädagogik.

Kriminalphänomenologie: Die Lehre von der Erscheinung des Verbrechens.

Kriminalpsychologie: Die Lehre von den psychologischen und seelischen Vorgängen im Täter.

Kriminalsomatologie: Die Lehre vom Körperbau des Verbrechers, ident mit Ausdruck Kriminalanthropologie.

Kriminalsoziologie: Die Lehre vom Verbrechen als Erscheinung im Leben der Gesellschaft.

Kriminalstatistik: Die statistische Erfassung der Verbrechen und deren Auswertung mit dem Ziel der Verbrechensbekämpfung.

Kriminaltaktik: Das zweckmäßige Vorgehen im Einzelfall zur Klärung eines Verbrechens.

Kriminaltechnik: Alle Hilfsmittel und Fertigkeiten, die zur Aufklärung eines Verbrechens genützt werden können.

Kriminalprophylaxe: Die Lehre von der Verbrechensverhinderung.

Leichenwachs: Fettwachsbildung auf der Haut der Leiche, die durch starke Feuchtigkeit und gänzlichen Luftabschluß zustandekommt. (Bei Wasserleichen und Leichen in nassen Erdgräbern.)

LSD: Lysergsäurediaethylamid. Eine Flüssigkeit, bei deren Einnahme es zu Halluzinationen kommt, die ähnlich der Schizophrenie sind. Kommt eingetrocknet in Löschblättern usw. in den Handel. Kein Suchtgift in eigentlichen Sinn, führt aber zu Gehirnanomalien.
„Trip" = Dauer der Einwirkung der Droge. „Bad Trip" = „Schlechte Reise", unter der Einwirkung der Droge kommt es zu schrecklichen Halluzinationen, da die Auswirkung der Droge nicht vorausberechenbar ist. LSD ist eine sogenannte bewußtseinserweiternde Droge.

Marihuana: Andere Bezeichnung für zum Rauchen bestimmtes Haschisch mexikanischer Herkunft (Cannabis sativa) Marihuana = Maria und Juana (Johanna). In Amerika in Zigarettenform besonders verbreitet. Siehe unter „Haschisch".

Masochismus: Die Lust am Empfinden von Schmerz, durch die auch sexuelle Befriedigung gewonnen wird. Im erweiterten Sinn das lustvolle Erleben jeder Art von Erniedrigung. Oft mit Fetischismus (Gummi, Leder, Plastik, Stiefel usw.) verbunden.

Mescalin: Eine ursprünglich aus dem Kaktus Peyotl gewonnene Droge, die heute künstlich hergestellt werden kann. Konsumation erfolgt durch Kauen, Trinken und subkutane Injektion. Im Gegensatz zu anderen Drogen führt sie nach Einnahme zuerst zum Katzenjammer und dann zur Euphorie, zum Sehen von herrlichen Farben und kristallklarem plastischen Sehen. Nach derzeitigem Stand der Wirtschaft ist Mescalin nicht suchtbildend.

Modus operandi: Die speziell von einem Täter entwickelte bestimmte Arbeitsweise (Herausbohren des Schlosses, besondere Schweißtechnik, besondere Betrugsmasche usw.). Siehe dazu auch Perseveranz, das Verharren des Täters in einen einmal gefundenen Modus operandi.

Morphin: Bestandteil des Opiums, der in 10—12prozentiger Konzentration in diesem enthalten ist und bei Einnahme zu Euphorie und Schlaf führt. Aus Morphin werden die Morphinderivate Heroin, Kodein, Dicodid u. a. hergestellt.

Mumifikation: Der rasche Austrockungsprozeß an einer Leiche, der die Fäulnisbildung verhindert.

Opium: „Opus" = Saft. Die Samenkapseln des Schlafmohns werden angeritzt, der weiße, milchige Saft, der heraustritt, wird zur bräunlichen Masse getrocknet und zu Kuchen geformt. Diese Kuchen werden in Mohnblättern eingewickelt und weiter getrocknet zu Rohopium. Dieses Rohopium, auch Chander genannt, enthält 4—20prozentige Morphin, aus dem dann die gefährlicheren Derivate, wie Heroin, Kodein usw., gewonnen werden. Die Konsumation von Opium erfolgt durch Rauchen, Trinken und Essen und bewirkt Euphorie, schöne Träume. Sie führt zu Sucht, Haltlosigkeit und körperlichem Verfall.

Pädophilie: Die Befriedigung des Sexualtriebes durch Handlungen an sexuell unreifen Kindern.

Perseveranz: Das Verharren des Täters in einen einmal gefundenen erfolgreichen Modus operandi.

Pönologie: Die Lehre von der Bekämpfung des Verbrechens durch Strafe. (Generalprävention und Spezialprävention.)

Rigor mortus: Totenstarre. Erstarren der Muskeln nach dem Tod. Beginnt oben und verläuft körperabwärts. Beginn 3—4 Stunden nach dem Tod, abhängig von der Körpertemperatur, voll ausgebildet nach 7—8 Stunden, Dauer 24—28 Stunden, löst sich von selbst, bei gewaltsamer Lösung bildet sie sich nicht neu aus.

Sadismus: Die geschlechtliche Befriedigung wird durch Zufügen von Schmerz an einem anderen gewonnen.

Saliromane: Abnormer Täter, der seine Befriedigung durch Zerstörung der Kleidung (von Frauen) durch Begießen mit Säure gewinnt.

Schmauchring: Der durch die mit dem Projektil ausgestoßenen Pulverreste zustandegekommene Ring um die Einschußwunde bei einem Nahschuß.

Schürfungsring: Der durch das beim Eindringen des Projektils, das die Haut mitzieht, entstandene bräunliche Ring um die Einschußwunde. Der Schürfungsring wird beim Nahschuß vom Schmauchring überlagert.

Sodomit: Ein Täter, der sexuellen Verkehr mit Tieren durchführt. Früher auch Bezeichnung eines Mannes, der Analverkehr durchführt.

Stanzmarke: Der durch den Sog beim angesetzten Schuß zustandekommende Abdruck der Laufmündung auf der Haut an der Einschußstelle.

Suffision: Blutunterlaufung, die durch Einwirkung von stumpfer Gewalt zustandekommt.

Totenstarre: Siehe Rigor mortus

Toxis: Vergiftung. Die durch die Gifteinwirkung bewirkte klinische Veränderung des Körpers.

Transvestismus: Der unwiderstehliche Zwang, Kleider des anderen Geschlechts anzuziehen und die Rolle des anderen Geschlechts zu übernehmen, wobei homosexuelle Veranlagung nicht damit verbunden sein muß, in der Regel auch nicht ist.

Voyeurismus: Die sexuelle Befriedigung wird durch das (meist versteckte) Beobachten von sexuellen Handlungen anderer gewonnen.

Weckamine: Aufputschende Stoffe, die subjektiv das Gefühl von starker Arbeitslust, Wohlbehagen und vermehrtem Geschlechtstrieb bringen und zur Sucht führen können. Bekannte Weckamine sind z. B.: Pervitin, Heptadon, Gerovit, Aoxiton und andere Amphetamine.

NOTIZEN

NOTIZEN